Christos Emmanuilidis
Spiros Alexakis

**Effektiv
Programmieren mit
Turbo Pascal 5.0/5.5**

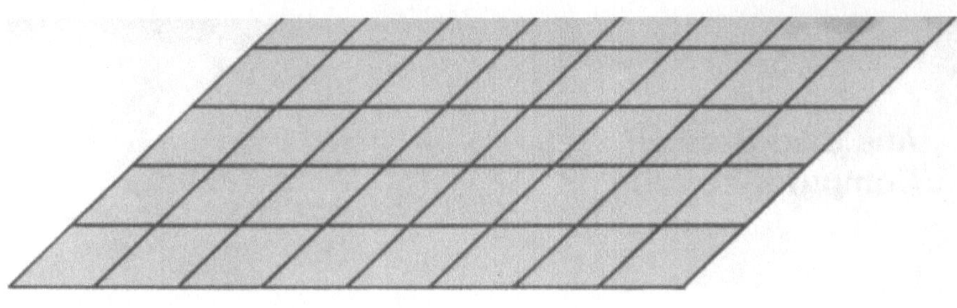

Christos Emmanuilidis
Spiros Alexakis

EFFEKTIV PROGRAMMIEREN MIT TURBO PASCAL 5.0/5.5

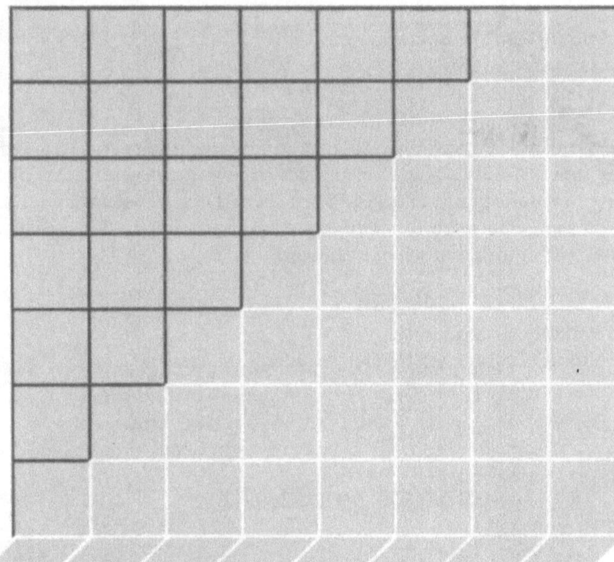

Friedr. Vieweg & Sohn
Braunschweig/Wiesbaden

Der Verlag Vieweg ist ein Unternehmen der Verlagsgruppe Bertelsmann International.

Umschlaggestaltung: Schrimpf und Partner, Wiesbaden
Druck und buchbinderische Verarbeitung: Lengericher Handelsdruckerei, Lengerich

ISBN-13: 978-3-528-04636-1   e-ISBN-13: 978-3-322-83692-2
DOI: 10.1007/978-3-322-83692-2

Vorwort

Turbo Pascal ist seit langem die Standardsprache für die Programmierung von Mikrocomputern. Durch die Versionen 5.0 und 5.5 ist Turbo Pascal ein professionelles Entwicklungswerkzeug geworden. Z.B. gehören zu den neuen Features die Überschreitung der 64 KB-Grenze, die strenge Modularisierung durch die Unit-Struktur, die Unterstützung der IEEE-Gleitpunktzahlenformate und die 8087 Emulation, das wiederaufgenommene Overlay-Konzept, der eingebaute Quellcode-Debbuger sowie die neuen Möglichkeiten der objektorientierten Programmierung.

Dieses Buch ist nicht für den unerfahrenen Pascal-Anwender bestimmt, sondern setzt umfassende Pascal-Programmierkenntnisse voraus. Es soll dem Leser einen tieferen Einblick in Turbo Pascal vermitteln und ihn in fortgeschrittene Programmiertechniken einweihen.

Das Buch behandelt eine große Vielfalt von Themen, die über Rechnergrundlagen und interne Datendarstellung bis zur Implementierung von Datenmaschinen und Interrupt-Routinen reichen. Ziel des Buches ist es nicht nur, abstraktes Wissen zu vermitteln, sondern auch praktische Tips zu geben, die den Programmieralltag erleichtern. Alle Programmbeispiele wurden zu Units zusammengefaßt und dadurch zu nützlichen Tools aufgewertet.

Bemerkenswert sind zwei vollständige Programme, die im Buch enthalten sind: eine Adressenverwaltung und, als Krönung, ein Funktionsparser/-plotter mit eingebautem Editor im Graphik-Modus.

Alle in diesem Buch enthaltenen Programme wurden mit den Compilern von Turbo Pascal 4.0, 5.0 und 5.5 erstellt. Für die Kompilierung der eingebundenen Assembler-Module wurde der Assembler MASM 5.0 verwendet.

An dieser Stelle wollen wir allen danken, die uns beim Schreiben dieses Buches unterstützt haben, insbesondere Georg Poulimenos für seine praxisbezogenen Ratschläge, Kostas Daniilidis für seine hilfreichen Anregungen und Karin Heise für die Textkorrektur.

Hinweis: Alle in diesem Buch vorgestellten Programme und Units sowie einiges mehr, sind auf einer Diskette erhältlich, die Sie mit der diesem Buch beigehefteten Bestellkarte erwerben können.

Karlsruhe, August 1989 Spiros Alexakis
Christos Emmanuilidis

Inhaltsverzeichnis

1 Computer-Grundlagen

C. Emmanuilidis

Es wirkt vielleicht befremdend, ein Buch über das Programmieren mit Pascal mit einem Kapitel zu beginnen, das sich mit dem Innenleben des Rechners beschäftigt. In den meisten Büchern werden solche Informationen an das Ende verbannt, was bei höheren Programmiersprachen auch seine Berechtigung haben mag. Schließlich ist Portabilität, d.h. die Unabhängigkeit von bestimmten Rechnern eine wichtige Eigenschaft der höheren Programmiersprachen. Turbo Pascal 4.0 und 5.0 weichen an diesem Punkt erheblich vom Standard ab: sie können nur bei IBM und IBM-kompatiblen Rechnern eingesetzt werden. Die enorme Flexibilität und Effektivität von Turbo Pascal ist das Ergebnis seiner Anpassung an die interne Struktur und Arbeitsweise dieser Rechner.

Ohne Kenntnisse dieser Rechnerstruktur kann man Turbo Pascal nicht voll ausnutzen. Daher wollen wir hier nicht nur Tips und Tricks aufzählen, sondern auch einen Einblick in die Zusammenhänge zwischen dem Pascal Quellcode und dem vom Compiler erzeugten Assemblercode vermitteln.

1.1 Binärdarstellung von Zahlen

Im Grunde besteht kein Unterschied zwischen dem Aufzählungsprinzip des uns gewohnten Dezimalsystems und dem des Binärsystems. Da das Dezimalsystem auf unsere zehn Finger zurückzuführen ist, stehen uns zehn verschiedene Ziffern zur Verfügung (0..9). Durch diese Ziffern werden zehn verschiedene Zahlenwerte dargestellt. Wollen wir die Zahl 10 darstellen, müssen wir einen kleinen Trick anwenden. Wir benutzen eine zusätzliche Ziffernstelle, die anzeigt, wie oft ein Zählzyklus durchgeführt wurde. Jede Ziffernstelle stellt somit eine Zehnerpotenz dar. So kann man z.B. die Zahl 7306 folgenderweise zerlegen :

$$7 * 10^3 \quad + \quad 3 * 10^2 \quad + \quad 0 * 10^1 \quad + \quad 6 * 10^0 \quad \text{oder}$$

$$7 * 1000 \quad + \quad 3 * 100 \quad + \quad 0 \quad\quad\quad + \quad 6 * 1$$

Genauso funktioniert die Darstellung von Zahlen im Binärsystem, nur daß uns hier zwei Ziffern zur Verfügung stehen (0 und 1). Deshalb sind i.a. mehr Ziffernstellen notwendig als beim Dezimalsystem. Jede Ziffernstelle steht für eine Zweierpotenz. Versuchen wir mit Hilfe dieser Regeln die Binärzahl 110101 in eine Dezimalzahl umzuwandeln:

$$1 * 2^5 \;+\; 1 * 2^4 \;+\; 0 * 2^3 \;+\; 1 * 2^2 \;+\; 0 * 2^1 \;+\; 1 * 2^0 \;\text{ oder}$$

$$1 * 32 \;+\; 1 * 16 \;+\; 0 \;\qquad+\; 1 * 4 \;+\; 0 \;\qquad+\; 1 * 1 \;=\; 53$$

Eine n-Bit lange Zahl kann 2^n positive Werte darstellen (inkl. 0). Wie negative Zahlen dargestellt werden, wird im nächsten Abschnitt gezeigt.

1.2 Zweierkomplement

Durch die Zweierkomplement-Rechenart werden sowohl positive wie auch negative Zahlen dargestellt. Das ganz links stehende Bit steht jetzt für ein Vorzeichen. Ist dieses Bit nicht gesetzt (d.h wenn es den Wert 0 hat), handelt es sich um eine positive Zahl, andernfalls um eine negative. Positive Werte werden in vorzeichenloser sowie in Zweierkomplement-Form auf gleiche Weise interpretiert. Bei negativen Zahlen taucht allerdings ein Problem auf: Wenn man versucht, eine Zahl zu negieren, indem man das Vorzeichenbit ändert, haben die Binärzahlen 00000000 b und 1000000 b den gleichen Wert ($+0$ und -0). Um ein zweifaches Auftreten der Zahl 0 zu vermeiden, muß eine neue Methode angewandt werden, die durch Bild 1.1 graphisch veranschaulicht wird.

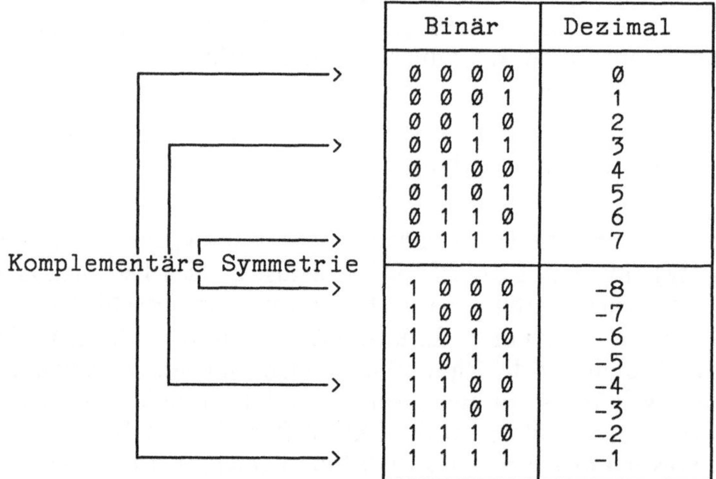

Binär	Dezimal
Ø Ø Ø Ø	Ø
Ø Ø Ø 1	1
Ø Ø 1 Ø	2
Ø Ø 1 1	3
Ø 1 Ø Ø	4
Ø 1 Ø 1	5
Ø 1 1 Ø	6
Ø 1 1 1	7
1 Ø Ø Ø	−8
1 Ø Ø 1	−7
1 Ø 1 Ø	−6
1 Ø 1 1	−5
1 1 Ø Ø	−4
1 1 Ø 1	−3
1 1 1 Ø	−2
1 1 1 1	−1

Bild 1.1: Binäre Darstellung von Zahlen in Zweierkomplementen-Form

Bei dieser umgekehrten Anordnung der negativen Zahlen, tritt die Null nur einmal auf. Ein Wert wird negiert, indem er komplementiert wird und das Ergebnis um 1 erhöht wird. Dazu ein Beispiel:

```
0 1 1 1 b        = 7
1 0 0 0 b        Komplement
0 0 0 1 b        + 1
1 0 0 1 b        = -7
```

Die Zweierkomplement-Methode ist unabhängig von der Anzahl der Bits einer Binärzahl. Mit ihr lassen sich kleinere Werte darstellen als bei der vorzeichenlosen Darstellung. Der größte durch n Bits darstellbare negative Wert ist $-2^{(n-1)}$, der größte positive $2^{(n-1)} - 1$.

1.3 Hexadezimale Darstellung von Zahlen

So gut Binärarithmetik für Rechner auch geeignet sein mag, tut sich doch jeder Mensch mit den langen Folgen von Einsern und Nullen schwer. Es empfiehlt sich daher, ein anderes Zahlensystem zu benutzen, dessen Werte einerseits einfach auf das Binärsystem übertragbar sind und das andererseits überschaubar und leicht verständlich ist.

Das Hexadezimalsystem wird beiden Anforderungen gerecht. Es setzt voraus, daß sechszehn unterschiedliche Ziffern zur Verfügung stehen. Die Ziffern sind hier 0,..9,A,..,F. Der Vorteil dieses Zahlensystems besteht darin, das in einer Ziffernstelle vier Binärstellen zusammengefaßt werden.

Erinnern wir uns: 4 Binärstellen stellen $2^4 = 16$ verschiedene Werte dar.

Das Prinzip der Aufzählung ist dasselbe wie vorher, und jede Ziffernstelle einer hexadezimalen Zahl steht für eine Sechzehnerpotenz. Ein Beispiel:

```
6A4B h  bedeutet
```

$$6 * 16^3 \quad + 10 * 16^2 \quad + 4 * 16^1 \quad + 11 * 16^0 \quad \text{oder}$$
$$6 * 4096 \quad + 10 * 256 \quad + 4 * 16 \quad + 11 * 1 \quad = 27211$$

Versuchen wir, eine hexadezimale Zahl in das Binärsystem zu übertragen. Dazu müssen wir aus jeder Hexadezimalziffer eine vier Bit lange binäre Zahl, auch Nibble genannt, ableiten:

6	A	4	B
0110	1010	0100	1011

= 27211

Hexadezimalzahlen werden in Turbo Pascal durch die Voranstellung eines Dollarsymbols ("$") gekennzeichnet und immer als vorzeichenlose Zahlen interpretiert.

1.4 Gleitpunktzahlen

In den letzten beiden Abschnitten haben wir gesehen, wie Rechner ganze Zahlen in Binärform darstellen. Die binäre Darstellungsweise bewirkt jedoch, daß die Anzahl der erforderlichen Ziffernstellen sehr groß ist im Vergleich zu der entsprechenden Dezimalzahl, vor allem bei großen Zahlen, die mit einer Reihe von Nullen enden (z.B. 125.000.000). Ferner lassen sich dadurch keine reellen Zahlen darstellen. Es wird also die Notwendigkeit einer anderer Darstellungsform deutlich. Bei der Gleitpunktzahlendarstellung ist es möglich, reelle Zahlen durch ganzzahlige Ausdrücke darzustellen.

Bei reellen Zahlen befindet sich der Dezimalpunkt an der Grenze zwischen positiven und negativen Zehnerpotenzen, z.B.

$$78.39 \; = \; 7 * 10^1 + 8 * 10^0 + 3 * 10^{-1} + 9 * 10^{-2} \quad \text{oder}$$

$$7.839 * 10^1$$

Will man eine reelle Zahl mit 10 multiplizieren bzw. dividieren, dann verschiebt man den Dezimalpunkt um eine Stelle nach rechts bzw. nach links. Deshalb bezeichnet man solche Zahlen als Gleitpunktzahlen.

$$783.9 \; = \; 7.839 * 10^2$$

Wie vorausgehendes Beispiel zeigt, können Gleitpunktzahlen durch zwei Felder mit unterschiedlicher Bedeutung dargestellt werden. Das erste Feld, Mantisse oder Signifikant genannt, speichert den signifikanten Teil der Zahl, das zweite den Exponenten. Beide Felder enthalten ganzzahlige Werte. Die Größe der Mantisse ist ausschlaggebend für die Genauigkeit der Zahl (z.B. ist 7.839 genauer als 7.8). Die Größe des Exponentenfeldes bestimmt die Größe der Zahl.

Wir haben die Funktionsweise der dezimalen Gleitpunktdarstellung erläutert, weil Dezimalzahlen für uns leichter verständlich sind. Die vom Rechner eingesetzte binäre Gleitpunktdarstellung arbeitet nach dem gleichen Prinzip. Die Ziffernstellen stellen jetzt Zweierpotenzen dar. Die Mantisse kann deswegen Werte zwischen 1 und 2 annehmen, und der Exponent ist eine Potenz der Zahl 2. Hierzu ein Beispiel:

$$11.10 \, b \; = \; 1 * 2^1 + 1 * 2^0 + 1 * 2^{-1} + 0 * 2^{-2} \quad \text{oder}$$

$$1.110 \, b * 10^1 \, b$$

Das zweite Feld, der Exponent, ist eine positive vorzeichenlose Zahl, obwohl er auch negative Werte darstellt. Will man den eigentlichen Wert des Exponenten ermitteln, so muß man einen konstanten Wert von ihm subtrahieren. Der konstante Wert ist abhängig vom benutzten Gleitpunktformat. Durch diese vorzeichenlose Darstellungsweise können zwei Gleitpunktzahlen sehr leicht und schnell bitweise von links nach rechts miteinander verglichen werden. Bei der ersten Ungleichheit steht dann die Reihenfolge der Zahlen schon fest.

Bild 1.2: Der Aufbau einer Gleitpunktzahl

Die Gleitpunktzahlendarstellung setzt ein drittes Feld voraus, wie Bild 1.2 zeigt. Das ist das höchstwertige Bit und stellt das Vorzeichen (v) der Zahl dar (0= +, 1= -). Direkt daneben steht das Feld des Exponenten (e), das je nach verwendetem Datenformat zwischen 8 und 15 Bits lang ist. Das rechte Feld ist das der Mantisse (m), dessen Länge zwischen 23 und 63 Bits beträgt.

Turbo Pascal 4.0 und 5.0 verfügen über verschiedene Gleitpunktformate. Die meisten davon entsprechen dem IEEE-Standard und werden von einem mathematischen Coprozessor unterstützt. Die Version 5.0 verfügt über eine Bibliothek von Routinen, die vollständig die Bearbeitung der IEEE-Formate von einem Coprozessor emulieren, im Gegensatz zu Version 4.0, bei der diese Gleitpunktzahlenformate nur dann verfügbar sind, wenn ein numerischer Coprozessor vorhanden ist.

Der Aufbau aller von Turbo Pascal 4.0 und 5.0 unterstützten Formate wird in Kapitel 4 genau erläutert.

1.5 Arbeitsweise eines Rechners

Rechner speichern und verarbeiten Informationen in binärer Form. Der kleinste Informationsbaustein, das Bit, ist eine Art Schalter, der den Strom unterbricht oder durchläßt. Ist der Schalter geschlossen, so sagen wir, daß das Bit den Wert 0 oder *False* annimmt. Bei einem offenen Schalter hat das Bit den Wert 1 oder *True*. Größere Zahlen werden durch mehrere Bits dargestellt, genauso wie man mehrere Ziegelsteine braucht, um ein ganzes Haus zu bauen.

Ein Rechner besteht aus mehreren Komponenten, deren Beschreibung den Rahmen dieses Buches übersteigen würde. Unsere Absicht ist lediglich, einige Aspekte zu erörten, die für einen Pascal Programmierer von Bedeutung sind.

1.5.1 Die Prozessorregister

Der Prozessor, das "Herz" des Rechners, führt die Anweisungen eines Programmes aus. Mit Pascal-Anweisungen haben diese **Maschinenanweisungen** nicht viel gemeinsam. Die meisten davon verschieben Daten hin und her, ande-

re führen arithmetische Operationen aus - hauptsächlich die vier Rechenarten -,
andere wiederum veranlassen den Prozessor, an einer anderen Stelle mit der
Abarbeitung des Programmes fortzufahren.

Alle diese Operationen finden über die Register des Prozessors statt. Das sind
spezielle Speicherstellen, die sich im Prozessor befinden und 16 Bit lang sind.
Jede dieser Stellen kann also Werte zwischen 0 und 65535 speichern. Jedes Register hat eine eigene Bezeichnung und kann damit angesprochen werden. Vier
davon können in zwei unabhängige Hälften unterteilt werden. In der in Bild 1.3
gezeigten Tabelle sind alle Register eines 8088, 8086 oder 80286 Prozessors
aufgeführt:

AX	AH	AL
BX	BH	BL
CX	CH	CL
DX	DH	DL

SI	source index
DI	destination index
BP	base pointer

SP	stack pointer
IP	instruction pointer
FLAGS	

CS	code segment
DS	data segment
ES	extra segment
SS	stack segment

Bild 1.3: Die Register der 88er Prozessorfamilie

Der Prozessor ist sozusagen die Rechenmaschine. Er könnte aber nichts voll-
bringen, wenn er keinen Speicherplatz zur Verfügung hätte. Der Speicher ist im
Grunde eine Reihe von Bits, die, wie wir schon gesehen haben, imstande sind,
Informationen in binärer Form zu speichern. Alle Bits werden in Gruppen von
jeweils acht zusammengefaßt und bilden die kleinste logische Speichereinheit,

das Byte. Jedes Byte hat einen eigenen Namen oder, besser gesagt, eine eigene
Adresse. Stellen Sie sich eine lange Straße mit Reihenhäusern vor. Jedes Haus
hat eine eigene Hausnummer und ist somit eindeutig von den anderen zu unterscheiden.

Alle Anwendungsprogramme werden vollständig in diesem Speicherplatz geladen. Code und Daten eines Programmes befinden sich also im selben Speicher
(RAM = random accessed memory), aber in voneinander klar abgegrenzten Bereichen. Bei der Abarbeitung eines Programmes werden Anweisungen, also
Bytefolgen, die für den Prozessor eine besondere Bedeutung haben, aus dem
Codebereich gelesen und ausgeführt. Ein Programm läuft sequentiell ab, dh.
alle Anweisungen werden entsprechend der Reihenfolge, mit der sie im Speicher stehen, ausgeführt. Das Prozessorregister IP, auch Befehlszähler genannt,
enthält die Adresse der gerade zu bearbeitenden Anweisung. Nach der Ausführung einer Anweisung wird der Befehlszähler erhöht, so daß er auf die nächste
Operation zeigt. Anschließend fängt der Zyklus (Laden, Ausführen, Befehlszähler erhöhen) wieder von vorne an.

Es gibt auch Anweisungen, die den Prozessor veranlassen, mit dem Programm
an einer anderen Stelle des Codes fortzufahren. Zu diesem Zweck wird einfach
der Wert des Befehlszählers geändert. Die meisten dieser Anweisungen werden
ausgeführt, wenn eine bestimmte Bedingung erfüllt ist. Es findet zum Beispiel
ein Vergleich zwischen zwei Werten statt, und das Ergebnis wird in einem speziellen Register (*FLAGS*) abgelegt. Je nach Ergebnis wird der Sprung ausgeführt oder nicht. Ein kleiner Ausschnitt eines Maschinenprogramms könnte so
aussehen:

```
          (.)
          (.)
3D4000    CMP   AX,0040    ; Inhalt von AX mit Wert 40 h vergleichen
747B      JZ    0180       ; Springe auf Adresse 180 hex
                           ; falls AX=40 h
          (.)
          (.)
89D8      MOV   AX,BX
          (.)
          (.)
```

1.5.2 Unterprogramme

Unterprogramme sind uns in Pascal als Prozeduren oder Funktionen bekannt.
Meistens faßt man im Programm öfter vorkommende Befehlsfolgen in Prozeduren oder Funktionen zusammen. Der Code von Unterprogrammen wird nur
einmal im Speicher abgelegt, was sehr viel Speicherplatz spart. Jedesmal, wenn
der in einem Unterprogramm zusammengefaßte Code gebraucht wird, wird dieses Unterprogramm aufgerufen. Aus der Sicht des Prozessors handelt es sich
hierbei um einen Sprung, und zwar an die Adresse, wo sich der Code des Unterprogrammes befindet. Der Unterschied zu den Sprüngen, die eine Verzwei-
gung des Programmes hervorrufen, besteht darin, daß hier nach der Ausfüh-

rung des Unterprogrammes das Programm an der gleichen Stelle weitergeführt werden muß, an der es unterbrochen wurde. Zu diesem Zweck wird die Rücksprungadresse automatisch bei der Ausführung der dafür vorgesehenen Anweisung (*CALL*) gesichert. Die letzte Anweisung des Unterprogrammes ist die Return-Anweisung (*RET*). Sie bewirkt, daß der gesicherte Wert, die Rücksprungadresse, im Befehlszähler geladen wird.

```
              {.}
              {.}
0100 E8FD00   CALL  0200        ; Rücksprungadresse (0103) sichern und
                                ; Unterprogramm rufen (Adresse = 200)
0103 89D8     MOV   AX,BX
              {.}
              {.}

0200 89D8     MOV   AX,BX       ; Beginn des Unterprogrammes
              {.}
              {.}
02B2 C3       RET               ; gesicherte Rücksprungadresse in IP laden
```

Auf diesem Weg ist es möglich, Unterprogramme von verschiedenen Stellen des Hauptprogrammcodes aufzurufen. Wo wird aber die Rücksprungadresse während der Ausführung des Unterprogrammes gesichert? Dies geschieht in einem speziellen Speicherbereich, der Stack heißt und auf eine besondere Art verwaltet wird.

1.5.3 Stack

Der Stack ist ein Speicherbereich, wo Daten kurzzeitig gespeichert werden. Außer den schon erwähnten Anweisungen *CALL* und *RET*, die auf den Stack zugreifen, gibt es auch andere, die speziell dafür vorgesehen sind, Werte im Stack zu sichern (*PUSH*) oder daraus zu lesen (*POP*).

Den Stack kann man sich als ein senkrecht stehendes Rohr vorstellen, das mit aufeinandergestapelten Münzen gefüllt ist. Die Münzen, die als erste eingefüllt wurden, also ganz unten im Rohr liegen, können als letzte wieder herausgeholt werden. Durch jeden Schreibbefehl (*PUSH*) werden immer zwei Bytes, also ein Wort, geschrieben. Das gleiche gilt für das Lesen. Ein nur für diesen Gebrauch vorgesehenes Prozessorregister, der Stack Pointer (*SP*), zeigt auf das zuletzt geschriebene Wort. Der Stack wächst hierbei nicht etwa, wie vielleicht erwartet, von den kleineren Adressen zu den größeren, sondern genau umgekehrt.

Als Beispiel zeigt das folgende Bild den Stack nach der Ausführung der Anweisungen *PUSH AX, PUSH BX, PUSH CX*:

```
SP  --->  | CL | CH |     niedrige Adressen
          | BL | BH |
          | AL | AH |
          |----|----|     höhere   Adressen
```

Obwohl der Stack in umgekehrter Richtung wächst, werden die Werte immer in der richtigen Reihenfolge geschrieben bzw. gelesen. Jedes binäre Wort besteht aus zwei Bytes, dem höherwertigen und dem niederwertigen. Infolgedessen befindet sich das niederwertige Byte immer auf der niedrigeren Adresse.

Führt man anschließend die Anweisungen *POP CX, POP BX* aus, sieht der Stack wie folgt aus:

```
          | CL | CH |     niedrige Adressen
          | BL | BH |
SP  --->  | AL | AH |
          |----|----|     höhere   Adressen
```

Wir stellen fest, daß Werte, die im Stack gespeichert sind, nicht beim Lesen gelöscht werden. Sie bleiben weiterhin erhalten, bis sie beim nächsten *PUSH*-Befehl von einem neuen Wert überschrieben werden.

PUSH DX

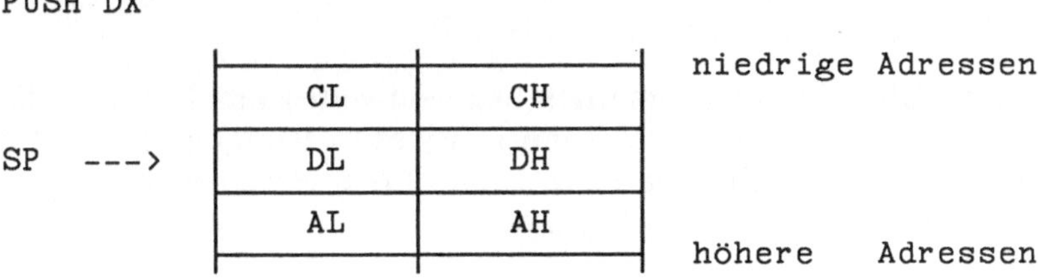

```
          | CL | CH |     niedrige Adressen
SP  --->  | DL | DH |
          | AL | AH |
          |----|----|     höhere   Adressen
```

Diese Eigenschaften des Stacks sind von großem Vorteil, da sie verschachtelte Unterprogrammaufrufe ermöglichen. Das bedeutet, daß jedes Unterprogramm weitere Unterprogramme bzw. sich selbst (Rekursion) aufrufen kann, indem es, wie ein Hauptprogramm, vor dem Aufruf einer Routine die Rücksprungadresse auf dem Stack sichert. Wenn jede Routine genau diese Werte vom Stack entfernt, die ihretwegen geschrieben wurden, können die Rücksprungadressen nicht verwechselt werden.

Von genau dieser Tatsache machen alle Prozeduren und Funktionen von Turbo Pascal Gebrauch. Sie benutzen außerdem den Stack nicht nur, um Rücksprungadressen zu sichern, sondern auch für die Parameterübergabe sowie für alle lokalen Variablen, die nur solange existieren, wie die Routine aktiv ist. Solche Feinheiten werden wir aber in Kapitel 8 besprechen, das sich speziell mit dem internen Aufbau von Turbo Pascal-Programmen beschäftigt.

1.5.4 Über Segment- und Offsetwerte

Jedes Prozessorregister kann maximal 65536 Werte (64 KB) darstellen. Trotzdem schafft es der Prozessor, mit einem rund 1 MB großen Speicherbereich umzugehen. Das Konzept hierfür ist relativ einfach und bringt viele Vorteile mit sich. Um einen einzigen physikalischen Speicherplatz zu adressieren, werden zwei Register benutzt. Aus dem zusammengesetzten Wert ergibt sich die physikalische Adresse. Der Segmentwert wird dabei um vier Bitstellen verschoben, so daß sich ein 20 Bits langer Wert ergibt.

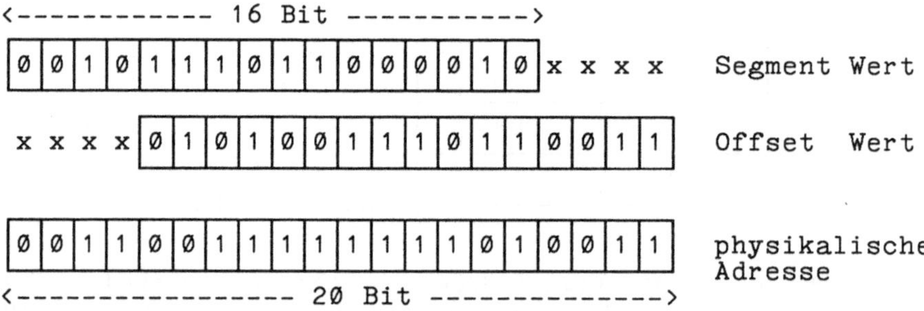

Bild 1.4: Erzeugen einer physikalischen Adresse (20 Bit) mittels eines Segment-
und Offsetwertes

Wir stellen fest, daß eine Erhöhung des Segmentwertes um 1 wegen dieser Verschiebung die physikalische Adresse um 16 Bytes (=Paragraph) erhöht. Ein und derselbe physikalische Speicherplatz kann durch verschiedene Segment-/Offsetwerte dargestellt werden. Ein Beispiel:

```
Segment 39A2  h        Segment 2A51  h        Segment 30A0  h
Offset   0100 h        Offset   F610 h        Offset   9120 h
─────────────── oder  ─────────────── oder  ─────────────── usw.
Adresse 39B20 h        Adresse 39B20 h        Adresse 39B20 h
```

Diese Methode gewährleistet ein großes Maß an Flexibilität. Ein Segment kann an jedem Paragraph (Adresse mod 16 = 0) anfangen und ist nicht an absolute Adressen gebunden. Die Länge eines Segmentes variiert zwischen 16 und 65536 Bytes.

Es ist wichtig, für jedes Programm klar voneinander abgetrennte Speicherbereiche für den Code, die Daten und den Stack zu reservieren. Der Prozessor verfügt über verschiedene Segmentregister, die auf diese Bereiche verweisen. Im Register *CS* (Codesegment) wird der Segmentwert des für den Code reservierten Speicherbereichs festgehalten. Die gerade ausgeführte Anweisung wird also durch das Registerpaar *CS:IP* adressiert. Auf den aktuellen Wert des Stacks zeigt das Registerpaar *SS:SP* (Stacksegment, Stackpointer). Zugriffe auf allgemeine Daten werden durch das Datensegment *DS* und einen Offsetwert adressiert, falls kein anderes Segment explizit angegeben wird.

Ein Programm kann sich über mehrere Segmente erstrecken, was nicht unbedingt heißt, daß sein Code mehr als 64 KB betragen muß. Für Turbo Pascal 4.0 und 5.0 gilt, daß sich alle Routinen, die zu einem Unit zusammengefaßt worden sind, im gleichen Segment befinden. Unterschiedliche Units erhalten immer unterschiedliche Segmentwerte, auch wenn sie sich nur einige Bytes entfernt im Speicher befinden. Was passiert aber, wenn ein Unit auf Routinen eines anderen Units zugreift?

Wir haben im vorletzten Abschnitt gesehen, daß die Rücksprungadresse, der Wert des Befehlszählers, auf dem Stack gesichert wird. Dabei hat es sich aber um intrasegmentale Aufrufe von Unterprogrammen gehandelt. Das heißt, daß sich die aufgerufene Routine im gleichen Segment befindet wie die aufrufende (*near*-Aufruf). Das Codesegment wird in diesem Fall nicht geändert und muß deshalb auch nicht gesichert werden. Anders ist es aber, wenn die aufgerufene Routine durch einen anderen Segmentwert (*far*-Aufruf) adressiert wird. In diesem Fall werden der Segmentwert und der Befehlszähler (*CS:IP*) im Stack gesichert, weil beide beim Aufruf neue Werte bekommen. Entsprechend funktioniert die Return-Anweisung eines als *far* aufgerufenen Unterprogramms. Beide Werte werden von den entsprechenden Registern (*CS:IP*) gelesen und im Stack gespeichert.

Rufen wir uns nochmal ins Gedächtnis, daß die Werte im Stack in der richtigen Reihenfolge geschrieben werden, obwohl er in umgekehrter Richtung wächst. So wird bei einem intersegmentalen Aufruf eines Unterprogrammes zuerst der Segmentwert (*CS*) der Rücksprungadresse an der höheren Adresse gesichert. Folgendes Schema zeigt den Zustand des Stacks nach einem *far*-Aufruf:

```
SP   --->   +-----------------------+    niedrige Adressen
            |          IP           |
            +-----------------------+
            |          CS           |
            +-----------------------+
            .                       .
            .                       .
            +-----------------------+
            |                       |
            +-----------------------+    höhere   Adressen
```

Durch die Turbo Pascal-Compilerdirektive {$F+} können Pascal Prozeduren und Funktionen als *far*-Routinen kompiliert werden. Das ist notwendig, wenn man Routinen schreibt, die nicht nur aus dem gleichen Modul aufgerufen werden.

1.5.5 Interrupts (Unterbrechungen)

Interrupt-Routinen sind eine besondere Art von Unterprogrammen. Sie führen fundamentale Aufgaben aus, die für die Operation des Rechners notwendig sind, und sind an den Interrupt-Mechanismus angeschlossen. Dieser ist ein flexibles Kommunikationsmittel des Prozessors mit der Peripherie (Bildschirm, Tastatur, Diskettenlaufwerke, Drucker usw.).

Durch ein Interrupt wird die Abarbeitung eines laufenden Programms unterbrochen und eine Interrupt-Routine angesprungen. Das unterbrochene Programm wird dabei sozusagen eingefroren. Sobald die Interrupt-Routine abgearbeitet worden ist, wird die Ausführung des unterbrochenen Programms weitergeführt. Ein wichtiger Unterschied der Interrupt-Routinen zu normalen Unterprogrammen ist, daß sie nicht vom unterbrochenen Programm selbst aufgerufen werden. Ihr Aufruf wird vom Interrupt-Mechanismus durch ein Signal an dem Prozessor ausgelöst.

Zweck des Interrupt-Mechanismus ist in erster Linie, den externen Geräten zu ermöglichen, die Initiative zu ergreifen und selbst zu signalisieren, wann sie seine Mitwirkung benötigen. Jedesmal, wenn das der Fall ist, senden sie ein Signal zur Identifizierung des erforderlichen Jobs, das zunächst von einem Hilfs-Chip, dem 8259 Interrupt Controller, abgefangen wird. Dieser ordnet alle empfangenen Signale ihrer Wichtigkeit nach und sendet für den Job, der die Priorität hat, ein Interruptsignal (Unterbrechung) zur **CPU** (Central Processor Unit). Sobald dieses Signal bearbeitet worden ist, werden auch alle anderen der Reihe nach behandelt.

Hat die **CPU** ein Interrupt empfangen, wird ihre augenblickliche Tätigkeit unterbrochen und eine Interrupt-Routine angesprungen, die Interrupt-Handler heißt und den betreffenden Job erledigt. Nachdem der Prozessor das Interrupt bearbeitet hat, kann er seine frühere Tätigkeit fortführen. Es obliegt dem Interrupt-Handler, die von ihm veränderten Register wieder mit den ursprünglichen Werten zu laden, so daß das unterbrochene Programm unbeeinträchtigt bleibt.

Interrupts können auch von einem Programm, also softwaremäßig, ausgelöst werden, wobei das Prinzip des Ablaufs fast identisch ist. Es gibt aber einen wichtigen Unterschied zwischen Hardware- und Software-Interrupts.

Hardware-Interrupts werden von der Hardware ausgelöst. Das bedeutet, daß sie ein Programm zu jeder beliebigen Zeit unerwartet unterbrechen können. Aus diesem Grund müssen solche Interrupt-Handler den Wert aller von ihnen verwendeten Prozessorregister temporär sichern, um den Ablauf des unterbrochenen Programmes nicht zu beeinträchtigen. Hardware-Interrupts müssen für Programme unsichtbar sein.

Software-Interrupts werden dagegen von Programmen als eine Art System-funktionen ausgelöst. Das bedeutet, daß solche Interrupt-Handler durch verän-derte Registerwerte systemnahe Informationen zurückliefern.

Alle Interrupt-Handler werden indirekt angesprungen. Für diesen Zweck wird beim Systemstart in RAM an der Adresse 0000h:0000h eine sogenannte Inter-rupt-Vektortabelle kopiert, worunter man eine Reihe von Zeigern auf absoluten Adressen versteht. Diese Vektoren zeigen auf die entprechenden Routinen (In-terrupt-Handler). Durch jedes ausgelöste Interrupt wird der entsprechende Zei-ger herausgelesen und die entsprechende Routine angesprungen. Diese Tabelle kann man in Pascal so formulieren:

```
IntVecTab :array [0..255] of record
                OfsWert :word;
                SegWert :word;
                end absolute $0000:$0000;
```

Dieses Konzept ist aus zwei Gründen sehr flexibel. Einerseits brauchen Pro-gramme, die diese Interrupt-Handler nutzen wollen, nicht deren exakte Adresse zu wissen. Sie müssen lediglich das entsprechende Interrupt auslösen. So steht ihnen das gesamte Repertoire der Interrupts zur Verfügung. Andererseits kön-nen Programme Interrupt-Vektoren verändern, indem sie den Segment- und den Offsetwert einer eigenen Routine laden und neue, ihren eigenen Bedürfnissen entsprechende Interrupt-Handler definieren. Dies sollte natürlich mit großer Vorsicht geschehen, denn bei solchen Manipulationen können die kleinsten Fehler einen Systemabsturz hervorrufen. Mit diesem Thema werden wir uns in Kapitel 9 beschäftigen.

Interrupt-Handler werden als *far*-Routinen aufgerufen, das heißt, Segment- und Offsetwert der Rücksprungadresse werden im Stack gesichert. Um falsche Er-gebnisse durch veränderte Bits vom Flagregister (**FLAGS**) zu vermeiden, wird es zusätzlich vor dem Segmentwert gesichert. Die folgende Darstellung zeigt den Zustand des Stacks nach dem Auslösen eines Interrupts:

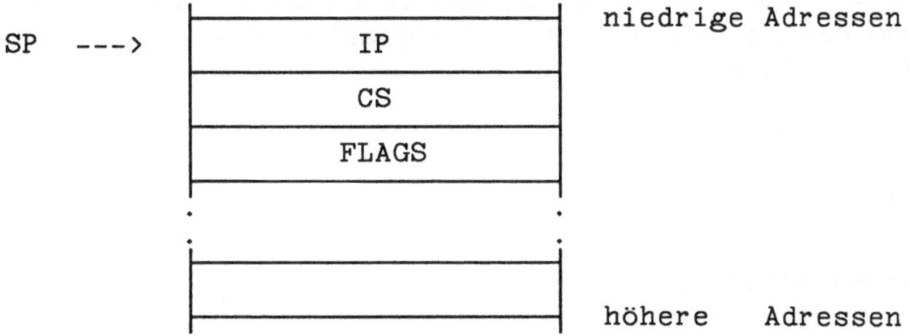

Das Betriebssystem **DOS** nutzt ebenfalls den Interrupt-Mechanismus. Das In-teressanteste dürfte für uns das Interrupt 33 (21h) sein, das eine Vielfalt von Funktionen bietet.

1.6 BIOS

Das Vorhandensein einer Bibliothek (Sammlung von Funktionen und Prozeduren) ist bei häufig vorkommenden komplizierten und spezialisierten Aufgaben eine große Hilfe. Eine ähnliche Funktion hat das **BIOS** (Basic Input Output System), eine Gruppe von Routinen, die im ROM (Read Only Memory) löschsicher aufbewahrt sind.

Ihre Aufgabe besteht darin, alle primären und vom Rechner immer wieder benutzten Funktionen und Operationen durchzuführen, die sich von der direkten (low level) Programmierung der Hardware (Bildschirm, Tastatur, Diskettenlaufwerke, Drucker usw.) bis hin zur Aktualisierung der Tageszeit erstrecken. **BIOS**-Routinen stellen den primitivsten Kontakt mit der Hardware her und besitzen dementsprechend nicht die Differenzierung und logische Abstraktion, die man von höheren Programmiersprachen gewohnt ist. BIOS löst die Aufgabe vom direkten physikalischen Lesen bzw. Schreiben eines Sektors auf der Platte, das Ein- bzw. Ausschalten des Laufwerkmotors oder das Setzen eines bestimmten Bildschirmmodus.

In der Regel steht **BIOS** als Vermittler (Schnittstelle) zwischen Programmen und Hardware. Programmen bleibt somit die direkte Steuerung der Hardware erspart.

Da alle **BIOS**-Routinen durch den Interrupt-Mechanismus angesprungen werden, ist **BIOS** ständig präsent, auch während der Bearbeitung anderer Programme. Jedesmal, wenn z.B. eine Taste gedrückt wird, schaltet sich **BIOS** ein und sichert den Code der gedrückten Taste für späteren Gebrauch in einem Buffer, auch wenn das gerade laufende Programm gar nicht nach einer Tastatureingabe verlangt.

Programme können natürlich bei Bedarf die Hardware direkt ansprechen oder **BIOS**-Routinen durch Austauschen der Interrupt-Vektoren ersetzen. **BIOS**-Routinen sind aber die beste Garantie für Kompatibilität und Lauffähigkeit auf unterschiedlichen Umgebungen.

1.7 DOS

DOS (Disk Operating System) ist das Betriebssystem, unter dem Turbo Pascal-Programme laufen. Es besteht genauso wie **BIOS** aus einer Sammlung Interrupt-gesteuerter Routinen und einem Kommandozeileninterpreter (COMMAND.COM), mit dessen Hilfe relativ einfache Befehle editiert und ausgeführt werden können.

DOS stellt die nächsthöhere Ebene nach **BIOS** dar und greift auf dieses zu. Nach dem Laden im Speicher übernimmt **DOS** die volle Verwaltung des Rechners. Dazu gehört alles, was notwendig ist, um Steuer- und Anwendungs-Programme zu starten, deren Lese- und Schreiboperationen sowie die ganze Speicherverwaltung.

Die meisten **DOS** Interrupt-Routinen stehen den Programmen zur Verfügung. Am Interessantesten ist das Interrupt 21h (Function Request). Dieses Interrupt stellt nicht etwa eine einzige Routine dar, sondern umfaßt die gesamte DOS-Routinenbibliothek. Das Interrupt 21h wird immer von Programmen, also softwaremäßig, ausgelöst. Durch einen im Register **AH** spezifizierten Wert werden dann verschiedene Routinen angesprungen. Diese Routinen, **DOS** Functions genannt, verhalten sich tatsächlich wie Funktionen, da sie Ergebnisse oder Werte in Register zurückliefern.

Die Prozeduren im Unit dos von Turbo Pascal aktivieren einige häufig benutzte **DOS**-Funktionen. In späteren Kapiteln werden wir anhand von Programmbeispielen konkreter auf das eine oder andere **DOS**-Detail zu sprechen kommen.

2 Programmqualitäten

S. Alexakis

Auch wenn ein Programm noch so schön implementiert wurde, ist es wertlos, wenn es seine Aufgabe nicht fehlerfrei erfüllt. Korrektheit ist die wichtigste Forderung an einen Programmierer. Ein Programm sollte aber auch effizient sein, d.h. nicht mehr Rechenzeit als notwendig und möglichst wenig Speicherplatz aufwenden.

2.1 Fehlersuche

Ein Programm sollte ohne Auftreten von Fehlern arbeiten. Leichter gesagt als getan: teure integrierte Pakete stürzen nach Fehlbedienung ab, Editoren fügen in den Text Ctrl-Zeichen ein, richtige Eingaben erzeugen Fehlermeldungen.

Um Algorithmen auf ihre Korrektheit zu überprüfen, kann man in der Theorie aufwendige Beweisregeln einsetzen (Programmverifikation). In der Praxis ist diese Möglichkeit oft nicht gegeben, da Programmverifikation eine formale Darstellung der E/A-Daten und ihrer Abhängigkeiten voraussetzt. Wie könnte man aber die Funktionen eines Texteditors formal beschreiben? Der Praktiker testet das Programm unter verschiedenen Bedingungen, eine Methode, die besonders aufwendig wird, wenn sie nicht systematisch erfolgt. Programmfunktionen, die häufiger eingesetzt werden, sollten sorgfältiger getestet und Grenzbedingungen nicht außer acht gelassen werden. Programmieren unter strukturierten Sprachen wie Pascal bietet die besten Voraussetzungen für ein erfolgreiches Testen, da diese Sprachen eine Modularisierung des Programms, d.h. Zerteilung in eigenständige Abschnitte, unterstützen. Man sollte unbedingt von dieser Eigenschaft Turbo Pascals Gebrauch machen, indem man

    i)   eigenständige Programmteile in verschiedene Units kompiliert,
    ii)   die Schnittstellen zwischen den Units genau dokumentiert,
    iii)   die Units in Prozeduren und Funktionen gliedert, die möglichst unabhängig voneinander sind,
    iv)   wenige globale Variablen definiert,
    v)   und auf Sprunganweisungen möglichst verzichtet.

So kann man die Fehler, die beim Testen auftreten, "einkreisen" und schließlich genau lokalisieren.

fende Programm zeilenweise ausgeführt werden kann. Bei der Fehlersuche wird die nächste auszuführende Zeile hervorgehoben. An jeder beliebigen Programmzeile lassen sich Abbruchpunkte setzen - die entsprechende Zeile wird ebenfalls hervorgehoben dargestellt. Dann führt der Debugger das Programm bis zum nächsten Abbruchpunkt aus. Ist das Programm gestoppt, kann man den aktuellen Inhalt der Variablen anzeigen lassen oder ihn verändern, bevor man mit der Programmausführung fortfährt.

2.2 Effizienz

Als effizient wird ein Programm bezeichnet, wenn es die Betriebsmittel optimal einsetzt. Die wichtigsten Betriebsmittel sind Speicher und Rechenzeit (i.a. werden als Betriebsmittel auch alle Einheiten bezeichnet, die man auf irgendeine Weise ansprechen kann, wie Drucker, Modem etc.).

Speichereffizienz und Rechenzeiteffizienz sind aber oft nicht miteinander zu vereinen. Wenn man z.B. versucht, durch Datenkodierung die Größe der erzeugten Dateien zu verkleinern, verlängert sich die Gesamtrechenzeit um die Rechenzeit der Kodier- und Dekodierroutinen. Das Einsetzen von inline-Anweisungen dagegen beschleunigt zwar die Ausführungsgeschwindigkeit, wirkt sich aber gleichzeitig nachteilig auf die Codelänge aus. Man sollte sich also je nach den gegebenen Umständen entscheiden, welche Programmeigenschaft optimiert werden soll.

2.2.1 Automatische Optimierung des Programmcodes

Um die Effizienz von Turbo Pascal 5.0 zu verbessern, trifft der Compiler automatisch einige Maßnahmen, die den erzeugten Code optimieren. Die wichtigsten dieser Maßnahmen werden in diesem Abschnitt beschrieben.

a)   Vorausberechnung von Konstanten

Konstante ordinale Ausdrücke werden während des Kompilierungsvorgangs berechnet - in den Code wird dann nur der Ausdruckswert eingefügt. Wenn der Wert außerhalb des zulässigen Wertebereichs liegt, wird die Kompilierung mit einer Fehlermeldung abgebrochen. Das gleiche gilt für ordinale Argumente der Funktionen *Abs,Sqr,Succ,Pred,Odd,Lo,Hi* und *Swap*: der Code enthält nur den entsprechenden Funktionswert. Indizierungen von Arrays durch konstante Ausdrücke werden ebenfalls vom Compiler berechnet. Zugriffe auf solche Arraykomponenten erzeugen deshalb den gleichen Code wie Zugriffe auf einfache Variablen.

```
program beispiel;
const A = 5;

var I       :integer;
    IntArr :array[1..5,1..5] of integer;
begin
  I:=A+5;
  IntArr[1,1]:=10;
end.
```

Unser Beispielprogramm erzeugt, abgesehen vom Ein- und Ausgangscode, nur
die zwei Assembleranweisungen:

```
C70600000A00  MOV    WORD PTR [0000],000A
C70602000A00  MOV    WORD PTR [0002],000A
```

b)   Auswertung Boole'scher Ausdrücke

Boole'sche Ausdrücke werden in Turbo Pascal 4.0 entweder vollständig ausge-
wertet oder nach dem Kurzschlußverfahren berechnet. Bei einer vollständigen
Auswertung werden die Werte aller Komponenten des Ausdrucks berechnet und
anschließend das Ergebnis ermittelt. Das Kurzschlußverfahren bricht die Auswertung ab, sobald der Wert des ganzen Ausdrucks feststeht. Ein Beispiel dazu:
der auszuwertende Ausdruck hat die Form

        P or Q or R,

wobei P, Q und R Boole'sche Ausdrücke sind. Eine OR-Verknüpfung ergibt als
Resultat *True*, wenn mindestens einer der Operanden den Wert *True* hat. Die
Auswertung im Beispiel wird abgebrochen, wenn P den Wert *True* hat, weil Q
und R das Resultat nicht beeinflussen. Entsprechend verhält es sich mit der
AND-Verknüpfung: die Auswertung bricht ab, wenn ein Operand den Wert
False hat.

Mit dem Kurzschlußverfahren wird deshalb ein viel schnellerer Code erzeugt.
Die Compiler-Voreinstellung {$B-} weist den Compiler an, nach diesem Ver-
fahren vorzugehen. Der Benutzer kann jedoch durch Setzen des Compiler-
Schalters $B ({$B+}) eine vollständige Auswertung Boole'scher Ausdrücke
veranlassen.

Wann aber ist eine vollständige Auswertung notwendig? Betrachten wir das
folgende kleine Programm:

```
var P :boolean;
    I :word;


function init(I:word) :boolean;
begin
  I:=1;
end;
```

```
  P:=True;
  P:=P or init(I);
  write(I)
end.
```

Wenn der Compiler das Kurzschlußverfahren anwendet, wird die Funktion *init* nicht aufgerufen. Die Variable *I* hat deshalb einen undefinierten Wert. Eine vollständige Auswertung (Option {$B+}) gewährleistet, daß alle Funktionen in einem Boole'schen Ausdruck aufgerufen werden.

Um auch in einem solchen Fall auf das schnelle Kurzschlußverfahren nicht zu verzichten, kann man die beteiligten Funktionen vorher aufrufen, die Funktionsergebnisse Variablen zuweisen und die Funktionsaufrufe im Boole'schen Ausdruck durch diese Variablen ersetzen:

```
var P,Q :boolean;
    I    :word;
  {.}
  {.}
  Q:=Init(I);
  P:=P or Q
  {.}
  {.}
```

Die schnellste Auswertung Boole'scher Ausdrücke wird erreicht, wenn das Resultat schon nach der ersten Bedingung feststeht. Achten Sie deshalb darauf, daß in einer or-Verknüpfung die Bedingung an erster Stelle steht, die mit größter Wahrscheinlichkeit den Wert *'True'* hat. Eine *and*-Verknüpfung sollte entsprechend die Bedingung als erste aufführen, die am häufigsten den Wert *'False'* erhält.

c)   Einsatz von Schiebebefehlen

Durch die Schiebebefehle *shl/shr* können schnelle und kompakte Multiplikationen bzw. Divisionen mit einer Zweierpotenz realisiert werden. Der Compiler kodiert deshalb Multiplikationen und Divisionen mit Zweierpotenz-Konstanten über diese Schiebebefehle. In gleicher Weise werden Arrayindizierungen kodiert: wenn der Index eine Zweierpotenz ist, wird der Prozessorbefehl shl zur Berechnung der Adresse eingesetzt. Näheres über die Schiebebefehle in 2.2.3.1.

d)   Entfernung "toten" Codes / Intelligentes Linken

Anweisungen, die aus logischen Gründen nie ausgeführt werden, werden vom Compiler erkannt und nicht in den Code aufgenommen. Der Linker bindet nur die Unterprogramme aus einem benutzten Unit ein, die tatsächlich zum Einsatz kommen. Alle anderen Routinen werden nicht in die EXE-Datei aufgenommen. Ein Beispiel:

```
uses graph;
const Trace = False;
var I,K :integer;
begin
  if Trace then
  begin
    writeln('Suche ein');
    if K=0 then K:=1
  end;
  I:=I div K
end.
```

Der erzeugte Assemblercode besteht aus dem Eingangs- und Ausgangscode,
sowie den Anweisungen:

```
A11202        MOV    AX,[0212]
99            CWD
F73E1402      IDIV   WORD PTR [0214]
A31202        MOV    [0212],AX
```

Es wird also nur die Divisionsanweisung in der letzten Zeile kodiert. Das Einbinden von *graph* belastet den Code nicht, da keine Routine aus *graph* aufgerufen wird. Die Anweisungen in der *if*-Bedingung werden vom Compiler nicht
berücksichtigt, da die Konstante *Trace* den Wert *False* hat.

2.2.2 Optimierungen durch den Programmierer

a)   Unterprogrammaufrufe

Unterprogrammaufrufe sind das beste Beispiel für die Bemerkung am Anfang
des Kapitels, daß nämlich Speicher- und Rechenzeiteffizienz oft nicht miteinander vereinbar sind. Sie dauern relativ lange, sorgen aber für einen kompakten
Code. Ein einfaches Beispiel für ein ineffizientes, weil unnötig langsames Programm ist folgendes:

```
program A;
  procedure wurzel(var R:real);
  begin
    if R>0.1 then R:=sqrt(R)
  end;

var R: real;
begin
  R:=1000;
  while R > 0.1 do R:=Wurzel(R);
  write(R)
end.
```

Ein Unterprogrammaufruf bewirkt, daß die lokalen Parameter der aufgerufenen Prozedur (bzw. Funktion) und die Rücksprungadresse im Stack abgelegt und nach der Ausführung wieder entfernt werden. Dieser Vorgang nimmt relativ viel Zeit in Anspruch, besonders wenn die Routine innerhalb einer Schleife aufgerufen wird. Der Prozeduraufruf im Beispiel sollte deshalb durch die Zuweisung $R:=sqrt(R)$ ersetzt werden.

Man sollte dennoch nicht glauben, daß ein Programm aus zwei oder drei großen Routinen bestehen muß, um schnell zu sein. Unterprogramme sind die Basis für Modularisierung, deren Wichtigkeit in 2.1 beschrieben wurde. Meistens spielt der geringe Geschwindigkeitsverlust keine wesentliche Rolle, während das Fehlen jeglicher Struktur die Übersichtlichkeit des Programms beeinträchtigt. Andereseits verhelfen Unterprogramme zu einem kompakten Code, da mehrmals vorkommende Befehlsfolgen in einer Routine zusammengefaßt werden können.

b)   Einsetzen von *inc* und *dec*

Die Prozeduren *inc* und *dec* erhöhen bzw. verringern den Wert einer ganzzahligen Variablen. $inc(X,Y)$ und $dec(X,Y)$ entsprechen den Zuweisungen $X:=X+Y$ bzw. $X:=X-Y$, wobei Y ein ganzzahliger Ausdruck ist. Ein Aufruf dieser Prozeduren ohne Parameter ändert den Wert der betreffenden Variablen um eins (z.B *inc(I)* entspricht $I:=I+1$). *inc* und *dec* werden nicht durch den Befehl Call aufgerufen, sondern erzeugen schnellen und kompakten *inline*-Code. Da durch diese Prozeduren grundsätzlich nur eine Variable geändert wird, wird nur einmal eine Variablenadresse geändert. *inc* und *dec* laden die Werte nicht zuerst in Register, um sie danach zu manipulieren und zurückzuschreiben, sondern verändern den Variablenwert direkt im Speicher. Das Beispielprogramm und der dazugehörige Assemblercode zeigen die Vorteile von *inc* und *dec* gegenüber den entsprechenden Zuweisungen:

```
program Beispiel;

var I,J :word;
    A    :array[1..20] of word;
begin
  I:=1;       J:=0;
  inc(I,5);  I:=I + 5;
  dec(A[I]); A[i]:=A[I] - 1;
  inc(J,I);  J:=J + I
end.


              {.}
              {.}
8306000005    ADD    WORD PTR [0000],+05  ; inc(I,5)

A10000        MOV    AX,[0000]            ; I:=I+5
050500        ADD    AX,0005              ; Der Wert von I wird
A30000        MOV    [0000],AX            ; in AX gespeichert,
```

```
                                       ; geändert und in I
                                       ; zurückgespeichert

8B3E0000      MOV   DI,[0000]          ; dec(A[I])
D1E7          SHL   DI,1
FF8D0200      DEC   WORD PTR [DI+0002]

8B3E0000      MOV   DI,[0000]          ; A[I]:=A[I]-1
D1E7          SHL   DI,1
8B850200      MOV   AX,[DI+0002]
48            DEC   AX
8B3E0000      MOV   DI,[0000]          ; Die Adresse von
                                       ; A[I] wird
D1E7          SHL   DI,1               ; hier ein zweites
                                       ; Mal berechnet
89850200      MOV   [DI+0002],AX

A10000        MOV   AX,[0000]          ; inc(J,I)
01060200      ADD   [0002],AX

A10200        MOV   AX,[0002]          ; J:=J+I
03060000      ADD   AX,[0000]
A30200        MOV   [0002],AX
              {.}
              {.}
```

c)   Boole'sche Ausdrücke anstelle von Mengen

Die zwei kleinen Programme A und B überprüfen, ob ein eingegebenes Zeichen
in einer bestimmten Zeichenmenge enthalten ist.

```
program A;                      program B;
var Ch :char;                   var Ch :char;
    OK :boolean;                    OK :boolean;
begin                           begin
  Ch:=Readkey;                    Ch:=Readkey;
  OK:=Ch in ['J','N'];            OK:=(Ch='J') or (Ch='N');
end.                            end.
```

Ist A oder B effizienter? Betrachten wir dazu die für die Zuweisungen erzeugten
Assemblercodes:

```
          Code A                            Code B
          {.}                               {.}
          {.}                               {.}
83EC20    SUB   SP,+20          803E00004A  CMP   BYTE PTR [0000],4A
A00000    MOV   AL,[0000]       740B        JZ    0019
50        PUSH  AX              803E00004E  CMP   BYTE PTR [0000],4E
8D7EE0    LEA   DI,[BP-20]      7404        JZ    0019
16        PUSH  SS              B000        MOV   AL,00
57        PUSH  DI              EB02        JMP   001B
9A97023A61 CALL 613A:0297       B001        MOV   AL,01
```

```
B04A          MOV    AL,4A          A20100      MOV    [0001],AL
50            PUSH   AX                         {.}
9AA6023A61    CALL   613A:02A6                  {.}
B04E          MOV    AL,4E
50            PUSH   AX
9AA6023A61    CALL   613A:02A6
9A1B033A61    CALL   613A:031B
7504          JNZ    0033
B000          MOV    AL,00
EB02          JMP    0035
B001          MOV    AL,01
A20100        MOV    [0001],AL
              {.}
              {.}
```

Code A enthält vier Funktionsaufrufe. Im Stack wird eine Menge erzeugt, *'J'* und *'N'* dazuaddiert, die Ordinalität von Ch als Teilmenge umgerechnet, geprüft, ob dieser Wert in der Menge enthalten ist und schließlich die Menge vom Stack entfernt. Code B dagegen kommt mit zwei Vergleichen aus. Sicherlich sind Boole'sche Ausdrücke der Form

if (Ch='J') or (Ch='j') or (Ch='N') or (Ch='n') or (Ch=#27) or (Ch=#14) then..

nicht die übersichtlichste Lösung, aber, wenn es auf die Geschwindigkeit ankommt, sollte man ihnen den Vorzug geben.

d)   Compiler-Schalter

Bei der Kompilierung werden die folgenden Fehler automatisch abgefangen:

1)   Fehler bei Ein- und Ausgabe
2)   Stacküberlauf nach dem Aufruf eines Unterprogramms
3)   Bereichsüberschreitung bei Integer-Variablen und Arrayindizierung

Für diese Überprüfungen wird vom Compiler zusätzlicher Code erzeugt, der das Programm verlängert und verlangsamt. Nach dem Testen des Programms, sollte man diese Überprüfungen durch die Compiler-Schalter {$I},{$D} bzw. {$R} abschalten.

2.2.3   Datenkompression

Methoden der Datenkompression kodieren eine Informationsmenge, so daß diese weniger Speicherplatz in Anspruch nimmt. Datenkompression verbessert also die Speichereffizienz, wirkt sich aber grundsätzlich negativ auf die Geschwindigkeit und die Quellcodelänge aus, da Kodier- und Dekodierroutinen eingefügt werden müssen. Man setzt solche Methoden ein, um Platz auf der Festplatte oder im RAM-Speicher zu sparen, Kosten und Zeit einer Datenübertragung zu verringern oder um Daten zu verschlüsseln. Welches Verfahren eingesetzt wird, hängt von der Art der zu kodierenden Information ab - deshalb kann man sich meistens nicht auf allgemeingültige Schemata verlassen. Aus diesem Grund erhebt dieser Abschnitt keinen Anspruch auf Vollständigkeit. Vielmehr hat er zum Ziel, gewisse Grundkenntnisse zu vermitteln, um den Leser in die Logik der Datenkompression einzuführen. Es wird noch einmal betont: Optimale Ergebnisse erreichen nur Algorithmen, die für die jeweilige Anwendung "maßgeschneidert" wurden.

Im folgenden werden drei Verfahren zur Datenkompession vorgestellt: für Boole'sche Werte, für ASCII-Zeichen und für Strings. Die ersten beiden Verfahren basieren auf Zugriffen auf einzelne Bits. Deshalb wird zunächst erklärt, wie Bitmanipulation (Lesen und Schreiben einzelner Bits) in Turbo Pascal 5.0 realisiert werden kann.

2.2.3.1   Bitweise Operationen

a)   Die Schiebeoperatoren *SHL* und *SHR*

Syntax : *A shr nummer , A shl nummer*

Die Operatoren *shl* (shift left) und *shr* (shift right) können nur auf Audsrücke ordinalen Typs eingesetzt werden. *A shr nummer* verschiebt den ordinalen Ausdruck A um *nummer* Bits nach rechts, *A shl nummer* um *nummer* Bits nach links. Die Werte der hinausgeschobenen Bits gehen dabei verloren. Lediglich der Wert des zuletzt hinausgeschobenen Bits wird im Carryflag (CF) gespeichert. Wird die Anzahl der Bits, um die verschoben werden soll, nicht angegeben, so wird um ein Bit verschoben.

Beispiel: Das folgende Programm weist den Bytes *X* und *Y* die Werte 16 bzw. 2 zu.

```
var X,Y :byte;
begin
  X:=8;            { X =  8 =  0 0 0 0 1 0 0 0 }
  X:=X shl 1;      { X = 16 =  0 0 0 1 0 0 0 0 }
  Y:=X shr 3;      { Y =  2 =  0 0 0 0 0 0 1 0 }
end.
```

Wir erkennen, daß die Schiebebefehle eine Multiplikation bzw. Division mit einer Zweierpotenz bewirken. Deshalb werden solche Operationen vom Compiler durch einen SHL/SHR Maschinenbefehl kodiert, anstatt mit einem MUL Befehl, der langsameren Code erzeugt. Zweierpotenzen können durch *shl* sehr schnell berechnet werden:

$$2N = 1 \; shl \; N$$

Der im Operanden frei werdende Platz, der durch eine Schiebeoperation entsteht, wird mit Nullen aufgefüllt. $X:=139 \; shl \; 1$ weist deshalb der Variablen X den Wert 22 zu:

```
139     1   0   0   0   1   0   1   1
 22     0   0   0   1   0   1   1   0
```

b)   Die Operatoren *AND*, *OR* und *XOR* für bitweise Operationen

and, *or* und *xor*, auf Ordinalwerte angewandt, verursachen eine *and/or/xor*-Operation zwischen jedem Bit der zwei Operanden. Das Ergebnis dieser Operationen resultiert aus den Wahrheitstabellen:

AND	0	1
0	0	0
1	0	1

OR	0	1
0	0	1
1	1	1

XOR	0	1
0	0	1
1	1	0

Das Resultatbit einer *AND*-Verknüpfung zwischen zwei Bits hat also genau dann den Wert 1, wenn beide Bits gesetzt sind. or dagegen ergibt 1, wenn mindestens eines der beiden Bits gesetzt ist.

Die *XOR*-Verknüpfung weist einem Bit des Resultats den Wert 1 zu, wenn die zu vergleichenden Bits verschiedene Werte haben. Deshalb entspricht $X:=X \; xor \; X$ der Zuweisung $X:=0$, erzeugt allerdings einen längeren Code.

Dazu die Beispiele

```
14 and    0 0 0 0 1 1 1 0        42 or    0 0 1 0 1 0 1 0
11        0 0 0 0 1 0 1 1        27       0 0 0 1 1 0 1 1

10        0 0 0 0 1 0 1 0        10       0 0 0 0 1 0 1 0


14 xor    0 0 0 0 1 1 1 0
11        0 0 0 0 1 0 1 1

 5        0 0 0 0 0 1 0 1
```

c)   Lesen und Schreiben einzelner Bits

Zugriffe auf einzelne Bits einer Zahl werden durch Verknüpfung dieser Zahl mit einer geeigneten Bitfolge, der sogenannten "**Maske**", realisiert. Das Lesen eines Bits erfolgt durch eine *AND*-Operation, das Setzen durch die *OR*-Verknüpfung.

Eine Maske für das Lesen des N-ten Bits einer Zahl enthält lauter Nullen, mit Ausnahme des N-ten Bits, sie hat also den Wert 2^N. Die Funktion *bitread* gibt den Wert des N-ten Bits eines Wortes aus:

```
function bitread(Number:word; N:byte):byte;
begin
  bitread:=(Number and (1 shl N)) shr N
end;
```

Das folgende Beispiel veranschaulicht die Arbeitsweise von *bitread*. Die Parameter *Number* und *N* haben die Werte 42 bzw. 5.

```
Bitnummer         7  6  5  4  3  2  1  0

42                0  0  1  0  1  0  1  0

25=32     and     0  0  1  0  0  0  0  0
                 ─────────────────────────
                  0  0  1  0  0  0  0  0
                 ─────────────────────────
      shr 5       0  0  0  0  0  0  0  1
```

bitread könnte auch etwas geschickter formuliert werden:

```
function bitread(Number:word; N:byte):byte;
begin
  bitread:=Ord((Number and (1 shl N))<>0)
end;
```

Durch die gleiche Maske und den or-Operator kann ein einzelnes Bit gesetzt werden:

```
      0  0  1  0  1  0  1  0
or    0  0  0  1  0  0  0  0
     ───────────────────────
      0  0  1  1  1  0  1  0
```

Durch die *and*-Verknüpfung kann auf ähnliche Weise ein Bit gelöscht werden. Die Maske besteht jetzt aus lauter Einsen, lediglich das N-te Bit hat den Wert "0":

```
       1  0  1  1  1  1  0  1
and    1  1  1  0  1  1  1  1
      ───────────────────────
       1  0  1  0  1  1  0  1
```

Um die Ausführung von Bitmanipulationsroutinen zu beschleunigen, kann man alle Masken in zwei Arrays zusammenfassen, so daß sie nicht jedesmal berechnet werden müssen. Die Deklaration sieht folgendermaßen aus:

```
const Mask1:array[0..7] of byte = ($01,$02,$04,$08,$10,$20,$40,$80);
      Mask2:array[0..7] of byte = ($FE,$FD,$FB,$F7,$EF,$DF,$BF,$7F);
```

2.2.3.2 Packen von Boole'schen Arrays

Boole'sche Variablen belegen ein Byte im Speicher. Da aber ein Boole'scher Wert nur zwei Zustände annehmen kann, ist es möglich, ihn durch nur ein Bit darzustellen. Der Wert *'True'* wird durch ein gesetztes Bit signalisiert, *'False'* durch ein Bit mit Inhalt '0'. Das konstante Array

const A: array[0..7] of boolean
      = (True,False,False,True,False,True,True,True);

kann folglich in nur ein Byte mit Wert

```
    1   0   0   1   0   1   1   1      ( = 151 )
```

gepackt werden.

Die nachfolgend implementierten Prozeduren *pack* und *unpack* stellen eine Möglichkeit dar, Boole'sche Werte in Bits zu packen.

Die Prozedur *pack* packt den Boole'schen Wert *Value* in das *Index*-te Bit der Variablen, die vom untypisierten Parameter *Buffer* repräsentiert wird. Man sollte darauf achten, daß *Buffer* groß genug ist, um alle gepackten Werte zu speichern. Falls ein Überlauf stattfindet, werden die Werte der nach Buffer deklarierten Variablen verändert.

```
procedure pack(var Buffer; Index: word; Value: boolean);
const Mask1 :array[0..7] of byte = ($01,$02,$04,$08,$10,$20,$40,$80);
      Mask2 :array[0..7] of byte = ($FE,$FD,$FB,$F7,$EF,$DF,$BF,$7F);

type barray = array[0..MaxInt] of byte;

var ByteNummer, BitNummer :word;
    AktByte               :byte;

begin
  ByteNummer:=Index div 8;
  BitNummer :=Index mod 8;
  AktByte    :=barray(Buffer)[index] and Mask2[BitNummer];
                                    { Löschen des N-ten Bits   }
  AktByte:=AktByte or Mask1[BitNummer]*ord(Value);
                                    { Schreiben des N-ten Bits }
  barray(Buffer)[Index]:=AktByte
end;
```

unpack liest das entsprechende Bit, und gibt den zu *boolean* umgewandelten Wert durch den *var*-Parameter *Value* aus:

```
procedure unpack(var Buffer; Index: word; var Value: boolean);
const Mask1 :array[0..7] of byte = ($01,$02,$04,$08,$10,$20,$40,$80);

type barray = array[0..MaxInt] of byte;
```

```
var   ByteNummer, BitNummer :word;
      AktByte,HelpByte       :byte;

begin
  ByteNummer:=Index div 8;
  BitNummer :=Index mod 8;
  AktByte   :=barray(Buffer)[Index];
  Value:=boolean(Mask1[BitNummer] and AktByte);   { Lesen des N-ten Bits und  }
                                                  { Umwandeln zu boolean      }
end;
```

Ein Hauptprogramm, das *pack* und *unpack* benutzt, könnte so aussehen:

```
var Buffer   :array[0..1] of byte;
    BoolArr  :array[0..10] of boolean;
    I        :word;

begin
  {.}
  for I:=0 to 10 do pack(Buffer,I,BoolArr[i]);
  {.}
  for I:=0 to 10 do unpack(Buffer,I,BoolArr[i]);
  {.}
end.
```

2.2.3.3   Packen von ASCII-Zeichen in 7 Bits

Die ASCII-Tabelle enthält 256 verschiedene Zeichen. Jedes davon kann durch
ein Byte (8 Bits) dargestellt werden. In der zweiten Hälfte der Tabelle befinden
sich diverse Sonderzeichen wie die deutschen Umlaute, griechische Buchstaben
und Graphikzeichen. Wenn man z.B. in einem Programmtext auf diese Sonderzeichen verzichtet, kann man mit den ersten 128 Zeichen sehr gut auskommen.
Die Darstellung eines dieser Zeichen erfordert nur sieben Bits, acht Zeichen
können durch sieben Bytes dargestellt werden. Die wohl einfachste Methode,
um das zu erreichen, ist, im achten Bit jedes der sieben Bytes den Inhalt eines
Bits des achten Zeichens zu schreiben. Im folgenden Beispiel wird dieser Vorgang verdeutlicht:

Das Wort "Beispiel" soll durch sieben Bits dargestellt werden.

```
        Byte 0        B      0 1 0 0 0 0 1 0

        Byte 1        e      0 1 1 0 0 1 0 1

        Byte 2        i      0 1 1 0 1 0 0 1

        Byte 3        s      0 1 1 1 0 0 1 1

        Byte 4        p      0 1 1 1 0 0 0 0

        Byte 5        i      0 1 1 0 1 0 0 1
```

```
          Byte 6        e     Ø 1 1 Ø Ø 1 Ø 1
          Byte 7        l     Ø 1 1 Ø 1 1 Ø Ø
```

Das achte Bit jedes dieser Bytes hat immer den Wert 0. Die sieben signifikanten Bits von Byte 0 (Zeichen 'B') werden in den 8.Bits der Bytes 1-7 gespeichert. Das Resultat sieht folgendermaßen aus:

```
                              B

          Byte 1        e     Ø |  1 1 Ø Ø 1 Ø 1

          Byte 2        i     1 |  1 1 Ø 1 Ø Ø 1

          Byte 3        s     Ø |  1 1 1 Ø Ø 1 1

          Byte 4        p     Ø |  1 1 1 Ø Ø Ø Ø

          Byte 5        i     Ø |  1 1 Ø 1 Ø Ø 1

          Byte 6        e     Ø |  1 1 Ø Ø 1 Ø 1

          Byte 7        l     1 |  1 1 Ø 1 1 Ø Ø
```

Diese Methode spart 12.5% des Speicherplatzes im RAM oder auf der Platte. Die Implementierung durch die Prozeduren *compress* und *decompress* ist relativ einfach. *compress* liest eine Datei und schreibt sie in komprimierter Form in eine Ausgabedatei, *decompress* hat die umgekehrte Funktion. Da die Schreib- und Leseoperationen durch die schnellen Prozeduren *blockread* und *blockwrite* erfolgen, ist der Zeitverlust für Eingabe und Ausgabe verhältnismäßig klein.

compress führt die folgenden Schritte aus:

1. Durch *blockread* werden 8 Bytes der Eingabedatei in das Array *ChArr* eingelesen. Werden weniger als 8 Bytes eingelesen (Dateiende), werden diese Bytes ohne Komprimierung in die Ausgabedatei geschrieben und das Programm terminiert.
2. Je ein Bit von *ChArr[0]* wird in *ChArr[1]-ChArr[7]* geschrieben.
3. Die 7 Bytes *ChArr[1]-ChArr[7]* werden durch blockwrite in die Ausgabedatei geschrieben.

```
procedure compress(Inp,Outp: string);
var Infile, Outfile :file;
    ChArr           :array[0..7] of byte;
    T,N             :word;
    Done            :boolean;

begin
  assign(Infile, Inp);    reset(Infile, 1);
  assign(Outfile, Outp); rewrite(Outfile, 1);
```

```
  repeat
    blockread(Infile, ChArr[0], 8, N);                    { 8 Bytes lesen      }
    Done:=N <> 8;
    if not Done then
      for T:=1 to 7 do                                    { Bits packen        }
        ChArr[T]:=ChArr[T] or ((ChArr[0] shl T) and $80);
      blockwrite(Outfile, ChArr[ord(N=8)], N-ord(N=8))    { 7 Bytes schreiben }
  until Done;

  close(Infile); close(Outfile)
end;
```

decompress arbeitet auf ähnliche Weise:

1. Durch *blockread* werden 7 Bytes in *ChArr[1]* bis *ChArr[7]* eingelesen. Wurde das Ende der Ausgabedatei erreicht und deshalb weniger als 8 Bytes eingelesen, so werden diese Bytes ohne Komprimierung in die Ausgabedatei geschrieben und die Ausführung beendet.
2. Das achte Bit von *ChArr[1]-ChArr[7]* wird in *ChArr[0]* geschrieben.
3. Die 8 Bytes *ChArr[0]-ChArr[7]* werden durch *blockwrite* in die Ausgabedatei geschrieben.

```
procedure decompress(Inp,Outp: string);
var Infile, Outfile :file;
    ChArr           :array[0..7] of byte;
    T,N             :word;
    Done            :boolean;

begin
  assign(Infile, Inp);   reset(Infile, 1);
  assign(Outfile, Outp); rewrite(Outfile, 1);
  repeat
    ChArr[0]:=0;
    blockread(Infile, ChArr[1], 7, N);
    Done:=N <> 7;
    if not Done then
    begin
      ChArr[0]:=0;
      for T:=1 to 7 do
      begin
        ChArr[0]:=ChArr[0] or ((ChArr[T] and $80) shr T);   { Bits entpacken }
        ChArr[T]:=ChArr[T] and $7F;                         { höchstes Bit löschen }
      end
    end;
    blockwrite(Outfile, ChArr[ord(N<>7)], N+ord(N=7))
  until Done;
  close(Infile); close(Outfile)
end;
```

2.2.3.4   Komprimieren lexikographisch geordneter Strings

Dieses Verfahren komprimiert eine Reihe von vorsortierten Wörtern und bietet die Möglichkeit für sehr schnelles, sequentielles Suchen. Es eignet sich deshalb für den Einsatz in Programmen, die eine Worterkennungsfunktion realisieren, wie Texteditoren (Worttrennung, Floskeln) und Parser.

Wir teilen unsere Wortmenge in Gruppen, wobei jede Gruppe aus Wörtern mit dem gleichen Anfangsbuchstaben besteht. Innerhalb einer Gruppe gilt, daß jedes Wort mit seinem Vorgänger eine Reihe von Zeichen gemeinsam hat (mindestens ein Zeichen, nämlich den Anfangsbuchstaben), z.B. <ausse>n und <ausse>rhalb. Die gemeinsame Zeichenfolge (im Beispiel <ausse>) braucht im zweiten Wort nicht explizit gespeichert zu werden, da sie schon bekannt ist. Stattdessen fängt jedes Wort mit einem Byte an, das die Anzahl der vom Vorgänger übernommenen Zeichen enthält. Die Wortfolge

> auge aus aussen ausser auto automat

wird durch dieses Verfahren wie folgt transformiert:

```
"auge"    ->   "0auge"   Die '0' am Wortanfang bedeutet, daß kein
                         Buchstabe übernommen wird, da das erste
                         Wort keinen Vorgänger hat.

"aus"     ->   "2s"      "aus" übernimmt die ersten zwei Zeichen
                         seines Vorgängers "auge".

"aussen"  ->   "3sen"    Es werden die ersten drei Buchstaben
                         (aus) des Vorgängers übernommen.
u.s.w.
```

Die ganze Wortfolge wird also platzsparend als

> 0auge 2s 3sen 5r 2to 4mat

gespeichert. Es ist ersichtlich, daß dieses Verfahren rekursiven Charakter hat. Um ein beliebiges Wort zu "entziffern", müssen wir die Wortkette bis zu einem Wort zurückverfolgen, das keinen Buchstaben übernimmt.

Wir setzen voraus, daß unsere (Eingangs-)Wortmenge nur aus Kleinbuchstaben besteht. Großbuchstaben signalisieren in der von uns erzeugten, komprimierten (Ausgangs-)Wortmenge das Ende eines Wortes. Die obige Wortfolge wird also nochmals verkleinert:

> 0augE2S3seN5R2tO4maT.

Nachdem wir die grundlegenden Gedanken aufgeführt haben, wollen wir uns konkret mit unserer Implementierung befassen. Die Prozedur *tokenize* komprimiert eine Textdatei nach dem dargestellten Verfahren. Die Prozedurparameter *InpFile* und *OutpFile* stehen für die Namen der Eingabedatei bzw. der (komprimierten) Ausgabedatei.

Die Eingabedatei *InpFile* muß folgende Voraussetzungen erfüllen:

1. Sie ist vom Typ *text*.
2. Jede Zeile enthält genau ein Wort.
3. Die Wörter enthalten keine Großbuchstaben und deutsche Sonderzeichen.
4. Die Wörter sind alphabetisch geordnet.

Die Datei wird eingelesen und in komprimierter Form in den Puffer *Buf* (Deklaration *Buf: array[1..10000] of char*) geschrieben. Die Kapazität des Puffers kann natürlich je nach Bedarf geändert werden. *Buf* erfüllt die Bedingungen:

1. Jedes Wort fängt mit einer Zahl an, die die Anzahl der vom Vorgänger übernommenen Zeichen angibt.
2. Jedes Wort endet mit einem Großbuchstaben.

Eine Null am Wortanfang bedeutet, daß kein Buchstabe übernommen wird, d.h. daß an dieser Stelle eine Gruppe von Wörtern mit einem neuen Anfangsbuchstaben anfängt.

Parallel zu *Buf* wird auch das Array *AdrArr* belegt. Es wird als *AdrArr: array[0..31] of integer* deklariert. *AdrArr* enthält die Adressen der Wortgruppen mit gleichem Anfangsbuchstaben: *AdrArr[0]* ist der Index der Komponenten von *Buf*, die den Anfangsbuchstaben des ersten Wortes enthält, das mit 'a' anfängt (d.h. das erste Wort überhaupt), *Buf[AdrArr[1]]* enthält den Anfangsbuchstaben 'b' u.s.w. Gibt es für einen Anfangsbuchstaben keine Eintragungen, hat die entsprechende Komponente von *AdrArr* den Wert 0.

AdrArr und *Buf* werden schließlich nacheinander in die erzeugte Datei *OutpName* geschrieben.

```
procedure tokenize(Inpfile,Outpfile:string);
var   F        :file;
      T        :text;
      I,K,N    :word;
      Ch       :char;
      OK       :boolean;
      Cur, St  :string[20];
      AdrArr   :array[0..31] of word;
      Buf      :array[1..10000] of char;

begin
  assign(T,Inpfile);  reset(T);
  assign(F,Outpfile); rewrite(F,1);
  fillchar(AdrArr, sizeof(AdrArr), 0);
  fillchar(Buf, sizeof(Buf), 0);
  Ch:=#0; N:=1;

  repeat
    readln(T,St);
    if St[1] <> Ch then                      { neuer Buchstabe   }
    begin                                    { Belegen von AdrArr }
      Ch:=St[1]; Cur[0]:='0';
      AdrArr[ord(Ch) - ord('a')]:=N+1
    end;
```

```
    if length(Cur) > length(St)
      then K:=length(St)
      else K:=length(Cur);
    I:=1; OK:=True;
    while OK and (I<=K) do
    begin
      OK:=(St[I]=Cur[I]); if OK then inc(I)
    end;
    Buf[N]:=chr(I-1);  Cur:=St;
    St[length(St)]:=upcase(St[length(St)]);
    K:=length(St)-I+1;
    move(St[I], Buf[N+1], K);
    inc(N,K+1);
  until eof(T);

  close(T);  Buf[N]:=#0;  inc(N);
  blockwrite(F, AdrArr, sizeof(AdrArr));
  blockwrite(F, Buf[1], N);
  close(F);
end;
```

Da durch diese Kodierung ein schnelles Suchen ermöglicht wird, verzichten wir auf eine Dekodierroutine und implementieren stattdessen eine Suchprozedur. Das Suchen erfolgt sequentiell - ab dem ersten Wort im Puffer, das den gleichen Anfangsbuchstaben wie das Schlüsselwort hat. Das folgende Pseudo-Pascal Programm beschreibt das Verfahren:

```
procedure search(Key: string);
var I  :word;
    St :string;
begin
  St:="erstes Wort mit gleichem Anfangsbuchstaben wie Key";
  I:=0;
  repeat
    while "die I-ten Buchstaben von Key und St sind gleich" do I:=I+1;
    if "Key ist I-1 Zeichen lang" then
    begin
      if "St ist I-1 Zeichen lang" then "Wort gefunden"
    end else "Wort nicht vorhanden"
    begin
      St:= "nächstes Wort";
      if "St übernimmt nicht I-1 Zeichen von seinem Vorgänger"
      then "Wort nicht vorhanden"
    end
  until "Wort gefunden" or " Wort nicht vorhanden";
end;
```

Zur Implementierung: Es wird das Wort *Key* in der Datei *Filename* gesucht. Wurde die Suche erfolgreich abgeschlossen, wird dem Parameter *Found* der Wert *True* zugewiesen. Die Komponente von AdrArr mit Index *ord(Key[1])* - *ord('a')* enthält das erste Wort mit gleichem Anfangsbuchstaben.

```pascal
procedure search(FileName,Key:string; var Found:boolean);
var F          :file;
    N,I,Result :word;
    OK         :boolean;
    AdrArr     :array[0..31] of integer;
    Buf        :array[1..10000] of char;

procedure next_word;                              { Weiter mit nächstem Wort }
begin
  repeat
    while Buf[N] <> upcase(Buf[N]) do inc(N);
    inc(N)
  until  ord(Buf[N])<=I-1;
  if  ord(Buf[N]) < I-1 then inc(I,Length(Key)) else inc(N);
end;


begin
  assign(F,FileName); reset(F,1);
  blockread(F, AdrArr, sizeof(AdrArr), Result);
  blockread(F, Buf,sizeof(Buf), Result);
  Found:=False;  I:=1;
  N:=AdrArr[ord(Key[1]) - ord('a')];       { Adresse des Anfangsbuchstaben   }
  if N <> 0 then                           { vorhandener Anfangsbuchstabe    }
  begin
    while (not Found and (Buf[N]<>chr(0)) and (I<=Length(Key))) do
    begin                                  { Abbruchbedingung: Wort gefunden }
                                           { Pufferende erreicht oder Wort   }
                                           { nicht vorhanden                 }
      OK:=(upcase(Key[I])=upcase(Buf[N])); { verglichene Buchstaben gleich   }
      Found:=OK and (Buf[N]=upcase(Buf[N]))
            and (I=Length(Key));
      if not Found then                    { Alle Buchst. verglichen         }
      begin                                { Wort noch nicht gefunden        }
        if not OK
        then next_word
        else begin
          inc(I);
          if Buf[N]=upcase(Buf[N]) then next_word else inc(N)
        end;
      end
    end
  end;
  close(F);
end;
```

3 Units in Turbo Pascal 4.0 und 5.0

S. Alexakis / C. Emmanuilidis

Es gibt mehrere Möglichkeiten, ein Programm zu entwickeln. Die bekannteste ist wohl das **top down**-Verfahren (schrittweise Verfeinerung): das Problem wird solange in Unterprobleme zerlegt, bis diese einfach zu lösen sind oder auf bekannte Lösungsansätze zurückgeführt werden können. Im Gegensatz dazu steht die **bottom up**-Methode. Entsprechend den Anweisungen der eingesetzten Programmiersprache werden Module entwickelt, die zusammengefügt die Aufgabenstellung erfüllen. In der Praxis wird meistens eine Mischung dieser zwei Strategien angewandt, wobei jedoch die **top down**-Methode die größere Rolle spielt.

Unabhängig davon, für welchen der Ansätze man sich als Programmierer entscheiden wird, ist die Zerlegung des Programms in kleinere, übersichtliche Einheiten eine Notwendigkeit. Modulare Systeme sind übersichtlicher, weniger fehleranfällig und leichter modifizierbar als nicht modulare Programme.

3.1 Die Struktur Modul

Die Modularisierung beginnt schon bei der Zerlegung des Programms in Prozeduren und Funktionen. Wir möchten aber hier einige allgemeine Merkmale und Anforderungen aller Modulstrukturen hervorheben.

Module könnte man, genau wie ganze Programme, mit Rechenautomaten vergleichen, die an der einen Seite mit bestimmten Daten gefüttert werden, um an der anderen veränderte Daten auszugeben. Von außen betrachtet ist es von geringer Bedeutung, wie solche "Boxen" intern funktionieren. Wichtig ist nur, daß man sich auf die Korrektheit der Resultate verlassen kann.

Module sind effektiv und zweckmäßig einsetzbar, wenn sich ihre Funktion logisch und programmäßig von ihrer Umgebung abgrenzt. Dadurch können diese problemlos in unterschiedlichen Umgebungen eingesetzt werden. Die Kenntnis des internen Aufbaus des Moduls darf keine Voraussetzung für seinen Einsatz sein.

Es wäre ein Widerspruch gegenüber dem Modulkonzept, wenn auf interne Daten eines Moduls von außen zugegriffen werden könnte, oder wenn das Modul selbst nicht private Daten wahllos benutzte.

Eine weitere Anforderung an ein Modul ist deshalb eine deutlich definierte und möglichst klein gehaltene Schnittstelle. Sie stellt die Kommunikations-Pipeline des Moduls mit der Umgebung dar. Die Wartbarkeit des gesamten Programms wird dadurch wesentlich erleichtert, da Änderungen des internen Aufbaus des Moduls oder sogar der Austausch durch ein neues Modul mit gleicher Schnittstelle keine Auswirkungen auf die Umgebung hat.

Das **information hiding**-Prinzip verbietet, auf Bezeichner eines Moduls zuzugreifen, die nicht in der Schnittstelle deklariert sind, wodurch die volle Unabhängigkeit eines Moduls von der äußeren Umgebung gewährleistet wird. So werden Seiteneffekte vermieden, die durch Verwendung der gleichen Bezeichner von verschiedenen Modulen verursacht werden. Modifikationen anderer Programmmabschnitte beeinflussen ein Modul nicht.

In Turbo Pascal 3.0 waren Unterprogramme die einzigen Modulstrukturen. *include*-Dateien können nicht als solche betrachtet werden, weil sie keine der zuletzt aufgeführten Anforderung erfüllen. Die Versionen 4.0 und 5.0 dagegen liefern mächtige Strukturen, die modulares Programmieren ermöglichen, so wie man es eigentlich von höheren Programmiersprachen erwartet.

3.2 Das Unit-Konzept

Ein Unit ist eine Sammlung von Prozeduren, Funktionen, Variablen und Konstanten, kurz, ein komplettes Programm, das separat kompiliert wird, aber nicht allein lauffähig ist. Es stellt eher eine Bibliothek dar, deren Routinen und Daten in andere Units oder Programme durch *uses* aufgenommen werden können, um dort eingesetzt zu werden.

Die Unit-Struktur entspricht vollkommen den Anforderungen an Module. Die Schnittstelle wird nach dem Standardwort *interface* definiert. Hier werden alle Bezeichner von öffentlichen Datentypen, Konstanten, Variablen, Prozeduren und Funktionen deklariert. Nur der Kopf von öffentlichen Prozeduren und Funktionen mit allen Parametern wird hier aufgeführt, aber nicht der Code-Rumpf. Dieser steht im privaten Teil des Units *implementation*, zusammen mit allen Bezeichnern, die zum privaten Gebrauch vorgesehen sind. Zum Schluß kann jedes Unit einen Initialisierungsteil enthalten, das sich genauso verhält wie der Hauptprogrammblock eines Programms. Dieser Teil wird vor dem Hauptprogramm automatisch ausgeführt, so daß Units die Möglichkeit haben, entsprechende Vorbereitungen zu treffen (Initialisierung lokaler Variablen, Files öffnen, Überprüfung verschiedener Systemkonstanten usw.).

Außer der mächtigen Struktur für modulares Programmieren haben Units noch andere, nicht unwichtigere Vorteile. Nach ihrer Kompilierung auf ein Speichermedium werden sogenannte TPU-Dateien (Turbo Pascal Unit) erzeugt, die dann von verschiedenen Programmen aufgenommen werden können. Da der Code in kompilierter Form in diesen Dateien vorliegt, ist das Einbinden in ein

Programm im Gegensatz zu *include*-Dateien zeitsparend. TPU-Dateien der Versionen 4.0 und 5.0 sind nicht kompatibel. Das dürfte aber kein Problem sein, solange der Pascal-Quellcode verfügbar ist.

Hinzu kommt noch, daß jedes Unit max. 64 KBytes Code umfassen kann. Da jedes Programm mehrere Units aufnehmen kann, wird die ursprüngliche Grenze von 64 KB für das gesamte Programm (Version 3.0) überschritten. Durch unterschiedliche Segmentierung aller in ein Unit gehörender Routinen wird das tatsächliche Limit jetzt nur noch vom Speicherplatz des Rechners gesetzt.

Units von Turbo Pascal 5.0 sind auch als Module für die Overlay-Technik bestimmt. Zu diesem Zweck müßen sie mit der in Version 5.0 definierten Compiler-Direktive {$O+} kompiliert werden, was ihre weitere Verwendung als normale Units nicht hindert. Erst durch die Compiler-Direktive {$O UnitBezeichner} im Hauptprogramm wird die Art der Einbindung festgelegt. Alle Routinen von Overlay-Units müßen im *far*-Modus {$F+} kompiliert werden.

Das folgende Schema stellt die Unitstruktur abstrahiert dar:

```
unit Bezeichner

interface                                       { öffentlicher Teil        }
uses Liste anderer Units


type  öffentl. Definitionen
const öffentl. Definitionen
var   öffentl. Definitionen

procedure öffentl. Deklarationen
function  öffentl. Deklarationen


implementation                                  { privater Teil            }
uses Liste anderer Units


type  private  Definitionen
const private  Definitionen
var   private  Definitionen


  procedure private  Definitionen
  function  private  Definitionen


  procedure öffentl. Definitionen
  function  öffentl. Definitionen


begin                                           { kann auch entfallen      }
  {.}
  { Initialisierungsteil des Units }
  {.}
end.
```

3.3 Turbo Pascal Units

Turbo Pascal liest beim Laden eine Datei mit dem Namen TURBO.TPL (Turbo
Pascal Library), die Standard-Bibliothek. Diese Datei kann beliebige Units beinhalten, die sich dann im Speicher während der Arbeit befinden. Mit einem
mitgelieferten Utility-Programm (TPUMOVER) können neue häufig benutzte
Units in diese Datei aufgenommen oder andere, seltener bzw. nie verwendete
gelöscht werden. Units, die zu TURBO.TPL gehören, werden bei jeder Kompilierung nicht erneut geladen.

Turbo Pascal wird zusammen mit acht Units geliefert :

Unit *system*

Alle Standard-Prozeduren und Funktionen von Turbo Pascal, die Laufzeitbibliothek, sowie eine Fülle von Systemvariablen sind in diesem Unit enthalten.
system wird immer und in jedes Programm eingebunden und muß deswegen
nicht explizit unter *uses* aufgelistet werden.

Unit *dos*

Hier werden einige DOS-spezifische Prozeduren, Funktionen und Datentypen
implementiert. Viele von denen stellen das Pascal-Äquivalent der DOS-Interrupts dar, andere wiederum ermöglichen den Aufruf aller DOS- und BIOS-Interrupts.

Unit *crt*

In *crt* werden Routinen, Konstanten und Variablen für schnelle Ein- und Ausgabe via Tastatur und Monitor implementiert. Hier ist alles vorhanden, das ein
Programm braucht, das in Fenstertechnik im Textmode arbeitet.

Unit *printer*

Dieses Unit ist immer dann notwendig, wenn die Ausgabe auf dem Drucker
mittels *write* oder *writeln* erfolgen soll. Zu diesem Zweck wird hier die Text-
file-Variable *Lst* definiert.

Unit *graph*

Die Anwender der Graphix Toolbox werden sich hier wie zu Hause fühlen.
Eine große Palette von verschiedenen Graphikkarten wird von *graph* unterstüzt
(CGA, EGA, VGA, Hercules, AT&T400, MCGA, 3270 PC). Außerdem ist
eine Fülle von Konstanten, Datentypen, Prozeduren und Funktionen implemen-

tiert, die Graphik von einfachen Linien und Kreisen bis hin zur ausgereiften graphischen Vektordarstellung von Text ermöglichen.

Unit *overlay*

Dieses Unit ist nur in der Version 5.0 definiert. Es implementiert die Verwaltung von Overlay-Programmen. Dabei werden Programm-Teile aus speicherplatzsparenden Gründen in Overlay-Dateien zusammengefaßt und bei Bedarf bei Laufzeit im RAM-Speicher geladen. Dadurch belegen verschiedene Overlay-Programme denselben reservierten Speicherplatz, der nur so groß ist wie die größte Overlay-Datei. Der Nachteil ist die langsamere Ausführungsgeschwindigkeit, bedingt hauptsächlich durch den Ladevorgang. Overlays werden im Kapitel 10 dieses Buches genauer behandelt.

Unit *graph3*

Dieses Unit wurde aus Gründen der Kompatibilität zu Turbo Pascal 3.0 entwickelt. In *graph3* ist alles enthalten, was Turbo 3.0 an graphischen Prozeduren und Funktionen zu bieten hatte.

Unit *turbo3*

Aus dem gleichen Grund wie *graph3* wurde *turbo3* implementiert. Es enthält die Routinen von Turbo 3.0, die nichts mit Graphik zu tun haben und in Turbo Pascal 4.0 nicht implementiert sind.

3.4 Arbeiten mit Units

In diesem Abschnitt möchten wir in Kürze einige Besonderheiten über die Arbeit mit Units aufführen.

Es wurde bereits erwähnt, daß in einem Programm mehrere Units durch *uses* aufgenommen werden können. Der Initialisierungsteil von jedem Unit (falls vorhanden) wird vor dem Hauptprogramm einmalig ausgeführt, und zwar in der gleichen Reihenfolge, in der sie unter *uses* aufgelistet sind.

Die Reihenfolge der Ausführung der Initialisierungsteile, die sich ergibt, wenn ein Programm *someprogram* durch *uses unit1* und *unit2* aufnimmt, könnte man so darstellen:

```
begin
  initsystem;
  init unit1;
  init unit2;
  begin                            { Hauptprogramm  von someprogram }
    {.}
    {.}
  end;
end.
```

Units können andere Units benutzen. Version 5.0 bietet, verglichen mit der Version 4.0, eine Erweiterung, um das spezielle Problem des rekursiven Aufrufs von zwei Units zu lösen. Der 4.0 Compiler ist nicht imstande, in einem solchen Fall eine erfolgreiche Kompilierung durchzuführen. Version 5.0 dagegen ermöglicht die Aufnahme solcher rekursiven Verweise im *implementation*-Teil eines Units. Auf diese Weise bleibt der *interface*-Teil eines Units frei von rekursiven Abhängigkeiten, und der Compiler kann mit Hilfe der öffentlichen Deklarationen von Unterprogrammen den richtigen Code erzeugen.

Der im Addendum 5.0 aufgeführte Unterschied zwischen den Versionen 4.0 und 5.0 hinsichtlich des vom Compiler durchgeführten Vergleichs zwischen Deklarationen von Unterprogrammen im *interface*- und *implementation*-Teil eines Units kann von uns nicht bestätigt werden. Auschlaggebend für beide Compiler ist weiterhin die Deklaration im *interface*-Teil. Im *implementation*-Teil muß dann der Kopf der Unterprogramme entweder damit identisch sein oder einfach den Bezeichner des Unterprogramms enthalten.

Ein und dasselbe Unit kann in verschiedenen Programmblöcken aufgerufen werden. Der Compiler erkennt, daß es sich um das gleiche Unit handelt, und nimmt es nur einmal auf.

Jeder Programmblock (Unit oder Hauptprogramm) muß eine Unit nur dann durch die *uses*-Anweisung aufrufen, wenn er einen direkten Zugriff auf Daten bzw. Routinen dieser Unit vornimmt. Als Beispiel sei ein Programm *someprogram* erwähnt, das *unit1* benutzt. Sollte *unit1* seinerseits ein anderes *unit2* benutzten, so braucht *someprogram* nicht *unit2* aufzurufen, wenn es keine Routinen von *unit2* direkt einsetzt.

Bezeichner von Variablen, Konstanten und Unterprogrammen sollten eigentlich nur einmal deklariert werden. Deklariert man trotzdem gleiche Bezeichnernamen in verschiedenen Units, so ist es immer noch möglich, eine eindeutige Referenz zu erreichen, indem der Name der Unit dem des Bezeichners vorangestellt wird, z.B.:

```
unit1.VariablenName
unit2.VariablenName
unit2.ProzedurName  usw.
```

Alle Unterprogramme, die sich im *interface*-Teil eines Units befinden, werden automatisch im *far*-Modus kompiliert {$F+}, weil jedem Unit ein eigenes Segment zugeordnet wird. Nur auf diese Weise können öffentliche Routinen aus allen Programmteilen erreichbar sein. Dies gilt aber nicht für alle privaten Routinen, die sich in dem *implementation*-Teil einer Unit befinden, da sie ja nur für den internen Gebrauch vorgesehen sind. Sollten trotzdem private Routinen als far definiert werden, so muß dies durch die Compiler-Direktive {$F+} explizit signalisiert werden.

3.5 Einige nützliche Units

Wir werden in diesem Abschnitt einige nützliche Units präsentieren, auf die wir später immer wieder zugreifen werden. Es kann vorkommen, daß man sich nicht mehr an die genaue Schnittstellendefinition eines Units erinnern kann (an die Routinen, die darin implemetiert sind, die Reihenfolge, mit der Parameter einer Routine übergeben werden müssen usw.). Leider ist aber die kompilierte Form eines Units, also eine *.TPU Datei, nicht in einem lesbaren Format. Deshalb empfiehlt sich das Anlegen einer neuen Datei, die die Schnittstellendefinition enthält. Der Übersichtlichkeit halber ist es vorteilhaft, alle entsprechenden Dateien mit dem gleichen Zusatznamen zu versehen, z.B. *.LIB.

3.5.1 Unit types

Dieses Unit ist eine nützliche Sammlung von verschiedenen, häufig benutzten Datentypen. Es enthält keinen Initialisierungsteil und verzichtet auf öffentliche oder private Deklarierung von Routinen. Das Unit types erhebt keinen Anspruch auf Vollständigkeit, kann aber natürlich bei Bedarf erweitert werden. Es dient dazu, dem Programmierer das Schreiben wiederholt vorkommender Datentypdefinitionen zu ersparen.

Die im Unit *types* als letzte definierte Datentypen *ptrtype* und *longtype* werden im 4. Kapitel näher erläutert.

```
unit types;

interface
type str004 = string[004];
     str010 = string[010];
     str020 = string[020];
     str040 = string[040];
     str080 = string[080];

     charptr    = ^char;
     str004ptr  = ^str004;
     str010ptr  = ^str010;
     str020ptr  = ^str020;
     str040ptr  = ^str040;
     str080ptr  = ^str080;
     stringptr  = ^string;

     byteptr    = ^byte;
     wordptr    = ^word;
     shortptr   = ^shortint;
     intptr     = ^integer;
     longptr    = ^longint;
```

```
realptr      = ^real;
singleptr    = ^single;
doubleptr    = ^double;
extendedptr  = ^extended;
comptr       = ^comp;

ptrptr       = ^pointer;
fileptr      = ^file;
textptr      = ^text;

ptrtype = record
  Off :word;
  Seg :word;
end;

longtype = record
  LoW :word;
  HiW :word;
end;

implementation
end.
```

3.5.2   Unit maths

Das Unit *maths* implementiert einige Funktionen, die das Arbeiten mit Zahlen erleichtern. Es kommt häufig vor, daß man, um Laufzeitfehler zu vemeiden, explizit überprüfen muß, ob sich die Funktionsargumente innerhalb eines gewissen Bereichs befinden. Als Beispiel hierfür sei die Logarithmusfunktion *ln(Wert)* erwähnt, die bei Zahlenwerten *Wert* $<=$ 0 die Ausführung des Programms mit einer entprechenden Fehlermeldung abbricht.

Einige Funktionen des Units *maths* übernehmen solche Wertanpassungen. Ferner stehen einfache Funktionen zur Verfügung, um den Tangens, den Zehnerlogarithmus und die Fakultät einer Zahl zu berechnen.

Die letzte dieser Funktionen, die Potenzfunktion, ist etwas komplizierter. Sie signalisiert einen Fehler, indem sie die Variable *MathsResult* auf einen negativen Wert setzt. Dieser Vorgang wird notwendig, wenn das Ergebnis nicht im verwendeten Gleitpunktzahlenbereich liegt, oder eine komplexe, also nicht reelle Zahl ist. Ein richtiges Ergebnis wird durch *MathsResult*=0 signalisiert. Programme, die die Potenzfunktion *power* benutzen, können durch *MathsResult* die Gültigkeit des Ergebnisses erfahren. Zu diesem Zweck werden acht Konstanten definiert.

Unit *maths* definiert den Datentyp *float* der abhängig von der Turbo Pascal Version und der Existenz eines mathematischen Coprozessors das *real* bzw. *extended* Format für die Darstellung von Gleitpunktzahlen verwended. Entsprechend dem für den Datentyp *float* verwendetem Format wird die Konstante *MaxFloat*, das Äquivalent der von Turbo Pascal vordefinierten Konstanten *MaxInt* und *MaxLongInt*, auf den richtigen Wert gesetzt. Dies wird mit Hilfe der bedingten Kompilierung und der vordefinierten Symbole *VER50* und *CPU87* erreicht. Die Compiler-Direktiven {$B-} {$R-} {$S-} werden zwecks schnellerer Ausführung ausgeschaltet.

Folgende Unterprogramme werden in *maths* implementiert:

function maxl(A,B:longint):longint
function maxf(A,B:float) :float

Beide Funktionen liefern den größten Wert in den entsprechenden Formaten zurück.

function minl(A,B:longint):longint
function minf(A,B:float) :float

Beide Funktionen liefern den kleinsten Wert in den entsprechenden Formaten zurück.

function rangel(X,LimA,LimB:longint):longint
function rangef(X,LimA,LimB:float) :float

Beide Funktionen liefern den Wert *X* zurück, falls er sich innerhalb des durch *LimA* und *LimB* definierten Bereiches befindet. Andernfalls wird der nächste Grenzwert zurückgeliefert.

function log(X:float)

Liefert den Zehnerlogarithmus von *X* in *float*-Format zurück.

function tan(X:float)

Liefert den Tangens von *X* in *float*-Format zurück.

function fac(X:float)

Liefert die Fakultät von *X* in *float*-Format zurück.

```
function power(X,E:float)
```

Liefert X^E in *float*-Format zurück.

procedure gauss(var A,B,X; N:word)

Die Prozedur *gauss* setzt das Gauß'sche Eliminationsvefahren ein, um die Lösung eines inhomogenen Gleichungssystems mit n Gleichungen zu ermitteln.

$$a_{11}x_1 + a_{12}x_2 + .. + a_{1k}x_k + .. + a_{1n}x_n = b_1$$
$$a_{21}x_1 + a_{22}x_2 + .. + a_{2k}x_k + .. + a_{2n}x_n = b_2$$

$$.$$
$$.$$

$$a_{k1}x_1 + a_{k2}x_2 + .. + a_{kk}x_k + .. + a_{kn}x_n = b_k$$

$$.$$
$$.$$

$$a_{n1}x_1 + a_{n2}x_2 + .. + a_{nk}x_k + .. + a_{nn}x_n = b_n$$

Der untypisierte Parameter *A* verweist auf die Matrix der Koeffizienten a_{ik}. *B* verweist auf den Vektor der rechten Seiten der Gleichungen (b_k). Der Parameter *X* schließlich enthält die Adresse des für den Lösungsvektor x reservierten Speicherbereichs. Auf diese Werte wird innerhalb der Prozedur durch Typumwandlung mit den Datentypen *matrixtype* bzw. *vectortype* zugegriffen. So enthält z.B. die Speicherstelle *matrixtype(A)[I,K]* den Koeffizienten a_{ik}.

Der Parameter *N* steht für die Anzahl der Gleichungen. *MathsResult* gibt an, ob die Routine fehlerfrei ausgeführt werden konnte. Durch die Prozedur *gauss* kann *MathsResult* folgenden Wert erhalten:

Homogeneous   = +1   Das vorgegebene Gleichungssystem ist homogen. Es wird die triviale Lösung ausgegeben (d.h. XI=0, I=1..N).

UnderDetermined   = -5   Keine eindeutige Lösung.

Vorsicht: Die Routine *gauss* ändert die Werte der Koeffizienzmatrix *A* und des Vektors *B*. Falls diese Werte nach dem Aufruf der Routine noch gebraucht werden, sollten sie deshalb vorher zwischengespeichert werden.

```
function spline(var Buf; N:word; X:float) :float
function lagran(var Buf; N:word; X:float) :float
```

In der Praxis tritt oft das Problem auf, daß Werte einer Funktion ermittelt werden müssen, wobei aber keine mathematische Formel für diese Funktion existiert, sondern nur ihre Werte an bestimmten Punkten (Stützpunkten) feststehen. Solche Aufgaben werden auf das Problem einen Kurve zu finden, zurückgeführt, die an den Stützpunkten durch die vorgegebenen Werte verläuft. Dieses Verfahren nennt man Interpolation.

Es gibt mehrere Ansätze, um eine Kurve durch eine Punkteschar zu legen. Wir haben hier zwei dieser Möglichkeiten realisiert: Langrange'sche- und kubische Spline-Interpolation.

Die Funktion *lagran* basiert auf dem ersten Verfahren. Eingegeben werden n Stützpunkte $x_1, x_2 ... x_n$ und dazugehörigen Werte $y_1, y_2 ... y_n$. Es wird anschließend das Lagrange'sche Polynom

$$P(x) = L_1(x)y_1 + L_2(x)y_2 + ... L_n(x)y_n \qquad (1)$$

gebildet, wobei die Koeffizienten L_k, 1<=k<=n, Polynome (höchstens) n-ten Grades sind, und durch die folgende Gleichung bestimmt werden:

$$L_k(x) = \frac{(x-x_1)(x-x_2)\ldots(x-x_{k-1})(x-x_{k+1})\ldots(x-x_n)}{(x_k-x_1)(x_k-x_2)\ldots(x_k-x_{k-1})(x_k-x_{k+1})\ldots(x_k-x_n)} \qquad (2)$$

Wird in L_k der Wert eines der Stützpunkte eingesetzt, erhalten wir

$$L_k(x_i) \quad \left[\begin{array}{l} 1, \text{ wenn } k=i \\ 0, \text{ wenn } k<>i. \end{array} \right.$$

Das bedeutet, daß $P(x_i) = L_i(x_i)y_i = y_i$, d.h daß $P(x)$ durch die vorgegebenen Werte verläuft. Jeder X-Wert, der in P eingegeben wird, sollte im Intervall $[x_1,x_n]$ liegen, ansonsten wird immer der Wert 0 ausgegeben und *MathsResult* auf den entsprechenden Wert gesetzt.

Und nun zur Implementierung: Der untypisierte Parameter *Buf* verweist auf eine Folge von Paaren, die aus den Stützpunkten und den zugehörigen Funktionswerten gebildet sind. Der Parameter *N* gibt die Anzahl dieser Paare an. *X* ist die Koordinate, deren Funktionswert berechnet werden soll.

Die lokale Funktion *compute* mit den Parametern *X* und *K* berechnet den Wert des Polynoms $L_K(X)$, entsprechend der Formel (2). Im Rumpf der Routine *lagran* wird die Ausgabe, also der Wert des Polynoms $P(X)$, mit Hilfe von (1) ermittelt.

Die globale Variable *MathsResult* gibt an, ob *lagran* ordnungsgemäß ausgeführt werden konnte. *MathsResult* kann die folgenden Werte annehmen:

DivisionByZero $\quad = -1 \quad$ Division durch Null.

OutOfDomain $\quad = -6 \quad$ Der Parameter X liegt nicht im zulässigen Bereich $[x_1, x_n]$.

Lagrange'sche Interpolation kann durchaus gute Ergebnisse erzielen, insbesondere wenn die Werte der Stützpunkte auf einer Polynomkurve liegen. Bei großem N ist aber die erzeugte Funktion nicht glatt, sie oszilliert zwischen zwei Stützstellen. Glatte Kurven werden durch das zweite Verfahren, der kubischen Spline-Interpolation erzeugt, das durch die Funktion *spline* realisiert wird. Genau wie bei *lagran* werden an *spline* Stützpunkte und ihre Werte übergeben, sowie ein *X*-Wert. Ausgabe ist der zu dieser X-Koordinaten zugehörige Funktionswert. Da der Kopf von *spline* sich von dem von *lagran* nicht unterscheidet, werden wir hier auf eine genaue Erläuterung der Funktionsparameter verzichten. Wir werden dagegen die mathematischen Formeln aufführen, die in *spline* eingesetzt wurden. Eine Erläuterung dieser Folmeln bzw. deren Herleitung, kann in (fast) jedem Buch über numerische Mathematik nachgeschlagen werden. Unsere Implementierung basiert auf [4] (S. 284 - 290).

Ziel des Verfahrens ist für jedes Intervall zwischen zwei Stützpunkten, $[x_i,x_{i+1}]$ ein kubisches Polynom zu definieren, das an den Randstellen durch die entsprechenden Y-Werte y_i und y_{i+1} verläuft. Dieses Polynom hat in unserem Ansatz die Form:

$$P_i(x) = c_{1,i} + c_{2,i}(x-x_i) + c_{3,i}(x-x_i)^2 + c_{4,i}(x-x_i)^3 \qquad (3)$$

Die Koeffizienten c1,i..c4,i werden wie folgt bestimmt:

$$
\begin{aligned}
c_{1,i} &= y_i; \\
c_{2,i} &= s_i; \\
c_{3,i} &= (f[x_i,x_{i+1}] - s_i)/\delta x_i - c_{4,i}\delta x_i; \\
c_{A,i} &= (s_{i-1} + s_i - 2f[x_i,x_{i+1}])/\delta x_i^2;
\end{aligned}
\qquad (4)
$$

$$\text{mit } s_i = y'(x_i), \quad f[x_i,x_{i+1}] = \frac{y_{i+1} - y_i}{x_{i+1} - x_i} \quad \text{und } \delta x_i = x_{i+1} - x_i.$$

(4) wird aus der Newton'schen Formel abgeleitet. s_i ist der Wert der Ableitung der gesuchten Funktion an der Stelle x_i. Das Gleichungssystem (5) hilft uns, s_i zu berechnen:

$$
\begin{aligned}
&\delta x_i s_{i-1} + 2(\delta x_{i-1} + \delta x_i)s_i + \delta x_{i-1}s_{i+1} = \\
&\quad = 3(f[x_{i-1},x_i]\delta x_i + f[x_i,x_{i+1}]\delta x_{i-1}), \quad i = 2,\dots,n-1
\end{aligned}
\qquad (5)
$$

Das ist ein System von n-2 Gleichungen und n Unbekannten. Wenn wir s_1 und s_2 auf bestimmte Werte festlegen, kann (5) durch das Gauß'sche Eliminationsverfahren gelöst werden. Diese Werte werden in der Routine *spline* in den Konstanten S1 bzw. S2 gespeichert. In unserem Ansatz haben wir beide Konstanten auf den Wert 1 gesetzt.

Die lokalen Funktionen *dX(I)* und *f(N,K)* geben das Ergebnis von δx_i und $f[x_i,x_{i+1}]$ aus. Die Funktion *gauss* wird eingesetzt, um das System (5) zu lösen. Anschließend werden mit (4) die Koeffizienten *C1-C4* berechnet und mit Hilfe von (3) das Resultat ausgegeben. Die Fehlermeldungen von *MathsResult* sind dieselben wie bei der Funktion *lagran*.

```
unit maths;
{$B-,R-,S-}
{$IFDEF VER50} {$IFDEF CPU87} {$N+,E-}
               {$ELSE}        {$N+,E+}
               {$ENDIF}
{$ELSE}        {$IFDEF CPU87} {$N+}
               {$ELSE}        {$N-}
               {$ENDIF}
{$ENDIF}
```

```pascal
interface
{$IFOPT N+} type  float = extended;
            const MaxFloat = 1.125899906842623E+4932;
{$ELSE}     type  float = real;
            const MaxFloat = 1.701411834603918E+38;
{$ENDIF}

type  matrixtype = array[1..80,1..80] of float;
      vectortype = array[1..80] of float;

const Convention      = +2;                     { Wert beruht auf Konvention }
      Homogeneous     = +1;                     { System ist homogen         }
      DivisionByZero  = -1;                     { Division durch Null        }
      OutOfFloatRange = -2;                     { Nicht darstellbarer Wert   }
      Undefined       = -3;                     { Wert ist nich definiert    }
      ComplexRoute    = -4;                     { Ergebnis ist komplexe Zahl }
      UnderDetermined = -5;                     { Ergebnis nicht eindeutig   }
      OutOfDomain     = -6;                     { Nicht definierter Bereich  }


var   MathsResult :integer;                     { Fehleranzeige 0=kein Fehler}

procedure gauss(var A,B,X; N:word);

function maxl  (A,B:longint)           :longint;
function maxf  (A,B:float)             :float;
function minl  (A,B:longint)           :longint;
function minf  (A,B:float)             :float;
function rangel(X,LimA,LimB:longint)   :longint;
function rangef(X,LimA,LimB:float)     :float;

function log   (X :float)              :float;
function tan   (X :float)              :float;
function fac   (X :word)               :float;
function power (X,E :float)            :float;
function spline(var Buf; N:word; X:float) :float;
function lagran(var Buf; N:word; X:float) :float;


implementation

  function maxl(A,B:longint) :longint;
  begin
    if A>=B then maxl:=A else maxl:=B;
    MathsResult:=0;
  end;

  function maxf(A,B:float) :float;
  begin
    if A>=B then maxf:=A else maxf:=B;
    MathsResult:=0;
  end;
```

```pascal
function minl(A,B:longint) :longint;
begin
  if A<=B then minl:=A else minl:=B;
  MathsResult:=0;
end;

function minf(A,B:float) :float;
begin
  if A<=B then minf:=A else minf:=B;
  MathsResult:=0;
end;

function rangel(X,LimA,LimB:longint) :longint;
begin
  if LimA <= LimB
  then rangel:=minl(maxl(X,LimA),LimB)
  else rangel:=minl(maxl(X,LimB),LimA);
  MathsResult:=0;
end;

function rangef(X,LimA,LimB:float) :float;
begin
  if LimA <= LimB
  then rangef:=minf(maxf(X,LimA),LimB)
  else rangef:=minf(maxf(X,LimB),LimA);
  MathsResult:=0;
end;

function log(X:float) :float;
const LogE =4.34294481903252E-0001;            { Wert von log(e)            }
begin
  log:=LogE * ln(X);
  MathsResult:=0;
end;


function tan(X:float) :float;
begin
  tan:=sin(X) / cos(X);
  MathsResult:=0;
end;


function fac(X:word) :float;
var Tmp :float;
begin
  {$IFOPT N+} if X <= 1754                      { Ist Wert darstellbar ?    }
  {$ELSE}     if X <= 34
  {$ENDIF}
  then begin
    Tmp:=1;
    while X >1 do begin Tmp:=Tmp*X; dec(X); end;
```

```pascal
      fac:=Tmp;
    MathsResult:=0;
  end
  else MathsResult:=OutOfFloatRange;
end;


function power(X,E:float) :float;
begin
  MathsResult:=0;
  if X >= 0.0                                    { Wurzel ist positiv        }
  then begin
    if X > 0.0
    then begin
      X:=ln(X);
      if ((X>=1) and (abs(E)<=ln(MaxFloat)/X)) { Ist Wert darstellbar ?    }
         or
         ((X< 1) and (abs(E)*X<=ln(MaxFloat)))
      then power:=exp(E*X)
      else MathsResult:=OutOfFloatRange;
    end
    else begin
      if E > 0
      then power:=0
      else begin
        if E < 0
        then MathsResult:=Undefined
        else begin
          power:=1;
          MathsResult:=1;                        { Auf Konvention 0 oder 1   }
        end;
      end;
    end;
  end
  else begin                                     { Wurzel ist negativ        }
    if frac(E)=0
    then begin
      if odd(trunc(E))
      then power:=-power(abs(X),E)
      else power:=+power(abs(X),E);
    end
    else MathsResult:=ComplexRoute;              { Ergebnis ist komplexe Zahl }
  end;
end;


procedure gauss(var A,B,X; N:word);
var I,K,L :word;
    Temp  :vectortype;
    R     :float;

begin
```

```pascal
  R:=0;  for I:=1 to N do R:=R + vectortype(B)[I];
  if R=0 then begin
    MathsResult:=0;

    for K:=1 to N do begin
      L:=K;
      if matrixtype(A)[K,K]=0 then begin         { Vertauschen der Gleichungen, }
        repeat                                    { so daß matrixtype(A)[K,K]<>0 }
          inc(L)
        until (matrixtype(A)[L,K]<>0) or (L=N);
        if matrixtype(A)[L,K] <>0
        then begin
          for I:=1 to N do begin
            Temp[I]:=matrixtype(A)[L,I];
            matrixtype(A)[L,I]:=matrixtype(A)[K,I];
            matrixtype(A)[K,I]:=Temp[I];
            R:=vectortype(B)[L];
            vectortype(B)[L]:=vectortype(B)[K];
            vectortype(B)[K]:=R;
          end;
        end
        else begin MathsResult:=UnderDetermined; exit; end;
      end;

      for L:=K+1 to N do
      if matrixtype(A)[L,K]<>0 then begin                  { Elimination  von  }
        R:=-(matrixtype(A)[L,K] / matrixtype(A)[K,K]); { matrixtype(A)[L,K]}
        for I:=K to N do begin
          matrixtype(A)[K,I]:=matrixtype(A)[K,I] * R;
          matrixtype(A)[L,I]:=matrixtype(A)[L,I] + matrixtype(A)[K,I];
        end;
        vectortype(B)[K]:=vectortype(B)[K] * R;
        vectortype(B)[L]:=vectortype(B)[L] + vectortype(B)[K];
      end;
    end;

    for K:=N downto 1 do begin                   { Berechnen der Lösung       }
      R:=0;
      for I:=K+1 to N do
        R:=R + matrixtype(A)[K,I] * vectortype(X)[I];
      vectortype(X)[K]:=(vectortype(B)[K]-R) / matrixtype(A)[K,K];
    end;
  end
  else begin
    MathsResult:=Homogeneous;
    fillchar(X, N*sizeof(R), 0);
  end;
end;


type coordtype = record
```

```pascal
      X, Y :float;
    end;

    buftype=array[1..80] of coordtype;



function lagran(var Buf; N:word; X:float) :float;
var  J, Min, Max :word;
     Result       :float;

  function compute(X:float; K:word) :float;
  var I         :word;
      Mul, Dif :float;
  begin
    Dif:=1;  I:=0;  Mul:=1;
    repeat
      inc(I);
      if I <> K then begin
        Dif:=Dif*(buftype(Buf)[K].X - buftype(Buf)[I].X);
        Mul:=Mul*(X - buftype(Buf)[I].X)
      end;
    until I=N;
    if Dif<>0
      then compute:=Mul/Dif
      else begin compute:=0; MathsResult:=DivisionByZero; end;
  end;

begin
  Result:=0;
  Min:=1; Max:=2;
  if buftype(Buf)[1].X > buftype(Buf)[2].X then begin Min:=2; Max:=1 end;
  for J:=3 to N do begin
    if buftype(Buf)[J].X > buftype(Buf)[Max].X then Max:=J;
    if buftype(Buf)[J].X < buftype(Buf)[Min].X then Min:=J;
  end;
  if (buftype(Buf)[Min].X <=X) and (X<= buftype(Buf)[Max].X)
  then begin
    MathsResult:=0;
    for J:=1 to N do Result:=Result + compute(X,J)*buftype(Buf)[J].Y;
  end
  else MathsResult:=OutOfDomain;
  lagran:=Result
end;



function spline(var Buf; N:word; X:float) :float;
const S1 =1;
      S2 =1;
var   PtrA,PtrB,PtrS      :pointer;
      I                   :word;
      R,Xl,Xk,C1,C2,C3,C4 :float;
```

```pascal
    procedure quicksort(L,R:word);
    var I,J   : word;
        Z,Temp: coordtype;

    begin
      I:=L; J:=R;
      Z:=buftype(Buf)[(L+R) div 2];                 { Zerlegungselement          }

      repeat
        while buftype(Buf)[I].X < Z.X do inc(I);
        while Z.X < buftype(Buf)[J].X do dec(J);
        if I<=J then                              { Elemente vertauschen        }
        begin
          Temp:=buftype(Buf)[I];
          buftype(Buf)[I]:=buftype(Buf)[J];
          buftype(Buf)[J]:=Temp;
          inc(I); dec(J);
        end;
      until I > J;

      if L<J then quicksort(L,J);
      if L<R then quicksort(I,R)
    end;


    function dX(I:word) :float;
    var R :float;
    begin
      R:=buftype(Buf)[I+1].X - buftype(Buf)[I].X;
      if R=0 then begin R:=1; MathsResult:=DivisionByZero end;
      dX:=R;
    end;


    function f(N,K:word) :float;
    begin
      if N=K
      then f:=1
      else f:=(buftype(Buf)[K].Y - buftype(Buf)[N].Y)/(buftype(Buf)[K].X -
              buftype(Buf)[N].X);
    end;

  begin
    I:=2;
    while (buftype(Buf)[I].X >= buftype(Buf)[I-1].X) or (I<N) do inc(I);
    if buftype(Buf)[I].X < buftype(Buf)[I-1].X   { Ist Datenfolge unsortiert }
      then quicksort(1,N);                       { dann Sortieren            }

    if (buftype(Buf)[1].X <=X) and (X<= buftype(Buf)[N].X)
    then begin
      MathsResult:=0;
```

```pascal
getmem(PtrA, sizeof(R)*N*N);
getmem(PtrB, sizeof(R)*N);
getmem(PtrS, sizeof(R)*N);
fillchar(PtrA^, sizeof(R)*N*N,0);
fillchar(PtrS^, sizeof(R)*N,0);
matrixtype(PtrA^)[1,1]:=1;              { Berechnen von s_i        }
matrixtype(PtrA^)[N,N]:=1;
vectortype(PtrB^)[1]   :=S1;
vectortype(PtrB^)[N]   :=S2;

for I:=2 to N-1 do begin
  matrixtype(PtrA^)[I,I]    := dX(I);
  matrixtype(PtrA^)[I,I+1]  := 2*(dX(I-1)+dX(I));
  matrixtype(PtrA^)[I,I+2]  := dX(I-1);
  vectortype(PtrB^)[I]      := 3*(f(I-1,I)*dX(I)+f(I,I+1)*dX(I-1))
end;
gauss(PtrA^,PtrB^,PtrS^,N);

I:=0;
repeat inc(I); until (buftype(Buf)[I+1].X>X) or (I=N);

if I<= N then begin                     { Berechnen von c_{I,K}    }
  Xk:=buftype(Buf)[I].X;
  Xl:=buftype(Buf)[I+1].X;
  C1:=buftype(Buf)[I].Y;
  C2:=vectortype(PtrS^)[I];
  C4:=(vectortype(PtrS^)[I] + vectortype(PtrS^)[I+1] -
               2*f(I,I+1)) / (dX(I)*dX(I));
  C3:=(f(I,I+1) - C2)/dX(I) - C4*dX(I);
  spline:=C1+C2*(X-Xk)+C3*(X-Xk)*(X-Xk)+C4*(X-Xk)*(X-Xk)*(X-Xk);
  end;
  freemem(PtrA, sizeof(R)*N*N);
  freemem(PtrB, sizeof(R)*N);
  freemem(PtrS, sizeof(R)*N);
  end
  else begin MathsResult:=OutOfDomain; spline:=0; end;
  end;
end.
```

3.5.3 Unit strings

Das Unit *strings* enthält einige Datentypen, Konstanten und Funktionen zur Zeichenkettenmanipulation. Sie sind besonders von Nutzen, wenn Editoren oder Parser erstellt werden sollen.

Die Funktion *crt.readkey* von Turbo Pascal liefert normalerweise das ASCII-Zeichen der gedrückten Taste zurück, obwohl das System bei jedem Tasten-druck eine zwei Bytes lange Zahl zurückliefert: *crt.readkey* liest das nieder-wertige Byte und ignoriert das höherwertige. Anders verhält sich diese Funk-tion bei einem Tastendruck einer erweiterten Taste (**Home, End, PgUp, PgDn,**

Funktionstasten). In diesem Fall wird der Druck von zwei unabhängigen Tasten simuliert, und das Ergebnis kann durch zweifaches Aufrufen von *crt.readkey* vollständig gelesen werden. Das erste Zeichen ist bei erweiterten Tasten immer der Charakter Null (#0).

Im Unit *strings* wird eine Reihe von *word*-Konstanten definiert, die den am öftesten benutzten erweiterten Tasten entsprechen. Eine für diesen Zweck implementierte Funktion *getkey* liefert den entsprechenden Tastenkode. Für normale ASCII-Zeichen ist das höherwertige Byte immer Null.

Unit *strings* bindet durch *uses* das Unit *crt* und das schon vorgestellte Unit *maths* ein. Folgende Funktionen werden implementiert :

getkey	Liefert einen *word*-Wert als Tastenkode zurück.
getvalidkey(var Orders:validkeys)	Wartet, bis eine Taste gedrückt wird, deren Tastenkode im Array *validkeys* enthalten ist. Der entsprechende Tastenkode wird zurückgeliefert.
xeroxc(Ch:char; Count:byte)	Liefert eine Zeichenkette zurück, die eine *Count*-malige Kopie des übergebenen Zeichens *Ch* ist.
xeroxs(St:string; Count:byte)	Liefert eine Zeichenkette zurück, die eine *Count*-malige Kopie der übergebenen Zeichenkette *St* ist. Das Ergebnis kann als *string* natürlich nicht mehr als insgesamt 255 Zeichen erfassen.
strip(St:string)	Liefert St zurück nach dem Entfernen aller vorhandenen Leerzeichen.
toupper(St:string)	Liefert *St* zurück nach der Konvertierung in die entsprechenden Großbuchstaben. Die deutschen Umlaute werden berücksichtigt, und 'ß' wird durch 'SS' ersetzt.

```pascal
unit strings;
{$B-,R-,V-}

interface
uses crt, maths;
const MaxOrders = 20;

type  scancode = record
        SCode :byte;
        Auxil :byte;
      end;

      validkeys = array[1..MaxOrders] of word;
```

```pascal
      asciitype  = set of $0020..$00FF;

const Asciis    :asciitype = [$0020..$00FF];
      Letters   :asciitype = [$0041..$005A, $0061..$007A];
      DecDigits :asciitype = [$0030..$0039];
      HexDigits :asciitype = [$0030..$0039, $0041..$0046, $0061..$0066];

      BkSp=$0008; Tab =$0009; CaRe=$000D; Esc =$001B;
      Home=$4700; Ende=$4F00; PgUp=$4900; PgDn=$5100;
      UpAr=$4800; LeAr=$4B00; RiAr=$4D00; DnAr=$5000;
      Ins =$5200; Del =$5300; MiAr=$F000;
      F1  =$3B00; F2  =$3C00; F3  =$3D00; F4  =$3E00; F5  =$3F00;
      F6  =$4000; F7  =$4100; F8  =$4200; F9  =$4300; F0  =$4400;

      CtrBkSp=$007F; CtrTab =$9400; CtrCaRe=$000A;
      CtrHome=$7700; CtrEnd =$7500; CtrPgUp=$8400; CtrPgDn=$7600;
      CtrUpAr=$8D00; CtrLeAr=$7300; CtrRiAr=$7400; CtrDnAr=$9100;
      CtrIns =$9200; CtrDel =$9300; CtrMiAr=$8F00;
      CtrF1  =$5E00; CtrF2  =$5F00; CtrF3  =$6000; CtrF4  =$6100; CtrF5 =$6200;
      CtrF6  =$6300; CtrF7  =$6400; CtrF8  =$6500; CtrF9  =$6600; CtrF0 =$6700;

      SftTab=$0F00;
      SftF1 =$5400; SftF2 =$5500; SftF3 =$5600; SftF4 =$5700; SftF5 =$5800;
      SftF6 =$5900; SftF7 =$5A00; SftF8 =$5B00; SftF9 =$5C00; SftF0 =$5D00;

      AltTab=$A500;
      AltF1 =$6800; AltF2 =$6900; AltF3 =$6A00; AltF4 =$6B00; AltF5 =$6C00;
      AltF6 =$6D00; AltF7 =$6E00; AltF8 =$6F00; AltF9 =$7000; AltF0 =$7100;


function getkey                             :word;
function getvalidkey(var Orders:validkeys):word;
function xeroxc (Ch:char; Count:byte)       :string;
function xeroxs (St:string; Count:byte)     :string;
function toupper(St:string)                 :string;
function strip  (St:string)                 :string;


implementation

  function getkey:word;
  var CharOrd :word;
  begin
    CharOrd:=0;
    scancode(CharOrd).SCode:=byte(readkey);
    if scancode(CharOrd).SCode = 0                       { Falls erweiterte Taste }
      then scancode(CharOrd).Auxil:=byte(readkey); { nächstes Zeichen lesen }
    getkey:=CharOrd;
  end;
```

```pascal
function getvalidkey(var Orders:validkeys):word;
var CharOrd :word;


  function isvalidkey(CharOrd:word):boolean;
  var B :word;
  begin
    B:=1;
    while (B<=MaxOrders) and (Orders[B]<>CharOrd) do inc(B);
    isvalidkey:=B <= MaxOrders;
  end;

begin
  repeat
    CharOrd:=getkey;
  until isvalidkey(CharOrd);
  getvalidkey:=CharOrd;
end;

function xeroxc (Ch:char; Count:byte):string;
var S :string;
begin
  xeroxc[0]:=char(Count);
  for Count:=1 to Count do xeroxc[Count]:=Ch;
end;

function xeroxs (St:string; Count:byte):string;
var S    :string;
    I,X :integer;
begin
  I:=1;  X:=byte(St[0]);
  while (Count > 0) and (I < 255) do begin
    move(St[1], S[I], X);
    inc(I, X);  dec(Count);
    if 256-(I+byte(St[0])) < 0 then X:=256-I; { Findet ein Überlauf statt ?}
  end;
  S[0]:=char(I-1);  xeroxs:=S;
end;


function strip(St:string):string;
var I,X :byte;
begin
  I:=1; X:=1;
  while (I<=length(St)) do begin
    while (St[I]= #32) and (I<=length(St)) do { Lehrzeichen überspringen   }
      inc(I);
    while (St[I]<>#32) and (I<=length(St)) do { ansonsten alles übernehmen }
    begin
      strip[X]:=St[I];
      inc(I); inc(X)
    end;
  end;
```

```pascal
    strip[0]:=char(X-1);                        { Setzen der richtigen Länge }
  end;

  function toupper(St:string):string;
  var I,X :byte;
  begin
    I:=1; X:=1;
    while (I <= length(St)) and (X <= 255) do
    begin
      case St[I] of
        'ä' :toupper[X]:='Ä';
        'ö' :toupper[X]:='Ö';
        'ü' :toupper[X]:='Ü';
        'ß' :begin
               toupper[X]:='S'; X:=minl(X+1,255);
               toupper[X]:='S';
             end;
        else toupper[X]:=upcase(St[I]);
      end;
      inc(I); inc(X)
    end;
    toupper[0]:=char(X-1);                       { Setzen der richtigen Länge }
  end;
end.
```

3.5.4 Unit convert

Unit *convert* definiert sechs Funktionen zur Konvertierung von Zahlenwerten in allen drei gebräuchlichen Darstellungsformaten (dezimal, hexadezimal, binär). Bei zwei dieser Funktionen wird die Eingabe als *string* übergeben. Deshalb müssen mögliche Fehlerquellen (ungültige Darstellung eines der beiden Formate) entdeckt und signalisiert werden. Aus diesem Grund wird, wie in Unit *maths*, eine Variable *ConvertResult* des Typs *integer* definiert. Alle Funktionen konvertieren Werte im Bereich *word* oder *integer*. Deswegen bekommen die Funktionen *dectohex* und *dectobin* als Parameter einen *longint*-Wert, dessen Zahlenwertbereich *word* und *integer* einschließt. Eine dazu alternative Lösung wäre, den Parameter untypisiert zu übergeben z.B. *function dectohex(var Value):string;*. Das hätte aber den Nachteil, die Funktion nur mittels einer Variablenreferenz aufrufen zu können.

Hier sind die zwei möglichen Fehlermeldungen von convert, die in Konstanten zusammengefaßt wurden :

OutOfRange   Der dezimal übergebene Wert ist nicht als *word* bzw. *inte-*
                        ger darstellbar. Das zurückgelieferte *string* entspricht nur
                        dem niederwertigem Wert.

NotValidStr   Die Zeichenkette enthält Zeichen, die nicht zur hexadezima-
                        len bzw. binären Darstellung gehören.

Folgende Funktionen werden im Unit *convert* implementiert:

dectohex(LValue:longint):str004;   Liefert die hexadezimale Darstellung vom
                                       niederwertigem *word* von *LValue* zurück

dectobin(LValue:longint):str016;   Liefert die binäre Darstellung vom nieder-
                                       wertigem *word* von *LValue* zurück

hextodec(HexStr:str004):word;   Liefert den dezimalen Wert der durch
                                       HexStr dargestellten Zahl zurück

hextobin(HexStr:str004):str016;   Liefert die binäre Darstellung der von
                                       HexStr dargestellten Zahl zurück

bintodec(BinStr:str016):word;   Liefert den dezimalen Wert der durch
                                       BinStr dargestellten Zahl zurück

bintohex(BinStr:str016):str004;   Liefert die hexadezimale Darstellung der
                                       von *BinStr* dargestellten Zahl zurück

Unit *convert* macht Gebrauch von den schon vorgestellten Units *types*,
maths und *strings*.

```
unit convert;
{$B-,R-,V-}

interface
uses crt, types, maths, strings;

type timetype = record
       Hou :word;
       Min :word;
       Sec :word;
       Hun :word;
     end;

const OutOfRange  = -1;              { Außerhalb des word Bereiches   }
      NotValidStr = -2;              { Unkorrekte Hex/Bin Zeichenkette}

var   ConvertResult :integer;        { Ergebnisvariable (0=Ok)        }

function dectohex (LVal:longint)   :str004;
function dectobin (LVal:longint)   :str020;
function hextodec (HexStr:str004)  :word;
function hextobin (HexStr:str004)  :str020;
function bintodec (BinStr:str020)  :word;
function bintohex (BinStr:str020)  :str004;
```

```
implementation

const WordNibb :array [0..3] of word=          { Masken  zur  Extraktion   }
        ($000F,$00F0,$0F00,$F000);             { einzelner Bytes           }

      WordBits :array[0..15] of word=          { Masken  zur  Extraktion   }
        ($0001,$0002,$0004,$0008,              { einzelner Bits            }
         $0010,$0020,$0040,$0080,
         $0100,$0200,$0400,$0800,
         $1000,$2000,$4000,$8000);

   function dectohex(LVal:longint):str004;
   var I,BVal :byte;
       WVal    :word;
   begin
     WVal:=word(LVal);
     for I:=3 downto 0 do begin
       BVal:=(WVal and WordNibb[I]) shr (4*I);   { Wert des betreffenden Bytes}
       case BVal of
         00..09: dectohex[4-I]:=char(BVal+48);   { Konvertierung zu Hex.Digit }
         10..15: dectohex[4-I]:=char(BVal+55);
       end;
     end;
     dectohex[0]:=#4;
     if LVal <= $FFFF
       then ConvertResult:=0
       else ConvertResult:=OutOfRange;
   end;


   function dectobin(LVal:longint):str020;
   var BVal        :byte;
       WVal :word;
   begin
     WVal:=word(LVal);
     for BVal:=15 downto 0 do
       dectobin[16-BVal]:=char(48+ord(boolean(WVal and WordBits[BVal]>0)));
     dectobin[0]:=char(16);
     if LVal <= $FFFF
       then ConvertResult:=0
       else ConvertResult:=OutOfRange;
   end;


   function hextodec(HexStr:str004):word;
   var WVal :word;
       I,X  :byte;
       Ch   :char;
   begin
     WVal:=0;  I:=minl(4,length(HexStr));  X:=0;
     for I:=I downto 1 do begin
       Ch:=HexStr[I];
```

```pascal
      case Ch of
        '0'..'9':WVal:=WVal + (byte(Ch)-48)*($01 shl (4*(X)));
        'A'..'F':WVal:=WVal + (byte(Ch)-55)*($01 shl (4*(X)));
        'a'..'f':WVal:=WVal + (byte(Ch)-87)*($01 shl (4*(X)));
        else begin
          ConvertResult:=NotValidStr;              { Ungültiges Hex. Digit      }
          exit;
        end;
      end;
      inc(X);
    end;
    hextodec:=WVal; ConvertResult:=0;
end;


function hextobin (HexStr:str004):str020;
var Value :word;
begin
  Value:=hextodec(HexStr);
  if ConvertResult=0 then hextobin:=(dectobin(Value))
                     else hextobin:=xeroxc('0',16);
end;


function bintodec (BinStr:str020):word;
var I,X  :byte;
    WVal :word;
begin
  I:=minl(16,length(BinStr));
  X:=0;  WVal:=0;
  for I:=I downto 1 do begin
    if BinStr[I] in ['0'..'1']
      then WVal:=WVal + (1 shl (X))*ord(BinStr[I]='1')
      else begin
        ConvertResult:=NotValidStr;              { Ungültiges Bin. Digit      }
        exit;
      end;
    inc(X);
  end;
  bintodec:=WVal; ConvertResult:=0;
end;


function bintohex (BinStr:str020):str004;
var Value :word;
begin
  Value:=bintodec(BinStr);
  if ConvertResult=0 then bintohex:=dectohex(Value)
                     else bintohex:=xeroxc('0',4);
end;

end.
```

4 Daten und Datenstrukturen in Turbo Pascal 4.0 und 5.0

C. Emmanuilidis

4.1 Was sind Daten?

Computer können im Grunde nur Zahlen verarbeiten, obwohl Programme oft den Eindruck vermitteln, sie könnten Texte oder sogar deren Sinn erfassen, graphische Muster erkennen oder mit logischen Begriffen umgehen, kurz gesagt, intelligent sein. Wir wollen aber an dieser Stelle nicht etwa die Arbeitsweise der Computer erklären, sondern vielmehr einen einfachen Sachverhalt erläutern, der vor allem für die Programmierer, die sich nur mit einer höheren Programmiersprache beschäftigt haben, nicht immer selbstverständlich ist.

Unabhängig von ihrer Datentypdeklaration werden alle Daten intern als Zahlen im Speicher dargestellt und verarbeitet, d.h. als eine Reihe hintereinander liegender Bytes. Eine Folge von Bytes allein wäre aber genauso wertlos wie eine Reihe von Punkten und Strichen ohne den Morse-Code. Erst durch diese Kodierung bekommen Punkte und Striche einen Sinn und lassen sich zu Buchstaben des Alphabets interpretieren. Das gleiche gilt für die Bytes als Daten eines Programms. Erst durch die Definition eines bestimmten Datenbereiches für jeden einzelnen Datentyp ist die richtige Interpretation der darin befindlichen Werte möglich. Für jeden vordefinierten Datentyp einer höheren Programmiersprache gibt es eine bestimmte Darstellungsweise. Diese Datentypen bilden die Grundbausteine für kompliziertere Datenstrukturen. Später in diesem Kapitel werden wir uns mit den internen Datentyp-Darstellungsformaten befassen.

Betrachten wir folgende Tabelle und stellen wir uns dabei die Zahlen der Reihe A als Bytes im Speicher eines Rechners vor. Dieselben Daten lassen sich, je nach verwendetem Datenformat, als Bytes (A), ganze Zahlen (B), reelle Zahlen (C) oder auch als Text (D) interpretieren.

	1	2	3	4	5	6	7	8	9	10	11	12	13	14	15	16	17	18
A	69	115	32	105	115	116	32	105	110	116	101	114	101	115	115	97	110	116
B	29509		26912		29811		26912		29806		29285		29541		24947		29806	
C	1.656432075 E-18						2.1882515882 E-04						6.5614870853 E-09					
D	E	s		i	s	t		i	n	t	e	r	e	s	s	a	n	t

Man benötigt sozusagen eine geeignete Schablone, um Daten erst sinnvoll und aussagekräftig zu machen. Datentypen einer höheren Programmiersprache sind Schablonen, die es dem Programmierer ermöglichen, mit komplizierten logischen Datenstrukturen umzugehen, ohne ihre physikalische Darstellung zu kennen.

Um aus einer Reihe von Daten die richtige Information zu extrahieren, reicht aber nicht aus, den Datentyp zu kennen, sondern es muß auch der genaue Platz bekannt sein, an dem die Schablone angewendet werden soll. Hätten wir im obigen Beispiel die 1. Spalte ignoriert und die Interpretation der *integer*-Zahlen (Reihe B) ab der 2.Spalte angefangen, wären die Werte ganz anders ausgefallen (8307,29545, 8308 usw.). Diese Vereinbarung über den genauen Platz aller Daten im Speicher findet im Variablendeklarationsteil eines jeden Programmes statt.

Durch den Ausdruck *var VariableName: DatenTyp;* werden also zweierlei Vereinbarungen getroffen:

1. Über den Bezeichner wird eine direkte Verbindung mit einem bestimmten Platz (Adresse) im Datenbereich des Programms hergestellt.

2. Über den Datentyp wird eine bestimmte Schablone für das Schreiben und Lesen festgelegt und eine ihm entsprechende Anzahl von Bytes reserviert.

Weil Compiler als Vermittler zwischen Programmierer und Computer dienen, ist die Kenntnis solcher Zusammenhänge zwar nicht unbedingt erforderlich, kann aber oft zu effektiveren Programmen verhelfen. Wir werden nochmal darauf zurückkommen, aber zunächst wollen wir einen Blick auf die Datentypen werfen, die uns in Turbo Pascal zur Verfügung stehen.

4.2 Datentypen von Turbo Pascal 4.0 und 5.0

4.2.1 Neue vordefinierte Datentypen

Beide Versionen von Turbo Pascal, 4.0 und 5.0, präsentieren sich mit einer erweiterten und verfeinerten Palette von Datentypen. Version 5.0 bringt eine zusätzliche Neuerung, die sogar eine Erweiterung des Sprachumfangs darstellt: Nicht nur Zahlen, sondern auch Programme können jetzt als Daten erfasst und Variablen zugewiesen werden. Der Aufruf kann dann mit Hilfe der Variablen mit normalen Pascal-Anweisungen erfolgen. Darauf werden wir später noch detailierter eingehen. Im folgenden sei stichwortartig auf die von beiden Versionen vordefinierten, neuen Datentypen eingegangen.

Integer-Zahlenbereich: *shortint,longint,word,comp*

Zusätzlich zu *integer* und *byte* stehen uns jetzt drei neue Datentypen für ganze Zahlen zur Verfügung, die eine genaue Anpassung an den tatsächlich erforderlichen Bereich ermöglichen. Der vierte Datentyp *comp* ist nur im {$N+} Compiler-Modus verfügbar, wobei für diesen die gleichen Bedingungen gelten, wie für die drei folgenden Gleitpunktzahlenformate.

Gleitpunktzahlenbereich: *single,double,extended*

Der bis zur Version 3.0 einzig vorhandene Gleitpunktzahlen-Datentyp real wird durch drei andere, dem IEEE-Standart entsprechende Datentypen erweitert. Diese können allerdings in Version 4.0 nicht eingesetzt werden, wenn kein mathematischer Coprozessor vorhanden ist. Version 5.0 dagegen verfügt über eine Bibliothek von Routinen, die diesen vollständig emulieren. So kann mit Hilfe der Compiler-Direktive {$N+}, unabhängig von einem mathematischen Coprozessor, auf den entsprechenden Modus umgeschaltet werden, bei dem alle Rechenoperationen im *extended* Format durchgeführt werden. Die Compiler-Direktive {$E+} entscheidet dann über das Einbinden der Emulations-Routinen im Programm.

Zeichenketten: *string*

Beim Datentyp *string* ist eine Längenangabe nicht mehr unbedingt erforderlich. In diesem Fall gilt die Länge von 255 Zeichen als vereinbart. Als vordefinierter Datentyp kann *string* direkt den Datentyp der Parameter von Unterprogrammen definieren.

Zeiger: *pointer*

Ein Datentyp pointer ist jetzt vordefiniert und enthält Speicheradressen der Form **SegmentWert:OffsetWert**. Er ist also zu allen als ^*struktur* definierten Typen zuweisungskompatibel, definiert aber nicht die Struktur, auf die er zeigt. Es kann sich um eine einfache, eine strukturierte Variable oder auch eine Prozedur bzw. Funktion handeln.

Folgende Tabelle umfaßt alle in Turbo Pascal 4.0 und 5.0 vordefinierten Standarddatentypen.

Daten-typ	Wertebereich		Länge in Bytes	Signifikante Dez.stellen
boolean	False / True		1	-
byte	$0..2^8 -1$	$(0..255)$	1	-
shortint	$-2^7..2^7 -1$	$(-128..127)$	1	-
word	$0..2^{16} -1$	$(0..65535)$	2	-
integer	$-2^{15}..2^{15} -1$	$(-32768..32767)$	2	-
longint	$-2^{31}..2^{31} -1$	$(-2147483648..2147483647)$	4	-
comp	$-2^{63}..2^{63} -1$		8	-
real	ca.	$\pm5.8E-39..1.7E+38$	6	11
single	ca.	$\pm2.3E-38..3.4E+38$	4	7
double	ca.	$\pm2.2E-308..1.7E+308$	8	15
extended	ca.	$\pm1.9E-4932..1.7E+4932$	10	19
char	chr(0)..chr(255)		1	-
string	-		max.256	-
pointer	-		4	-
file	-		128	-
text	-		256	-

Tabelle 4.1: Die vordefinierten Standard-Datentypen von Turbo Pascal

4.2.2 Interne Darstellung der Datentypen

In diesem Abschnitt werden die internen Formate der in Turbo Pascal vordefinierten Datentypen und der Aufbau der vom Programmierer definierten Datentypen behandelt.

Der Datentyp *boolean*

Variablen vom Typ *boolean* belegen im Speicher 1 Byte, das die Werte 1 (*True*)
oder 0 (*False*) erhalten kann.

Der Datentyp *byte* und *word*

Variablen vom Typ *byte* belegen 1 Byte, vom Typ *word* 2 Bytes im Speicher.
Es sind vorzeichenlose, also positive Zahlen, die im Bereich 0..255 bzw.
0..65535 liegen.

Der Datentyp *shortint, integer* und *longint*

Variablen vom Typ *shortint* belegen im Speicher 1 Byte, vom Typ *integer* 2 Bytes und vom Typ *longint* 4 Bytes. Bei allen diesen Formaten stellt das höchstwertige Bit das Vorzeichen der Zahl dar. Auf diese Weise können Zahlen in den Bereichen -128..127, -32768..32767 und -2147483648..2147483647 dargestellt werden.

Der Datentyp *real*

Variablen vom Typ real belegen 6 Bytes im Speicher. Das gesamte Feld von 6 Bytes ist in drei voneinander logisch abgetrennte Bereiche unterteilt. So steht das höchstwertige Bit für das Vorzeichen (**v**), ein anderer, insgesamt 39 Bits langer Bereich für die Mantisse (**m**) und zuletzt ein 8 Bits langer Bereich für den Exponenten (**e**).

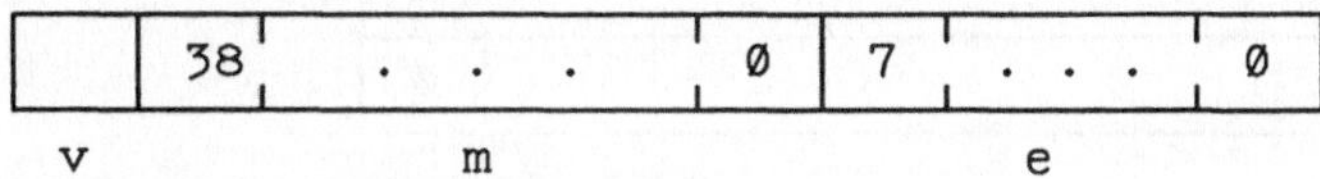

Der Datentyp *single*

Ähnlich wie beim Datentyp *real* ist das insgesamt 4 Bytes lange Feld in drei Bereiche unterteilt: in das Vorzeichenbit (**v**), den Exponentenbereich (**e**) und die Mantisse (**m**).

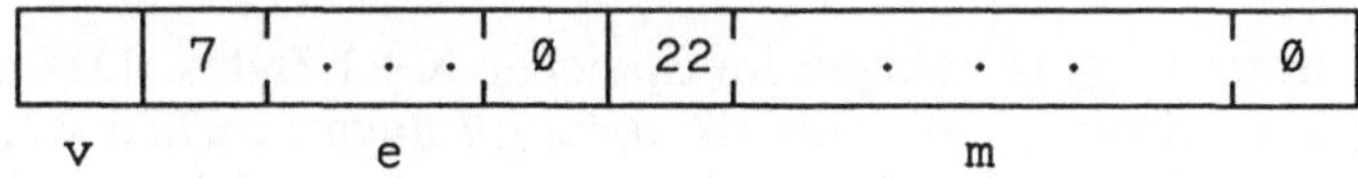

Der Datentyp *double*

Variablen vom Typ *double* belegen doppelt so viel Speicherplatz als *single*. Die Unterteilung in drei Bereiche ist aber ähnlich.

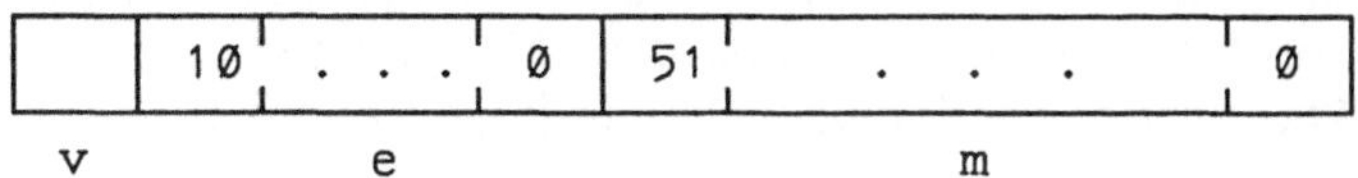

Der Datentyp *extended*

Variablen vom Typ *extended* belegen 10 Bytes im Speicher. Bei diesem Datentyp gibt es, außer den drei schon bekannten Bereichen für Vorzeichen, Exponenten und Mantisse, ein Integerbit-Feld (i).

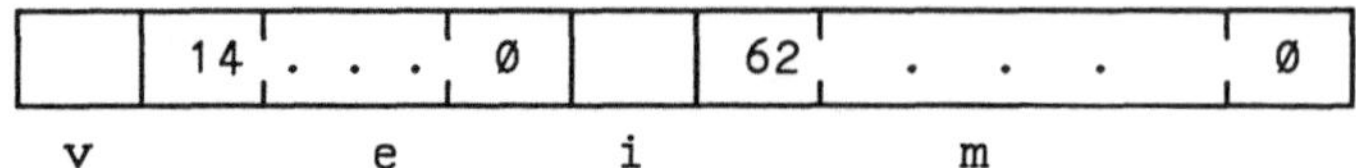

Der Datentyp *comp*

Variablen vom Typ *comp* belegen 8 Bytes im Speicher. Es können ganzzahlige Werte in Zweierkomplementform dargestellt werden.

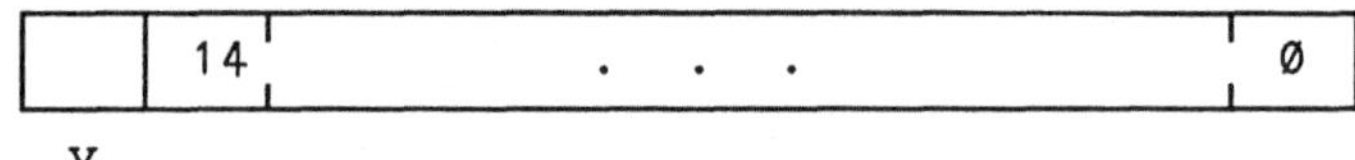

Der Datentyp *char*

Variablen vom Typ *char* belegen 1 Byte im Speicher. Vorzeichenlose Werte im Bereich zwischen 0..255 stehen für die entsprechenden ASCII-Zeichen.

Der Datentyp *string*

Zeichenketten der Form *string[X]* belegen im Speicher X+1 Bytes. Das erste Byte an der niedrigsten Adresse, das auch als *string[0]* angesprochen werden kann, enthält die aktuelle Länge der Zeichenkette. Wird keine Länge bei der Definition einer Variablen angegeben, so wird eine Länge von 255 Bytes angenommen, und dementsprechend werden 256 Bytes reserviert.

Der Datentyp *set*

Die maximale Anzahl von Elementen, die ein Typ *set* beinhalten kann, beträgt 256. Die Zugehörigkeit eines Elementes wird mit Hilfe eines ihm zugeordneten Bits dargestellt. So. werden maximal 256 Bits, d.h. 32 Bytes für einen *set*-Typ im Speicher belegt. Die tatsächliche Länge wird wie folgt errechnet:

Länge = (MaxLim div 8) - (MinLim div 8) + 1

MaxLim und MinLim stellen den größten und kleinsten Wert der beteiligten Elemente dar. Das Byte, in dem der entsprechende Biteintrag für ein Element steht, wird wie folgt errechnet:

ByteNummer = (Element div 8) - (MinLim div 8)

Das Bit innerhalb des Byte `ByteNummer`, das für das gesuchte Element steht, findet man auf folgende Weise:

BitNummer = Element mod 8

Der Datentyp *array*

Eindimensionale, aber vorallem multidimensionale Arrays, weisen eine logische Struktur der einzelnen Elementenfelder auf, obwohl diese sequentiell im Speicher abgelegt werden. Zwei einfache Regeln bestimmen die Reihenfolge der einzelnen Komponenten im Speicher:

- Felder einer und der selben Array-Dimension werden mit aufsteigendem Index abgelegt

- bei multidimensionalen Arrays wird die erste in der Deklarations stehende Dimension als äußere bzw. übergeordnete, die letzte als innere bzw. untergeordnete betrachtet. Felder unterschiedlicher Dimensionen werden nach umgekehrter Rangfolge abgelegt. Hierzu ein Beispiel:

```
var Kubus :array [1..3, 1..3, 1..3] of type;
                                     innere Dimension
               äußere Dimension
```

111	112	113	121	122	123	131	132	133	211	212	213	...	311	312	313	133	...	333

niedrige Adresse   höhere Adresse

Die Gesamtlänge eines Arrays in Bytes läßt sich wie folgt errechnen :

ByteLänge   = MaxAnzahl * sizeof(type)
MaxAnzahl   = (DimAMax-DimAMin+1) + (DimBMax-DimBMin+1)
+..+ (DimXMax-DimXMin+1)

Der Datentyp *record*

Genau wie beim Datentyp *array* werden die verschiedenen Felder eines Records nacheinander gespeichert. Das erste davon befindet sich an der kleinsten Adresse usw. Der einzige Unterschied zwischen Records und Arrays besteht darin, daß die Elemente beim Array alle gleich lang sind, da sie den selben Typ haben. Sind variante Teile im Record enthalten, so fangen sie an der gleichen Adresse an und überlappen sich. Die Bezeichner der einzelnen Felder geben so-

zusagen den Offsetwert innerhalb des Records an. Folgende Recorddefinitionen
sollen hierfür als Beispiel dienen:

```
type baustoffverweis = record
       SuchCode      :word;
       SchichtDicke :word;
     end;

     bauteil = record
       SuchCode :word;                                      { Offsetwert =  0  }
       BautName :string[30];                                { Offsetwert =  2  }
       KWert    :real;                                      { Offsetwert = 33  }
       case boolean of
       true :(Schichten :array[1..8] of baustoffverweis;    { Offsetwert = 39  }
               FlachGew  :real);                            { Offsetwert = 71  }

       false:(Rahmen    :real;                              { Offsetwert = 39  }
               GWert     :real);                            { Offsetwert = 45  }
     end;                                                   { GESAMTLÄNGE= 77  }
```

Die Gesamtlänge eines Records läßt sich aus der Summe der Längen der einzelnen Felder berechnen. Bei varianten Records ist die Länge der längsten Varianten ausschlaggebend.

Datentyp *file*

file, *file of ...* und *text* sind strukturierte vordefinierte Datentypen in Turbo
Pascal 4.0 und 5.0. Ihre Recorddefinition mit den einzelnen Feldern befindet
sich in der Unit *dos*. Für *text* existiert ein eigenes Record mit der Gesamtlänge
von 256 Bytes. Seine Definition:

```
type charbuf = array [0..127] of char;

     textrec = record
       Handle     :word;
       Mode       :word;
       BufSize    :word;
       Private    :word;
       BufPos     :word;
       BufEnd     :word;
       BufPtr     :^charbuf;
       OpenFunc   :pointer;
       InOutFunc  :pointer;
       FlushFunc  :pointer;
       CloseFunc  :pointer;
       UserData   :array [1..16] of byte;
       Name       :array [0..79] of char;
       Buffer     :charbuf;
     end;
```

Für Variablen vom Datentyp *file* bzw. *file of struktur* wird dagegen ein anderes Record definiert, das 128 Byte belegt.

```
type filerec = record
      Handle     :word;
      Mode       :word;
      RecSize    :word;
      Private    :array [1..26] of byte;
      UserData   :array [1..16] of byte;
      Name       :array [0..79] of char;
    end;
```

Hier wird die Bedeutung und Nutzung der verschiedenen Felder erklärt:

Handle   Wenn auf Files zugegriffen wird, erledigt Turbo Pascal die Arbeit nicht selbst, sondern ruft seinerseits das Betriebssystem (DOS) auf. Turbo Pascal und DOS führen ihre eigene unabhängige Verwaltung der Files durch. So liefert DOS einen 16 Bit langen Wert jedesmal dann zurück, wenn ein File geöffnet bzw. neu angelegt wird. Dieser Wert heißt Handle und dient als Referenznummer für weitere Zugriffe auf die gleiche Datei. Turbo Pascal speichert diesen Wert im Feld *Handle*. Wundern Sie sich nicht, wenn das erste von Ihnen erstellte File den *Handle*-Wert 5 erhält. DOS weist die ersten 5 (0..4) Handles den bereits offenen Standarddateien **Input, Output, Error Output, Auxiliary** und **Printer** zu.

Mode   Dieses Feld kann einen der folgenden Werte beinhalten, die ebenfalls in der Unit *dos* als Konstanten deklariert sind.

fmClosed	= \$D7B0;	File ist nicht geöffnet
fmInput	= \$D7B1;	text geöffnet für Eingabe
fmOutput	= \$D7B2;	file of text geöffnet für Ausgabe
fmInOut	= \$D7B3;	file oder file of struktur geöffnet für E/A

Es handelt sich hier um Werte, die DOS zurückliefert, allerdings in abgeänderter Form.

Private   Ein für Turbo Pascal reserviertes, aber nicht benutztes Feld.

UserData Dieses Feld steht Pascal Programmen frei, um eigene Daten zu speichern.

Name   In diesem Feld wird der Name des Files gespeichert. Für die Darstellung wird allerdings das ASCIIZ-Format von DOS benutzt, d.h. der Zeichenkette wird kein Längenbyte vorangestellt, wie man es von Turbo Pascal Strings gewöhnt ist. Stattdessen wird nach dem letzten Zeichen ein **NUL**-Byte hinzugefügt (*char(0)* bzw. *#0*). So kann die Gesamtlänge der Zeichenkette maximal 79 betragen.

RecSize	Nur für *file* und *file of struktur* Filevariablen. Enthält die Größe des Records, mit der vom File gelesen bzw. geschrieben wird.

Alle weiteren aufgeführten Felder sind nur im Datentyp *textrec* definiert.

BufSize	Gibt die Länge des für Textfiles bereitgehaltenen Speicherbereiches an, über den alle Lese- und Schreiboperationen getätigt werden.
BufPos	Gibt den Index des nächsten Zeichens an, das gelesen bzw. geschrieben werden kann.
BufEnd	Gibt die aktuelle Anzahl der im Buffer Zeichen befindlichen Zeichen an.
BufPtr	Ein Zeiger auf die Adresse des Buffers.
OpenFunc	Ein Zeiger auf die Adresse der Routine, die das Öffnen des Textfiles steuert.
InOutFunc	Ein Zeiger auf die Adresse der Routine, die das Schreiben und Lesen vom Textfile steuert.
FlushFunc	Ein Zeiger auf die Adresse der Routine, die das Leeren des Buffers vom oder zum Textfile steuert.
CloseFunc	Ein Zeiger auf die Adresse der Routine, die das Schließen des Textfiles steuert.
Buffer	Ein 128 Byte großer Bereich, der als Buffer für Lese- und Speicheroperationen dient.

4.3 Variablen und typisierte Konstanten in Turbo Pascal

In diesem Abschnitt wollen wir uns konkreter mit der Verwaltung der Daten, also Variablen von Turbo Pascal, befassen. Damit sind alle Daten gemeint, deren Existenz bereits während der Kompilierung bekannt ist und die nicht erst bei der Laufzeit durch *new* oder *getmem* als dynamische Variablen entstehen.

4.3.1 Globale und lokale Variablen

Pascal ist eine blockstrukturierte Sprache. Das heißt, Programme werden aus Abschnitten, sogenannten Blöcken gebildet, die ihrerseits untergeordnete Blöcke enthalten können. So zum Beispiel enthalten Unterprogramme ihre eigenen Bezeichnerdefinitionen, Labels, Konstanten, Datentypen, Variablen, sowie Prozeduren und Funktionen. Dieser rekursive hierarchische Aufbau beeinflußt auch die Zugriffsmöglichkeit auf Daten.

Jeder Block kann auf eigene Daten zugreifen, sowie auf Daten eines ihm übergeordneten Blocks. Es ist unmöglich, auf Daten eines untergeordneten oder eines gleichrangigen Blocks zuzugreifen. Sie sind sozusagen privat für den aktuellen Block und unsichtbar von außen. Verwechslung gleichnamiger Bezeichner ist deshalb ausgeschlossen. In diesem Kontext, also die logische Unterteilung und Differenzierung, werden Daten als global bzw. lokal zum jeweiligem Block bezeichnet.

4.3.2 Automatische und statische Variablen

Bei der Ausführung des Programms ist jeder Block solange aktiv, bis sein letzter Befehl ausgeführt worden ist. Dementsprechend existiert jede innerhalb des betreffenden Blocks definierte Variable nur, solange er aktiv ist, und verschwindet danach. Man bezeichnet solche Variablen als automatisch. Variablen dagegen, die permanent existent sind und ihren reservierten Platz während des gesamten Programmablaufs beibehalten, bezeichnet man als statisch.

Wir sollten uns vergegenwärtigen, daß Variablen, die im Hauptprogrammblock deklariert worden sind, ständig existent sind und deshalb ausnahmsweise von Turbo Pascal als statisch behandelt werden.

Typisierte Konstanten, eine Erweiterung von Turbo Pascal, sind im Grunde keine Konstanten, sondern vorinitialisierte Variablen und per Definition immer statisch. Zugriff auf solche Konstanten ist aber nur vom jeweiligen Block aus möglich. Ihre Initialisierung findet während der Compilierung des Programms statt. Bei einem lauffähigen Programm (.EXE) werden alle vorinitialisierten typisierten Konstanten auf der Datei zusammen mit dem Programmcode kopiert und stehen bei jedem Neustart des Programms bereits beim Laden auf ihrem richtigen Platz.

Turbo Pascal reserviert für alle statischen Variablen im Datensegment einen maximal 64K großen Speicherbereich, der an der Adresse DS:0000 beginnt. Die Platzresevierung aller statischen Variablen findet nach folgenden Regeln statt:

1. Als erste werden die Bezeichner des Quellcodes, dann die der Units abgelegt.

2. Zuerst werden alle typisierten Konstanten des gesamten Programms abgelegt. Nach dem gleichen Prinzip wird bei den Variablen verfahren.

3. Für jeden Bezeichner werden soviele Bytes reserviert, wie sein Datentyp es erfordert. Am dem sich anschließenden Byte beginnt der Platz des nächsten Bezeichners. Hierzu bietet Version 5.0 eine Compiler-Direktive {$A+}, mit deren Hilfe Variablen, deren interne Darstellunglänge größer als ein Byte ist, immer an geradzahligen Adressen abgelegt werden. Dies führt einerseits zu kleinen Lücken innerhalb des Datensegmentes, hat aber andererseits den Vorteil der erhöhten Zugriffsgeschwindigkeit bei den echten 16-Bit Prozessoren (8086, 80286, 80386).

4. Die Reservierung erfolgt in der gleichen Reihenfolge, in der die entsprechenden Bezeichner zeilenweise im Quellcode zu finden sind. Innerhalb derselben Zeile definierte Variablen werden aber mit umgekehrter Reihenfolge abgelegt. Dementsprechend werden erst die Bezeichner des letzten aufgeführten Units abgelegt, dann die des vorletzten usw.

5. Der erste Bezeichner eines jeden Units befindet sich immer auf einer geradzahligen Adresse.

Anders als die statischen werden die automatischen Variablen behandelt. Sie werden nicht im Datensegment abgelegt, wo sie unnötigerweise ständig Speicherplatz belegen würden. Für sie wird im Stacksegment, einem ebenfalls maximal 64K großen Bereich, während der Laufzeit des Programms kurzzeitig Platz reserviert, sobald der Block, in dem sie deklariert worden sind, aktiv wird. Beendet das Programm die Abarbeitung dieses Blocks, wird der vorher reservierte Platz wieder freigegeben. Der Platz der Variablen wird in der gleichen Reihenfolge reserviert, wie diese im Deklarationsteil des Blocks vorkommen. Da aber die Belegung des Stacks in umgekehrter Richtung, d.h. von den größeren zu den kleineren Adressen erfolgt, stehen die Variablen im Stack sozusagen auf dem Kopf.

4.4 Wertzuweisungen

Die vielleicht häufigste Anweisung in einem Programm ist die Wertzuweisung *VarA:=Ausdruck*. Dabei überprüft der Compiler, ob beide Terme zueinander zuweisungskompatibel sind, und bricht gegebenenfalls die Kompilierung mit einer Fehlermeldung ab. Trotzdem sind dabei falsche Ergebnisse nicht auszuschliessen, falls *Ausdruck* während der Compilierung keinen bekannten Wert hat. Betrachten wir dazu folgendes Programm:

```
var ByteVar :byte;

begin
  ByteVar:=200-2*125;                    { erzeugt Compiler-Fehlermeldung }
  ByteVar:=125;
  ByteVar:=200-2*ByteVar;                { erzeugt falsches Ergebnis      }
end.
```

Die erste Zeile im obigen Programm erzeugt eine Compiler-Fehlermeldung. Der Compiler erkennt, daß der ganze Ausdruck eine Konstante ist und berechnet sofort dessen Wert. Da dieser aber ein negativer Wert ist und daher außerhalb des für Bytes erlaubten Bereiches liegt, wird die Kompilierung abgebrochen. Wir löschen jetzt die erste fehlerhafte Zeile und versuchen, das gleiche indirekt zu erreichen, indem wir der Variablen *ByteVar* den Wert 125 zuweisen. Der Compiler akzeptiert diesmal die Zuweisung in der dritten Zeile ohne weiteres. Er erkennt, daß der Ausdruck einen ganzzahligen Wert hat und als solcher zu *ByteVar* zuweisungskompatibel ist, womit wir einen schönen Fehler in unserem Programm haben. Solche Bereichsfehler können wir mit Hilfe der Compiler-Direktive für die Bereichsüberprüfung {$R+} während der Laufzeit abfangen, was allerdings eine langsamere Programmausführung zur Folge hat. Der Compiler fügt nämlich in diesem Fall zusätzliche Routinen ein, die solche Fehler abfangen und das Programm anhalten. Dennoch ist es die beste und sauberste Lösung, wenn das Programm selbst Vorkehrungen trifft, um solche Fehler abzufangen, oder sie gar nicht erst entstehen läßt.

Aber was versteht man eigentlich unter der Aussage, *VarA* ist zuweisungskompatibel zu *VarB*? Wir wollen hier nicht die Bedingungen auflisten, unter denen zwei Werte zueinander zuweisungskompatibel sind, was sowieso schon im Handbuch steht, sondern vielmehr diesen Begriff und dessen Zusammenhänge verständlich machen.

Wir haben bereits gesehen, daß mit einem Datentyp verschiedene Informationen assoziiert werden:

1. logische Informationen, die z.B. ein byte von einem Zeichen (char) unterscheiden und somit ein erstes Kriterium über die Zulässigkeit einer Zuweisung darstellen und

2. physikalische Informationen, die mit dem internen Darstellungsformat und der Größe zu tun haben und ausschlaggebend für die byteweise Manipulation der Daten sind.

Betrachtet man z.B. den vom Compiler generierten Assemblercode eines einfachen Programmes mit nur drei Zuweisungen unterschiedlichen Datentyps, stellt man fest, daß es sich um einfaches Kopieren des Inhaltes einer Variablen auf die andere handelt.

Das Programm:

```
program assigntst;
var Int1, Int2  :integer;
    Real1, Real2 :real;
    Str1,  Str2  :string;

begin
  {.}
  {.}
  Int1 :=Int2;
  Real1:=Real2;
  Str1 :=Str2;
  {.}
  {.}
end.
```

```
A10200       MOV    AX,[0002]        ; Int2 -> AX
A30000       MOV    [0000],AX        ; AX -> Int1

A10A00       MOV    AX,[000A]        ; Real2 wird in drei Teilen (je 2 Bytes)
8B1E0C00     MOV    BX,[000C]        ; geteilt und auf die Register AX,BX,DX
8B160E00     MOV    DX,[000E]        ; geladen. Direkt danach wird ihr Inhalt
A30400       MOV    [0004],AX        ; am richtigen Platz, nämlich auf Real1,
891E0600     MOV    [0006],BX        ; wieder "zusammenmontiert".
89160800     MOV    [0008],DX

BF1001       MOV    DI,0110          ; Adresse von Str2 wird im  Stack als
1E           PUSH   DS               ; Parameter übergeben..
57           PUSH   DI
BF1000       MOV    DI,0010          ; Adresse von Str1 wird im  Stack als
1E           PUSH   DS               ; Parameter übergeben..
57           PUSH   DI
B8FF00       MOV    AX,00FF          ; Länge des  Datentyps string wird als
50           PUSH   AX               ; letzter Parameter übergenen..
9A87029C69   CALL   @Routine         ; Aufruf der kopierenden Routine
             {.}
             {.}
```

Nachdem alle Überprüfungen des Compilers abgeschlossen wurden, enthält der generierte Assemblercode nur Schiebebefehle und den Aufruf einer Kopierroutine, die nur dann eingesetzt wird, wenn die Größe der zu kopierenden Variablen 6 Bytes überschreitet.

4.4.1 Konstanten von Turbo Pascal

Wir haben im letzten Abschnitt gesehen, wie Variablen und typisierte Konstanten (vorinitialisierte Variablen) von Turbo Pascal behandelt und im Datensegment abgelegt werden. Es ist aber an der Zeit, festzustellen, was mit den Konstanten geschieht. Zu diesem Zweck schreiben wir wieder ein einfaches Programm, dessen Assemblercode wir anschließend mit Hilfe des DEBUG.COM Programms analysieren werden.

program consttst;

```
const IntgConst = -30256;             { Konstanten unterschiedlichen Typs }
      LongConst = $ABCDEF12;
      RealConst = 0.0;
      TextConst = 'Das ist ein Text';

var   IntgVar :integer;               { Die entsprechenden Variablen dazu }
      LongVar :longint;
      RealVar :real;
      TextVar :string[32];

begin
  {.}
```

```
begin
  {.}
  {.}
  IntgVar:=IntgConst;                    { ..und die Zuweisungen              }
  LongVar:=LongConst;
  RealVar:=RealConst;
  TextVar:=TextConst;
  {.}
  {.}
end.
```

Wir betrachten nun das vom Compiler erzeugte CONSTTST.EXE File :

```
                    {.}
                    {.}
C7060000D089  MOV   WORD PTR [0000],89D0      ; Wert direkt in IntgVar

C706020012EF  MOV   WORD PTR [0002],EF12      ; Das gleiche in zwei Schritten
C70604000CDAB MOV   WORD PTR [0004],ABCD      ; für LongVar

C70606000000  MOV   WORD PTR [0006],0000      ; Für RealVar sind drei Schritte
C70608000009  MOV   WORD PTR [0008],0900      ; erforderlich
C7060A005445  MOV   WORD PTR [000A],4554

BF0000        MOV   DI,0000                   ; Adresse der Quelle  CS:0000 im
0E            PUSH  CS                        ; Stack
57            PUSH  DI
BF0C00        MOV   DI,000C                   ; Adresse von TextVar DS:000C im
1E            PUSH  DS                        ; Stack
57            PUSH  DI
B82000        MOV   AX,0020                   ; Länge von TextVar (32) im Stack
50            PUSH  AX
9A87020069    CALL  @Routine                  ; Aufruf der bekannten Kopier-
                    {.}                       ; Routine
                    {.}
```

Normalerweise werden Konstanten bei der Kompilierung direkt durch ihren
Wert ersetzt. Erwartet aber der Compiler eine Konstante mit einer Länge, die
nicht mit einfachen direkten Assembler-Zuweisungen zu bewältigen wäre, speichert er die Konstante mitten im Codesegment. Findet dann eine Zuweisung
statt, so wird der kopierenden Routine die Adresse der Konstanten übergeben.
Der weitere Vorgang entspricht in diesem Fall einer Variablenzuweisung.

Versuchen wir, die Adresse einer im Codesegment abgelegten Konstanten mittels *PointerVar:=@TextConst* zu erfahren, werden wir feststellen, daß der
Compiler sich weigert, eine solche Information herzugeben. Dieser Vorgang,
Daten im Codesegment zu speichern, soll für den Programmierer geheim bleiben. Schließlich wäre es unmöglich, Adressen von Werten zu erfahren, die
überhaupt nicht gespeichert sondern direkt zugewiesen werden, wie wir bei
IntVar, *LongVar* und *RealVar* gesehen haben.

4.4.2 Implizite Datentyp-Umwandlungen

Wir haben gesehen, wie der Compiler Wertzuweisungen von Variable zu Variable durchführt. Wie sieht es aber mit Zuweisungen der Form *IntegerVar:=* *ByteVar* oder sogar *RealVar:=ByteVar* aus? Solche Datentypen werden, abgesehen von der unterschiedlichen Repräsentierung der Daten, im Speicher unterschiedlich dargestellt. Sie stellen trotzdem legale Pascal-Zuweisungen dar, während *ByteVar:=CharVar* eine Compiler-Fehlermeldunghervorruft, obwohl die Typen *byte* und *char* beide jeweils ein Byte im Speicher belegen.

Natürlich sind nicht alle numerischen Datentypen zueinander physikalisch kompatibel. Logisch betrachtet sind aber einige von ihnen Teilmengen anderer Datentypen (*longint-real, byte-word*), andere wiederum haben gemeinsame Schnittmengen (*integer-word, shortint-byte*).

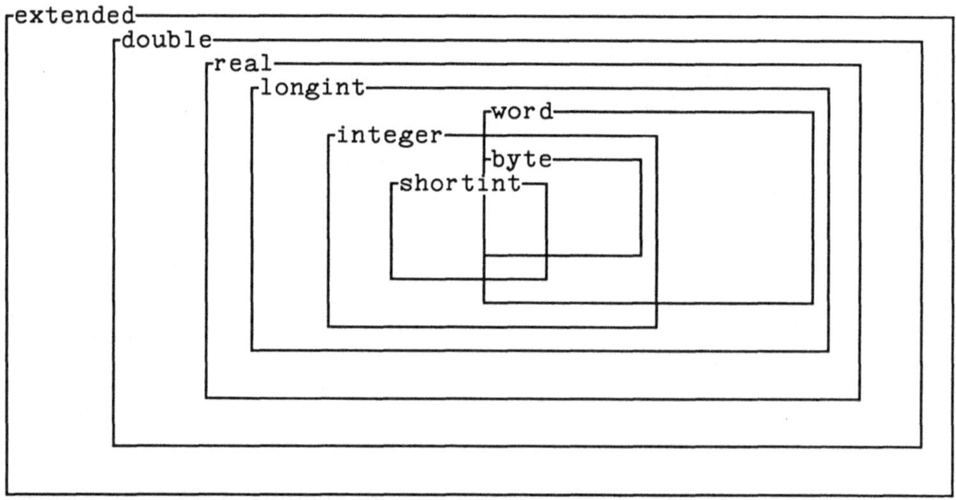

Genau wegen dieser logischen Kompatibilität leistet Turbo Pascal, unbemerkt vom Programmierer, Konvertierungsarbeit jedesmal dann, wenn entsprechende Zuweisungen im Quellcode vorkommen. Der Compiler fügt Assemblerbefehle ein, die einen *byte*-Wert in den entsprechenden *word*-Wert umwandeln oder einen *shortint*-Wert unter Beachtung des Vorzeichens zu einem *integer*-Wert erweitern. Soll ein ganzahliger Wert einer *real*-Variablen zugewiesen werden, wird er normalerweise erst zu einem *longint* Wert erweitert, und anschließend wird eine Konvertierungsroutine aufgerufen.

```
program valuetst;
var Short :shortint;
    Int   :integer;
    Long  :longint;
```

```
   Wort  :word;
   Reell :real;

begin
  {.}
  {.}
  Short:=Int;
  Int  :=Short;
  Short:=Long;
  Long :=Short;
  Short:=Wort;
  Wort :=Short;
  Reell:=Short;
  Long :=trunc(Reell);
  {.}
  {.}
end.
```

```
                    {.}
                    {.}
A00100      MOV   AL,[0001]      ; lo(Int) -> Short
A20000      MOV   [0000],AL


A00000      MOV   AL,[0000]      ; Short -> erweitern mit Vorzeichen
98          CBW                  ; -> Int
A30100      MOV   [0001],AX


A00300      MOV   AL,[0003]      ; erstes Byte von Long -> Short
A20000      MOV   [0000],AL


A00000      MOV   AL,[0000]      ; Short -> erweitern mit Vorzeichen  ->
98          CBW                  ; Ergebniss erweitern mit Vorzeichen ->
99          CWD                  ; -> Long
A30300      MOV   [0003],AX
89160500    MOV   [0005],DX


A00800      MOV   AL,[0008]      ; lo(Wort) -> Short
A20000      MOV   [0000],AL


A00000      MOV   AL,[0000]      ; Short -> erweitern mit Vorzeichen  ->
98          CBW                  ; -> Wort
A30800      MOV   [0008],AX


A00000      MOV   AL,[0000]      ; Short -> erweitern mit Vorzeichen  ->
98          CBW                  ; Ergebniss erweitern mit Vorzeichen ->
99          CWD                  ; Konvertierungsroutine aufrufen und
9A5B053B67  CALL  673B:055B      ; die drei Fragmente auf Reell
                                 ; speichern

A30A00      MOV   [000A],AX
891E0C00    MOV   [000C],BX
89160E00    MOV   [000E],DX
```

```
A10A00      MOV   AX,[000A]      ; Fragmente von Reell in Register laden
8B1E0C00    MOV   BX,[000C]      ; trunc Funktion aufrufen und Ergebnis
8B160E00    MOV   DX,[000E]      ; in Long speichern
9A5F053B67  CALL  673B:055F
A30300      MOV   [0003],AX
89160500    MOV   [0005],DX
            {.}
            {.}
```

Aus dem obigen Pascal-Programm und dem entsprechenden Assemblercode läßt sich folgendes schließen:

1. Turbo Pascal konvertiert numerische Werte auf das von der Zuweisung verlangte Format.

2. Einen Sonderfall stellen dabei Gleitpunktzahlen dar. Ganzzahlige Werte können solchen Variablen direkt zugewiesen werden. Turbo Pascal übernimmt automatisch die Konvertierung der Werte im richtigen Format. Zuweisungen in umgekehrter Richtung sind nur mittels der *round*, *trunc* und *frac* Funktionen möglich.

3. Vorsicht ist geboten bei Zuweisungen der Art (TermA:=TermB) zwischen ganzzahligen Datentypen in folgenden Fällen:

    a. Einer der beiden Terme ist vorzeichenlos und der andere nicht.
        UnSigned:=Signed
        Signed :=UnSigned

    b. TermA ist von kleinerem internen Datenformat als TermB.
        ByteSize:=WordSize [LongSize]
        WordSize:=LongSize

4. Es ist ratsam, bei der Entwicklung eines Programms mit aktiver Compiler-Direktive {$R+} (Bereichsüberprüfung) zu arbeiten. Mögliche Fehlerquellen können so frühzeitig endeckt und korrigiert werden.

Ein zweiter Fall impliziter Datentyp-Umwandlung liegt bei Zuweisungen der Form *StringVar:=ArrayCharVar* vor, wobei gilt:

```
StringVar    :string[X];                    { 0 < X <= 255 }
ArrayCharVar :array[1..Y] of char;          { 0 < Y <= 255 }
```

Ist *Y<=X*, so wird ganz *ArrayCharVar* in *StringVar* kopiert und String-Var[0]=Y. Ansonsten werden nur die ersten X *char*'s von *ArrayCharVar* in StringVar kopiert und StringVar[0]=X. Da *ArrayCharVar* über kein Längenbyte verfügt, das die aktuelle Anzahl der enthalteten Zeichen anzeigt, wie bei *StringVar*, sind umgekehrte Zuweisungen *ArrayCharVar:=StringVar* unzulässig.

4.4.3 Explizite Datentyp-Umwandlung von Werten

Bis jetzt hatten wir es mit normalen Wertzuweisungen in einer Variablen zu
tun. Der Compiler oder die Laufzeitbibliothek hatten bei aktiver {$R+} Di-
rektive die Möglichkeit einer Bereichsüberprüfung zwischen zugewiesenem
Wert und Variablen. Anders steht es aber mit Ausdrücken, bei denen der be-
rechnete Wert nicht einer Variablen zugewiesen wird, sondern direkt mittels
write[ln] ausgegeben wird. Hierzu folgendes Programm :

```
program outtcast;
var Byte1,Byte2 :byte;
    Word1,Word2 :word;

begin
  Byte1:=200; Byte2:=255;
  Word1:=200; Word2:=65535;
  writeln(Byte1*Byte2);                         { falsches Ergebnis      }
  writeln(Word1*Word2);                         { falsches Ergebnis      }
end.
```

Beide durch *writeln* ausgegebenen Werte sind falsch, weil normalerweise die
Multiplikation im 2 Bytes-Format stattfindet und das Ergebnis als *integer*-Zahl
interpretiert wird, es sei denn, eine der beteiligten Variablen ist vom Typ *longint*. Diese Fehler erweisen sich als Falle, weil sie weder vom Compiler noch
während des Ablaufs endeckt werden können. Dennoch ist eine Lösung durch
die explizite Datentyp-Umwandlung recht einfach.

```
writeln(word(Byte1)*Byte2);      oder  writeln(word(Byte1)*word(Byte2));
writeln(longint(Word1)*Word2);   oder  writeln(longint(Word1)*longint(Word2));
```

Auf diese Weise erfährt der Compiler, daß der Datentyp einer (oder beider) Variablen vor der Multiplikation umgewandelt werden soll. Dadurch findet die
Multiplikation überhaupt erst im richtigen Format statt und das Ergebnis ist
korrekt. Vorsicht ist aber auch hier geboten:

```
writeln(word(Byte1*Byte2));
writeln(longint(Word1*Word2));
```

Die *byte*-Multiplikation liefert ein richtiges Ergebnis, weil 51000 (=200*255)
noch als *word* darstellbar ist und kein Überlauf stattfindet. Die Umwandlung
zwingt lediglich den Compiler, das Ergebnis als eine vorzeichenlose Zahl auszugeben.

Bei der zweiten Multiplikation hat bereits (durch 200*65535=13107000) ein
Überlauf stattgefunden, bevor der Compiler den schon falschen Wert im *longint*
Format erweitert hatte.

4.4.4 Explizite Datentyp-Umwandlung von Variablen

Bis jetzt war alles mehr oder weniger schon vom Verhalten des Turbo Pascal
3.0 Compilers her bekannt. Turbo Pascal 4.0 und 5.0 dagegen lassen eine neue
Form der Datentyp-Umwandlung zu. Mit ihrer Hilfe kann man Wertzuweisungen zwischen Variablen unterschiedlichen Datentyps erzwingen oder einen Da-
tenzugriff ermöglichen, der eigentlich für diesen Datentyp nicht zulässig ist.
Einzige Voraussetzung ist, daß der Datentyp der umzuwandelnden Variablen
und der Umwandlungstyp von gleicher internen Darstellungslänge sind. Das
folgende Beispielprogramm stellt einen einfachen Fall dar:

```
program tcast1;
var CharVar :char;
    ByteVar :byte;
    BoolVar :boolean;
    LongVar :longint;
    PntrVar :pointer;

begin
  CharVar:=char(ByteVar);
  byte(CharVar):=ByteVar;

  BoolVar:=boolean(ByteVar);
  BoolVar:=boolean(CharVar);

  LongVar:=longint(PntrVar);
  pointer(LongVar):=PntrVar;
end.
```

Alle sechs Zeilen im obigen Pascal-Programm haben die gleiche Wirkung. Der
Inhalt der rechtsstehenden Variablen wird auf die linke kopiert. Erinnern wir
uns daran, daß alle Daten im Grunde eine Reihenfolge von Bytes sind: alle beteiligten Variablen behalten ihren ursprünglichen Datentyp bei. Dem Compiler
wird lediglich mitgeteilt, daß er nur während der Zuweisung auf die physikalische Darstellungslänge der Variablen achten soll, und nicht auf den logischen
Unterschied, der nur für die Interpretation der Daten wichtig ist.

Diese Art der Datentypumwandlung ist auch auf alle benutzerdefinierten Datentypen anwendbar:

```
program tcast2;
type bytearray = array [1..6] of byte;

var  RealVar :real;
     ArrayVar:bytearray;

begin
  RealVar:=real(ArrayVar);
  bytearray(RealVar):=ArrayVar;
end.
```

Wie oben schon erwähnt, ist dabei nur eins wichtig: Der ursprüngliche Datentyp der Variablen und der Umwandlungstyp müssen den gleichen Speicherplatz beanspruchen. Interessant wird es, wenn der Umwandlungstyp ein strukturierter Datentyp ist. Im letzten Beispiel wäre der folgende Ausdruck eine legale Wertzuweisung:

```
ByteVar:=bytearray(RealVar)[1];
```

Dabei wird *RealVar* als ein Array von Bytes betrachtet, dessen erstes Element der Variablen *ByteVar* :byte zugewiesen wird. Betrachten wir ein anderes Beispielprogramm, das diese relativ ungewöhnliche Notation veranschaulicht:

```
program tcast3;
type longtype = record
        Lo :word;
        Hi :word;
     end;

var  LongVar :longint;
     WordVar :word;

begin
  LongVar:=$12345678;
  WordVar:=longtype(LongVar).Lo;              { ist gleich $5678      }
  WordVar:=longtype(LongVar).Hi;              { ist gleich $1234      }
end.
```

Variablen vom Datentyp *longint* haben eine Länge von 4 Bytes und lassen sich sinnvoll in einen niederwertigen und einen höherwertigen Anteil teilen. Mit Hilfe des Datentyps *longtype* ist es möglich, auf direktem Weg die entsprechenden Werte solcher Zahlen zu lesen oder zu schreiben.

Das folgende Record kann auf ähnliche Weise zerlegt werden. Zeiger bestehen bekanntlich aus zwei Werten: dem Segment- und dem Offsetwert. Alle drei Zuweisungen im folgenden Programm erhöhen den Offsetwert von *PtrVar* um den gleichen Wert.

```
program tcast4;
type ptrtype = record
        Offs :word;
        Segm :word;
     end;

var  PtrVar :pointer;

begin
  {.}
  {.}
  PtrVar:=ptr(seg(PtrVar^), ofs(PtrVar^)+2);       { die traditionelle Methode}
  ptrtype(PtrVar).Offs:=ptrtype(PtrVar).Offs + 2; { die neue Methode       }
  inc(ptrtype(PtrVar).Offs, 2);                    { noch schneller         }
  {.}
  {.}
end.
```

Solche Datentyp-Umwandlungen sind nicht nur flexibel, sondern ersparen auch
Laufzeit. Schauen wir uns den vom obigen Programm erzeugten Assemblercode
an.

```
                {.}
                {.}
C43E0000    LES    DI,[0000]          ; Nach  drei ganzen Befehlen kommt  der
8CC0        MOV    AX,ES              ; Wert seg(PtrVar^) in DX
8BD0        MOV    DX,AX
C43E0000    LES    DI,[0000]          ; Fast nochmal das gleiche und der Wert
89F8        MOV    AX,DI              ; ofs(PtrVar^) landet in AX
050200      ADD    AX,0002            ; ihm wird 2 dazu addiert
A30000      MOV    [0000],AX          ; dann AX und DX wieder zurück und...
89160200    MOV    [0002],DX          ; fertig

A10000      MOV    AX,[0000]          ; Hier wird kompakter Code erzeugt. Der
050200      ADD    AX,0002            ; Offsetwert kommt sofort ins AX, dann
A30000      MOV    [0000],AX          ; wird 2 dazu addiert und... zurück.

8306000002  ADD    WORD PTR [000U],+02 ; Super schnell.  Für die  Addition
                {.}                    ; wird nicht mal der Wert in AX geladen
                {.}
```

Bei Funktion *ptr* ist es besonders schwierig, den Offsetwert von *PtrVar* um
einen konstanten Wert zu erhöhen, da sie auch den Segmentwert initialisieren
muß. Bei der Umwandlungsmethode hingegen wird nur die halbe Datenmenge
initialisiert. Einen weiteren zeitlichen Vorteil erzielt man durch die *inc*-Anwei-
sung*, die direkt den Speicherplatz inkrementiert und den Wert nicht mal in ein
Prozessorregister lädt.

4.4.5 Umwandlung von Zeigern

Zeiger sind eine besondere Art von Daten, denn sie enthalten nicht die eigentliche Information, sondern den Platz, oder besser gesagt die Adresse, in der sich
die Information befindet. Diese Tatsache macht alle Zeiger zueinander zuwei

---

* Pascal als Programmiersprache kennt natürlich keine entsprechende Anweisung. Turbo Pascal behandelt *inc* und *dec* formal als Prozeduren. In Wirk-
   lichkeit findet aber kein Aufruf statt. *inc* und *dec* sind eher mit Makro-
   inline-Prozeduren zu vergleichen.

sungskompatibel. In Turbo Pascal 3.0 haben Zeiger auf eine von vorneherein festgelegte Datenstruktur verwiesen. Ihre Deklaration macht dies deutlich:

```
program strucptr;
var WordPtr :^word;
    BytePtr :^byte;
    WordVar : word;

begin
  WordVar:=$FF00;
  WordPtr:=@WordVar;
  BytePtr:=@WordVar;
  writeln(WordPtr^);
  writeln(BytePtr^);
end.
```

Unabhängig davon, daß *BytePtr* die Adresse einer *word*-Variablen zugewiesen wurde, entstehen für den Compiler keine Mißverständnisse bei der Ausgabe durch *writeln*. Durch *WordPtr^* werden zwei aufeinanderfolgende Bytes gelesen und als vorzeichenlose Zahl interpretiert. Durch *BytePtr^* wird nur ein Byte gelesen und als solches interpretiert.

Turbo Pascal 4.0 und 5.0 verfügen über den Typ *pointer*. Der grundlegende Unterschied zwischen *pointer-* und allen *^struktur*-Datentypen ist, daß erstere untypisierte Zeiger sind, d.h. daß sie nicht auf eine bestimmte Struktur verweisen. Ausdrücke der Form *writeln(PointerVar^)* oder *WordVar:=PointerVar^* kommen deshalb dem Compiler völlig absurd vor und er reagiert deshalb mit einer Fehlermeldung. Hier hilft die explizite Zeiger-Umwandlung. Sehen wir uns das gleiche Programm noch einmal an.

```
program ptrtcast;
var PtrVar :pointer;
    WordVar:word;

begin
  WordVar:=$FF00;
  PtrVar :=@WordVar;
  writeln(word(PtrVar^));
  writeln(byte(PtrVar^));
end.
```

Dem Compiler stehen jetzt alle nötige Informationen zur Verfügung: die Adresse, die Anzahl der zu lesenden Bytes sowie ihre Interpretation.

Die Syntaxstruktur *type(pointer^)* stellt ein sehr flexibles Instrument zur Manipulation beliebiger Daten dar, denn der Datentyp *pointer* zeigt nur auf eine Adresse und enthält keine Information über Qualität und Quantität der von ihm adressierten Daten. So entfällt die im letzten Abschnitt erwähnte Voraussetzung für die Datentyp-Umwandlung, nämlich daß beide, umgewandelter und Umwandlungstyp, von gleicher interner Darstellungslänge sein müssen. Durch das Zusammenspiel der untypisierten Zeigerstruktur und benutzerdefinierten Datentypen sind praktisch keine Grenzen mehr gesetzt. Die Datenstruktur Zeiger und ihre Verwendung wird ausgiebiger im Kapitel 5 behandelt.

4.4.6 Umwandlung von untypisierten Parametern

Formale Parameter eines Turbo Pascal Unterprogrammes müssen nicht unbedingt einen bestimmten Datentyp festlegen, wenn sie als *var*-Parameter deklariert werden. So ist beispielsweise folgende Definition möglich:

> *procedure example(var ByteVar:byte; var Buffer);*

Beide Parameter *ByteVar* sowie *Buffer* wurden als *var*-Parameter deklariert. Das bedeutet, daß beim Aufruf der Prozedur *example* keine Daten, sondern deren Adressen, also Zeiger, übergeben werden. Diese Tatsache wird genauer in Kapitel 8 dieses Buches behandelt, doch möchten wir an dieser Stelle sie als gegeben betrachten. Hier möchten wir lediglich zeigen, daß der Bezeichner *ByteVar* sich genauso wie ein Zeiger auf *byte* verhält im Gegensatz zu *Buffer*. Letzterer ist einem untypisierten Zeiger gleichzusetzten. Setzt man folgende Definitionen voraus,

```
var  BPtr :^byte;
     XPtr :pointer;
```

besteht die Equivalenz: *ByteVar*   =   *BPtr^*
                            Buffer   =   *XPtr^*

Der Compiler wird sich weigern, auf *Buffer* irgendwelche Zuweisungsoperationen zu akzeptieren, solange keine explizite Umwandlung angewendet wird, worüber im letzten Abschnitt gesprochen wurde. Doch gerade das gibt dem Programmierer die Freiheit, jeden nur denkbaren Datentyp zu definieren, dessen einzige Einschränkung die Speichergröße der 64 KB ist, um dann mit der bakannten Datentyp-Umwandlungsmethode auf Buffer zuzugreifen.

4.4.7 absolute - eine andere Art der Datentyp-Umwandlung

Im letzten Abschnitt dieses Kapitels sollte vielleicht noch eine andere Methode erwähnt werden, mit der man den Effekt der Datentyp-Umwandlung erreichen kann.

Durch das Schlüsselwort *absolute* wird dem Compiler mitgeteilt, daß er für Variablen nicht, wie gewohnt, einen Platz im Datensegment reservieren soll, sondern auf einer anderen spezifizierten Adresse. So kann z.B. erreicht werden, daß zwei oder mehr Variablen den gleichen physikalischen Speicherbereich miteinander teilen, oder anders formuliert, daß auf einen und denselben Speicherbereich durch verschiedene Datentypen zugegriffen werden kann. Das hat natürlich zur Folge, daß eine Änderung der einen Variablen sich unmittelbar auf die anderen auswirkt. Hierzu ein Beispiel :

```
program abstcast;
var LongVar :longint;                    { Es handelt sich immer um    }
    PtrVar  :pointer absolute LongVar;   { den gleichen physikalischen }
    PtrRec  :record                      { Speicherplatz von 4 Bytes   }
                Offs:word;
                Segm:word;
             end
             absolute LongVar;

begin
  LongVar:=$1111FFFF;                     { Drei verschiedene Gesichter }
  writeln(seg(PtrVar^),':',ofs(PtrVar^)); { eines und desselben         }
  writeln(PtrRec.Segm,':',PtrRec.Offs);   { Speicherbereiches           }
end.
```

5 Zeigervariablen in Turbo Pascal 4.0 und 5.0

S. Alexakis

5.1 Der Datentyp pointer

Zeiger enthalten Adressen von Daten, nicht die Daten selbst. Zeiger des MS-DOS spezifischen Turbo Pascal bestehen deshalb aus zwei Wörtern (4 Bytes), die Segment und Offset der entsprechenden Adresse kennzeichnen.

Standard-Pascal und Turbo Pascal Versionen bis 3.0 definieren nur Zeiger, die mit einem bestimmten *Datentyp* fest verknüpft sind (**typisierte Zeiger**). Solche Zeiger werden als ^Datentyp deklariert. Obwohl eine typisierte Zeigervariable lediglich eine Adresse enthält, impliziert der Compiler Größe und Struktur der Variablen, auf die der Zeiger verweist. Schreib- und Leseoperationen über typisierte Zeiger beziehen sich auf die Länge dieser Variablen. Ein Beispiel:

```
var B       :byte;
    BytePtr :^byte;
    IntPtr  :^integer;

begin
  B:=10;
  new(BytePtr);            { reserviert ein Byte im Heap       }
  new(IntPtr);             { reserviert zwei Bytes im Heap      }
  BytePtr^:=B;             { es wird ein Byte geschrieben       }
  IntPtr^:=B               { es werden zwei Bytes geschrieben }
end.
```

Durch *BytePtr:=B* wird nur ein Byte verändert. Die letzte Zuweisung bewirkt dagegen, daß zwei Bytes (Länge des *integer*-Formats) auf einen neuen Wert gesetzt werden.

Turbo Pascal definiert ab Version 4.0 den Zeigertyp *pointer. pointer*-Variablen enthalten auch eine Adresse, verweisen aber nicht auf eine bestimmte Struktur. Wieviele Bytes geschrieben bzw. gelesen werden, wird vom Programmierer bestimmt:

```
var PtrVar  :pointer;
    WordVar :word;
```

```
begin
  WordVar:=100;
  getmem(PtrVar,2);                  { reserviert 2 Bytes im Heap für PtrVar^ }
  move(WordVar,PtrVar,2);            { schreibt den Inhalt von WordVar in     }
                                     { PtrVar^                                }
  writeln(word(PtrVar^))            { liest 2 Bytes ab der Adresse PtrVar     }
                                     { und interpretiert sie als word         }
end.
```

Zeiger des Typs *pointer* sind zu allen anderen Zeigertypen zuweisungskompatibel. So ist z.B. eine Zuweisung der Form

$$PtrVar:=WordPtr$$

zulässig. Vor einem Zugriff auf der Variablen, auf die *PtrVar* zeigt, muß der Compiler durch eine geeignete Typumwandlung, etwa durch

$$WordVar:=word(PtrVar\char`^),$$

erfahren, auf wieviele Bytes welchen Datentyps zugegriffen werden soll.

Durch den Adress-Operator @ kann einem Zeiger die Adresse einer Variablen zugewiesen werden:

```
var WordVar :word;
    WordPtr :^word;

begin
  WordPtr:=@WordVar;                 { WordPtr zeigt jetzt auf WordVar        }
  WordPtr^:=250;                      { WordVar erhält den Wert 250            }
  writeln(WordVar)
end.
```

Die Funktion *ptr* setzt einen Zeiger beliebigen Typs auf eine bestimmte Adresse:

```
begin
  WordPtr:=ptr(ofs(WordVar),seg(WordVar));   { WordPtr zeigt auf WordVar      }
  WordPtr^:=250;                             { WordVar erhält den Wert 250    }
  writeln(WordVar)
end.
```

Mit Hilfe von *ptr* kann auf bestimmte Speicherbereiche direkt zugegriffen werden. Die Anweisung

$$byte(ptr(\$3F,\$DD)\char`^):=\$FF$$

setzt das Byte mit Adresse $003F:$00DD auf den Wert $FF.

5.2 Dynamische Speicherbelegung

Ein Pascal Programm bietet zwei Möglichkeiten, Daten im Speicher abzulegen. Die erste besteht darin, die Daten in globalen und lokalen Variablen zu speichern. Die Speicherbelegung für globale Variablen wird während der Kompilierung festgelegt, kann also während der Laufzeit nicht geändert werden. Lokale Variablen belegen nach dem Aufruf des entsprechenden Unterprogramms Platz in dem Stack. Das Einsetzen von globalen und lokalen Variablen setzt voraus, daß der Programmierer den notwendigen Speicherbedarf kennt. Die zweite Möglichkeit ist, die Turbo Pascal Funktionen zur dynamischen Speicherbelegung einzusetzen: *getmem* und *new*. Die über diese Prozeduren gespeicherte Information belegt Platz in einem bestimmten Speicherbereich, dem **Heap**.

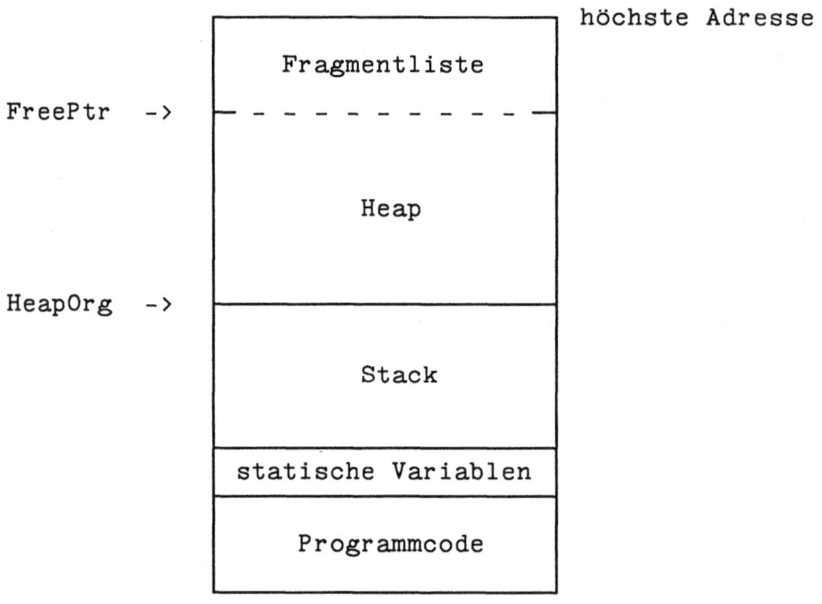

Bild 5.1: Speicherbelegung durch ein Turbo Pascal-Programm

Das Bild 5.1 zeigt, wie ein Turbo Pascal-Programm den Speicher belegt. Für Code, Daten und Stack wird während der Laufzeit ein bestimmter Speicherplatz reserviert. Der Heap besteht praktisch aus dem restlichen unbelegten Speicher, hat also keine festgelegte Größe. Die Startadresse des Heaps ist in der globalen Variablen *HeapOrg* gespeichert. Der letzte Teil des Heaps enthält unter Umständen die sogenannte Fragmentliste. Auf diese werden wir etwas später in diesem Abschnitt eingehen. Die globale Variable *HeapPtr* enthält die Startadresse des noch unbelegten Teils des Heaps.

Durch die Compiler-Direktive {$M StackSize, HeapMin, HeapMax} kann die minimale bzw. maximale Größe des Heaps definiert werden. Wenn der unbelegte Speicher beim Starten des Programms kleiner als HeapMin ist, wird die Programmausführung unterbrochen.

5.2.1 Belegen des Heaps

Für diesen Abschnitt gelten die Variablendeklarationen:

> *var PtrVar : pointer;*
>
> *WordPtr:^word;*

Die Prozedur *getmem* erzeugt eine dynamische Variable, indem sie im Heap einen bestimmten Speicherplatz für diese Variable reserviert. Die Prozedurparameter sind die Zeigervariable, der die Adresse der dynamischen Variablen zugewiesen wird, und die Anzahl der Bytes, die reserviert werden. Ein Aufruf wie

> *getmem(PtrVar,6)*

bewirkt folgende Schritte:

1. Nachprüfen, ob oberhalb der Adresse *HeapPtr* mindestens 6 Bytes frei sind.
2. Zuweisen des Wertes von *HeapPtr* an den Zeiger *PtrVar*.
3. Erhöhen von *HeapPtr* um die Zahl 6.

PtrVar enthält nach der Ausführung von *getmem* die Adresse der erzeugten dynamischen Variablen. Wenn der Heap vor diesem Aufruf unbelegt war, sieht er jetzt so aus:

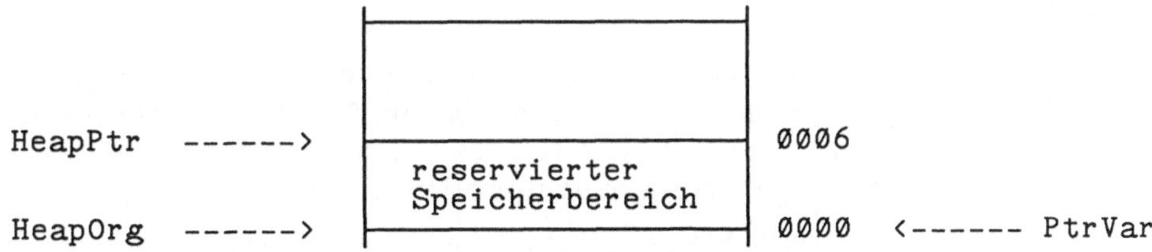

Bild 5.2: Zustand des Heaps nach einem Aufruf von getmem(PtrVar,6)

Die Prozedur *new* erzeugt auch eine dynamische Variable, weist sie allerdings einem typisierten Zeiger zu. Bild 5.3 zeigt unseren Heap nach dem Aufruf *new(WordPtr)*.

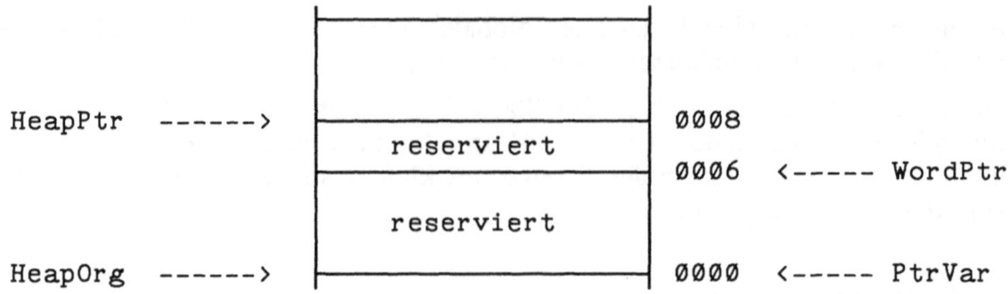

Bild 5.3: Der Heap nach dem Aufruf new(WordPtr).

HeapPtr wurde um zwei Bytes - der Länge einer *word*-Variablen - erhöht. Da die Prozedur *new* einen typisierten Zeiger als Parameter erhält, erübrigt sich die Übergabe der Größe des zu reservierenden Speicherplatzes. Der Befehl *new(WordPtr)* entspricht also dem Aufruf *getmem(WordPtr, 2)*. Tatsächlich existiert im Unit *system* nur die Prozedur *getmem*. Die Prozedur *new* weist den Compiler an, *getmem* mit der entsprechenden Längenangabe aufzurufen.

Die Funktion *memavail* vom Ergebnistyp *longint* liefert die Gesamtmenge des noch freien Speicherplatzes im Heap zurück. *maxavail* liefert den Umfang des größten zusammenhängenden freien Bereichs zurück.

5.2.2 Freisetzen des Heaps

Ein Grund, den Speicher dynamisch zu belegen, ist, daß reservierte Bereiche des Heaps freigesetzt und wiederverwendet werden können. Um nicht mehr benötigte dynamische Variablen aus dem Heap zu entfernen, gibt es zwei Möglichkeiten: Einsetzen entweder von *mark/release*, oder von *freemem* bzw. *dispose*.

a) *mark* und *release*

Die Prozeduren *mark* und *release* werden hauptsächlich eingesetzt, um größere Blöcke im Heap freizugeben. *mark* wird vor einem Aufruf von *getmem* oder *new* aufgerufen. Durch *release* wird der Teil des Heaps wieder freigegeben, der nach dem Aufruf des dazugehörigen *mark* reserviert wurde.

mark enthält eine Zeigervariable beliebigen Typs als Argument. In diesem Zeiger wird der aktuelle Wert der Variablen *HeapPtr* gespeichert. *release*, das mit dem gleichen Zeiger aufgerufen wird, setzt den Wert von HeapPtr wieder zurück. *mark(P)* entspricht also der Zuweisung *P:=HeapPtr*, *release(P)* entspricht *HeapPtr:=P*.

Wie der Heap aus dem Beispielprogramm

```
program Beispiel;

var Ptr1,Ptr2,Ptr3,Mark1,Mark2 :^word;

begin
  mark(Mark1); new(Ptr1);                  { Schritt 1 }
  mark(Mark2); new(Ptr2);                  { Schritt 2 }
  release(Mark2);                          { Schritt 3 }
  new(Ptr3);                               { Schritt 4 }
  release(Mark1)                           { Schritt 5 }
end.
```

beeinflußt wird, veranschaulicht Bild 5.4:

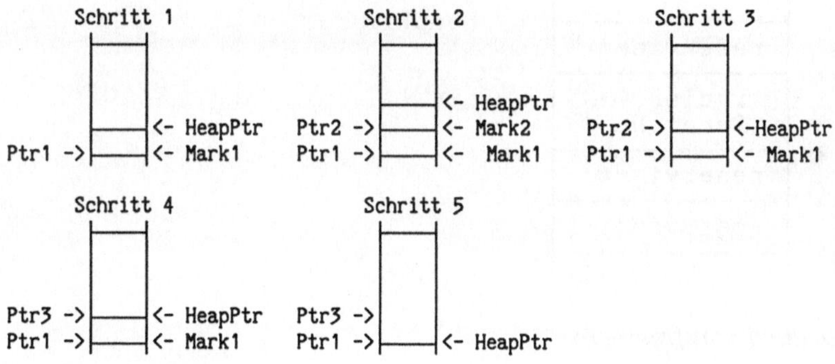

Bild 5.4: mark und release

Aus dem Beispiel wird ersichtlich, daß *release* die Inhalte der Zeiger nicht verändert. Sie zeigen immer noch auf die alten Speicherbereiche, die aber jetzt überschrieben werden können. *Ptr2* und *Ptr3* zeigen in unserem Beispiel auf die gleiche Stelle. Eine Änderung von *Ptr2^* wirkt sich direkt auf *Ptr3^* aus (es handelt sich praktisch um den gleichen Speicherbereich). Auf jeden Fall sollte man freigegebene Speicherbereiche nicht wieder ansprechen, da dadurch die Daten im Heap durcheinander gebracht werden.

b) *freemem* und *dispose*

freemem ist das Gegenstück zu *getmem*. Der Aufruf

> *freemem(PtrVar,X),*   (*X* ist eine ordinale Zahl)

setzt im Heap ab der in *PtrVar* gespeicherten Startadresse *X* Bytes frei. *dispose* ist das Gegenstück zu *new*, erhält also einen typisierten Zeiger als Parameter. Bei der Kompilierung erzeugt der Befehl *dispose* einen Aufruf von *freemem*, wobei der Compiler die Anzahl der Bytes als Parameter selbständig einfügt. *dispose(WordPtr)* erzeugt deshalb den Aufruf *freemem(WordPtr,2)*. Nach Ausführung der Anweisungen *getmem(PtrVar1,5);*

getmem(PtrVar2,5);

getmem(PtrVar3,10);

getmem(PtrVar4,5);

freemem(PtrVar3,10);

sieht der Heap folgendermaßen aus:

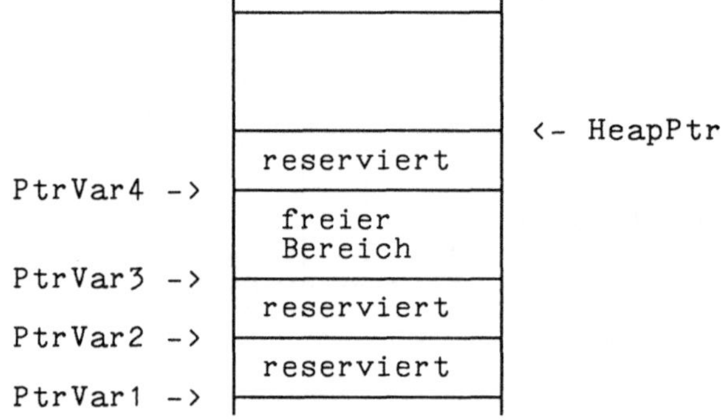

Bild 5.5: Gebrauch von freemem

Wir erkennen, daß *HeapPtr* durch *freemem* nicht verändert wurde, sondern daß mitten in dem belegten Bereich eine "Lücke" entstanden ist. Der Befehl

 freemem(PtrVar2,5)

erzeugt eine zweite Lücke. Nebeneinander liegende Lücken werden zu einem freien Bereich zusammengefaßt, wie Bild 5.6 zeigt:

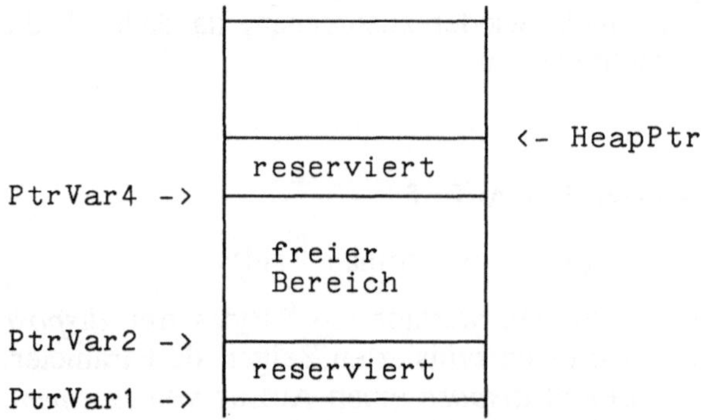

Bild 5.6: Zusammenfassen zweier Lücken zu einem Bereich

Nach dem Einsatz von *freemem* bzw. *dispose* kann also der Heap aus Blöcken von reservierten Speicherplätzen und dazwischenliegenden freien Bereichen bestehen. Wenn wir nun den für *PtrVar4* reservierten Speicherplatz freigeben, wird die Variable *HeapPtr* entsprechend herabgesetzt. Alle Lücken sind aus dem Heap verschwunden:

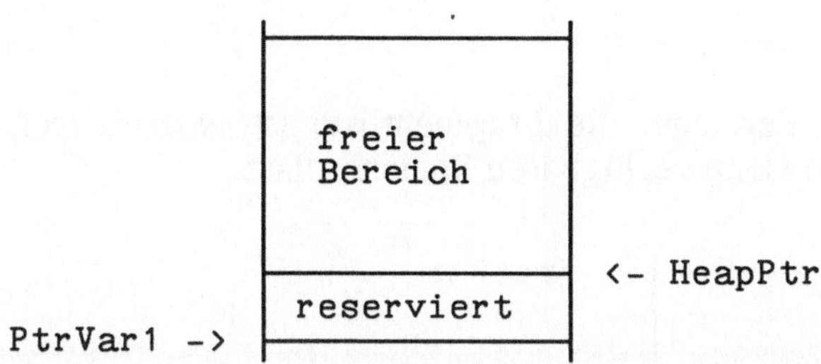

Bild 5.7: Automatisches Herabsetzen von HeapPtr

5.2.3   Die Fragmentliste

Die Lücken im Heap werden mit Hilfe einer Liste verwaltet, die die Start- und Endadresse aller freien Bereiche (Fragmente) im Heap enthält. *FreePtr*, eine globale Variable des Typs *pointer*, enthält die Startadresse der **Fragmentliste**. Die Fragmentliste kann durch folgende Typdeklarationen dargestellt werden:

```
type freerec  = record
                OrgPtr, EndPtr :pointer;
              end;
     freelist = array[0..8190] of freerec;
```

Das Feld *OrgPtr* enthält die Startadresse eines freien Bereichs im Heap. *EndPtr* enthält die Adresse des ersten Bytes, das auf diesen Bereich folgt. *ofs(EndPtr^)* - *ofs(OrgPtr^)* ergibt demzufolge die Länge des entsprechenden freien Bereichs. Die Fragmentliste kann maximal 8191 Einträge enthalten - ist die Liste voll belegt, führt ein Aufruf von *freemem* bzw. *dispose* zu einem Laufzeitfehler. Wenn kein freier Bereich existiert, d.h. wenn die Fragmentliste leer ist, zeigt *FreePtr* auf den Offset-Wert 0.

Durch Typumwandlung können Zugriffe auf die Komponenten der Fragmentliste durchgeführt werden. Z.B. ergibt

   ofs (freelist (FreePtr^)[0]. OrgPtr^)

den Offset-Wert des ersten in der Liste gespeicherten Bereiches.

Die Fragmentliste wird in den Heap gespeichert. Sie wächst von der obersten Speicherdresse des Heaps abwärts. Wir werden jetzt versuchen, diesen Vorgang zu erläutern. Bild 5.8 stellt den Zustand des Heaps nach Ausführung der Befehlsfolge

getmem(Ptr1,...);

getmem(Ptr2,...);

getmem(Ptr3,...);

getmem(Ptr4,...);

dar. Es existieren keine freien Bereiche, die Fragmentliste ist deshalb leer. *FreePtr* zeigt auf den letzten vom Heap verfügbaren Speicherplatz.

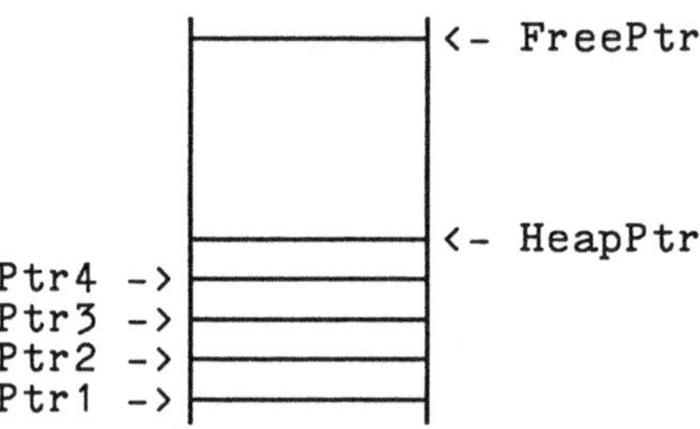

Bild 5.8: Leere Fragmentliste

Durch die Befehlsfolge

freemem(Ptr3,...);

freemem(Ptr1,...);

entstehen im Heap freie Bereiche. Wie sich jede dieser Anweisungen auf die Fragmentliste auswirkt, zeigt das folgende Schema:

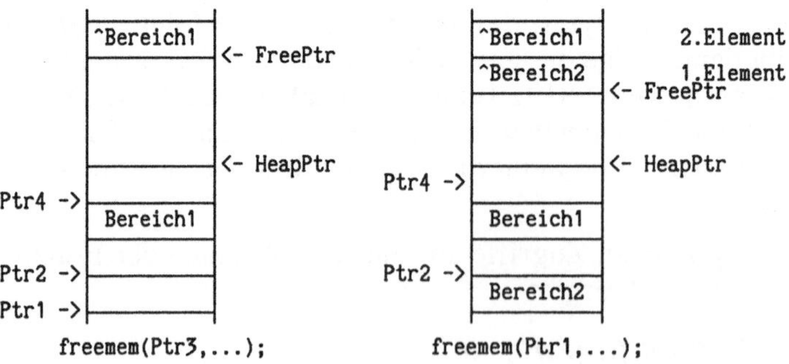

Bild 5.9: Aufbauen der Fragmentliste

Der zuletzt freigegebene Bereich wird an erster Stelle gespeichert (Array-Komponente 0). Nach dem ersten Aufruf von *freemem* verweist der Zeiger

freelist (FreePtr^)[0].OrgPtr

auf den Bereich, der für Ptr3 reserviert war. Nach dem zweiten Prozeduraufruf verweist der gleiche Zeiger auf den von *Ptr1* adressierten Bereich. Die Anzahl der Einträge in der Fragmentliste ergibt sich aus der Berechnung:

(8192 - ofs (FreePtr^) div 8) mod 8192.

Bei der Freigabe eines Speicherbereichs wächst also die Fragmentliste in die Richtung der absteigenden Adressen. Entstehen bei einem fast vollen Heap Lücken, kann es zu einer Kollision kommen: *HeapPtr* zeigt auf eine höhere Adresse als *FreePtr*, was zu einem Laufzeitfehler führt. Turbo Pascal deklariert die globale Variable *FreeMin*, die die Minimalgröße des freien Speicherbereichs zwischen *HeapPtr* und *FreePtr* besitzt. *FreeMin* wird vom System auf den Wert 0 gesetzt, kann aber vom Programmierer auf jeden beliebigen *word*-Wert gesetzt werden. Die Funktionen *memavail* und *maxavail* ziehen diesen Wert vom freien Speicherplatz ab. Wenn die Definition einer neuen dynamischen Variablen diesen Bereich unter die in *FreeMin* festgelegte Grenze verkleinert wird, meldet *getmem* (bzw. *new*) einen Fehler.

Zum Schluß eine Bemerkung: gleichzeitiges Einsetzen von *freemem* und *mark/ release* kann bewirken, daß die Fragmentliste nicht dem aktuellen Zustand des Heaps entspricht. Sicherheitshalber löscht deshalb ein Aufruf von *release* die Fragmentliste - eventuelle Lücken werden dann vergessen. Wenn man nicht darum herumkommt, beide Methoden anzuwenden, sollte man sich vor einem Aufruf von *release* vergewissern, daß die Fragmentliste keine Einträge enthält.

5.2.4 Die Variable HeapError

Wenn *getmem* den erforderten Speicherbereich nicht reservieren kann, erfolgt normalerweise ein Laufzeitfehler. Über der vordefinierten Zeigervariablen *HeapError* kann eine benutzerdefinierte Funktion angeschlossen werden, die das Verhalten bei Auftreten von Fehlern bestimmen kann. Der Funktionskopf muß folgendermaßen aussehen:

{$F+} function heapfunc(Size:word) :integer; {$F-}

Durch den Parameter *Size* wird die Größe des zu belegenden Bereichs übergeben. *heapfunc* kann drei Resultate (0, 1 oder 2) ausgeben. Sie bewirken folgendes:

a) 0 bricht das Programm mit einem Laufzeitfehler ab.
b) 1 bewirkt, daß *getmem* den Wert *Nil* zurückliefert.
c) 2 hat eine weitere Ausführung von *getmem* zur Folge.

Nach der folgenden Implementierung

```
{$F+} function heapfunc(Size:word) :integer; {$F-}
   begin
     heapfunc2:=1
   end;
```

und durch die Anweisung

HeapError: = @heapfunc;

weist eine nicht ausführbare Speicherbelegung dem entsprechenden Zeiger den
Wert *Nil* zu. Mehr über Prozeduraufrufe mit Hilfe von Zeigern im nächsten
Abschnitt.

5.3 Aufrufe von Unterprogrammen über Zeiger

Turbo Pascal 5.0 definiert einen besonderen Typ von Zeigervariablen, die die
Adresse einer Prozedur oder Funktion enthalten. Über solche Zeiger kann eine
Routine aufgerufen oder als Parameter an ein anderes Unterprogramm übergeben werden. Zeiger auf Routinen, wir wollen sie **Unterprogrammzeiger** nennen, werden durch spezielle Deklarationen typisiert. Unterprogrammtypen legen Art der Routine und Anzahl und Art der Parameter fest. Zulässige Typdeklarationen sind z.B.:

```
type
  proctype     = procedure;                        {Prozedur ohne Parameter}
  wordproctype = procedure(X,Y:word);
  maxfunctype  = function(X,Y:integer):integer;
  sortproctype = procedure(var Buf; A:word);
  compproctype = function(X:integer; Fun:maxfunctype):integer;
```

Wie wir am letzten Beispiel sehen, kann eine Routine ein weiteres Unterprogramm als Parameter erhalten. Allerdings können in Turbo Pascal 5.0 keine
Funktionen deklariert werden, deren Ergebnis ein Zeiger auf eine Routine ist.

```
var MaxPtr       :maxfunctype;
    X,Y,Result :integer;


{$F+} function max(A,B:integer):integer; {$F-}  { max wird als far-Routine  }
begin                                           { deklariert                }
  if A >= B then max:=A else max:=B
end;


begin
  MaxPtr:=max;                   { MaxPtr wird die Funktion max zugewiesen  }
  Result:=MaxPtr(X,Y)            { max wird durch MaxPtr aufgerufen         }
end.
```

Der erste Befehl im Hauptprogramm weist der Variablen *MaxPtr* die Adresse
der Funktion *max* zu. Weil der Compiler weiß, daß *MaxPtr* ein Unterpro-

grammzeiger ist, ist der Adress-Operator @ überflüssig (der Befehl *MaxPtr:=@max* würde sogar eine Fehlermeldung erzeugen). Nachdem die Adresse einer Routine einer Zeigervariablen zugewiesen wurde, kann man durch diese Variable einen Unterprogrammaufruf bewirken. Damit eine solche Zuweisung erfolgen kann, müssen allerdings folgende Voraussetzungen erfüllt sein:

1) Das Unterprogramm soll dem Typ der Variablen entsprechen.
2) Das Unterprogramm soll als *far* kodiert sein.
3) Das Unterprogramm soll keine *interrupt*-Routine und keine *inline*-Routine sein.
4) Das Unterprogramm soll global sein, d.h. nicht in einer anderen Routine eingeschachtelt sein.

Ein Unterprogrammzeiger kann, wie jede andere Variable, als Element eines Arrays, als Feld eines Records oder als Parameter einer Routine eingesetzt werden. Zum Beispiel:

```
type screen = record
                Start    :pointer;
                Content  :longInt;
                Output   :wordproctype
              end;


var  Outpstyle :screen;
```

Ein Aufruf der Form *Outpstyle.Output* ruft die Prozedur des Typs *wordproctype* auf, die im Feld *Output* der Variablen *Outpstyle* gespeichert ist. Unterprogrammzeiger sind also physikalisch Zeiger, logisch aber Unterprogramme.

Schauen wir uns das folgende Beispiel an:

```
type functype = function:pointer;


var  PtrVar  :pointer;
     FuncPtr :functype;
.
.
if PtrVar=FuncPtr then ...
.
.
```

Was bedeutet der Ausdruck *PtrVar=FuncPtr*? Er könnte sowohl die Adressen, die die Zeiger enthalten, vergleichen, als auch die durch *FuncPtr* spezifizierte Funktion aufrufen und deren Ergebnis mit *PtrVar* vergleichen. Der Compiler entscheidet sich für die zweite Möglichkeit: Jedes Vorkommen eines Unterprogrammzeigers an der rechten Seite einer Gleichung ruft die entsprechende Funktion auf (falls der Variablen eine Prozedur zugewiesen wurde, meldet der Compiler natürlich einen Fehler).

halb durch den @-Operator ausgeführt. Der Ausdruck

> *PtrVar = @FuncPtr*

vergleicht die Adressen, die beide Zeiger enthalten.

Die Adresse eines Unterprogrammzeigers wird durch die zweifache Anwendung des Adress-Operators ermittelt (z.B *@@FuncPtr*). Nachfolgend einige Zuweisungen und ihre Bedeutung:

1) *@FuncPtr:=PtrVar* weist dem Unterprogrammzeiger die Adresse zu, die *PtrVar* enthält.

2) *PtrVar:=@@FuncPtr* weist dem Zeiger *PtrVar* die Adresse von *FuncPtr* zu. *PtrVar* zeigt nach diesem Befehl auf *FuncPtr*.

3) *functype(PtrVar):=FuncPtr* weist *PtrVar* den Inhalt von *FuncPtr* zu.

4) *PtrVar:=pointer(FuncPtr)* das gleiche wie (3), nur daß hier *FuncPtr* umgewandelt wird.

5) *PtrVar:=@FuncPtr* ist identisch mit (3).

5.4 Implementierung eines Sortieralgorithmus mit Hilfe von Zeigern

Bei diesem Beispiel handelt es sich um eine Version des beliebtesten (und langsamsten) Sortieralgorithmus Bubblesort. Das Prinzip ist einfach: es werden alle zu sortierenden Elemente miteinander verglichen und, wenn nötig, ausgetauscht. Näheres über dieses (und andere) Sortierverfahren im Kapitel 8.

Durch die Verwendung des untypisierten Zeigertyps können Variablen nahezu jeder Art sortiert werden. Lediglich Adresse, Gesamtlänge und Länge einer Komponenten der zu sortierenden Variablen (diese kann z.B. ein Array oder ein durch *getmem* erzeugter Puffer sein) werden als Parameter der Sortierroutine *bubblesort* übergeben.

Für verschiedene Datentypen können verschiedene Sortierkriterien gelten - so sind zum Beispiel bei Record-Variablen nur bestimmte Felder von Bedeutung. Deswegen muß der Benutzer selbst eine (*far-*) Routine implementieren, die zwei Elemente vergleicht. Die Adresse dieser Routine wird der Prozedur *bubblesort* mittels eines Zeigers als Parameter übergeben.

Da *bubblesort* Speicherplatz im Heap belegt, muß nach jeder Anwendung der reservierte Speicherplatz freigesetzt werden. Und nun zur Implementierung:

```
procedure bubblesort(DataPtr,ProcPtr:pointer; ItemSize,DataSize: word);
{ DataPtr  = Zeiger auf die Anfangsadresse der zu sortierenden Variablen   }
{ ProcPtr  = Zeiger auf die Adresse der Vergleichsfunktion                 }
{ ItemSize = Länge einer Komponente der zu sortierenden Variablen in Bytes }
{ DataSize = Gesamtlänge in Bytes der zu sortierenden Variablen            }
```

```pascal
type boolfunc=function(A,B:pointer):boolean;

var I, K, Items           :word;
    ItemPtr1, ItemPtr2 :pointer;

  procedure swap(var ItemAPtr,ItemBPtr:pointer; ItemSize:word);
  var TempPtr :pointer;
  begin
    getmem(TempPtr, ItemSize);
    move(ItemAPtr^, TempPtr^, ItemSize);
    move(ItemBPtr^, ItemAPtr^, ItemSize);
    move(TempPtr^, ItemBPtr^, ItemSize);
    freemem(TempPtr, ItemSize)
  end;

  function must_be_changed(PtrA,PtrB:pointer):boolean;
  var CompPtr :boolfunc;
  begin
    @CompPtr:=ProcPtr;
    must_be_changed:=CompPtr(PtrA,PtrB)
  end;

begin
  Items:=(DataSize div ItemSize) - 1;
  for I:=0 to Items-1 do
  begin
    ItemPtr1:=ptr(seg(DataPtr^), ofs(DataPtr^) + ItemSize*I);
    for K:=I+1 to Items do begin
      ItemPtr2:=ptr(seg(DataPtr^), ofs(DataPtr^) + ItemSize*K);
      if must_be_changed(ItemPtr1, ItemPtr2)
        then Swap(ItemPtr1,ItemPtr2, ItemSize)
    end
  end
end;
```

Der Anwender muß die Parameter richtig übergeben und eine Vergleichsfunktion, je nach Sortierkriterium, implementieren. Diese Funktion muß vom Typ *boolfunc* sein. Wenn z.B. ein Zahlenarray aufsteigend sortiert werden soll, könnte das Programm wie folgt aussehen:

```pascal
const Max = 8;
var A    :array[1..Max] of integer;
    Heap :^integer;
    I    :integer;

  {$F+} function compare(PtrA,PtrB:pointer) :boolean; {$F-}
  begin
    compare:=Integer(PtrA^) > Integer(PtrB^);
  end;
```

```
begin
  for I:=1 to Max do A[I]:=Max+1-I;          { Hauptprogramm          }
  mark(Heap);
  bubblesort(@a,@compare,2,SizeOf(a));
  release(Heap);
  for I:=1 to Max do write(A[I]:2)
end.
```

6 Datenmaschinen :Listen, Warteschlangen, Stacks und binäre Bäume

S. Alexakis

Wir haben in Kapitel 4 erfahren, daß Daten rechnerintern als Zahlenfolgen kodiert werden. Auf der nächsten Ebene befinden sich die einfachen vordefinierten Datentypen wie *word* oder *char*. Danach kommen *Arrays*, also Folgen der einfachen Datentypen, und *Records*, d.h. Strukturen die aus mehreren Datentypen zusammengesetzt sind. Es gibt jedoch noch eine Ebene, die der **Datenmaschinen**. Datenmaschinen definieren Regeln, nach denen Informationen gespeichert und abgerufen werden. Wir werden uns in diesem Abschnitt mit vier Arten von Datenmaschinen befassen :mit verketteten Listen, binären Bäumen, Warteschlangen und Stacks.

Jede dieser Maschinen eignet sich für eine andere Art von Datenverarbeitung. Die Implementierung wird hauptsächlich mit Hilfe der Zeigerstruktur erfolgen. Es geht natürlich auch anders. In Kapitel 7 (Heapsort) wird ein binärer Baum mit Hilfe eines Arrays implementiert.

6.1 Verkettete Listen

Eine Liste ist eine Verkettung von Elementen. Jedes dieser Elemente besteht aus der eigentlichen Information und einem Verweis auf das benachbarte Element in der Kette. Verkettete Listen bieten zwei Einsatzmöglichkeiten:

1) Für das Erzeugen von Arrays unbekannter Größe und
2) für die Datenbankorganisation.

Eine Liste ermöglicht es, Elemente einfach an jeder beliebigen Stelle einzufügen oder zu entfernen, ohne die restliche Listenstruktur zu verändern. Listen können einfach oder doppelt verkettet sein. Ein Glied einer einfach verketteten Liste verweist auf das nächste Listenelement. Die Elemente einer doppelt verketteten Liste zeigen auf ihren Nachfolger und auf ihren Vorgänger. Bild 6.1 stellt die Struktur einer Liste schematisch dar.

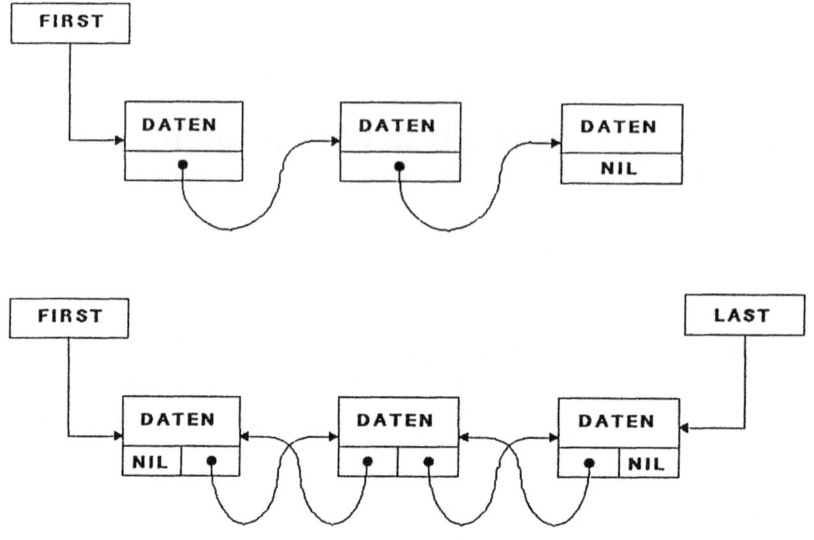

Bild 6.1: Verkettete Listen (doppelt und einfach verkettet)

Wie bereits erwähnt, enthält jedes Element einer einfach verketteten Liste einen Verweis auf das nächste Listenelement. Die Struktur kann in Pascal z.B. wie folgt realisiert werden:

```
type listptr      = ^listelement;
     listelement  = record
                        Name,Vorname :string[20];
                        Next         :listptr
                    end;
     string20     = string[20];

var First :listptr;
```

Der Typ *string20* wurde deshalb definiert, weil in einigen der nachfolgenden Beispielroutinen Parameter dieses Typs deklariert werden. Die globale Variable *First* zeigt auf das jeweils erste bzw. letzte Element der Liste. Wenn die Liste noch leer ist, hat sie den Wert *Nil*.

Die Prozedur *writelist* gibt den Inhalt der Liste, die mit dem Element *First^* anfängt, aus:

```
procedure writelist(First :listptr);
var ActPtr :listptr;
begin
  ActPtr:=First;
  while ActPtr <> Nil do begin
    write(ActPtr^.Name:25);
    ActPtr:=ActPtr^.Next
  end
end;
```

Eine Funktion, die die Liste nach einem bestimmten Element durchsucht, ist entsprechend einfach zu realisieren.

```
function searchlist(First :listptr; Name :string20) :listptr;
var ActPtr :listptr;
begin
  ActPtr:=First;
  while (ActPtr <> Nil) and (ActPtr^.Name <> Name) do
    ActPtr:=ActPtr^.Next;
  searchlist:=ActPtr
end;
```

Die Liste wird sequentiell durchlaufen, bis ein Element, das die Voraussetzungen erfüllt, gefunden wird (in unserem Fall, wenn *ActPtr^.Name< >Name* gilt), oder bis das Ende der Liste erreicht wurde.

In vielen Fällen ist es von Vorteil, wenn die Liste sortiert vorliegt. Neue Elemente sollten dann gleich an der richtigen Position eingefügt werden. Dies wird durch die folgende Prozedur *insert_in_position* realisiert. Bild 6.2 zeigt, wie die Zeiger zum Einfügen des neuen Elementes umgeleitet werden.

```
procedure insert_in_position(NewPtr:listptr);
var ActPtr, HelpPtr :listptr;
begin
  HelpPtr:=Nil;
  if First = Nil then                        { Liste ist leer          }
  begin
    First:=NewPtr;
    Last:=First;
    NewPtr^.Next:=Nil;
  end else
  begin
    ActPtr:=First;
    while (ActPtr^.name<NewPtr^.name) and (ActPtr<>Nil) do
    begin
      HelpPtr:=ActPtr; ActPtr:=ActPtr^.Next
    end;
    if ActPtr=First then                     { NewPtr ist erstes Element  }
    begin
      NewPtr^.Next:=First;
      First:=NewPtr
    end else
    if ActPtr=Nil then                       { NewPtr ist letztes Element }
    begin
```

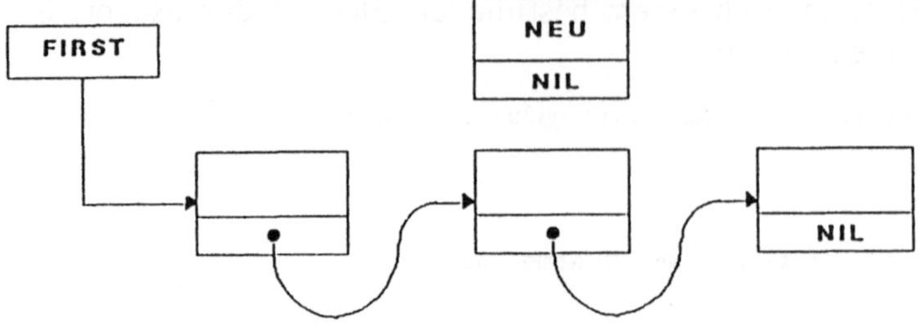

a) Anfangszustand

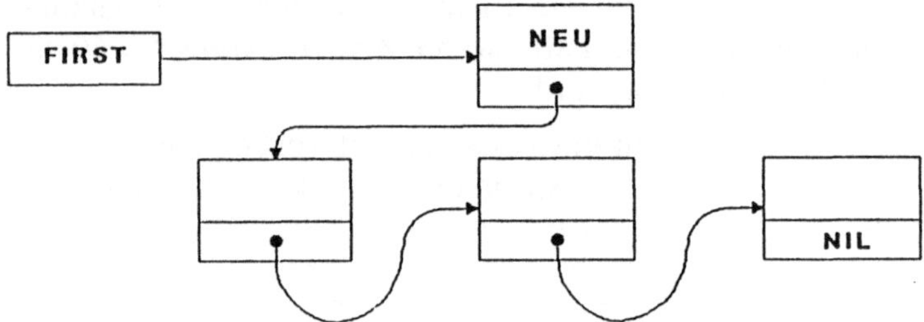

b) Einfügen an erster Position

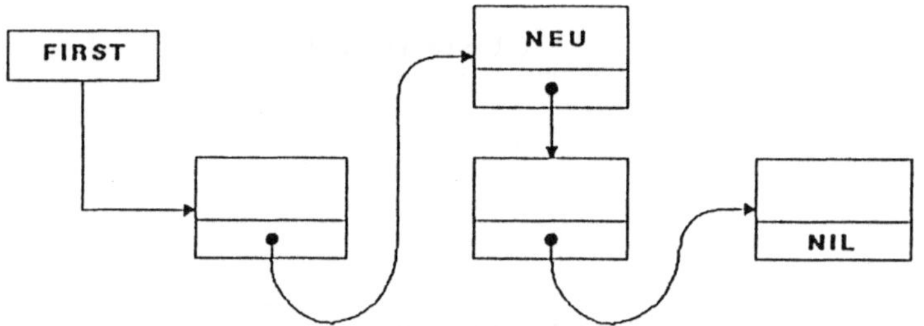

c) Einfügen an mittlerer Position

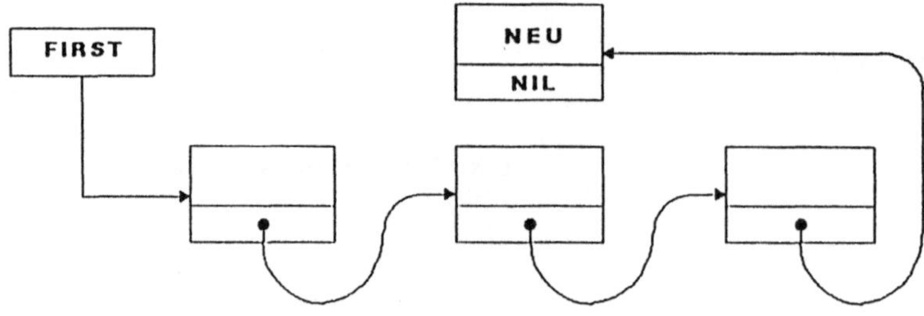

d) Einfügen an letzter Position

Bild 6.2: Einfügen eines neuen Elementes

```
    HelpPtr^.Next:=NewPtr;
    NewPtr^.Next:=Nil;
  end else                              {NewPtr ist mittleres Element}
  begin
    NewPtr^.Next:=ActPtr;
    HelpPtr^.Next:=NewPtr
  end
 end
end;
```

Bleibt nur noch die Realisierung einer Prozedur, die ein Element aus der Liste entfernt. Wir unterscheiden drei Fälle: Das zu entfernende Element ist das erste, das letzte, oder ein anderes Glied der Liste. Die Arbeitsweise der Prozedur *delete_element* in jedem dieser Fälle wird in Bild 6.3 dargestellt:

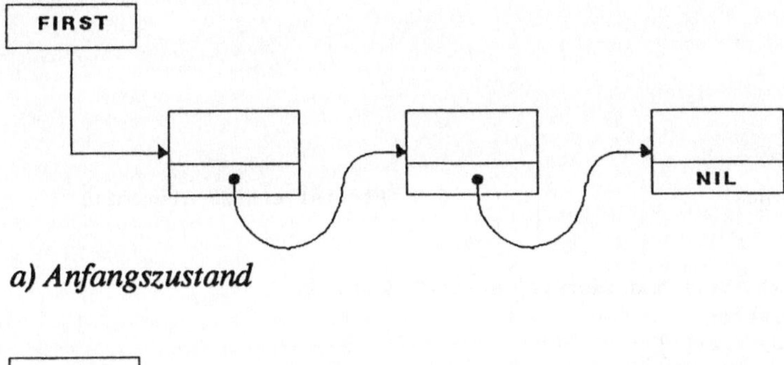

a) Anfangszustand

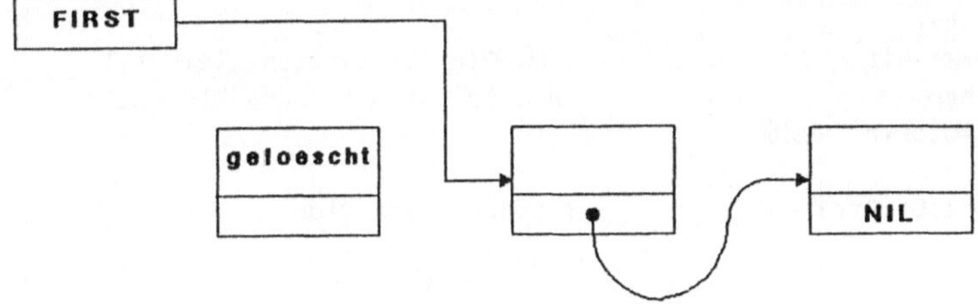

b) Löschen des ersten Elementes

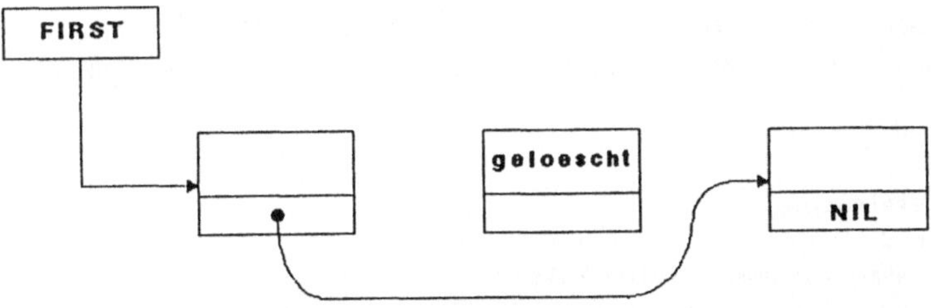

c) Löschen eines mittleren Elementes

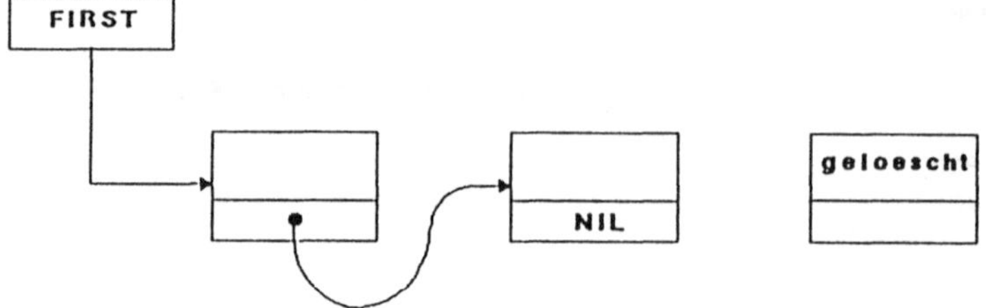

d) Löschen des letzten Elementes

Bild 6.3: Löschen eines Listenelementes

```
procedure delete_element(OldPtr :listptr);
var ActPtr :listptr;
    Found  :boolean;
begin
  if First <> Nil then
  begin
    Found:=True;
    if OldPtr=First
    then First:=OldPtr^.Next                    { OldPtr ist erstes Element }
    else begin
      ActPtr:=First;
      while (ActPtr^.Next<>Nil) and (ActPtr^.Next<>OldPtr) do
        ActPtr:=ActPtr^.Next;
      Found:=(ActPtr^.Next<>Nil);
      if OldPtr^.Next = Nil
        then ActPtr^.Next:=Nil                   { OldPtr ist letztes Element }
        else if Found then                       {OldPtr ist mittleres Element}
          ActPtr^.Next:=OldPtr^.Next
    end;
    if Found then dispose(OldPtr)                { Löschen von OldPtr          }
  end
end;
```

Einfach verkettete Listen haben einen gravierenden Nachteil: sie können nicht rückwärts durchlaufen werden. Deshalb bevorzugt man **doppelt verkettete Listen**. Die Typdeklaration ist ähnlich wie die der einfach verketteten Listen, nur daß jetzt jedes Element einen weiteren Zeiger enthält, der auf seinen Vorgänger verweist:

```
type listptr     = ^listelement;
     listelement = record
                     Name,Vorname :string[20];
                     Next, Last   :listPtr
                   end;


var First,Last :listptr;
```

Die globale Zeigervariable *Last* zeigt auf das letzte Element der Liste. Ist die Liste leer hat sie den Wert *Nil*.

Die Operationen auf doppelt verketteten Listen werden in ähnlicher Weise realisiert wie die für einfach verkettete Listen. Man muß nur darauf achten, beide Zeiger umzuleiten. Die notwendigen Zeigerumleitungen für das Einfügen und Löschen werden in den Bildern 6.4 und 6.5 dargestellt.

Die bisher besprochenen Prozeduren lassen sich relativ einfach umschreiben, um für doppelt verkettete Listen eingesetzt zu werden. Die Prozeduren *sortmember* und *deletemember* des nachfolgenden Beispielprogrammes *Maillist* sind entsprechend modifizierte Varianten der Prozeduren *insert_in_position* und *delete_element*.

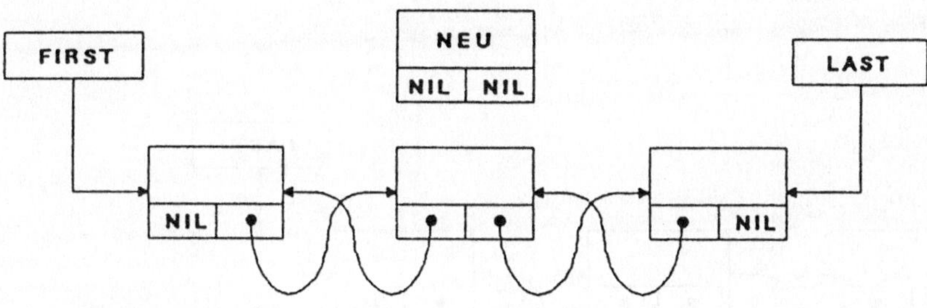

a) Anfangszustand

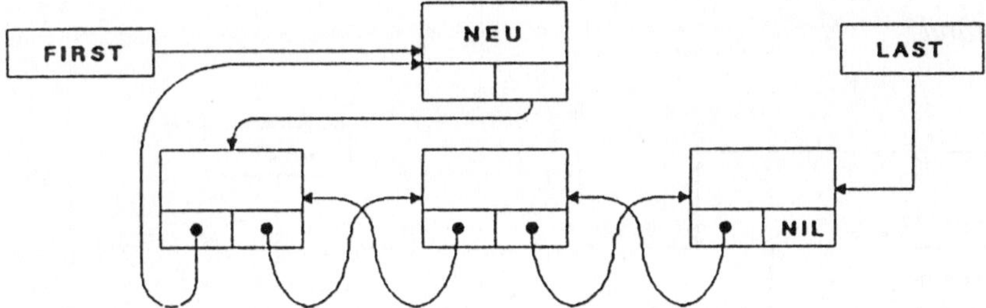

b) Einfügen an erster Position

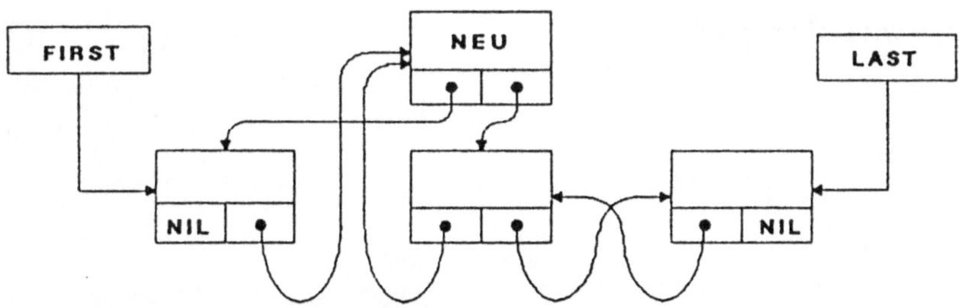

c) Einfügen an mittlerer Position

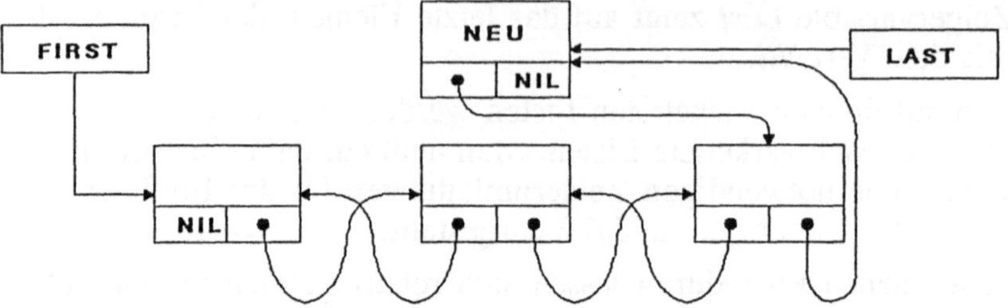

d) Einfügen an letzter Position

Bild 6.4: Einfügen eines Elementes in einer doppelt verketteten Liste

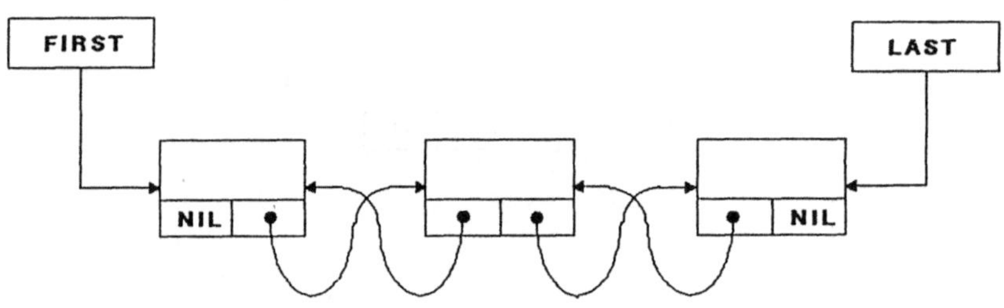

a) Anfangszustand

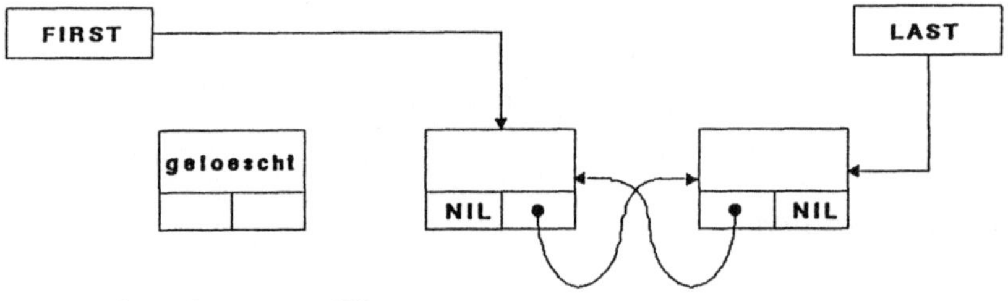

b) Löschen des ersten Elementes

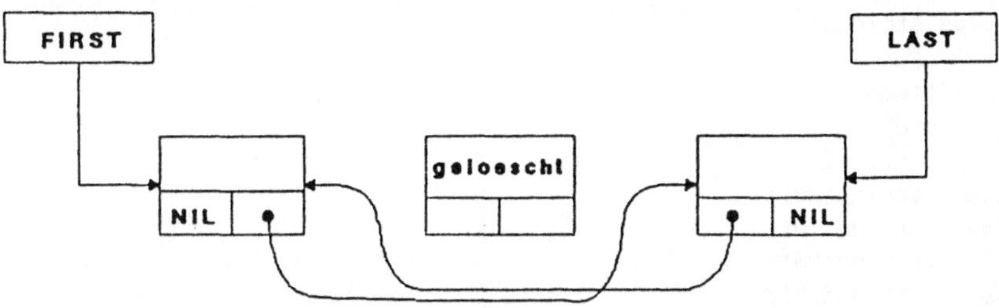

c) Löschen eines mittleren Elementes

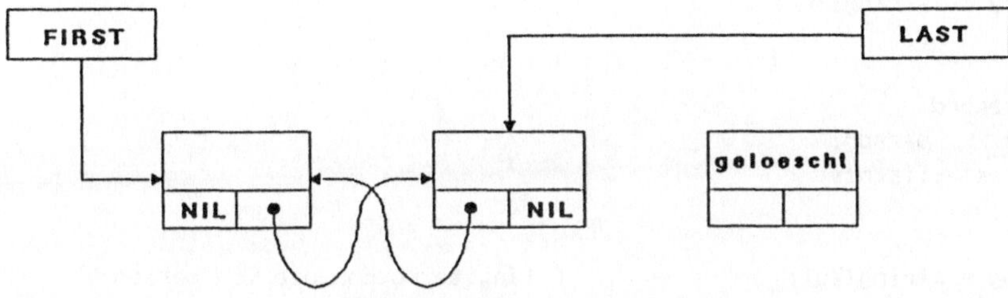

d) Löschen des letzten Elementes

Bild 6.5: Löschen eines Elementes einer doppelt verketteten Liste

6.1.1 Adressenverwaltung durch eine doppelt verkettete Liste

In diesem Abschnitt wird eine einfache Adressenverwaltung beschrieben, die eine doppelt verkettete Liste zum Speichern der Informationen verwendet. Die Funktionen dieser Adressenverwaltung beschränken sich auf **Datensatz einfügen, Datensatz löschen, Datensatz ändern, Datensatz suchen.** Die Datensätze werden in alphabetischer Reihenfolge gespeichert.

Es wird auf die benutzerdefinierten Units *types*, *bios* und *strings* zugegriffen. *types* definiert die verwendeten Strings. In dem Unit *bios* sind die Funktionen *cursoroff* und *cursoron* implementiert, die den Cursor aus- bzw. wieder einschalten. *strings* enthält die Funktionen *getkey* und *getvalidkey*, die ein Zeichen aus der Tastatur einlesen und es in ein word ausgeben. *getvalidkey* überprüft ferner, ob das eingegebene Zeichen zulässig ist. Die genaue Funktionsweise dieser Routinen wird an anderer Stelle erwähnt.

Die globalen Zeigervariablen *First*, *Last*, und *Actual* verweisen auf das erste, das letzte bzw. das aktive Glied der Liste. Die Variable *Position* zeigt die aktuelle Position in der Liste an. Die globale Variable *Anzahl* gibt an, wie viele Datensätze die Liste momentan enthält.

Die Liste wird aus einer Datei eingelesen. Der Name dieser Datei wird in der Konstanten Filename definiert. Falls keine Datei mit Namen Filename existiert, wird, nach entsprechender Abfrage, eine neue angelegt.

```
program Maillist;
```

```pascal
uses    dos,crt,bios,strings;

type    listptr  = ^list;
        person = record
           Name       :string[20];
           FirstName  :string[20];
           BirthDay   :string[10];
           Phone      :string[06];
           Address    :string[20];
           Zip        :string[04];
           Town       :string[20];
           Country    :string[20];
        end;


        list = record
          Member     :person;
          Next,Last  :listptr
        end;


        maxstring = string[20];                { längste Komponente von person }

const MaskStr :array[1..8] of string[08]=(
        'Name   :','Vorname:','Geburt :','Tel.   :','Adresse:',
        'Plz.   :','Stadt  :','Land   :');

      MenuStr :array[1..4] of string[80]=(
      ' '#26'/'#27' F1:Einfügen  F2:Ändern  F3:Löschen  F4:Suchen  Esc:Ende',
      ' '#25'/'#24'        Return :Komponente ändern                 Esc :Zurück',
      ' '#26'/'#27' Editieren                              Return:Eingabe',
      ' '#25'/'#24'    Return :Komponente ändern       Esc:Suchen starten  ');


      Orders :validkeys
=(LeAr,RiAr,F1,F2,F3,F4,Esc,0,0,0,0,0,0,0,0,0,0,0,0,0);

      Filename :string[12] = 'c:Dat.rec';



(************************** GLOBALE  VARIABLEN  ****************************)

var Fi                 :file of person;
    Dat                :person;
    Found,FChanged     :boolean;
    Ord_Ch, I, K       :word;
    Position,MemberNr  :word;
    First,Last         :listptr;
    Actual,Tempptr     :listptr;
    Hstr               :maxstring;


(***************** UNTERPROGRAMME ZUM VERGLEICHEN DER DATEN *****************)
```

```pascal
function equal(var A,B; Len:word) :boolean;        { vergleicht zwei string -  }
var S1,S2 :string;                                 { Variablen mit Länge Len   }
begin
  fillchar(S1, sizeof(S1), 0);
  fillchar(S2, sizeof(S2), 0);
  move(A, S1, Len);
  move(B, S2, Len);
  S1:=strip(S1);  S2:=strip(S2);
  equal:=(S1=S2) or (S1='')
end;


function compare(A,B:person) :boolean;             { ergibt True, wenn zwei    }
begin                                              { Datensätze gleich sind    }
  compare:=equal(A.Name, B.Name, sizeof(A.Name))                  and
           equal(A.FirstName, B.FirstName, sizeof(A.FirstName)) and
           equal(A.BirthDay, B.BirthDay, sizeof(A.BirthDay))     and
           equal(A.Phone, B.Phone, sizeof(A.Phone))              and
           equal(A.Address, B.Address, sizeof(A.Address))        and
           equal(A.Zip, B.Zip, sizeof(A.Zip))                    and
           equal(A.Town, B.Town, sizeof(A.Town))                 and
           equal(A.Country, B.Country, sizeof(A.Country))
end;


function greater(var A,B :person) :boolean;        { vergleicht nach Namen und }
begin                                              { Vornamen                  }
  if A.Name = B.Name
  then greater:=(A.FirstName > B.FirstName)
  else greater:=(A.Name > B.Name);
end;

(****** UNTERPROGRAMME ZUM MANIPULIEREN DER ZEIGER BZW. DEREN INHALTE ******)


procedure sortmember(NewPtr:listptr);              { fügt ein neues Element nach }
                                                   { alphabetischer Reihenfolge in}
var ActPtr :listptr;                               { der Liste ein               }
begin
  Position:=1;
  if First = Nil then                              { Die Liste ist leer          }
  begin
    NewPtr^.Next:=Nil;
    NewPtr^.Last:=Nil;
    First:=NewPtr; Last:=NewPtr;
  end else
  if greater(First^.Member,NewPtr^.Member)         { NewPtr ist erstes Element   }
  then begin
    NewPtr^.Next:=First;
    First^.Last:=NewPtr;
    First:=NewPtr;
  end else
```

```pascal
    if greater(NewPtr^.Member,Last^.Member)        { NewPtr ist letztes Element    }
    then begin
      Position:=MemberNr;
      Last^.Next:=NewPtr;
      NewPtr^.Last:=Last;
      NewPtr^.Next:=Nil;
      Last:=NewPtr;
    end else
    begin
      ActPtr:=First;
      while greater(NewPtr^.Member,ActPtr^.Member) and (ActPtr<>Last) do
      begin
        ActPtr:=ActPtr^.Next;
        inc(Position)
      end;
      NewPtr^.Next:=ActPtr;                        { NewPtr ist mittleres Element }
      ActPtr^.Last^.Next:=NewPtr;
      NewPtr^.Last:=ActPtr^.Last;
      ActPtr^.Last:=NewPtr
    end
end;


procedure deletemember(OldPtr:listptr);           { Löscht das Element, auf das  }
                                                  { OldPtr verweist              }
var ActPtr :listptr;
begin
  if First<>Nil then
  begin
    if OldPtr=First then                          { OldPtr ist erstes Element    }
    begin
      First:=OldPtr^.Next;
      First^.Last:=Nil
    end else
    if OldPtr=Last then
    begin                                         { OldPtr ist letztes Element   }
      Last:=OldPtr^.Last;
      Last^.Next:=Nil
    end else
    begin
      OldPtr^.Last^.Next:=OldPtr^.Next;
      OldPtr^.Next^.Last:=OldPtr^.Last
    end;
    dispose(OldPtr)                               { OldPtr wird entfernt         }
  end
end;


procedure change(I:word; Hstr:maxstring; var Dat:person);
                                                  { Ersetzt die I.               }
begin                                             { Recordkomponente von Dat     }
  with Dat do                                     { durch den Inhalt von Hstr    }
```

```pascal
  begin
    case I of
    1: Name:=Hstr;        2: FirstName:=Hstr;
    3: BirthDay:=Hstr;    4: Phone:=Hstr;
    5: Address:=Hstr;     6: Zip:=Hstr;
    7: Town:=Hstr;        8: Country:=Hstr
    end
  end
end;


procedure readfile;        { Liest die Datei Filename und bildet eine Liste  }
const IOMsg1 =' nicht vorhanden. Neue Datei anlegen ? (J/N) ';
      IOMsg2 ='Das Anlegen einer neuen Datei ist nicht möglich.';
var   Ch :char;
      OK :boolean;
begin
  assign(Fi, Filename);
  {$I-} reset(Fi);
  if ioresult = 0 then
  begin
    MemberNr:=filesize(Fi);
    repeat
      new(Actual);
      read(Fi, Actual^.Member);
      OK:=(ioresult = 0);
      sortmember(Actual)
    until eof(Fi) or not(OK);
    Actual:=First;
    Position:=1
  end else
  begin
    writeln(Filename, IOMsg1);
    repeat Ch:=readkey; until upcase(Ch) in ['J','N'];
    if upcase(Ch)='J' then
    begin
      rewrite(Fi); {$I+}
      if ioresult<>0
      then begin writeln(IOMsg2); halt; end
      else
      begin
        new(Actual);
        fillchar(Actual^.Member, sizeof(Actual^.Member), 0);
        Actual^.Last:=Actual;  Actual^.Next:=Actual;
      end
    end
    else halt;
  end;
end;


(*********** ROUTINEN ZUR MENÜBILDUNG UND BILDSCHIRMAUSGABE  ************)
```

```pascal
procedure findcoord(I :word; var X,Y :word);   { ermittelt die Koordinaten   }
begin                                           { für die Ausgabe der I-ten    }
  if I<5 then X:=7 else X:=45;                  { Recordkomponente             }
  Y:=4+((I-1) mod 4)*4
end;


procedure output(Dat:person; I:word; var Hstr:maxstring; var SizeOfComp:word);
var J,M,X,Y :word;
begin
  with Dat do
  begin
    findcoord(I,X,Y); gotoxy(X+10,Y);

    case I of
     1:begin SizeOfComp:=sizeof(Name)-1;      Hstr:=Name      end;
     2:begin SizeOfComp:=sizeof(FirstName)-1; Hstr:=FirstName end;
     3:begin SizeOfComp:=sizeof(BirthDay)-1;  Hstr:=BirthDay  end;
     4:begin SizeOfComp:=sizeof(Phone)-1;     Hstr:=Phone     end;
     5:begin SizeOfComp:=sizeof(Address)-1;   Hstr:=Address   end;
     6:begin SizeOfComp:=sizeof(Zip)-1;       Hstr:=Zip       end;
     7:begin SizeOfComp:=sizeof(Town)-1;      Hstr:=Town      end;
     8:begin SizeOfComp:=sizeof(Country)-1;   Hstr:=Country   end;
    end;

    M:=SizeOfComp-Length(Hstr);
    if M>0 then for J:=1 to M do Hstr:=Hstr+' ';
    write(Hstr);
  end;
end;


procedure menu(I:word);                         { Bildet das Menü              }
begin
  textbackground(15); textcolor(0);
  gotoxy(2,22);        write(MenuStr[I]);
  textbackground(0);  textcolor(15);
end;


procedure design;                               { Zeichnet einen Bildschirm   }
var I,K,X,Y :word;
begin
  clrscr;
  for I:=1 to 8 do
  begin
    findcoord(I,X,Y);
    gotoxy(X,Y); write(MaskStr[I])
  end;
  gotoxy(2,1);
  lowvideo;  write('Eintrag:');
```

```pascal
    highvideo; write(Position:4);
    lowvideo;  write('                        Anzahl Einträge:');
    highvideo; write(MemberNr:4);
end;


(***************** ZEILEN- UND BILDSCHIRMEDITOR ***************************)


procedure edit_line(X,Y,MaxX:word; var TmpStr:maxstring);
var Pos,Order :word;
begin
  cursoron; Pos:=0;
  repeat
    gotoxy(X+Pos,Y);
    Order:=getkey;
    if char(Order) in ['a'..'z','A'..'Z','0'..'9','.',' '] then
    begin
      TmpStr[Pos+1]:=upcase(char(Order));
      write(TmpStr[Pos+1]);
      Order:=RiAr
    end;
    case Order of
      RiAr :if Pos < MaxX then inc(Pos) else Pos:=0;
      LeAr :if Pos > 0  then dec(Pos) else Pos:=MaxX;
    end;
  until Order=CaRe;
  cursoroff
end;



procedure edit_screen(var Dat :person);
var Ord_Ch,X,Y,Counter,Len :word;
    Hstr                    :maxstring;
begin
  textbackground(15); textcolor(0);
  findcoord(1,X,Y); Counter:=1;
  gotoxy(X,Y); write(MaskStr[1]);
  repeat
    Ord_Ch:=getkey;
    textbackground(0); textcolor(15);
    findcoord(Counter,X,Y);

    case Ord_Ch of
    DnAr :begin
            gotoxy(X,Y); write(MaskStr[Counter]);
            if Counter<8 then inc(Counter) else Counter:=1;
            textbackground(15); textcolor(0);
            findcoord(Counter,X,Y);
            gotoxy(X,Y); write(MaskStr[Counter]);
          end;
    UpAr :begin
            gotoxy(X,Y); write(MaskStr[Counter]);
```

```pascal
              if Counter>1 then dec(Counter) else Counter:=8;
              textbackground(15); textcolor(0);
              findcoord(Counter,X,Y);
              gotoxy(X,Y); write(MaskStr[Counter]);
          end;
    CaRe :begin
              output(Dat,Counter,Hstr,Len);
              menu(3);
              edit_line(X+10,Y,Len-1,Hstr);
              textcolor(15); menu(2);
              Change(Counter,Hstr,Dat);
          end
    end;

  until Ord_Ch=Esc;
  textbackground(0); textcolor(15);
  gotoxy(X,Y); write(MaskStr[Counter]);
end;

(************************         DATEI SICHERN        ***************************)


procedure save;
var Actual :listptr;
    I         :word;
    Ch        :char;
begin
  gotoxy(1,1); clreol;
  write(' Datei wurde geändert. Sichern? (J/N)');
  repeat Ch:=readkey until upcase(Ch) in ['J','N'];
  if upcase(Ch) = 'J' then
  begin
    {$I-} reset(Fi); {$I+}
    if ioresult = 0 then
    begin
      Actual:=First;  I:=0;
      repeat
        inc(I);
        write(Fi,Actual^.Member);
        Actual:=Actual^.Next;
      until Actual=Nil;
    end;
  end
end;

(***************************  HAUPTPROGRAMM  *****************************)


begin
  clrscr;
  Position:=0; MemberNr:=0;
  First:=Nil;  Last:=Nil;
```

```pascal
readfile;    FChanged:=False;
cursoroff;   design;
repeat
  menu(1);
  for I:=1 to 8 do output(Actual^.Member,I,Hstr,K);
  gotoxy(10,1); write(Position:4);
  gotoxy(58,1); write(MemberNr:4);

  Ord_Ch:=getvalidkey(orders);

  case Ord_Ch of
    RiAr :if Actual<>Last then              { Nächsten Datensatz aufrufen  }
          begin
            Actual:=Actual^.Next;
            if First<>Nil then inc(Position)
          end else
          begin
            Position:=1; Actual:=First
          end;
    LeAr :if Actual<>First then             { Letzten Datensatz aufrufen   }
          begin
            Actual:=Actual^.Last;
            if First<>Nil then dec(Position)
          end else
          begin
            Position:=MemberNr; Actual:=Last
          end;
     F1 :begin                              { Datensatz einfügen           }
            FChanged:=True;
            new(Actual);
            FillChar(Actual^.Member,sizeof(Actual^.Member),0);
            inc(MemberNr); inc(Position);
            gotoxy(10,1); write(Position:4);
            gotoxy(58,1); write(MemberNr:4);
            for I:=1 to 8 do output(Actual^.Member,I,Hstr,K);
            menu(2);
            edit_screen(Actual^.Member);
            sortmember(Actual);
          end;
     F2 :if First<>Nil then                 { Datensatz ändern             }
          begin
            menu(2); FChanged:=True;
            edit_screen(Actual^.Member)
          end;
     F3 :if MemberNr>0 then
          begin                             { Datensatz löschen            }
            FChanged:=True;
            dec(MemberNr);
            if MemberNr>0 then
            begin
              if Position>1 then
              begin
```

```
                  dec(Position);
                  Actual:=Actual^.Last; deletemember(Actual^.Next)
                end else
                begin
                  Actual:=Actual^.Next; deletemember(Actual^.Last)
                end;
              end else
              begin
                Position:=0;
                new(Actual);
                fillchar(Actual^.Member,sizeof(Actual^.Member),0);
                Actual^.Next:=Actual; Actual^.Last:=Actual;
                First:=Nil; Last:=Nil;
              end
            end;
      F4 :if First<>Nil then                   { Datensatz suchen            }
          begin
            fillchar(Dat,sizeof(Dat),0);
            for I:=1 to 8 do output(Dat,I,Hstr,K);
            gotoxy(2,1); write('   SUCHMASKE:'); clreol;
            menu(2); edit_screen(Dat);
            Tempptr:=First; I:=0;
            repeat
              inc(I);
              Found:=compare(Dat,Tempptr^.Member);
              if not(Found) then Tempptr:=Tempptr^.Next
            until (Tempptr=Nil) or Found;
            if Found then begin Actual:=Tempptr; Position:=I end;
            gotoxy(2,1); lowvideo; write('Eintrag :   ');
            write('                      Anzahl Einträge:');
          end;
      end;
  until Ord_Ch=Esc;
  if FChanged then save;
  close(Fi);
  if MemberNr=0 then erase(Fi);
  clrscr; cursoron
end.
```

6.2 Binäre Bäume

Binäre Bäume sind in gewisser Hinsicht eine Weiterentwicklung der verketteten
Listen. Jedes Element eines binären Baums hat maximal zwei Nachfolger, den
linken und den rechten. Folgende Typdefinition kann einen binären Baum definieren:

```
type dataitem =  char;
     treeptr  = ^tree;
     tree     =  record
                    Data :dataitem;
                    Left, Right :treeptr
                 end;
```

Ein kleiner binärer Baum wird in Bild 6.6 dargestellt.

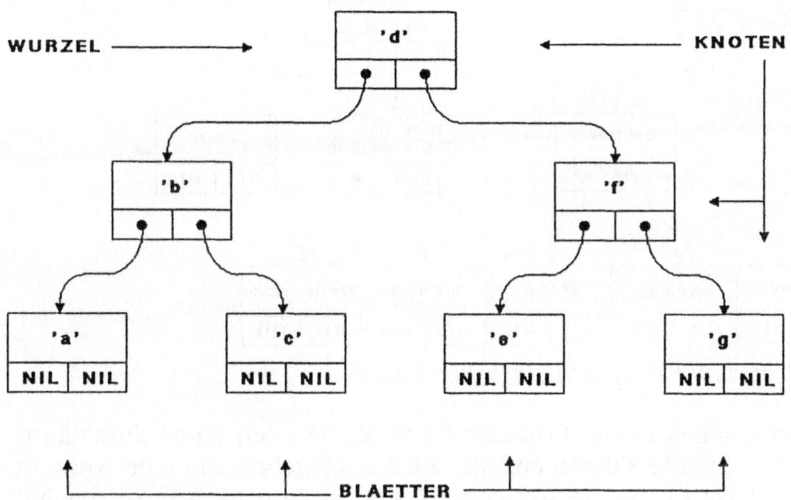

Bild 6.6: Ein binärer Baum

Das erste Element eines Baums heißt **Wurzel**. Eine Komponente des Baums ist
ein Knoten. Hat ein **Knoten** keine Nachfolger, nennt man ihn ein **Blatt**. Jeder
Teil des Baums ist auch ein Baum, deshalb ist z.B. auch eine einfach verkettete
Liste ein entarteter Baum. Die rekursive Baumstruktur führt zu rekursiven Im-
plementierungen der Baumoperationen. Tatsächlich kann man die Baumoperationen auch iterativ realisieren. Der Code würde aber länger werden, und das
Programm wäre nicht so leicht verständlich.

Wir sollten uns natürlich nicht von der Form eines Baums beeinflussen lassen
und dabei vergessen, daß ein Baum eine Menge von Daten ist und daß Daten im
Speicher grundsätzlich sequentiell dargestellt werden. Die Realisierung eines
binären Baums durch ein Array in Kapitel 7 (Heapsort) mag vielleicht einige
Zweifel beseitigen.

Das nachfolgend implementierte Programm *Tierraten* zeigt, wie man einen
binären Baum aufbauen und durchlaufen kann. Es handelt sich um ein "lernfä-
higes" Ratespiel. Das Ziel des Programms ist, durch gezielte Fragen das Tier
zu erraten, an das der Benutzer gedacht hat. Alle Eigenschaften, die die Tiere

charakterisieren, sind in Form von Fragen in den Knoten des Baums gespeichert. In den Blättern des Baums befinden sich die Namen der dem Programm bekannten Tiere. Der Baum könnte z.B. folgende Form haben:

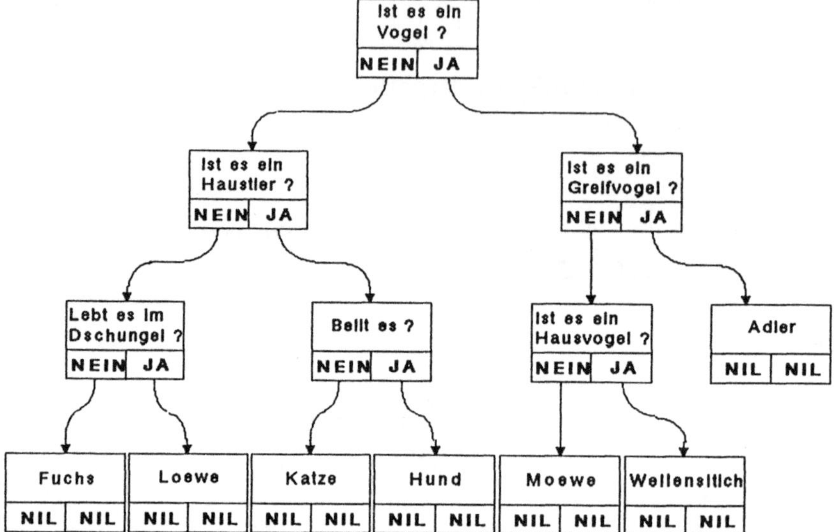

Bild 6.7: Vom Programm Tierraten erzeugter Baum

Das Herz des Programms ist die Prozedur traverse, die den Baum durchläuft. Die Frage, die der aktuelle Knoten enthält, wird ausgegeben und eine Antwort eingelesen (Ja oder Nein). Ist die Antwort N(ein), so wird nach links abgebogen, andernfalls nach rechts. Wenn ein Blatt erreicht wurde, wird abgefragt, ob der Inhalt des aktuellen Blattes mit dem gesuchten Namen übereinstimmt. Falls dies nicht der Fall ist, werden zwei neue Knoten eingefügt: ein Blatt, das den neuen Begriff enthält, und ein Knoten, der eine Frage beinhaltet, die das neue Tier charakterisiert (s. Bild 6.8).

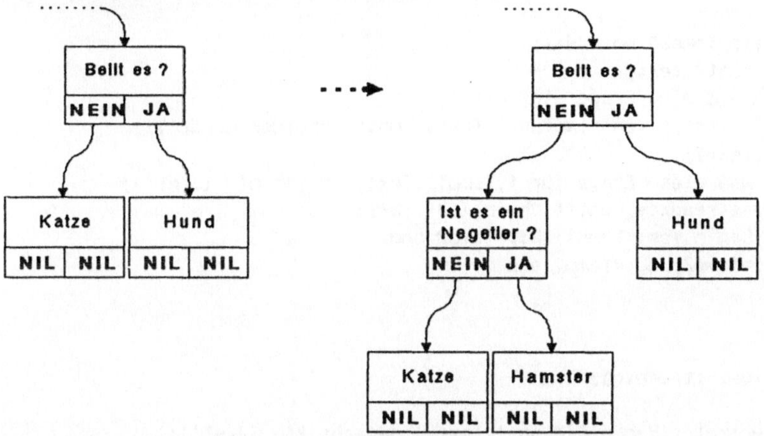

Bild 6.8: Einfügen eines neuen Begriffs

Die globale Variable Root bezeichnet die Wurzel des Baums, Actual bezeichnet
den aktuellen Knoten.

```pascal
program Tierraten;
uses crt;
type treeptr  = ^tree;
     tree = record
              Text   :string;
              Yes,No :treeptr;
            end;

var  Root, Actual, Marke :treeptr;
     Ch :char;

procedure insert(var Actual :treeptr);          { Fügt ein neues Tier ein   }
var Temp1,Temp2 :treeptr;
begin
  new(Temp1);
  Temp1^.yes:= Nil; Temp1^.no:= Nil;
  writeln('An welches Tier haben Sie gedacht ?');
  readln(Temp1^.Text);
  with Actual^ do
  begin
```

```pascal
   new(Temp2);
   Temp2^.yes:= Nil; Temp2^.no:= Nil;
   Temp2^.text:=Actual^.text;
   writeln ('Geben Sie eine Frage ein, die ',
            Temp1^.Text,' von ',Actual^.Text,' unterscheiden würde');
   readln(Actual^.Text);
   writeln('Würde man diese Frage für ',Temp1^.Text,' bejahen?  [J/N]');
   repeat Ch:=upcase(readkey) until Ch in ['J','N'];
   if Ch='J' then begin Yes:=Temp1; No:=Temp2 end
   else begin Yes:=Temp2; No:=Temp1 end
  end
end;


procedure guess(Actual :treeptr);
begin
  with Actual^ do writeln('Haben Sie an ',Text,' gedacht ?   [J/N]');
end;


procedure question(Actual  :treeptr);
begin
  with Actual^ do writeln(Text,'  [J/N]');
end;


function getanswer :boolean;
begin
  repeat Ch:=upcase(readkey); until Ch in ['J','N'];
  if Ch='J' then getanswer:=True else getanswer:=False;
end;

procedure traverse(var Actual :treeptr);          { Durchläuft den Baum          }
begin
  if (Actual^.Yes=Nil) and (Actual^.No=Nil) then
  begin
    guess(Actual);
    if getanswer then  writeln('Ich bin der GRÖSSTE. Ich hab es gefunden')
                 else insert(Actual)
  end else
  begin
    question(Actual);
    if getanswer then traverse(Actual^.Yes)
     else traverse(Actual^.No)
  end
end;


begin                                             { Hauptprogramm                }
  mark(Marke);
  new(Root);
  with Root^ do begin Text:='Elefant'; Yes:=Nil; No:=Nil end;
  repeat
    clrscr;
```

```
    Actual:=Root;
    writeln('Denken Sie an ein Tier und drücken Sie anschließend eine Taste');
    Ch:=readkey;
    traverse(Actual);
    writeln('Wollen Sie weiterspielen ?');  Ch:=readkey;
  until upcase(Ch)='N';
  release(Marke)
end.
```

Binäre Bäume ermöglichen sehr schnelle Suchprozesse, falls sie geordnet vorliegen. Es gibt drei Ordnungsnotationen für Bäume, **preorder**, **inorder** und
postorder. Nach diesen Notationen ergibt sich die Reihenfolge der Knoten im
Baum aus der folgenden Schablone:

preorder   =   Wurzel, linker Teilbaum, rechter Teilbaum

inorder   =   linker Teilbaum, Wurzel, rechter Teilbaum

postorder   =   linker Teilbaum, rechter Teilbaum, Wurzel

Der durch Bild 6.6 dargestellte Baum enthält, je nach Ordnungsnotation, die
Zeichenfolgen:

```
preorder        d  b  a  c  f  e  g

inorder         a  b  c  d  e  f  g

postorder       a  c  b  e  g  f  d
```

Die Prozedur *inorder* durchläuft einen Baum in inorder-Reihenfolge:

```
procedure inorder(Actual :treeptr);
begin
  if Actual<>Nil then
  begin
    inorder(Actual^.Left);
    write(Actual^.Data);
    inorder(Actual^.Right)
  end
end;
```

Die entsprechenden Prozeduren für die anderen zwei Notationen werden wie
folgt implementiert:

```
procedure postorder(Actual:treeptr);      procedure preorder(Actual:treeptr);
begin                                     begin
  if Actual<>Nil then                       if Actual<>Nil then
  begin                                     begin
    postorder(Actual^.Left);                  write(Actual^.Data);
    postorder(Actual^.Right);                 preorder(Actual^.Left);
    write(Actual^.Data)                       preorder(Actual^.Right)
  end                                       end
end;                                      end;
```

6.2.1 Das Unit treeunit

Die in diesem Abschnitt vorgestellten Unterprogramme realisieren die wichtigsten Operationen auf binäre Bäume: Einfügen, Löschen und Suchen. Für die Baumdarstellung wurde die inorder-Notation gewählt. Das bedeutet, der Inhalt des linken Knotens ist kleiner oder gleich dem Inhalt der Wurzel - der Inhalt des rechten Knotens ist größer als der der Wurzel.

Alle Routinen werden zu einem Unit zusammengefasst. Um die Einsatzmöglichkeiten des Units nicht einzuschränken, besteht der Inhalt eines Knotens aus einem Zeiger des Typs *pointer*, der auf die Adresse der gespeicherten Daten zeigt. Der Typ dieser Daten spielt für das Unit keine Rolle, der Benutzer muß lediglich die Länge eines Datensatzes als Parameter übergeben (z.B. mit Hilfe der Funktion *sizeof*). Die Unterprogramme werden mit der Adresse der Datensätze (anstelle der Datensätze selbst) als Parameter aufgerufen. Der Benutzer muß außerdem eine Funktion implementieren, die festlegt, nach welchen Kriterien zwei Datensätze verglichen werden. Diese Funktion muß folgende Voraussetzungen erfüllen:

1) Die Funktion soll als *far* deklariert werden.

2) Sie soll der Deklaration

   type minfunc = function(a,b:pointer):boolean;

   entsprechen. Die zwei Parameter enthalten die Adressen der zu vergleichenden Datensätze.

3) Die Funktion ergibt den Wert True, falls der erste Datensatz kleiner oder gleich dem zweiten ist.

Ein Beispiel für eine gültige Funktion:

```
type datatype = record
                  Name  :string[20];
                  Index :word;
                end;

{$F+} function min( APtr,BPtr:pointer ) :boolean; {$F-}
{ vergleicht zwei Datensätze nach der Komponente Index }
begin
  min:=((datatype(APtr^).Index) <= (datatype(BPtr^).Index))
end;
```

a) *procedure initunit (FuncPtr :minfunc; Size :word);*

Das Unit treeunit wird durch einen Aufruf der Prozedur initunit aufgerufen. Dabei werden als Parameter übergeben:

1) Die Adresse der vom Benutzer erstellten Funktion für das Vergleichen zweier Datensätze und

2) die Länge eines Datensatzes in Bytes. Diese Werte werden dann den globalen Variablen Min und Length zugewiesen.

b) *procedure buildtree(var Actual:treeptr; Data:pointer);*

Die Prozedur *buildtree* basiert auf der Prozedur *traverse* des Programms Tierraten und bildet einen geordneten binären Baum: der Algorithmus folgt einer Route im Baum. Wenn ein Blatt erreicht ist, wird ein neuer Knoten mit Data als Inhalt eingefügt.

c) *function searchtree*
(var Actual:treeptr; Key:pointer; var Found:boolean) :pointer;

Die Funktion *searchtree* durchsucht einen Baum, bis ein Knoten mit dem gesuchten Inhalt (*Key*) gefunden wird. Falls dies nicht der Fall ist, wird der Wert *Nil* ausgegeben.

d) *procedure deletenode(var OldPtr:treeptr; Key:pointer);*

Etwas komplizierter ist das Löschen eines Elementes. Die Prozedur *deletenode* sucht einen Knoten mit Schlüsselwert *Key* und entfernt ihn anschließend aus dem Baum. Es wird zwischen drei Fällen unterschieden:

1) Der Knoten hat keine Nachfolger,
2) der Knoten hat einen Nachfolger oder
3) der Knoten hat zwei Nachfolger.

Bild 6.9 stellt jede dieser Möglichkeiten anhand eines Beispiels schematisch dar. Es wird vom in Bild 6.6 dargestellten Baum ausgegangen, und nacheinander werden die Knoten mit Inhalt 'c','f','e' gelöscht.

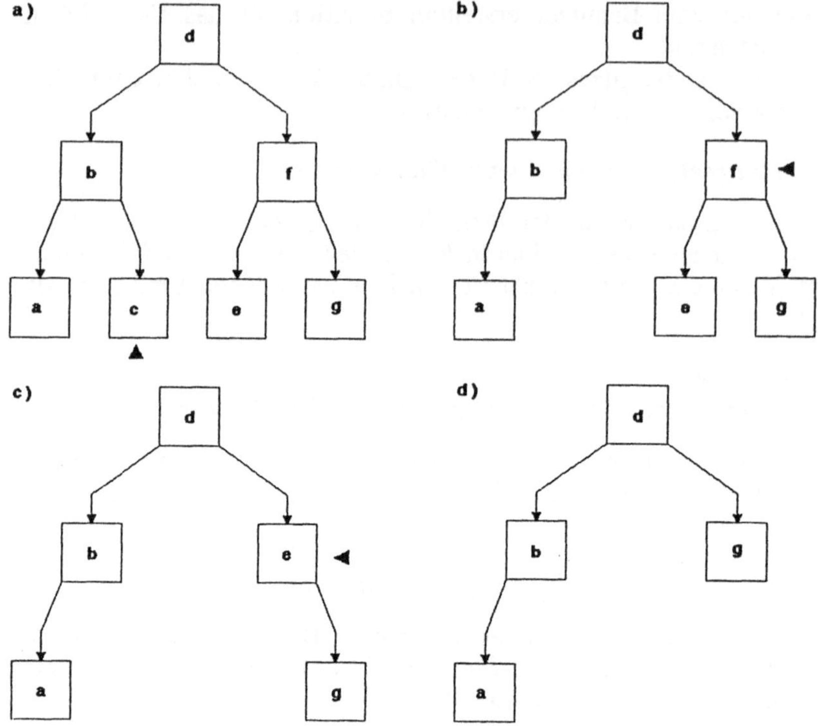

Bild 6.9: Löschen im Baum

Zwei Variablen sind in der Schnittstelle deklariert und von außen lesbar. Der Zeiger *Root* verweist auf die Wurzel des Baums und wird zu Beginn auf den Wert *Nil* gesetzt. Sowohl *buildtree*, als auch *searchtree* werden mit dem Zeiger *Root* als Parameter aufgerufen.Die Boole'sche Variable *OK* hat den Wert False, falls *initunit* nicht aufgerufen wurde, sonst erhält sie den Wert *True*.

Der Benutzer sollte darauf achten, den Heap nach Beenden der Arbeit mit *treeunit* wieder freizusetzen (z.B. durch *mark/release*).

```
unit treeunit;
interface
uses crt;
type treeptr=^tree;
     tree= record
             Data:pointer;
             Left,Right:treeptr
           end;
     minfunc = function(a,b:pointer):boolean;

var Root :treeptr;
    OK   :boolean;
```

```pascal
procedure initunit (FuncPtr :minfunc; Size :word);
procedure buildtree(var Actual:treeptr; Data:pointer);
function  searchtree
          (var Actual:treeptr; Key:pointer; var Found:boolean) :pointer;
procedure deletenode(var OldPtr:treeptr; Key:pointer);


implementation

var Length :word; Min :minfunc;

procedure initunit (FuncPtr :minfunc; Size :word);
begin
  Length:=Size;
  Min:=FuncPtr;
  OK:=True
end;

procedure buildtree(var Actual:treeptr; Data:pointer);
begin
  if OK then
  begin
    if Actual=Nil then                          { Knoten einfügen         }
    begin
      new(Actual);
      Actual^.Left:=Nil; Actual^.Right:=Nil;
      getmem(Actual^.Data,Length); move(Data^,Actual^.Data^,Length);
    end
    else begin                                  { Baum durchlaufen        }
         if Min(Data,Actual^.Data)
           then buildtree(Actual^.Left,Data)
           else buildtree(Actual^.Right,Data)
         end
  end
end;

function searchtree
        (var Actual:treeptr; Key:pointer; var Found:boolean) :pointer;
begin
  if OK then
  begin
    if Actual=Nil then Found:=False else
    begin
      if Min(Key,Actual^.Data) and Min(Actual^.Data,Key) then
      begin
        searchtree:=Actual^.Data; Found:=True
      end else
      begin
        if Min(Key,Actual^.Data) then
        searchtree:=searchtree(Actual^.Left,Key,Found)
        else searchtree:=searchtree(Actual^.Right,Key,Found)
      end
```

```pascal
    end
  end else Found:=False
end;

procedure deletenode(var OldPtr:treeptr; Key:pointer);
var HelpPtr,HelpPtr2:treeptr;
begin
  if OK then
  begin
    if min(Key,OldPtr^.Data) and min(OldPtr^.Data,Key) then
    begin
      if OldPtr^.Left=OldPtr^.Right then HelpPtr:=Nil else { Kein Nachfolger }
      if OldPtr^.Left=Nil then HelpPtr:=OldPtr^.Right else { Ein  Nachfolger }
      if OldPtr^.Right=Nil then HelpPtr:=OldPtr^.Left else
      begin
        HelpPtr:=OldPtr^.Right; HelpPtr2:=HelpPtr;          { Zwei Nachfolger }
        while HelpPtr2^.Left<>Nil do HelpPtr2:=HelpPtr2^.Left;
        HelpPtr2^.Left:=OldPtr^.Left
      end;
      dispose(OldPtr);
      OldPtr:=HelpPtr
    end
    else if OldPtr<>Nil then                               { Knoten suchen   }
    begin
      if Min(OldPtr^.Data,Key) then deletenode(OldPtr^.Right,Key)
      else deletenode(OldPtr^.Left,Key)
    end
  end
end;

begin
  Root:=Nil; OK:=False
end.
```

Das folgende einfache Programm demonstriert die korrekte Benutzung des
Units *treeunit*. Im erzeugten Baum werden Zeichen gespeichert. Die Prozedur
printtree zeigt den aktuellen Inhalt des Baums in Baumform am Bildschirm an.

```pascal
uses crt, treeunit, strings;

const MenuStr :string[80] =
      'F1  :Einfügen    F2  :Löschen    F3  :Suchen        Esc  :Ende ';

var Ord_Ch            :word;
    HelpPtr, HeapTop  :pointer;
    Ch                :char;
    Found             :boolean;

procedure inorder(R:treeptr);
begin
  if Root=Nil
  then write('Liste ist leer')
```

```pascal
  else if R <> Nil then
  begin
    inorder(R^.Left);
    write(char(R^.Data^));
    inorder(R^.Right)
  end
end;

procedure printtree(R:treeptr; X,Y,Counter:word);
var I:word;
begin
  if R <> Nil then begin
    if Counter>0 then dec(Counter);
    printtree(R^.Left,X-Counter,Y+2,Counter);
    GoToXY(X,Y); writeln(char(R^.Data^));
    printtree(R^.Right,X+Counter,Y+2,Counter)
  end;
end;

{$F+} function smaller(A,B:pointer) :boolean; {$F-}
begin
  smaller:=upcase(char(a^)) <= upcase(char(b^))
end;


begin
  mark(HeapTop);
  initunit(smaller,1);                          { Unit initialisieren       }

  repeat
    clrscr; gotoxy(1,1); writeln(Menustr);
    gotoxy(1,3); clreol; write('Inhalt :');
    inorder(Root); printtree(Root,38,5,10);     { Baum ausgeben             }
    Ord_Ch:=getkey;
    gotoxy(1,3); clreol;

    case Ord_Ch of
    F1:begin                                    { Zeichen einfügen          }
        write('Einzufügender Wert?');
        Ch:=readkey;
        buildtree(Root,@Ch);
      end;
    F2:begin                                    { Zeichen löschen           }
        write('Welches Zeichen löschen?');
        Ch:=readkey;
        deletenode(Root,@Ch);
      end;
    F3:begin                                    { Zeichen suchen            }
        write('Gesuchtes Zeichen? ');
        Ch:=readkey;
        HelpPtr:=searchtree(Root,@Ch,Found);
        if not Found then write(Ch,' nicht gefunden.')
```

```
            else write(char(HelpPtr^),' gefunden.');
        write(' Eine Taste drücken'); repeat until keypressed;
      end
    end;

  until Ord_Ch=Esc;

  release(HeapTop)
end.
```

6.3 Warteschlangen

Eine **Warteschlange (Queue)** ist eine lineare Liste, auf der nur in first-in, first-out Reihenfolge (**FIFO**) zugegriffen werden kann. Das bedeutet, daß das Element, das als erstes in der Warteschlange angekommen ist, als erstes wieder entfernt wird. Die Elemente in einer Warteschlange werden Ereignisse genannt. Im Gegensatz zu den linearen Listen ist der FIFO-Prozeß die einzige Zugriffmöglichkeit auf die Warteschlange :man kann keinen **random access**-Zugriff auf eine beliebige Komponente durchführen. Im täglichen Leben werden wir oft mit Situationen konfrontiert, die nach dem Warteschlangenprinzip funktionieren. So sind z.B. eine Schlange an der Kasse oder ein Stau auf der Autobahn Warteschlangen. Warteschlangen werden u.a. in der Netzplantechnik und für Simulationen eingesetzt. Ein anderes typisches Beispiel für den Gebrauch von Warteschlangen sind Tastaturpuffer.

Die folgenden Prozeduren *qstore* und *qretrieve* realisieren die Ein- und Ausgabefunktion in einer Warteschlange. *qstore* plaziert ein Ereignis an das Ende einer Warteschlange. *qretrieve* überprüft, ob die Warteschlange leer ist, entfernt, falls dies nicht der Fall ist, das erste Element und gibt seinen Wert aus. Die Prozedur *qshow* schließlich zeigt den momentanen Inhalt der Warteschlange an.

```
type evttype   = string;
     queuePtr  = ^queue;
     queue     = record
                   Inhalt :evttype;
                   Next   :queuePtr
                 end;

var  Head, Tail :queuePtr;
```

```
procedure qstore(Q :evttype);
var Actual :queuePtr;
begin
  new(Actual);
  Actual^.Next:=Nil;
  Actual^.Inhalt:=Q;
  Tail^.Next:=Actual;
  Tail:=Actual;
  if Head=Nil then Head:=Actual
end;

function qretrieve :evttype;
begin
  if Head=Nil
  then qretrieve:=Chr(0)
  else begin
    qretrieve:=Head^.Inhalt;
    Head:=Head^.Next;
  end
end;

procedure qshow;
var Actual :queuePtr;
    I       :word;
begin
  I:=1; Actual:=Head;
  while Actual <> Nil do begin
    writeln(I,':',Actual^.Inhalt);
    inc(I);
    Actual:=Actual^.Next
  end
end;
```

Die zwei global deklarierten Zeigervariablen *Head* und *Tail* verweisen auf den Anfang bzw. das Ende der Warteschlange. Die Funktionsweise von *qretrieve* und *qstore* wird in Bild 6.10 anschaulich dargestellt.

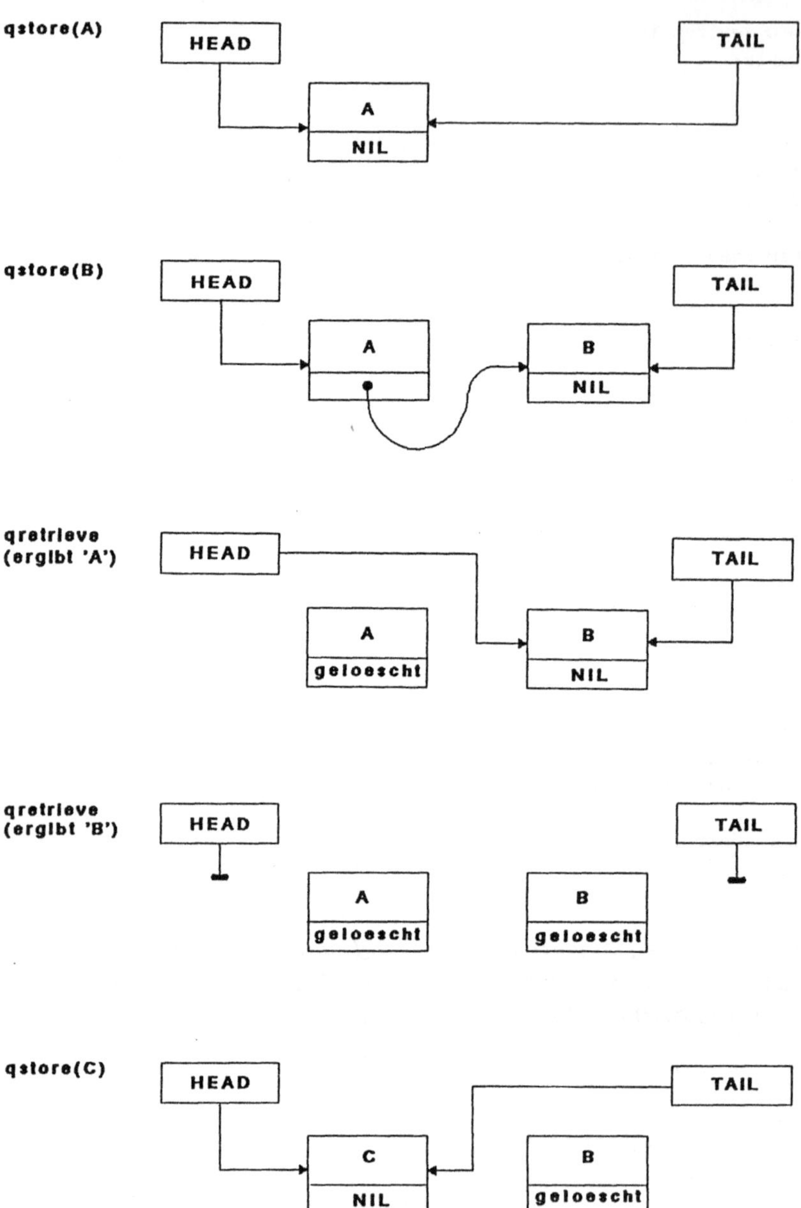

Bild 6.10: qretrieve und qstore

Oft haben Warteschlangen eine festgesetzte Kapazität. In diesem Fall ist es gün-
stig, sie mit einem Array zu realisieren. Der Einsatz von Arrays bietet größere
Sicherheit, weil Zeigerstrukturen im leicht zugänglichen (und leicht veränder-
baren) Heap gespeichert werden. Die Routinen *qretrieve*, *qstore*, *qshow* und die
Typdefinitionen wurden im folgenden Programm queue entsprechend angepaßt.
Das Hauptprogramm demonstriert die Arbeitsweise dieser Unterprogramme.

```pascal
program Queueprogram;
uses crt, strings;
const Max        = 100;
type  evttype    = string;
      queuetype  = array[1..Max] of evttype;


var   Queue       :queuetype;
      Head, Tail  :word;       (*Head, Tail :queuePtr;*)
      Ord_Ch      :word;
      Event       :evttype;

procedure qstore(Q :EvtType);
begin
  if Head=0 then inc(Head);
  if Tail < Max then begin
    inc(Tail);
    Queue[Tail]:=Q;
  end
end;

function qretrieve :EvtType;
begin
  if Head=0
  then qretrieve:=Chr(0)                          { Liste ist leer           }
  else begin
    qretrieve:=Queue[Head];
    move(Queue[Head+1],Queue[Head],sizeof(Queue[Head])*(Tail-1));
    dec(Tail);
    if Tail=0 then Head:=0;
  end
end;

procedure qshow;
var I :word;
begin
  if Head=0 then writeln('Liste ist leer')
  else for I:=Head to Tail do writeln(I,':',Queue[i]);
end;


begin                                             { Hauptprogramm            }
  clrscr; gotoxy(1,1);
  writeln('F1 :Enter    F2 :Show    F3 :Perform    Esc :Quit');
  Head:=0; Tail:=0;  (*Head:=Nil; Tail:=Nil;*)
```

```
repeat
  Ord_Ch:=getkey;

  case Ord_Ch of
   F1 :begin
          write('Enter Event:');
          readln(Event); qstore(Event)
       end;
   F2 :qshow;
   F3 :writeln(qretrieve)
  end;

 until Ord_Ch=Esc;
end.
```

Die Ausdrücke in (* *) würden in der Zeigervariante die benachbarten Ausdrücke ersetzen. Wie die Arrayindizes *Head* und *Tail* sowie das Array *Queue* durch *qstore* und *qretrieve* modifiziert werden, zeigt das folgende Schema:

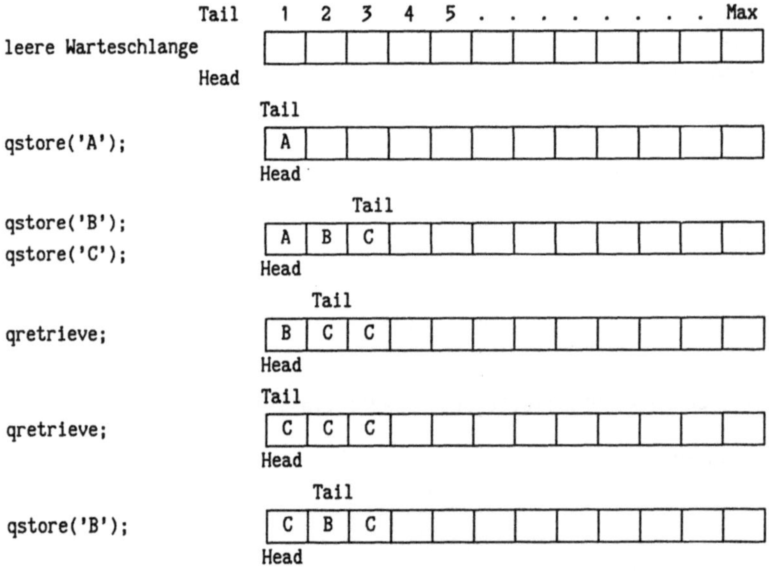

```
Tail     1   2   3   4   5  . . . . . . . . Max
leere Warteschlange
Head
qstore('A');
Tail
A
Head
qstore('B');
qstore('C');
Tail
A   B   C
Head
qretrieve;
Tail
B   C   C
Head
qretrieve;
Tail
C   C   C
Head
qstore('B');
Tail
C   B   C
Head
```

Bild 6.11: Wirkung von qretrieve und qstore

Eine andere Möglichkeit, eine Warteschlange zu realisieren, ist die sogenannte **zyklische Warteschlange**. Der Tastaturpuffer von Ms-Dos ist nach diesem Prinzip aufgebaut. Sowohl *Tail* als auch *Head* sind jetzt variabel. Nach dem Entfernen eines Elementes aus der Warteschlange wird der Index *Head* um eins erhöht. *Tail* verweist nicht, wie bisher, auf das zuletzt eingefügte Element, sondern auf die nächste freie Stelle in der Warteschlange. Es gelten folgende Regeln:

1) *Head* = *Tail*   bedeutet, daß die Warteschlange leer ist,

2) *Head* = *Tail+1*   bedeutet, daß die Warteschlange voll ist.

Da bei einer nicht leeren Warteschlange *Head* und *Tail* sich um mindestens eine Stelle unterscheiden, bleibt immer ein Feld des Array unbenutzt. Damit jedoch *Max* Elemente in der Warteschlange gespeichert werden können, ändern wir die Definition von *queuetype* auf

$$\text{type } queuetype = array[0..Max] \text{ of } evttype$$

Bild 6.12 stellt die Funktionsweise der zyklischen Warteschlange dar.

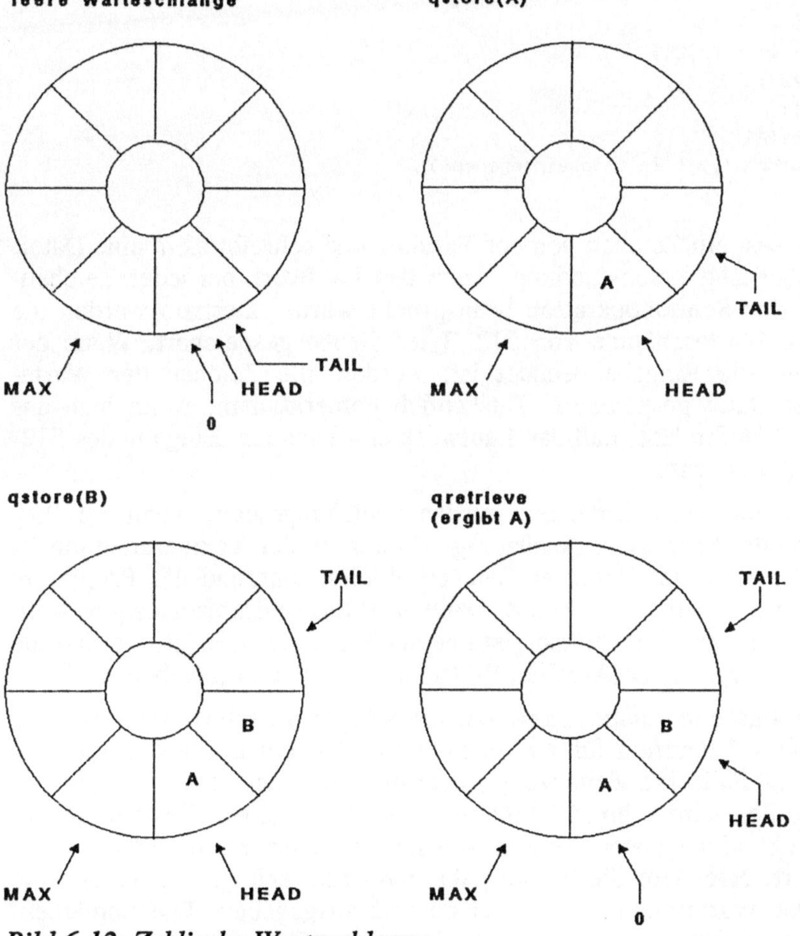

Bild 6.12: Zyklische Warteschlange

qstore und *qretrieve* für zyklische Warteschlangen werden etwas später (im Programm *QueueEdit*) implementiert.

Wir haben schon erwähnt, daß I/O Puffer ein charakteristischer Einsatzbereich für Warteschlangen sind. Ein Beispiel sind die Tastatur- und Dateipuffer des Betriebssystems. Um zu sehen, wie so ein Puffer funktioniert, können Sie das folgende kleine Programm eingeben:

```
uses crt;

var A  :file of char;
    Ch :char;
    I  :word;

begin
  assign(A, 'test.dat');
  rewrite(A);
  repeat
    Ch:=readkey; write(A,Ch)
  until Ord(Ch)=27;
  I:=filesize(A);
  close(A); erase(A);
  writeln('Es wurden ',I,' Zeichen eingegeben');
end.
```

Das Programm liest ein Zeichen von der Tastatur und schreibt es in eine Datei. Nun wäre es aber Zeitverschwendung, wenn das Laufwerk bei jeder Zeicheneingabe durch eine Schreiboperation beansprucht würde. Deshalb werden die Zeichen in eine Warteschlange von 512 Bytes Größe gespeichert. Wenn der Puffer voll oder die Eingabe beendet ist, werden alle Zeichen der Warteschlange in der Datei gespeichert. Tatsächlich bemerkt man, wenn man das obige Programm laufen läßt, daß das Laufwerk erst nach der Eingabe des 512-ten Zeichens aktiviert wird.

Puffer in Form von Warteschlangen werden auch eingesetzt, wenn ein Programm an mehreren Prozessen gleichzeitig arbeitet. In der Textverabeitung ist das oft der Fall, wenn der Benutzer Zeichen eingibt, während das Programm beispielsweise nach einem String sucht. Dann wird die Bildschirmausgabe während des Suchvorganges unterdrückt. Ist der Suchvorgang beendet, werden die eingegebenen Zeichen an der aktuellen Bildschirmposition ausgegeben.

Das folgende Programm demonstriert, wie ein solcher Tastaturpuffer realisiert werden kann. Das Programm führt zwei Prozesse aus :der übergeordnete Prozeß ist in diesem Fall eine Zeitanzeige, der untergeordnete ein trivialer Zeicheneditor. Die Zeit wird zehn Mal hintereinander ausgegeben. Zeichen, die zu diesem Zeitpunkt eingegeben werden, werden in einer Warteschlange zwischengespeichert. Nachdem die Zeitausgabe zehn Mal erfolgt ist, werden die Zeichen aus der Warteschlange entnommen und ausgegeben. Die implementierte Warteschlange simuliert den Ms-Dos Tastaturpuffer.

```pascal
program QueueEdit;
uses crt,dos,bios;

const Max = 15;

type evttype   = char;
     queuetype = array[0..Max] of evttype;

var  Queue      :queuetype;
     Head, Tail :word;
     Ch         :evttype;
     I,Hour,Min,Second,Sec100,X,Y :word;


procedure qstore(Q :evttype);
var I :word;
begin
  I:=(Tail+1) mod (Max+1);
  if I <> Head
  then begin
    Queue[Tail]:=Q;
    Tail:=I
  end
  else write(^G)
end;

function qretrieve :evttype;
var I :word;
begin
  I:=(Head+1) mod (Max+1);
  if Head=Tail then qretrieve:=Chr(0)
  else begin
    qretrieve:=Queue[Head];
    Head:=I;
  end
end;

begin                                        { Hauptprogramm              }
  clrscr;
  X:=1; Y:=2;
  Head:=0; Tail:=0;
  repeat
    cursoroff;
    for I:=1 to 10 do
    begin
      while keypressed do qstore(readkey);   { Einfügen in die Warteschl. }
      gettime(Hour,Min,Second,Sec100);       { Zeitanzeige                }
      gotoxy(1,1); write(Hour:2,':',Min:2,':',Second:2,':',Sec100:2)
    end;
    cursoron;
    Ch:=qretrieve;
    if upcase(Ch) in ['A'..'Z',' ',',','.','0'..'9'] then
```

```
    begin                              { Zeichenausgabe             }
      gotoxy(X,Y); write(Ch);
      inc(X);
      if X=80 then begin X:=1; inc(Y) end;
    end
  until ord(Ch)=27;
  while Head <> Tail do Ch:=qretrieve
end.
```

An dieser Stelle sei auf Kapitel 8 verwiesen (Unit macro), wo das gleiche Problem in einer anderen Weise angegangen wird.

6.4 Stacks

Ein Stack (Keller) ist das Gegenteil einer Warteschlange, weil er nach dem **LIFO**-Prinzip (Last In - First Out) arbeitet. Das LIFO-Prinzip erinnert an aufeinandergestapelte Münzen. Die Münze, die zuletzt darauf gelegt wurde, ist die erste, die wieder entfernt wird. Ein Stack hat generell eine begrenzte Kapazität. Deshalb wird in diesem Abschnitt auf eine Implementierung durch eine verkettete Liste verzichtet.

Die zwei Grundoperationen des Einfügens und des Entfernens werden bei einem Stack *push* und *pop* genannt. Hier eine mögliche Realisierung durch ein Array:

```
const Max=100;

type  content = byte;
      stacktype= array[1..Max] of content;

var  Stack :stacktype;
     Top   :word;

procedure push(I :content; var OK :boolean);
begin
  OK:=Top <= Max;
  if OK then begin                     { Überprüfen, ob Stack voll }
    Stack[Top]:=I;
    inc(Top)
  end
end;

procedure pop(var Return :content; var OK :boolean);
begin
  OK:=Top > 1;                         { Überprüfen, ob Stack leer }
  if OK then begin
    dec(Top);
    Return:=Stack[Top]
  end
end;
```

Die Variable *Top* zeigt die nächste freie Stelle im Array an. Für einen leeren Stack gilt *Top = 1*. Deshalb muß *Top* zu Beginn auf den Wert 1 initialisiert werden. *push* überprüft, ob der Stack voll ist, fügt, falls dies nicht der Fall ist, den Wert *i* an der Spitze des Stacks ein, und inkrementiert die Variable *Top*. Ansonsten wird der Parameter *OK* auf *False* gesetzt. *pop* gibt den Wert an der Spitze des Stacks am Parameter *Return* aus. Falls die Ausgabe nicht erfolgen konnte, weil der Stack leer ist, erhält der Boole'sche Parameter *OK* den Wert *False*. Die Funktionsweise der Prozeduren *push* und *pop* wird durch Bild 6.13 dargestellt.

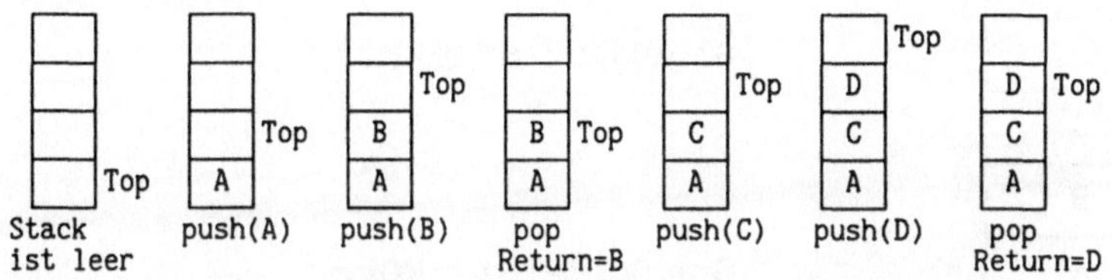

Bild 6.13: Arbeitsweise der Routinen push und pop

6.4.1 Das Unit stack

Der untypisierte Zeigertyp *pointer* und die Prozedur *getmem* bieten uns die Möglichkeit, einen Stack aufzubauen und zu manipulieren, ohne den Typ der darin gespeicherten Daten zu kennen. Ein Grund für uns, ein Unit *stack* zu implementieren, das für fast alle Typen von Stacks eingesetzt werden kann. Das Unit wird durch die Prozedur *initstack* initialisiert. Deshalb muß ein einmaliger Aufruf von *initstack* vor dem ersten Aufruf der Prozedur *push* erfolgen. Die Parameter *Size* und *Max* bedeuten die Größe eines Datensatzes in Bytes bzw. die Kapazität des Stacks, d.h. die maximale Anzahl der zu speichernden Datensätze. *initstack* reserviert im Heap den für unseren Stack notwendigen Speicher durch die Prozedur *getmem*. Dieser Speicher wird durch die interne Prozedur *closestack* wieder freigesetzt. *closestack* braucht nicht durch den Benutzer aufgerufen zu werden, da im Initialisierungsteil des Units die Prozedur an den Zeiger *Exitproc* angehängt wird. *closestack* wird deshalb mit dem Beenden der Programmausführung automatisch aufgerufen. Das Unit *Stack* deklariert folgende globale Variablen, die vom Benutzer gelesen werden können:

StackSeg: Segment des Stacks;

StackOrg: erstes Offset des Stacks (niedrigste Adresse);

StackPtr: Offset der ersten freien Stelle im Stack;

StackMax: Offset der letzten Stelle im Stack;

Ein Beispiel:

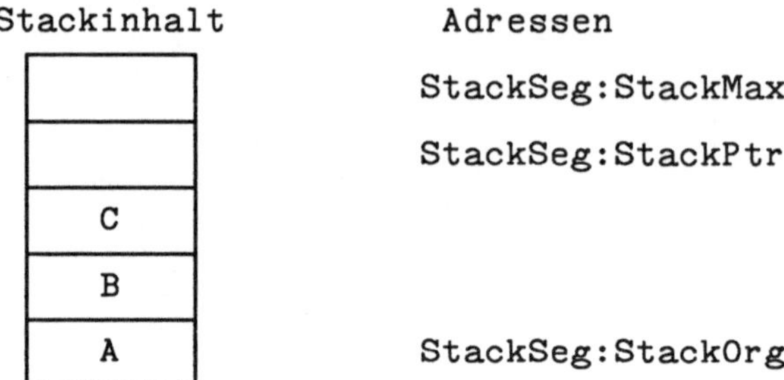

Bild 6.14: Bedeutung von StackSeg, StackOrg, StackPtr, StackMax

Die Prozeduren *push* und *pop* arbeiten auf die uns bekannte Art, nur daß als Parameter nicht Datensätze, sondern Zeiger auf Datensätze deklariert werden, z.B. *push(@A,OK)*. Die lokale Boole'sche Variable *Init_Called* gibt an, ob die Prozedur *initstack* aufgerufen wurde.

```
unit stack;
interface

var StackSeg,StackOrg,StackPtr,StackMax :word;

procedure initstack(Size,Max :word);
procedure push(ActPtr :pointer; var OK:boolean);
procedure pop(var ReturnPtr :pointer; var OK :boolean);


implementation

var  TopPtr,BottomPtr,Saveexit :pointer;
     ItemSize,Items,Bytes_used :word;
     Init_Called              :boolean;

procedure initstack(Size,Max :word);     { Reserviert den benötigten Speicher }
begin
  Items:=Max; ItemSize:=Size;
  Bytes_used:=ItemSize*Items;
  getmem(BottomPtr,Bytes_used);
  TopPtr:=BottomPtr;
```

```
  StackSeg:=Seg(BottomPtr^);
  StackOrg:=Ofs(BottomPtr^);
  StackPtr:=Ofs(BottomPtr^);
  StackMax:=StackOrg+Bytes_used;
  Init_Called:=True
end;

{$F+} procedure closestack; {$F-}          { Setzt den reservierten   }
begin                                      { Speicherplatz frei       }
  if Init_Called then freemem(BottomPtr,Bytes_used);
  Exitproc:=Saveexit
end;

procedure push(ActPtr:pointer; var OK:boolean);
begin
  Ok:=Init_called and (StackPtr < StackMax);   { überprüfen, ob der Stack   }
                                               { nicht voll ist, und ob     }
  if Ok then                                   { initstack aufgerufen wurde }
  begin
    move(ActPtr^, TopPtr^, ItemSize);
    inc(StackPtr, ItemSize);
    TopPtr:=ptr(StackSeg, StackPtr)
  end;
end;


procedure pop(var ReturnPtr :pointer; var OK :boolean);
begin
  OK:=Init_Called and (StackPtr>StackOrg);     { überprüfen, ob der Stack   }
                                               { nicht leer ist, und ob     }
  if OK then                                   { initstack aufgerufen wurde }
  begin
    dec(StackPtr,ItemSize);
    TopPtr:=ptr(StackSeg,StackPtr);
    ReturnPtr:=TopPtr
  end
end;

begin
  Init_Called:=False;
  Saveexit:=Exitproc;
  Exitproc:=@closestack;
end.
```

Das folgende Programm demonstriert die Benutzung des Units *stack*. Die Prozedur *show* zeigt den aktuellen Inhalt des Stacks an durch Verwendung der globalen Variablen *StackSeg*, *StackOrg* und *StackPtr*.

```
uses  stack,strings,crt;
type  dattype = char;
const Max = 10;
var   Dat     :dattype;
```

```pascal
      Ord_Ch :word;
      DatPtr :pointer;
      OK     :boolean;

procedure show;
var Stack :array[1..Max] of dattype;
    I,Top :word;
begin
  Top:=((StackPtr-StackOrg) div sizeof(Dat))+1;
  move(Ptr(StackSeg,StackOrg)^,Stack,sizeof(Stack));
  for I:=Max downto 1 do
  begin
    write(I,':',stack[i]);
    if I=Top then write(Chr(27),' Top');
    writeln
  end
end;


begin
  clrscr; initstack(1,Max);
  gotoxy(1,1); writeln('F1 :Push    F2 :Pop    F3 :Show    Esc :Quit');
  writeln;
  repeat
    Ord_Ch:=getkey;
    case Ord_Ch of
    F1 :begin
          write('Einzufügender Wert?');
          readln(Dat);
          push(@Dat,OK);
          if not OK then writeln('Stack overflow')
        end;
    F2 :begin
          pop(DatPtr,OK);
          if Ok then writeln(dattype(DatPtr^))
          else writeln('Stack underflow')
        end;
    F3 :show
    end
  until Ord_Ch=Esc;
end.
```

7 Suchen und Sortieren

S. Alexakis

Suchen und Sortieren von Datenbeständen nach bestimmten Eigenschaften sind zwei der häufigsten Aufgaben, die in der Computerwelt vorkommen. Sortieren ist das Ordnen einer Menge von Daten nach einer bestimmten Relation in aufsteigender oder absteigender Reihenfolge. Suchen ist die Lokalisierung eines bestimmten Elementes aus einer Datenmenge. Such- und Sortieralgorithmen werden im Speicher oder auf der Platte eingesetzt. Dieses Kapitel stellt einige der wichtigsten dieser Verfahren vor.

7.1 Sortieren

7.1.1 Bewertung von Sortiermethoden

Das wichtigste Maß für Sortieralgorithmen ist ihre Ausführungszeit. Die Geschwindigkeit, mit der ein Array sortiert wird, wird kleiner, je größer die Anzahl der zu sortierenden Elemente ist. Die Effizienz eines Sortieralgorithmus ist anhand folgender Kriterien zu bewerten:

1) Durchschnittliche Ausführungszeit.
    Die wesentlichen Faktoren, die entscheiden, ob ein Sortieralgorithmus schnell ist, sind die Anzahl der Vergleiche und die Anzahl der Umstellungen von Elementen.

2) Ausführungszeit im besten und schlechtesten Fall.
    Dieser Punkt ist wichtig, da eine Sortiermethode im mittleren Fall oft schnell ist, im schlechtesten Fall aber sehr langsam arbeitet.

3) Natürliches Verhalten.
    Eine Sortiermethode zeigt ein natürliches Verhalten, wenn ihr Aufwand geringer wird, je geordneter die zu sortierende Datenfolge ist. Bei einem schon sortierten Array ist demzufolge der Aufwand am geringsten, während der größte Aufwand bei einem invers geordneten Array auftritt.

4) Stabiles Verhalten.
    Ein stabiler Sortieralgorithmus läßt die Reihenfolge von Elementen mit gleichen Schlüsseln ungeändert. Diese Eigenschaft ist von Bedeutung, falls die Datenfolge schon nach einem zweiten Schlüssel sortiert worden ist.

7.1.2 Sortieren im Speicher

7.1.2.1 Klassen von Sortieralgorithmen

Für die Beispiele in diesem Abschnitt wollen wir folgende Typdeklarationen vereinbaren:

```
const  N = 1000;
type   itemtype = record
                      Key :char;
                      {.}
                      {.}
                  end;

       datatype = array[1..N] of itemtype;
```

Das Array bzw. die Datei, soll entspechend dem Wert der Record-Komponenten *Key*, den Sortierschlüsseln, sortiert werden.

Es gibt drei Arten von Sortieralgorithmen für Arrays:
a)   Sortieren durch Austauschen
b)   Sortieren durch Einfügen
c)   Sortieren durch Auswahl

a)   Sortieren durch Austauschen:

Sortieralgorithmen dieser Klasse vergleichen nebeneinander liegende Elemente und tauschen sie, falls nötig, aus, bis das Array sortiert vorliegt. Das bekannteste Beispiel ist der schon in Kapitel 5 vorgestellte Algorithmus **Bubblesort**.

```
procedure bubblesort(Items:word; var ToSort:datatype);
var I, J :word;
    X     :itemtype;

begin
  for I:=2 to Items do
    for J:=Items downto I do
      if ToSort[J-1].Key > ToSort[J].Key then
      begin
        X:=ToSort[J-1];                        { Austauschen der Elemente   }
        ToSort[J-1]:=ToSort[J];
        ToSort[J]:=X
      end
end;
```

Die Prozedur *bubblesort* würde ein Array mit Inhalt 'd', 'a', 'c', 'b' in folgenden Schritten sortieren:

```
d a c b    Anfangsinhalt

d a b c
         }  1.Durchlauf
a d b c

a b d c    2.Durchlauf

a b c d    3.Durchlauf
```

Um Bubblesort zu bewerten, muß die Anzahl der Vergleiche und Umstellungen von Elementen ermittelt werden. Die äußere *for* - Schleife wird N-1 Male durchlaufen, die innere Schleife N/2 Male. N steht dabei für die Anzahl der zu sortierenden Elemente. Daraus läßt sich folgern, daß Bubblesort

```
N(N-1)/2  oder  (N² - N)/2
```

Vergleiche ausführt. Jede Umstellung ist eine Vertauschoperation und besteht deshalb aus drei Zuweisungen. Im günstigsten Fall, wenn also das Array schon geordnet vorliegt, beträgt die Anzahl der Vertauschoperationen 0. Im ungünstigsten Fall werden so viele Umstellungen wie Vergleiche durchgeführt, d.h $(N^2 - N) / 2$ Umstellungen. Im Mittel ergeben sich demzufolge $(N^2 - N) / 4$ Vertauschoperationen. Für die Anzahl der Zuweisungen lassen sich daraus folgende Werte folgern:

```
           Ø          minimale Anzahl

3*(N² - N) / 4     mittlere Anzahl

3*(N² - N) / 2     maximale Anzahl
```

Bubblesort ist ein Algorithmus mit quadratischem Aufwand. Das bedeutet, seine Ausführungszeit ist ein Vielfaches von N^2, wobei N die Anzahl der zu ordnenden Elemente ist. Deshalb wird Bubblesort für eine große Anzahl von Elementen unbrauchbar. Wenn wir den Aufwand für eine Zuweisung vernachlässigen und annehmen, daß ein Vergleich 0.00001 Sekunden dauert, beträgt der Aufwand von Bubblesort :

```
N =       10         0.00045  sec
         100         0.05
        1000         5
       10000         500
      100000         50000
```

Während Bubblesort 5 Sekunden benötigt, um 1000 Elemente zu sortieren, dauert ein Sortiervorgang von 100000 Elementen ca. 14 Stunden!

b) Sortieren durch Einfügen:

Algorithmen, die nach diesem Prinzip arbeiten, sortieren zunächst die ersten beiden Elemente eines Arrays. Dann wird das dritte Element relativ zu den ersten beiden Elemente an der richtigen Position eingefügt. Das k-te Element wird also in einer sortierten Liste aus k-1 Elementen eingefügt. Ein Sortieralgorithmus durch Einfügen kann wie folgt implementiert werden:

```
procedure insertsort(Items: word; var ToSort: datatype);
var I,J :word;
    X   :itemtype;

begin
  for I:=2 to Items do begin
    X:=ToSort[I];
    J:=I-1;
    while (X.Key < ToSort[J].Key) and (J > 0) do
    begin
      ToSort[J+1]:=ToSort[J];
      J:=J-1;
    end;
    ToSort[J+1]:=X;
  end;
end;
```

Ein Array mit Inhalt 'd', 'a', 'c', 'b' würde von *insertsort* folgendermaßen sortiert werden:

```
d  a  c  b      Anfangsinhalt

a  d  c  b      1.Durchlauf

a  c  d  b      2.Durchlauf

a  b  c  d      3.Durchlauf
```

Im Gegensatz zu *Bubblesort* ist hier die Anzahl der erforderlichen Vergleiche davon abhängig, wie die Elemente anfänglich geordnet sind. Für das k-te Element eines Arrays werden im ungünstigsten Fall k-1 Vergleiche durchgeführt, im besten Fall wird ein Mal verglichen. Im Mittel ergeben sich deshalb für das Element in der Position k k/2 Vergleiche. Für die Anzahl der Vergleiche resultiert daraus:

```
              N - 1       minimale Anzahl

   (N² + N - 2) / 4       mittlere Anzahl

   (N² + N) / 2 - 1       maximale Anzahl
```

Für die Anzahl der Zuweisungen gelten folgende Werte:

```
           2(N - 1)       minimale Anzahl

   (N² + 9N - 10) / 4     mittlere Anzahl

   (N² + 3N -  4) / 2     maximale Anzahl
```

Die günstigsten Werte treten dann auf, wenn das Array sortiert vorliegt. Der ungünstigste Fall ist, wenn die Arrayelemente zu Anfang in umgekehrter Reihenfolge geordnet vorliegen. Die Werte entsprechen denen von Bubblesort, jedoch bietet diese Sortiermethode zwei Vorteile. Erstens ist Sortieren durch Einfügen stabil, und zweitens zeigt es natürliches Verhalten. Dies ist von Wichtigkeit, wenn Arrays sortiert werden, die bereits zum großen Teil sortiert sind.

c) Sortieren durch Auswahl:

Dieses Sortierverfahren findet das größte Element und tauscht seinen Platz mit dem letzten Elementes im Array aus. Das größte aus den restlichen N-1 Elementen wird mit dem vorletzten Element ausgetauscht u.s.w. Die Prozedur *selectsort* arbeitet nach diesem Prinzip:

```pascal
procedure selectsort(Items: word; var ToSort: datatype);
var I,J,K,L :word;
    X       :itemtype;

begin
  for I:=Items downto 2 do begin
    K:=I;
    X:=ToSort[I];
    for J:=I-1 downto 1 do begin
      if ToSort[J].Key > X.Key then begin
        K:=J;
        X:=ToSort[J]
      end;
    end;
    ToSort[K]:=ToSort[I];
    ToSort[I]:=X;
  end;
end;
```

Die Durchläufe von *selectsort* würden ein Array mit Inhalt 'd', 'a', 'b', 'c' wie folgt umordnen:

```
d  a  b  c      Anfangsinhalt

c  a  b  d      1.Durchlauf

b  a  c  d      2.Durchlauf

a  b  c  d      3.Durchlauf
```

Die äußere *for*-Schleife wird N-1 Male durchlaufen, die innere N/2. Das bedeutet, daß selectsort $(N^2 - N) / 2$ Vergleiche ausführt. Im günstigsten Fall werden N - 1 Vertauschoperationen durchgeführt. Für jedes Vertauschen von Elementen sind drei Zuweisungen erforderlich. Im besten Fall, bei einer geordneten Liste, beträgt demzufolge die Anzahl der Zuweisungen 3*(N-1). Im ungünstigsten Fall wird $N^2/4 + 3*(N-1)$ mal zugewiesen. Da die Berechnung der mittleren Anzahl der Zuweisungen relativ kompliziert ist, wollen wir an dieser Stelle nur erwähnen, daß sie N(ln N + y) beträgt. y ist die Euler'sche Konstante und beträgt ca. 0.577.

Es wurden also folgende Werte ermittelt:

```
( N² - N ) / 2      Anzahl der Vergleiche

     3(N - 1)       minimale Anzahl   Zuweisungen

 N( ln N + y )      mittlere Anzahl          "

(N² + 3n - 4) / 2   maximale Anzahl          "
```

7.1.2.2 Fortgeschrittene Sortieralgorithmen

Alle in 7.1.2.1 behandelten Sortieralgorithmen sind Verfahren mit quadratischem Aufwand und sind deswegen zum Sortieren von größeren Datenfolgen praktisch unbrauchbar. Wir wollen deshalb in diesem Abschnitt zwei der schnellsten Sortierverfahren vorstellen. Heapsort wegen seines interessanten Ansatzes und Quicksort, weil er die zur Zeit schnellste bekannte Sortiermethode ist. Beide Algorithmen werden hier durch Pseudo-Pascal Code dargestellt. Die Implementierung in Turbo Pascal erfolgt am Ende dieses Kapitels, im Unit *sortunit*.

7.1.2.2.1 Sortieren mit Bäumen

Die Sortiermethode Heapsort, die in diesem Abschnitt vorgestellt wird, basiert auf dem Sortieren durch Auswahl. Sie wurde im Jahre 1964 von J.Williams vorgeschlagen, um den quadratischen Aufwand der elementaren Verfahren zu reduzieren. Heapsort verringert die Anzahl der Vergleiche, indem es die Resultate der schon durchgeführten Vergleiche in einer Baumstruktur speichert. So wird die wiederholte Ausführung desselben Vergleichs vermieden, wie am folgenden Beispiel verdeutlicht wird.

So wird die wiederholte Ausführung desselben Vergleichs vermieden, wie am folgenden Beispiel verdeutlicht wird.

Geben wir die Zeichenfolge 'd', 'e', 'c', 'b', 'a' in das Programm *selectsort* ein. Im ersten Durchlauf wird 'b' mit 'a', 'b' mit 'c', 'c' mit 'e' und schließlich 'e' mit 'd' verglichen. Unser Wissen nach dem ersten Durchlauf kann in der folgenden Baumstruktur zusammengefasst werden:

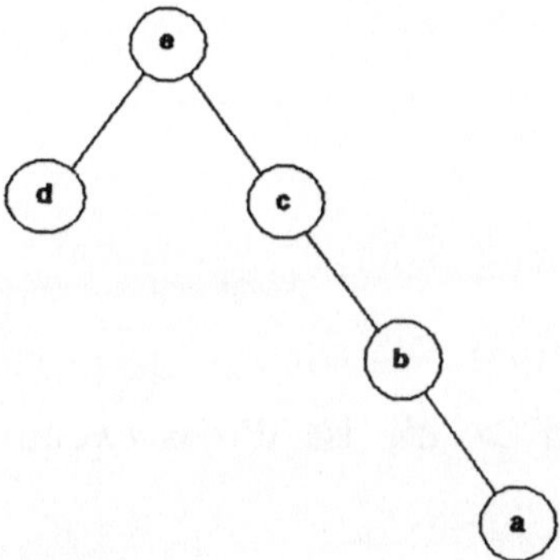

Bild 7.1: Baum 1

$\swarrow^{x}_{y}$ bedeutet, daß 'x' größer als 'y' ist. Da 'e' als größtes Element feststeht, vertauschen wir es mit 'a' und erhalten 'd', 'a', 'c', 'b', 'e'. Im zweiten Durchlauf vergleichen wir 'a' mit 'c', 'c' mit 'b', 'c' mit 'd' und erhalten:

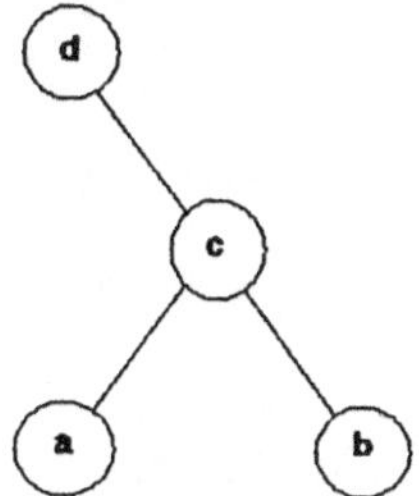

Bild 7.2: Baum 2

Die Vergleiche 'a'-'c' und 'c'-'b' sind überflüssig, da Baum 1 die benötigten Informationen bereits enthält. Besser wäre deshalb folgende Vorgehensweise:

Nachdem 'e' als Maximum feststeht, wird es vom Baum 1 entfernt. Wir erhalten:

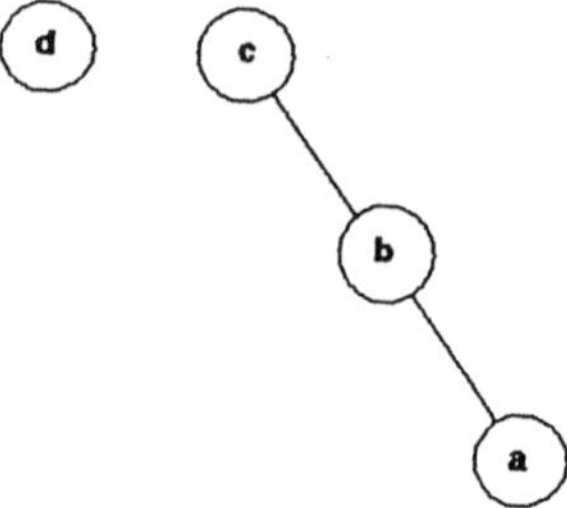

Bild 7.3: Baum 3

Es liegt nun nahe, 'd' mit 'c' zu vergleichen. Da 'd' > 'c', ist 'd' das zweite Maximum.

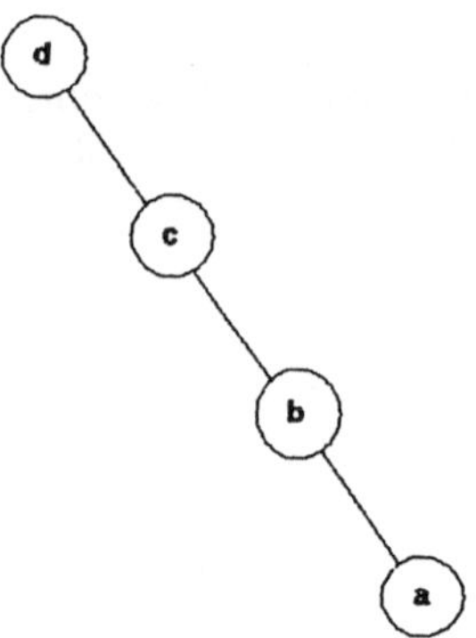

Bild 7.4: Baum 4

Die Position der restlichen Elemente läßt sich nun aus Baum 4 direkt ablesen.

Aus diesem Beispiel wird ersichtlich, daß Heapsort die zu sortierenden Elemente in einem Baum einfügt. Für die Zeichenfolge 'a', 'b', 'c', 'd' sieht dieser Baum nach der ersten Iteration folgendermaßen aus:

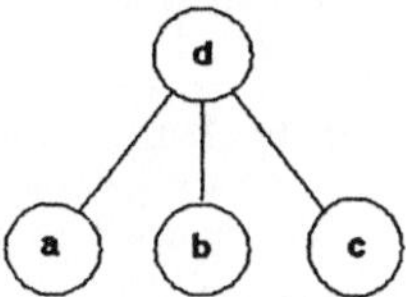

Bild 7.5: Baum 5

Nach Entfernen des Maximums · 'e' besteht aber keine Abhängigkeit zwischen den restlichen drei Elementen. Daraus läßt sich folgern, daß ein Knoten möglichst wenige Söhne (Nachfolger) haben soll. Die ideale Lösung ist deshalb ein Binärbaum, d. h. ein Baum mit maximal zwei Söhnen für jeden Knoten.

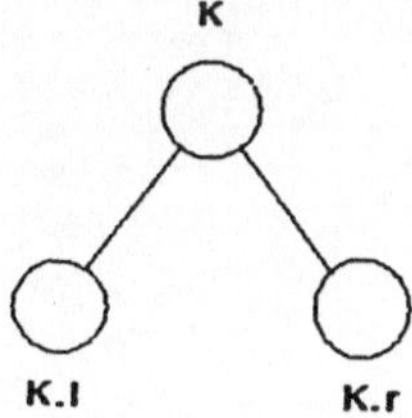

Bild 7.6: Ein trivialer binärer Baum

Für jeden Knoten k mit Söhnen k.l und k.r gelten die Ungleichungen: k > k.l und k > k.r. Das hat zur Folge, daß die Wurzel des Baumes (oberstes Element) den maximalen Wert hat. Ein Baum, der diese Bedingung erfüllt, wurde von Williams *Heap* genannt. Das zweitgrößte Element des Baumes erhalten wir mit einem einzigen Vergleich unter den beiden Söhnen der Wurzel. Mit selectsort hätten wir dafür N-2 Vergleiche benötigt.

Betrachten wir nun den Algorithmus Heapsort genauer. Es gelten folgende Bedingungen:

1)   F ist die Folge der zu sortierenden Elemente
2)   die Resultatfolge R enthält Elemente von F in sortierter Reihenfolge
3)   B ist ein Heap, das Elemente aus F enthält
4)   B und R enthalten zusammen alle Elemente aus F

Anfangssituation: R ist leer, B enthält alle Elemente aus F
Endsituation: B ist leer, R enthält alle Elemente aus F

Der Algorithmus Heapsort besteht im einzelnen aus folgenden Schritten:

```
procedure heapsort;
begin
  "füge die zu sortierenden Elemente in einem Heap B ein"      { Schritt 1 }
  while "B enthält noch Elemente" do
  begin
    "entnehme die Wurzel von B"                                { Schritt 2 }
    "füge die Wurzel an der ersten Stelle der Folge R ein"     { Schritt 3 }
    "korrigiere die Baumstruktur von B"                        { Schritt 4 }
  end;
end;
```

Die Schritte 1) und 4) werden anhand eines Beispiels erläutert. F ist die Zeichenfolge

'f', 'b', 'h', 'j', 'c', 'a', 'g', 'e', 'i', 'd', 'l', 'k'.

Wir fügen diese Elemente der Reihe nach in einen Binärbaum ein und erhalten

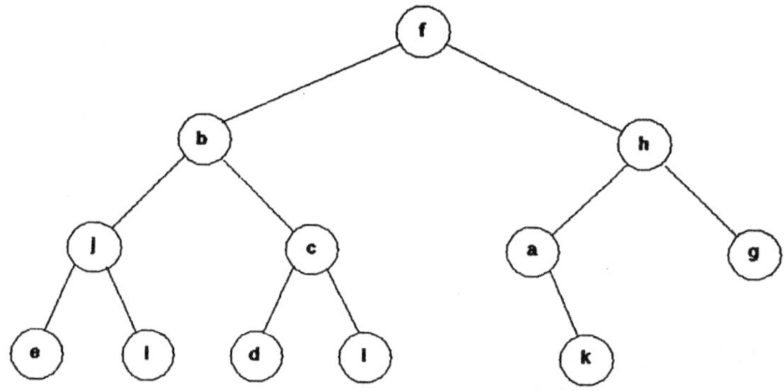

Bild 7.7: Baum 6

Dieser Baum ist natürlich kein Heap. Wir werden deshalb versuchen, die Heap-Bedingung von unten nach oben zu installieren. Jeder Knoten wird mit seinen Söhnen verglichen und mit dem größten Sohn ausgetauscht, falls dieser einen größeren Wert hat. Diese Vergleiche und evtl. Umstellungen in der untersten Ebene ändern unseren Baum in der Form:

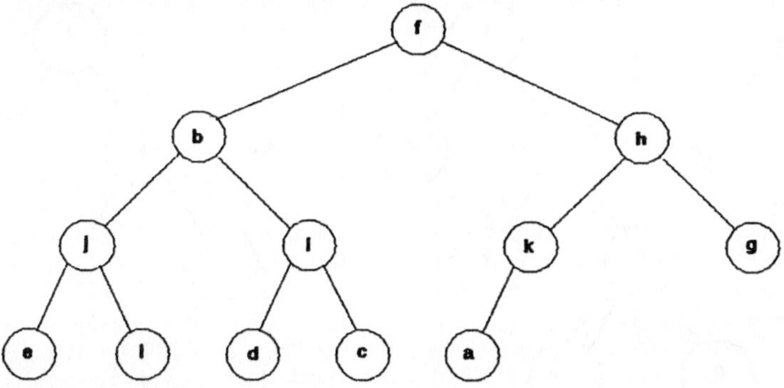

Bild 7.8: Baum 7

Der gleiche Vorgang in der mittleren Ebene ergibt:

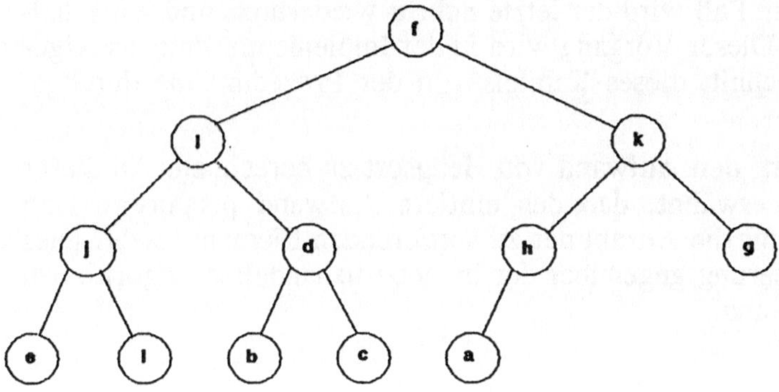

Bild 7.9: Baum 8

Jetzt verstößt nur die Wurzel 'f' gegen die Heap-Bedingung. Wir bringen den Baum in seine endgültige Version, durch sukzessives Vertauschen von 'f' mit dem größten seiner Söhne bis zur Erfüllung der Heap-Bedingung.

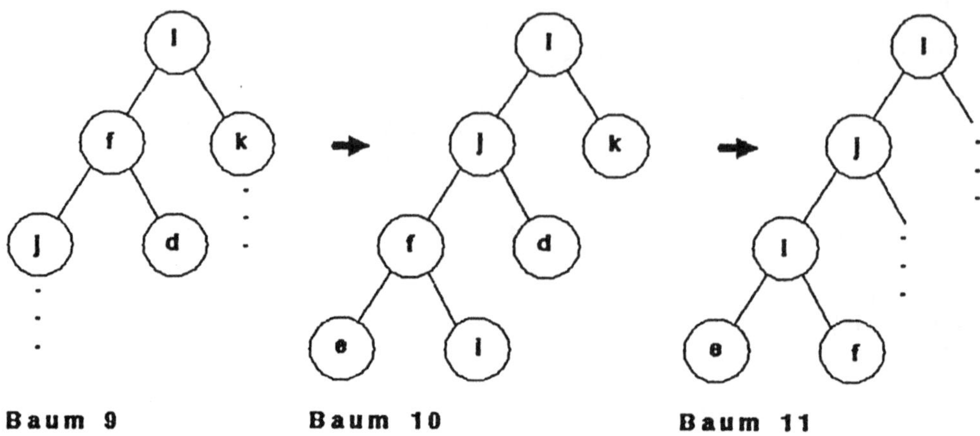

Baum 9   **Baum 10**   **Baum 11**

Bild 7.10: Bäume 9-11

Baum 11 ist jetzt eindeutig ein Heap. Nach dem Entfernen der Wurzel 'f' muß
der Restbaum wieder korrigiert werden. Damit die ausgeglichene Struktur des
Binärbaums erhalten bleibt, hat Williams vorgeschlagen, daß ein Blatt des
Baumes, d.h. ein Knoten ohne Söhne, entfernt und als neue Wurzel eingesetzt
wird. Das einzige Element, das nun gegen die Heap-Bedingung verstoßen kann,
ist die Wurzel. In diesem Fall wird der letzte Schritt wiederholt, und wir erhalten wieder einen Heap. Dieser Vorgang wird in der Implementierung des Algorithmus im letzten Abschnitt dieses Kapitels von der Prozedur *sink* durchgeführt.

Es ist relativ kompliziert, den Aufwand von Heapsort zu berechnen. An dieser
Stelle sei deshalb nur erwähnt, daß der mittlere Aufwand proportional zu
N*log(N) ist, wobei N für die Anzahl der zu sortierenden Elemente steht. Dies
ist eine enorme Verbesserung gegenüber der bis jetzt behandelten Algorithmen
mit quadratischem Aufwand.

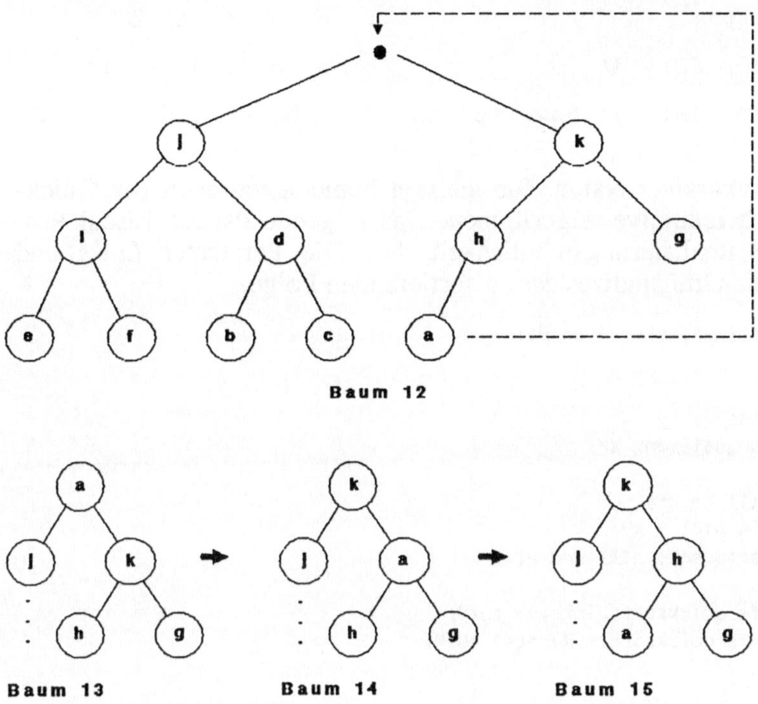

Bild 7.11: Bäume 12-15

7.1.2.2.2 Quicksort

Quicksort wurde von C.A.R. Hoare 1962 entwickelt und stützt sich auf das
Sortieren durch Auswählen. Es ist bis jetzt das schnellste Sortierverfahren. Der
Grundgedanke von Quicksort ist, die zu sortierende Folge in Teilfolgen zu zerlegen. Es wird ein Element der Folge, das Zerlegungselement, ausgewählt. Anschließend wird die Folge in zwei Teilfolgen zerlegt. Jedes Element, das kleiner
als das Zerlegungselement ist, wird der ersten Teilfolge zugeteilt. Die Elemente, die gleich oder größer als das Zerlegungselement sind, gehören der
zweiten Teilfolge an. Der Zerlegungsvorgang wird für jede Teilfolge wiederholt, bis unsere Anfangsfolge sortiert ist. Zum Beispiel würde 'f', 'c', 'e', 'a',
'd', 'b' in den folgenden Schritten sortiert werden:

```
Anfangsinhalt                      f   c   e   a   d   b

1. Durchlauf, ZE: 'd'              b   a   c       d   e   f

2. Durchlauf, ZE: 'b' bzw. 'e'     a       b   c   d   e   f
```

Dieser Prozeß ist rekursiver Natur. Die meisten Implementationen von Quicksort sind tatsächlich rekursive Algorithmen. Das folgende Pseudo-Pascal Programm stellt eine Realisierungsmöglichkeit dar. Die Parameter *Links* und *Rechts* stehen für die Grenzindizes der zu sortierenden Folge.

```
procedure quicksort(Links,Rechts: word);
var I,J :word;
begin
  I:=Links; J:=Rechts;
  "wähle ein Zerlegungselement X";
  repeat
    "erhöhe I bis a[I] >= X";
    "erniedrige J bis a[J] < X";
    "falls I <= J vertausche a[I] und a[J]"
  until I > J;
  "falls Links<J rufe quicksort(Links,J) auf";
  "falls I<Rechts rufe quicksort(I,Rechts) auf";
end;
```

Der mittlere Aufwand von Quicksort ist ein Vielfaches von $N*\log(N)$. Er entspricht also dem mittleren Aufwand von Heapsort, Quicksort ist aber i.a. schneller. Es kann gezeigt werden, daß die Geschwindigkeit von Quicksort erst ab 9 zu sortierenden Elementen zur Geltung kommt. Für ein kleineres N ist eins der einfachen Sortierverfahren, z.B. Sortieren durch Einfügen, zu bevorzugen. Im schlimmsten Fall kann Quicksort quadratischen Aufwand erreichen. Die Geschwindigkeit von Quicksort hängt vor allem von der richtigen Wahl des Zerlegungselementes ab. Ist das Zerlegungselement das höchstwertigste Element der Folge, degeneriert Quicksort zum Sortieren durch Auswählen. Um optimale Ergebnisse zu erzielen, ist es nötig, ein Element zu wählen, das größer ist als die Hälfte der zu sortierenden Elemente (und kleiner als die andere Hälfte). In der Praxis gibt es zwei Möglichkeiten für die Wahl des Zerlegungselementes:

1) Durch Zufall, wie z.B. im obigen Beispiel,
2) durch Bestimmen des arithmetischen Mittels einer kleinen Untermenge der zu sortierenden Folge.

Für die Anzahl der Vergleichsoperationen gilt im einzelnen:

```
N*log(N)      minimale Anzahl

N*log(N)      mittlere Anzahl

   2
  N          maximale Anzahl
```

Eine Gegenüberstellung der Anzahl der Vergleiche, die von Bubblesort und von Quicksort ausgeführt werden, ergibt:

	BUBBLESORT $0.5(N2 - N)$	QUICKSORT $N*log(N)$
N = 5	10	4
N = 10	45	10
N = 50	1225	85
N = 100	4950	200

Die Zuweisungen spielen bei Quicksort eine kleinere Rolle. Die mittlere Anzahl Zuweisungen beträgt N/6 * log(N). Der Nachteil von Quicksort ist sein relativ großer Speicheraufwand. Außer dem Speicherplatz für das zu sortierende Array ist zusätzlich Speicher für die gleichzeitig aktiven rekursiven Aufrufe notwendig. Die Anzahl dieser Aufrufe beträgt:

```
log(N)     minimale Anzahl

log(N)     mittlere Anzahl

N          maximale Anzahl
```

7.1.3 Sortieren von Dateien

Falls eine Datei klein genug ist, kann sie im Speicher geladen werden und mit Hilfe eines der in 7.1.2 vorgestellten Verfahren sortiert werden. Viele Dateien erfüllen diese Vorraussetzung nicht und müssen deswegen durch spezielle Sortiermethoden im Massenspeicher sortiert werden. Random-Access Dateien haben einen großen Vorteil gegenüber sequentiellen Dateien: durch die Prozedur *seek* kann zu jedem Zeitpunkt auf jedes ihrer Elemente zugegriffen werden. Man kann sie deshalb mit Arrays auf der Platte vergleichen und nach einigen Modifikationen die schon bekannten Sortierverfahren anwenden.

Sequentielle Dateien bieten nicht den Luxus des wahlfreien Zugriffs. Falls die Datei aus Platzgründen nicht im Speicher geladen werden kann, muß man auf neue Sortierverfahren zurückgreifen. Das bekannteste dieser Verfahren ist Mergesort (Mischsortieren). Seine Funktionsweise ist relativ einfach. Die zu sortierende Datei wird in zwei gleichgroße Teildateien A und B aufgeteilt. Die ersten Elemente von A und B werden nun gelesen, verglichen und in sortierter Reihenfolge in eine neue Datei C geschrieben. Der Vorgang wird mit den nächsten beiden Elementen wiederholt u.s.w. Die Datei C besteht nun aus geordneten Paaren. Anschließend wird C wieder in zwei Teildateien aufgeteilt, die wiederum aus geordneten Paaren bestehen. Der Prozeß wird wiederholt, wobei

dieses Mal die Paare zu Quadrupeln zusammengefaßt werden, das nächste Mal
zu Oktupeln u.s.w., bis die Datei sortiert ist.

Ein Beispiel wird die Arbeitsweise des Mischsortierens verdeutlichen. Eine
Datei mit Inhalt

```
'b' 'g' 'd' 'n' 'i' 'j' 'p' 'l' 'm' 'a' 'o' 'e' 'c' 'h' 'f' 'k'
```

soll sortiert werden. Mergesort teilt die zu sortierende Sequenz in die Dateien
A und B auf.

```
Datei A:  'b' 'g' 'd' 'n' 'i' 'j' 'p' 'l'
Datei B:  'm' 'a' 'o' 'e' 'c' 'h' 'f' 'k'
```

Anschließend werden A und B zu C vermischt.

```
Datei C: 'b' 'm'-'a' 'g'-'d' 'o'-'e' 'n'-'c' 'i'-'h' 'j'-'f' 'p'-'k' 'l'
```

Die letzte Datei wird wieder aufgeteilt. Wir erhalten:

```
Datei A:  'b' 'm'-'a' 'g'-'d' 'o'-'e' 'n'
Datei B:  'c' 'i'-'h' 'j'-'f' 'p'-'k' 'l'
```

Das Mischen von A und B erzeugt die geordneten Quadrupel

```
Datei C: 'b' 'c' 'i' 'm'-'a' 'g' 'h' 'j'-'d' 'f' 'o' 'p'-'e' 'k' 'l' 'n',
```

um nach dem nächsten Teilen und Mischen die Oktupel

```
Datei C: 'b' 'c' 'd' 'f' 'i' 'm' 'o' 'p'-'a' 'e' 'g' 'h' 'j' 'k' 'l' 'n'
```

zu bilden.

Die letzte Wiederholung dieser Prozedur hat das gewünschte Ergebnis :

```
Datei A: 'b' 'c' 'd' 'f' 'i' 'm' 'o' 'p'
Datei B: 'a' 'e' 'g' 'h' 'j' 'k' 'l' 'n'

Datei C: 'a' 'b' 'c' 'd' 'e' 'f' 'g' 'h' 'i' 'j' 'k' 'l' 'm' 'n' 'o' 'p'
```

Die einzige sequentielle Dateistruktur, die in Turbo Pascal definiert ist, ist der
Typ *text*. Das Programm *mergesort* sortiert die Zeilen einer Textdatei nach alphabetischer Reihenfolge. Diese Datei kann z.B. ein Lexikon sein, wobei eine
Zeile genau ein Wort enthält. Für ein Lexikon, das soviele Begriffe enthält, daß
es nicht im Speicher paßt, ist *mergesort* das ideale Sortierverfahren. Eine sehr
gute Möglichkeit zur Handhabung der sortierten Datei wird in 2.2.3.4 dargestellt.

Für die Ausführung dieses Algorithmus müssen drei Dateien gleichzeitig geöff-
net sein. Unsere Implementierung besteht aus zwei Unterprogrammen. Die
Prozedur *cutfile* teilt die Datei C in zwei Teildateien F[1] und F[2] auf, und die
Prozedur *mergefile* verbindet die Dateien F[1] und F[2] zu einer Datei C. Die

lokale Prozedur *mergerun* bildet aus Elementen von F[1] und F[2] einen Lauf
(Lauf = Paar,Quadrupel,Oktupel ...) und kopiert ihn in C.

```
program mergesort;
const filename :string[12] = 'LEX.TXT';
type filarr = array[1..2] of text;

var C               :text;
    F               :filarr;
  Items, Faktor :word;
    St              :string;


  procedure cutfile(Faktor,Items:word; var F:filarr; var C: text);
  var I,Counter,J,K :word;
      St             :string;

  begin
    for K:=1 to 2 do rewrite(F[K]); reset(C);
    Counter:=Items div Faktor;
    for J:=1 to Counter do
    begin
      if (J=1) or (J <= (succ(Counter) div 2)) then K:=1 else K:=2;
      for I:=1 to Faktor do begin
        readln(C,St);
        writeln(F[K],St)
      end;
    end;
    if K=2 then I:=1 else I:=2;
    while not eof(C) do begin readln(C,St); writeln(F[I],St) end;
    close(F[1]); close(F[2]); close(C)
  end;


  procedure mergefile(Faktor,Items:word; var F:filarr; var C: text);
  type wordarr = array[1..2] of word;
       strarr  = array[1..2] of string;

  var Fak  :wordarr;
      It,I :word;

   procedure mergerun(Fak: wordarr);

   var St    :strarr;
       Count :wordarr;
       I     :word;

   begin
     Count[1]:=0; Count[2]:=0;
     for I:=1 to 2 do readln(F[I],St[I]);
     while (Count[1]<Fak[1]) and (Count[2]<Fak[2]) do
     begin
```

```pascal
    if St[1]<=St[2] then I:=1 else I:=2;
    writeln(C,St[I]);
    if Count[I]<Fak[I] then
    begin
      inc(Count[I]);
      if Count[I]<Fak[I] then readln(F[I],St[I])
    end
  end;
  if Count[1] + Count[2] < Fak[1]+Fak[2] then
  begin
    if Count[2]<Fak[2] then I:=2 else I:=1;
    repeat
      writeln(C,St[I]); inc(Count[I]);
      if Count[I]<Fak[I] then readln(F[I],St[I])
    until Count[I]=Fak[I]
  end;
end;


begin
  rewrite(C); reset(F[1]); reset(F[2]);
  It:=Items;
  repeat                                {mische Fak[1] Elementen aus F[1] mit}
    for I:=1 to 2 do                    { Fak[2] Elementen aus F[2], auf C   }
    begin
      if It>=Faktor then Fak[I]:=Faktor else Fak[I]:=It;
      It:=It-Fak[I];
    end;
    if (Fak[1]+Fak[2]<>0) then mergerun(Fak)
  until It=0;
  close(F[1]); close(F[2]); close(C);
end;


begin
 assign(F[1],'C:A.X'); assign(F[2],'C:B.X');
 assign(C,filename);
 Items:=0; Faktor:=1;
 reset(C);
 while not eof(C) do
  begin readln(C,St); inc(Items) end;
 close(C);
 repeat
   cutfile(Faktor,Items,F,C);
   mergefile(Faktor,Items,F,C);
   Faktor:=2*Faktor
 until Faktor>=Items;
 Erase(F[1]); Erase(F[2])
end.
```

Die Länge der zu sortierenden Datei kann nicht direkt durch *filesize* ermittelt
werden, da diese Funktion bei Textdateien nicht eingesetzt werden kann. Des-

wegen wird die zu sortierende Datei zeilenweise eingelesen, bis das Dateiende erreicht ist, wobei der Zähler *Items* die Zeilenanzahl festhält.

Nehmen wir an, daß 19 Elemente sortiert werden sollen. Wie viele Durchläufe werden von Mergesort durchgeführt?

```
Durchlauf              Länge der Läufe
    1                         2
    2                         4
    3                         8
    4                        16
```

Die Prozedur wird unterbrochen, sobald die Länge der Läufe die Anzahl der Elemente erreicht. Für N Elemente haben wir also *trunc(log N)* Durchläufe. Weil Mischsortieren während jedes Durchlaufs alle N Elemente genau einmal kopiert, beträgt die Zahl der Bewegungen *N * trunc(log N)* . Da unsere Version von Mergesort direkt auf die Laufwerke sortiert, ist der Aufwand für die Verschiebung von Elementen viel größer als der Aufwand für die Vergleiche.

7.1.4 Vergleich der Sortierverfahren

Im letzten Teil dieses Abschnitts findet ein zeitlicher Vergleich der behandelten Sortierverfahren für Arrays statt. Die verschiedenen Sortierroutinen wurden für Arrays eingesetzt, die aus 1000 Komponenten des Typs word bestanden. Es wurde zwischen drei Fällen unterschieden, wobei das zu sortierende Array entweder aus

1) einer umgekehrt sortierten Zahlenfolge,
2) einer zufälligen Zahlenfolge oder
3) aus einer schon sortierten Zahlenfolge

bestand. Der Vergleich fand auf einem 8088-PC, mit 8 MHz getaktet, statt. Die Ergebnisse (in Sekunden) sind nachfolgend tabelliert.

N = 1000	invers	zufällig	sortiert
SELECTSORT	33.2	24.9	24.7
BUBBLESORT	84.4	59.7	36.3
INSERTSORT	47.9	23.5	0.1
HEAPSORT	2.7	2.8	3.0
QUICKSORT	0.7	1.0	0.7

Tabelle 7.1: Zeitlicher Vergleich der Sortierverfahren

Aus dieser Tabelle wird ersichtlich, daß Insertsort das schnellste der trivialen
Verfahren ist und Bubblesort das mit Abstand langsamste. Quicksort ist mehr
als doppelt so schnell wie Heapsort, und präsentiert sich deswegen als die beste
Sortiermethode für Arrays.

7.2 Suchen

In diesem Abschnitt gelten wieder die Typvereinbarungen:

```
const  N = 1000;
type   itemtype = record
                    Key :char;
                    {.}
                    {.}
                  end;
       datatype = array[1..N] of itemtype;
```

Sei *Data* ein Array des Typs *datatype*. Es wird ein Element von *Data* gesucht,
dessen Komponente *Key*, der Suchschlüssel, den Wert 'c' hat. Das Problem
kann durch die folgende einfache Prozedur gelöst werden:

```
procedure search(Data: datatype; Len: word; Searchkey: char;
                var Found: boolean; var Index: word; var Item: datatype);
begin
  Index:=1;
  while ( Data[Index].Key<> Searchkey) and (Index<=Len)
  do inc(Index);
  Found:= (Index > Len);
  if Found then Item:=Data[Index]
          else fillchar(Item, sizeof(Item), 0);
end;
```

Nach dem Aufruf *search(Data,N,'c',Found,Index,Item)* wird der gewünschte
Datensatz in der Variablen *Item* kopiert. Dieses sequentielle Suchen im Array
ist sicherlich nicht das schnellste Suchverfahren. Es werden im Mittel N/2 Elemente untersucht. Im besten Fall wird nur ein Element, das erste, überprüft, im
schlimmsten Fall alle N Elemente. Falls die Suche nicht im RAM-Speicher,
sondern auf der Platte stattfindet, kann die Suchzeit sehr lang werden. Verfahren, die schneller zum Ziel führen, werden deshalb zur Notwendigkeit.

7.2.1 Binäres Suchen

Das binäre Suchen setzt voraus, daß der Datenbestand geordnet vorliegt. Falls
dies nicht der Fall ist, kann eines der in 7.1.2 besprochenen Sortierverfahren
eingesetzt werden. Das binäre Suchen basiert auf dem sogenannten **Teilen und
Beherrschen**-Prinzip: Zuerst wird der Schlüssel mit der entsprechenden Komponente des mittleren Elementes verglichen. Ist der Schlüssel kleiner , wird an-

schließend das mittlere Element der ersten Hälfte überprüft, andernfalls das mittlere Element der zweiten Hälfte. Dieser Prozeß wird solange wiederholt, bis der gesuchte Datensatz lokalisiert wurde oder alle Elemente überprüft wurden.

```
procedure bin_search(A: datatype; X: char);
var I,J,K: word;
begin
  I:=1; J:=N;
  repeat
    K := (I+J) div 2;                    { K  ist  der  Index  des   }
    if X > A[K] then I:=K+1 else J:=K-1; { mittleren Elementes       }
  until (A[K]=X) or (I>J)
end;
```

Eine vollständige Implementierung des binären Suchens finden Sie im Unit sortunit am Ende dieses Abschnitts.

Betrachten wir jetzt ein Beispiel, um die Arbeitsweise dieses Verfahrens zu verstehen. Das Zeichen 'd' soll in der Sequenz

```
'a' 'b' 'c' 'd' 'e' 'f' 'g' 'h' 'i'
```

lokalisiert werden. Als erstes wird 'd' mit dem mittleren Element 'e' verglichen. Weil 'd' < 'e' wird die Suche auf die Sequenz

```
'a' 'b' 'c' 'd' 'e'
```

beschränkt. Der nächste Vergleich des Schlüssels mit dem aktuellen mittleren Element ergibt 'd' > 'c'. Die neue Teilsequenz ist nun

```
'd' 'e'.
```

Ein letzter Vergleich lokalisiert das gesuchte Element.

Die Anzahl der Vergleiche für das binäre Suchen beträgt im schlechtesten Fall $\log_2 N$. Im mittleren Fall ist sie etwas kleiner, und im besten Fall beträgt sie 1.

7.2.2 Das Hash-Verfahren (hashing)

Das *Hash-Verfahren*, auch als Schlüssel-Transformation bekannt, ist der Versuch, aus dem Wert des Suchschlüssels die Speicheradresse des gesuchten Datensatzes direkt zu berechnen. Die "Zutaten" für das Hash-Verfahren sind:

1. Ein Array T[1..m], die sogenannte Hash-Tabelle

2. Eine Funktion h: U -> [0..m-1] , die Hash-Funktion, wobei U die Menge aller möglichen Datensätze ist, aus denen unser Datenbestand S bestehen kann.

Das zugrundeliegende Prinzip ist, den Datensatz x in T[h(x)] zu speichern. Das Auffinden von x ist dann entsprechend einfach: es wird h(x) berechnet und auf T[h(x)] zugegriffen. Betrachten wir nun ein Beispiel:

Sei m=5, U = [1..N], S = {04,10,11,23} und h(x) = x mod 5. In Bild 7.12 wird die entsprechende Hash-Tabelle dargestellt.

Ø	1 Ø
1	1 1
2	
3	2 3
4	Ø 4

Bild 7.12: Eine Hash-Tabelle

Die Hash-Tabelle kann wie folgt deklariert werden:

```
const M = 100;
type  hashtab = array[0..M] of itemtype;
```

Das Problem bei diesem Verfahren ist, daß mehrere Schlüssel den gleichen Platz in der Hash-Tabelle belegen können (d.h. die Hash-Funktion ergibt für diese Schlüssel den gleichen Wert, im obigen Beispiel z.B. 4 und 19). Diese Situation heißt Kollision.

Nun ist es Zeit für eine kleine Denkaufgabe. Sie geben eine Party und haben 23 Gäste eingeladen. Wie groß ist die Wahrscheinlichkeit, daß zwei von ihnen am gleichen Tag Geburtstag haben? Die Antwort ist erstaunlich: die Wahrscheinlichkeit ist größer als 50%. In unserem Fall bedeutet das aber, daß in einer Hash-Tabelle mit Platz für 365 Datensätze bei nur 23 Eintragungen wahrscheinlich eine Kollision auftreten würde.

Es gibt mehrere Methoden, um die Kollision zu beseitigen. Wir werden hier eine davon, die sogenannte **direkte Verkettung**, behandeln: Im Falle einer Kollision hängt man an die entsprechende Komponente der Hash-Tabelle eine verkettete Liste, die die restlichen Datensätze mit identischem Hash-Wert enthält. Betrachten wir ein zweites Beispiel.

Sei m=5 , U = ['A'..'Z'], S = {'A','B','F','H','I','L','N','O','S','V'}
nd h(x) = *ord(x) mod 7* .
Die Hash-Tabelle wird in diesem Fall belegt, wie dies Bild 7.13 zeigt.

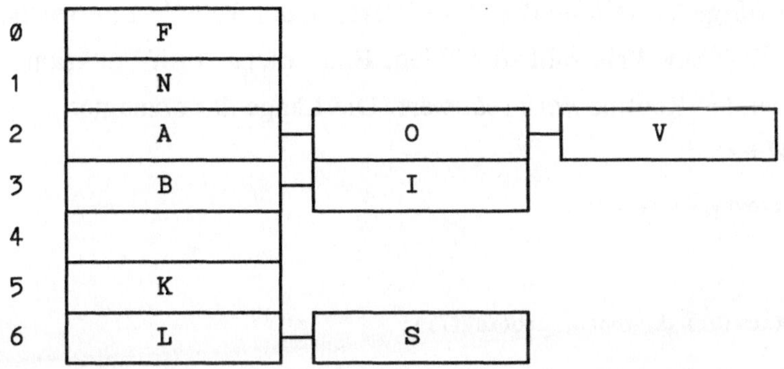

Bild 7.13: Direkte Verkettung zur Behandlung der Kollision

Natürlich muß jetzt der Datentyp itemtype um einen Verweis auf das nächste
Listenelement erweitert werden. Die vollständige Deklaration sieht folgendermaßen aus:

```
const N = 1000;                        { Anzahl der Datensätze      }
      M = 97;                          { M+1 =Länge der Hashtabelle }

type  keytype   = string;
      itemtype  = record
                     Key :keytype;
                     {.}
                     {.}
                  end;

      filetype  = file of itemtype;

      hashptr   = ^hashtype;

      hashtype  = record
                     Element :itemtype;
                     Next    :hashptr
                  end;

      hashtab   = array [0..M] of hashptr;
```

Es bleibt noch die Frage zu klären, wie eine geeignete Hash-Funktion definiert

werden kann. Nehmen wir an, daß eine Funktion *ord* existiert, die den

Schlüssel in eine Ordinalzahl umwandelt. Für Strings könnte *ord* z.B. die

Summe der Ordinalwerte aller Zeichen der Zeichenkette bilden. Dann ist

$$h(x) = ord(x)\, mod\, k$$

eine mögliche Wahl, wobei k für die Länge der Hash-Tabelle steht. Um eine möglichst gleichmäßige Verteilung der Hash-Werte in der Tabelle zu erreichen, ist es am besten, für k eine Primzahl zu wählen. Eine solche Hash-Funktion wird von der folgenden Routine *hash* realisiert. Die Länge der erzeugten Tabelle beträgt $M+1$:

```
function hash(Key:keytype) :word;
var I,S :word;
begin
  S:=0;
  for I:=1 to ord(Key[0]) do inc(S, ord(Key[I]));
  hash:=S mod (M+1)
end;
```

Die Prozedur *build_hashtab* erstellt eine Hash-Tabelle (*Tab*) für die Datensätze einer Plattendatei (Datei).

```
procedure build_hashtab(var Datei:filetype; var Tab:hashtab);
var I,K :word;
    X    :itemtype;
    P,H :hashptr;

begin
  P:=nil;
  for I:=0 to M-1 do Tab[I]:=nil;
  repeat
    new(P);
    read(Datei,X);
    P^.Element:=X;
    P^.Next:=nil;
    K:= hash(X.Key);
    if Tab[K] = nil
      then Tab[K]:=P
      else begin
        H:=Tab[K];
        while H^.Next <> nil do
        begin
          write(H^.Element.Key);
          H:=H^.Next
        end;
        writeln;
        H^.Next:=P
      end;
  until eof(Datei);
end;
```

Die Prozedur *search_hashtab* sucht die hash-Tabelle nach einem Datensatz mit Schlüssel *Key* ab. Falls ein geeigneter Datensatz gefunden wird, wird der Boole'sche Parameter *Found* auf *True* gesetzt. Auf dem Parameter *Result* wird der gefundene Datensatz kopiert.

```
procedure search_hashtab(Key:keytype; Tab:hashtab; var Found:boolean;
                         var Result:itemtype);
var X :hashptr;
    K :word;

begin
  Found:=true;
  K:=hash(Key);
  X:=Tab[K];
  if X <> nil then
  begin
    while (X^.Element.Key<>Key) and (X^.Next<>nil) do X:=X^.Next;
    if X^.Element.Key=Key then Result:=X^.Element else Found:=false
  end
end;
```

7.3 Das Unit sortunit

Zum Schluß haben wir ein Unit mit Sortier- und Suchroutinen für Daten im Speicher implementiert. Der Typ dieser Daten spielt keine Rolle, sie müssen lediglich sequentiell abgelegt sein (z.B. als Array oder als ein durch *getmem* reservierter Bereich). Deshalb muß der Benutzer eine Funktion implementieren, die zwei Elemente der Datenfolge vergleicht. Diese Funktion ist als *far* deklariert und ist vom Typ

type boolfunc = function(Ptr1,Ptr2:pointer):boolean;

Ptr1 und *Ptr2* enthalten die Adressen der zwei Elemente, die verglichen werden. Ist das erste Element kleiner als das zweite, wird der Wert *True* ausgegeben, ansonsten *False*. Eine mögliche Implementierung wäre

```
{$F+}
function minim(P1,P2:pointer):boolean;
begin
  minim:=itemtype(P1^).key<itemtype(P2^).key
end;
{$F-}
```

sortunit enthält die Routinen *quicksort*, *heapsort* und *bin_search*. Allen drei Unterprogrammen werden folgende Parameter übergeben:

Items   : Anzahl der Elemente.
ItemSize   : Länge eines Elementes in Byte.

A   : Untypisierter Parameter, der die Adresse der Datenfolge enthält.
min   : Die vom Benutzer implementierte Vergleichsfunktion.

Der Suchfunktion *bin_search* wird außerdem noch ein Zeiger auf den Suchschlüssel übergeben (*KeyPtr*).

Die Prozedur *quicksort* basiert auf dem in 7.1.2.2.2 vorgestellten Algorithmus. Als Zerlegungselement wird das mittlere Element der Folge eingesetzt.

heapsort stellt den Heap nicht als Baum, sondern als Array dar. Es ist deshalb vorteilhaft, sowohl den Heap als auch die Resultatfolge R in dem gleichen Array unterzubringen. Das wird durch folgende Regeln möglich:

1) a[i] ist der Baumknoten mit Söhnen a[2*i] und a[2*i+1].

2) am Anfang belegt der Baum die volle Länge des Arrays. Nach jedem Schritt wird der letzte Speicherplatz dem Baum entzogen und der Resultatfolge zugeordnet (der Reihe nach die Speicherplätze N,N-1,N-2,...1).

bin_search ist eine Implementierung des binären Suchens. Die Funktion gibt einen Zeiger als Ergebnis aus. Wurde die Suche erfolgreich abgeschlossen, hat dieser Zeiger den Wert *Nil*, ansonsten enthält er die Adresse des gesuchten Elementes.

Der Preis für den fast uneingeschränkten Einsatzbereich ist eine langsamere Ausführungsgeschwindigkeit. Die Verzögerung wird hauptsächlich durch den *far*-Aufruf der Vergleichsroutine und das langsame Vertauschen zweier Elementen verursacht: eine Vertauschoperation besteht aus drei Aufrufen der Prozedur *move*. Aus diesem Grund sollten bei zeitkritischen Anwendungen "maßgeschneiderte" Routinen eingesetzt werden - so ist es z.B in der Prozedur *spline* des Units *maths*. Eine mögliche Maßnahme zur Beschleunigung der Geschwindigkeit wäre, das Vertauschen einer Assemblerroutine zu überlassen.

```
unit sortunit;

interface

type boolfunc=function(Ptr1,Ptr2:pointer):boolean;

procedure quicksort (Items,ItemSize: word; var A; min: boolfunc);
procedure heapsort  (Items,ItemSize: word; var A; min: boolfunc);
function  bin_search(Items,ItemSize: word; var A; min: boolfunc;
                                        Keyptr:pointer): pointer;

implementation

var  SegA, OfsA: word;

procedure heapsort(Items,ItemSize: word; var A; min: boolfunc);

var Q,R,I,J: integer;
    MPtr   : pointer;
```

```pascal
procedure sink;                                    { korrigiert den Baum        }
label sinkexit;

begin
  I:=Q; J:=2*I;
  move(ptr(SegA,OfsA+ItemSize*(I-1))^,MPtr^,ItemSize);
  while J <= R do
  begin
    if J<R then
    if min(ptr(SegA,OfsA+ItemSize*(J-1)),ptr(SegA,OfsA+ItemSize*J))
    then inc(J);                              { A[J] ist Sohn von A[I] mit }
                                              { maximalem Schlüssel        }
    if min(MPtr,ptr(SegA,OfsA+ItemSize*(J-1))) then
    begin
      move(ptr(SegA,OfsA+ItemSize*(J-1))^,
           ptr(SegA,OfsA+ItemSize*(I-1))^,ItemSize);
      I:=J; J:=2*I
    end else goto sinkexit
  end;
  sinkexit: move(MPtr^,ptr(SegA,OfsA+ItemSize*(I-1))^,ItemSize)
end;

begin
  getmem(MPtr,ItemSize);
  SegA:=seg(A); OfsA:=ofs(A);
  Q:=(Items div 2)+1; R:=Items;              { Der Baum wird vollständig  }
  while Q>1 do                               { aufgebaut.                 }
  begin
    dec(Q);
    sink
  end;                                       {Die Resultatfolge R ist leer}

  while R > 1 do                             { A[1..R] enthält den Heap   }
  begin                                      { A[1] wird in R aufgenommen }
    move(ptr(SegA,OfsA+ItemSize*(R-1))^,MPtr^,ItemSize);
                                             {A[R] wird die Wurzel vom Heap}

    move(ptr(SegA,OfsA)^,ptr(SegA,OfsA+ItemSize*(R-1))^,ItemSize);
    move(MPtr^,ptr(SegA,OfsA)^,ItemSize);
    dec(R);
    sink
  end;
  freemem(MPtr,ItemSize);
end;


procedure quicksort(Items,ItemSize: word; var A; min: boolfunc);

var X,Y: pointer;

procedure qs(L,R: word);
var I,J: word;
```

```pascal
begin
  I:=L; J:=R;
  move(ptr(SegA,OfsA+(((L+R) div 2)-1)*ItemSize)^,X^,ItemSize);
                                              { Zerlegungselement   }
  repeat
    while min(ptr(SegA,OfsA+(I-1)*ItemSize), X) do inc(I);
    while min(X, ptr(SegA,OfsA+(J-1)*ItemSize)) do dec(J);
    if I<=J then                                { Elemente vertauschen }
    begin
      move(ptr(SegA,OfsA+(J-1)*ItemSize)^, Y^, ItemSize);
      move(ptr(SegA,OfsA+(I-1)*ItemSize)^,
          ptr(SegA,OfsA+(J-1)*ItemSize)^, ItemSize);
      move(Y^, ptr(SegA,OfsA+(I-1)*ItemSize)^,ItemSize);
      inc(I); dec(J);
    end;
  until I > J;
  if L<J then qs(L,J);
  if I<R then qs(I,R)
end;

begin
  getmem(X,ItemSize); getmem(Y,ItemSize);
  SegA:=seg(A); OfsA:=ofs(A);
  qs(1,Items);
  freemem(X,ItemSize); freemem(Y,ItemSize);
end;


function bin_search (Items,ItemSize: word; var A; min: boolfunc;
                                        Keyptr: pointer): pointer;

var Low, High, Mid: word;
    SPtr            : pointer;

begin
  SegA:=seg(A); OfsA:=ofs(A);
  SPtr:=nil   ; High:=Items;  Low:=1;
  repeat
    Mid:=(Low+High) div 2;
    if min(Keyptr,ptr(SegA,OfsA+(Mid-1)*ItemSize)) then High:=Mid-1
    else if min(ptr(SegA,OfsA+(Mid-1)*ItemSize),KeyPtr) then Low:=Mid+1
    else SPtr:=ptr(SegA,OfsA+(Mid-1)*ItemSize);
  until (Low>High) or (SPtr<>nil);
  bin_search:=Sptr;
end;

end.
```

8 Assemblerschnittstelle

C. Emmanuilidis

Turbo Pascal ist eine vielseitige Programmiersprache. Trotzdem kann es u.U. vorkommen, daß die Programmierung von Routinen in Assembler die bessere Lösung darstellt. Turbo Pascal 4.0 und 5.0 bieten die Möglichkeit, in einem Programm Assembleranweisungen oder -routinen zu übernehmen, worauf in diesem Kapitel näher eingegangen werden soll. Wo immer es möglich ist, werden kontextbezogene Hintergrundinformationen gegeben. Gewisse Assemblergrundkenntnisse werden jedoch vorausgesetzt.

Im ersten Kapitel wurde erläutert, wie Programme den Stack benutzen, um den Weg von Unterprogrammen zum Hauptprogramm zurückzufinden. Im Stack wird nicht nur die Rücksprungadresse gesichert, es findet auch die Parameterübergabe an Unterprogramme und die temporäre Speicherung ihrer lokalen Variablen statt. Betrachten wir nun, wie Turbo Pascal den Stack beim Aufruf von Prozeduren und Funktionen organisiert.

8.1 Methoden der Parameterübergabe

Es gibt zwei Methoden, einem Unterprogramm Parameter zu übergeben. Sie sind im Fachjargon als **"by value"** und **"by reference"** bekannt. Auf der Pascal-Ebene unterscheiden sich diese beiden Möglichkeiten syntaktisch nicht wesentlich voneinander:

```
var Variable :datatype;


procedure example1(Param :datatype);      begin..end;
procedure example2(var Param :datatype); begin..end;


begin
  example1(Variable);
  example2(Variable);
end.
```

Im ersten Fall (*example1*) haben Änderungen des formalen Parameters *Param* keine Auswirkungen auf die global definierte *Variable*. Anders verhält es sich jedoch bei der zweiten Prozedur (*example2*), die Param als Variablenparameter deklariert. *Param* repräsentiert innerhalb des Unterprogramms die globale Variable Variable. Jede Änderung von *Param* wirkt sich direkt auf *Variable* aus.

Sehen wir uns nun an, worin der interne Unterschied zwischen den beiden Methoden der Parameterübergabe besteht.

Bei der ersten Methode (by value) wird dem Unterprogramm der Wert einer Variablen übergeben. Zu diesem Zweck erhält das Unterprogramm eine eigene, private Kopie der Variablen.

Bei der zweiten Methode (by reference) erhält das Unterprogramm nicht etwa die Variable selbst, sondern ihre absolute Adresse im Speicher, also einen Zeiger mit Segment- und Offsetwert. Alle Referenzen dieser Variablen erfolgen dann indirekt über diesen Zeiger.

Parameter werden von Turbo Pascal immer in den Stack abgelegt, woraus sie dann vom Unterprogramm gelesen werden können. Daraus folgt, daß bei der Übergabe von speicherplatzaufwendigen Strukturen als Parameter mittels der "by value"-Methode große Speicherbereiche im Stack erforderlich sind. Andernfalls sind nur 4 Bytes (Länge eines Zeigers) für jeden Parameter erforderlich.

8.2 Konventionen beim Aufruf von Unterprogrammen.

8.2.1 Übergabe von Parametern

Unabhängig von der Übergabemethode werden Parameter vor dem Aufruf des Unterprogramms in der gleichen Reihenfolge in den Stack abgelegt, mit der sie im Prozedur- bzw. Funktionskopf definiert worden sind.

Falls es sich dabei um var-Parameter, d.h. die Referenz einer Variablen, handelt, wird immer ein Zeiger übergeben, der die Adresse der Variablen enthält.

Etwas komplizierter verhält es sich mit Parametern, deren Wert übergeben wird. Prinzipiell wird der Wert übergeben, aber nur unter der Voraussetzung, daß dieser maximal 4 Bytes belegt. Dazu gehören folgende Datentypen:

- *byte, word, shortint, integer, longint*
- *char*
- *boolean*
- *pointer*, *^struktur* und Prozedur-Variablen
- *array* mit einer internen Darstellunglänge $< = 4$ Bytes
- *record* mit einer internen Darstellunglänge $< = 4$ Bytes
- Aufzählungsdatentypen
- *real*

Der Datentyp *real* ist die einzige Ausnahme bei der oben erwähnten Regel. Werte reeller Variablen werden direkt in den Stack abgelegt.

Parameter, deren Datentyp nicht in der obigen Liste enthalten ist, werden trotz ihrer "by value"-Definition als "by reference" übergeben. Das Unterprogramm selbst kopiert dann den Wert der Variablen mit Hilfe des übergebenen Zeigers in einem lokalen Speicherbereich.

In der Version 4.0 werden Parameter eines internen Datentyps von mathematischen Coprozessoren niemals in den Stack abgelegt. Coprozessoren verfügen über einen eigenen Stack, worin solche Parameter direkt abgelegt werden. Anders verhält es sich aber in der Version 5.0, bei der immer der normale Stackbereich zur Übergabe solcher Parameter verwendet wird.

8.2.2   Ein- und Ausgangscode von Unterprogrammen

Jede Prozedur und Funktion beginnt und endet mit einer Standardfolge von Assembleranweisungen, die vom Compiler automatisch eingefügt werden. Der Zweck dieser Anweisungen ist, im Stack den Platz für die lokalen Variablen vorzubereiten und ihn nach Beendigung der Routine wieder freizugeben.

Der Standardeingangscode ist:

```
PUSH  BP                    ; Sichern von BP
MOV   BP, SP                ; BP zeigt jetzt auf sich selbst
SUB   SP, LocalSize         ; Platz für lokale Variablen freimachen
```

LocalSize repräsentiert die Gesamtlänge der lokal definierten Variablen. Die **SUB SP,LocalSize** Anweisung existiert nur, wenn **LocalSize** 0 ist.

Der Standardausgangscode ist:

```
MOV   SP, BP               ; Freigeben des Platzes für lokale Variablen
POP   BP                   ; BP auf seinen ursprünglichen Wert setzen
RET   ParamSize            ; Rücksprung mit Entfernung der übergebenen
                           ; Parameter aus dem Stack
```

ParamSize steht für die Gesamtlänge der übergebenen Parametern im Stack. Es versteht sich hierbei von selbst, daß die RET-Anweisung, abhängig vom verwendeten Aufruf-Modell *far* oder *near* ({$F +/-}), einen inter- bzw. intrasegmentalen Sprung darstellt.

Betrachten wir nun den Stack nach dem Aufruf einer Prozedur und der Ausführung ihres Eingangscodes. Das abstrahierte Gerüst einer global definierten Prozedur *example* mit folgenden Parametern und lokalen Variablen soll uns als Beispiel dienen:

```
program param_tst;

  procedure example(Param1, Param2, .., ParamN);
  var VarA, VarB, .., VarX;
  begin
  {.}
  {.}
  end;
```

```
begin
  example(Param1, Param2, .., ParamN);
end.
```

Vor dem Aufruf der Prozedur werden alle Parameter entsprechend der im letzten Abschnitt beschriebenen Regeln in den Stack übergeben. Anschließend erfolgt der Aufruf der Prozedur. Die Prozedur ihrerseits bereitet den Stack für ihre lokalen Variablen vor. So sieht er aus vor dem Beginn des ersten zum Prozedurrumpf gehörenden Befehls:

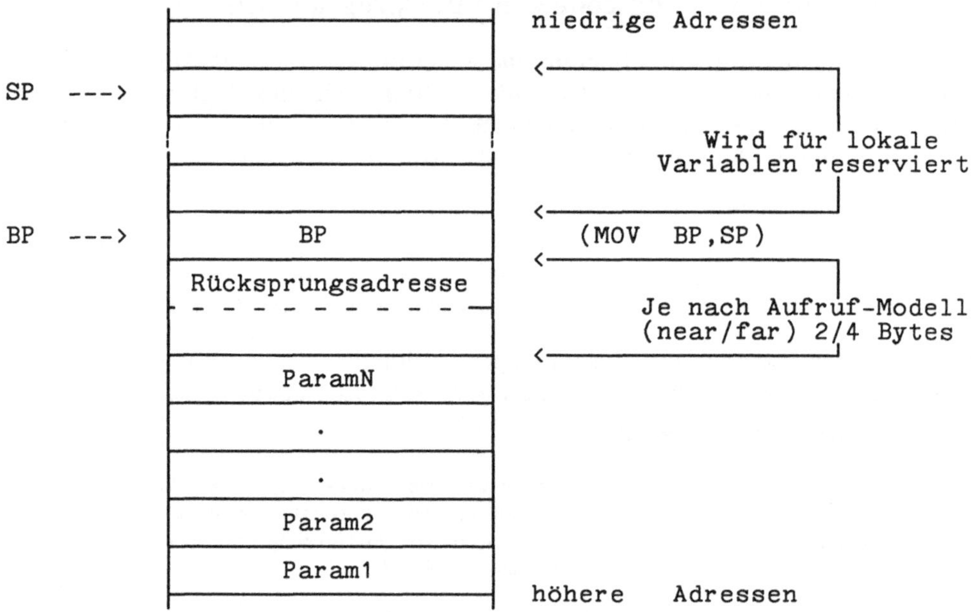

Wir stellen fest, daß durch den so strukturierten Stack auf alle Parameter über das Register BP zugegriffen werden kann. So befindet sich beispielsweise der als letzter übergebene Parameter ParamN unter der Adresse **SS:[BP+4]** bzw. **SS:[BP+6]**, falls im *far* Aufruf-Modus kompiliert wurde, der vorletzte Parameter **ParamN-1** unter der **Adresse SS:[BP+4+sizeof(ParamN)]** usw.

Auf entsprechende Weise werden alle lokalen Variablen über das Register BP adressiert. Für sie wird durch die Eingangs-Anweisung **SUB SP, LocalSize** Platz reserviert.

Nach der Ausführung der letzten Rumpfanweisung des Unterprogramms wird durch **MOV SP, BP** der reservierte Speicherplatz freigegeben. Durch **RET ParamSize** wird dann die Rücksprungsadresse gelesen und SP um weitere **ParamSize** Bytes erniedrigt, womit die Ausgangssituation vor dem Aufruf wiederhergestellt ist.

meingültige Regel dar. Abweichungen können bei "by value"-Parametern, deren Länge größer als 4 Bytes ist, oder bei der Verwendung bestimmter Compiler-Direktiven vorkommen.

Soll beispielsweise ein *string* als Parameter übergeben werden, so wird nur ein Zeiger übergeben, der die Adresse der String-Variablen bzw. Konstanten enthält. Das eigentliche Kopieren in einem lokalen Bereich übernimmt das Unterprogramm selbst. Es erfolgt durch den übergebenen Zeiger unmittelbar nach der Ausführung der Anweisung **SUB SP, LocalSize**, also vor dem eigentlichen Unterprogrammrumpf.

Ein weiterer Fall von verändertem Eingangscode tritt bei aktiver Stacküberprüfungs-Direktive {\$S+} ein. Vor der Ausführung der Anweisung **SUB SP, LocalSize** wird Code eingefügt, mit dessen Hilfe überprüft wird, ob bei der Reservierung des Speicherbereichs für die lokalen Variablen ein Stacküberlauf entstehen kann. Merkwürdigerweise wird dieser Code auch dann vom Compiler eingefügt, wenn **LocalSize=0** ist und die bereits erwähnte Anweisung, die den Überlauf verursachen könnte, gar nicht existiert.

Wir haben gesehen, daß die Register SS, SP und BP zur Adressierung der lokalen Variablen und Parameter im Stack sowie für das Zurückfinden vom Unterprogramm zum Hauptprogramm eine wichtige Rolle spielen. Aus diesem Grund sollten im allgemeinen die Werte dieser Register niemals verändert werden.

Der Vollständigkeit halber sei hier erwähnt, daß der Wert vom Register DS, über das die gesamten Daten eines Programmes adressiert werden, ebenfalls nicht verändert werden darf. Alle andere Prozessorregister können nach Belieben von Assembler-Modulen verändert werden.

8.2.3 Unterprogramme rufen Unterprogramme auf

Wir wissen nun, wie Unterprogramme ihre lokalen Variablen und Parameter über das Register BP im Stack lokalisieren und daß global definierte Variablen und typisierte Konstanten über das Register DS und den für alle Programmblöcke öffentlichen Offsetwert adressiert werden. Wie aber lokalisieren Unterprogramme die lokalen Variablen anderer, übergeordneter Unterprogramme im Stack ?

Wir werden diese Frage auf praktische Weise klären. Zu diesem Zweck schreiben wir ein kleines Pascal-Programm, das genau die fraglichen Elemente enthält: eine global definierte Prozedur *outer*, die eine Variable *OuterVar* definiert und außerdem eine andere, lokal definierte Prozedur *inner* aufruft. Die Prozedur *inner* greift auf die für sie äußere Variable *OuterVar* zu.

```
program outer_inner_tst;

  procedure outer;
  var OuterVar :word;

    procedure inner(Param:word);
    begin
      OuterVar:=0;
    end;

  begin
    inner;
  end;

begin
  outer;
end.
```

Betrachten wir den Assemblercode der Prozedur *outer*:

```
55              PUSH  BP                       ; Eingangscode
89E5            MOV   BP,SP
83EC02          SUB   SP,+02                   ; Platz für OuterVar reservieren
B80A00          MOV   AX,000A                  ; Parameter für inner übergeben
50              PUSH  AX
55              PUSH  BP                       ; Eigenes BP übergeben !!!
E8E0FF          CALL  @inner                   ; inner aufrufen
89EC            MOV   SP,BP                     ; Ausgangscode
5D              POP   BP
C3              RET
```

Die Prozedur *inner* deklariert einen Parameter. Die Prozedur *outer* übergibt ihr
aber zwei Werte. Der zuletzt in den Stack übergebene Wert ist der Registerwert
BP der Prozedur *outer*. Dadurch kann die Prozedur *inner* auch die lokalen Variablen von *outer* ansprechen. Hier der Assemblercode der Prozedur *inner*:

```
55              PUSH  BP                       ; Eingangscode
89E5            MOV   BP,SP
8B7E04          MOV   DI,[BP+04]               ; outer BP-Wert -> DI
31C0            XOR   AX,AX
36              SS:                            ; OuterVar = 0
8945FE          MOV   [DI-02],AX
89EC            MOV   SP,BP                     ; Ausgangscode
5D              POP   BP
C20400          RET   0004                     ; Parameter entfernen (4 Bytes)!!!
```

Der als letzter übergebene *outer* BP-Wert befindet sich, relativ zum *inner* BP-
Wert, an der Adresse **SS:[BP+4]**. Dieser Wert wird in das Register DI geladen. Anschließend wird *OuterVar* über DI adressiert und initialisiert.

8.2.4 Ergebnisse von Funktionen

Funktionen liefern, im Gegensatz zu Prozeduren, Ergebnisse zurück. Die Art und Weise der Zurücklieferung ist vom Datentyp des Funktionsergebnisses abhängig. Im Normalfall werden Funktionsergebnisse über die Prozessorregister **DX** und **AX** zurückgeliefert. Je nach interner Darstellungslänge des zurückgelieferten Datentyps werden die Register **AL** (1 Byte), **AX** (2 Bytes) und **DX:AX** (4 Bytes) verwendet.

Für den Datentyp *real* wird das Register **BX** dazugenommen. Solche Werte befinden sich dann in **DX:BX:AX**, mit dem höherwertigem Anteil in **DX**. Gleitpunktzahlen-Formate eines Coprozessors werden in der Version 4.0 in das interne Stackregister **ST(0)** zurückgeliefert. Version 5.0 dagegen benutzt spezielle Interrupt-Routinen, auf die wir hier nicht weiter eingehen werden.

Der Datentyp *string* stellt hierbei die wichtigste Ausnahme dar. Ein Zeiger, der auf einen temporären Speicherbereich zeigt, wird beim Aufruf einer *string*-Funktion vor allen anderen Parametern übergeben. Das Ergebnis der Funktion wird in diesen Bereich zurückgeliefert. Es ist nicht Aufgabe der Funktion, diesen Zeiger vom Stack zu entfernen.

In allen anderen Fällen wird auf gleiche Weise verfahren. Jede Funktion reserviert im Stack einen Speicherbereich für das Funktionsergebnis. Nach Ausführung des Funktionsrumpfes wird der in diesem Bereich enthaltene Wert in die entprechende Register kopiert. Zur Verdeutlichung ein einfaches Beispiel:

```
program func_result_tst;

  function example(Param:word):word;
  var LocVar :word;
  begin
    LocVar :=2;
    example:=2*Param*LocVar;
  end;

var WordVar :word;
begin
  {.}
  {.}
  WordVar:=example(3);
  {.}
  {.}
end.
```

Hier der Assemblercode der Funktion *example* (bei ausgeschalteter Stacküberprüfung {$S-}):

```
55              PUSH   BP              ; Eingangscode
89E5            MOV    BP,SP
83EC04          SUB    SP,+04          ; Für das Funktionsergebnis wird
                                         auch Platz reserviert
```

```
C746FC0200    MOV    WORD PTR [BP-04],0002    ; LocVar:=2
8B4604        MOV    AX,[BP+04]               ; 2  * Param  -> AX
D1E0          SHL    AX,1
F766FC        MUL    WORD PTR [BP-04]         ; AX * LocVar -> AX
8946FE        MOV    [BP-02],AX               ; Funktionsergebnis:=AX

8B46FE        MOV    AX,[BP-02]               ; Hier wird vom Platz, der für
89EC          MOV    SP,BP                    ; das Funktionsergebnis
5D            POP    BP                       ; reserviert ist, in die
Register
                                             ; kopiert.
C20200        RET    0002                     ; Entfernen der Parameter
```

Der Assemblercode für das Kopieren des Funktionsergebnisses in die Register
(in unserem Beispiel AX) wird automatisch vom Compiler eingefügt. Dieser
Code wird somit Bestandteil des Funktionsausgangscodes. Die Stackbelegung
während der Ausführung von *example*, schematisch dargestellt:

```
                  ┌─────────────────────────┐   niedrige Adressen
SP  --->          │         LocVar          │
                  ├─────────────────────────┤
                  │     Funktionsergebnis   │
                  ├─────────────────────────┤
BP  --->          │           BP            │
                  ├─────────────────────────┤
                  │    Rücksprungsadresse   │
                  ├─────────────────────────┤
                  │          Param          │
                  └─────────────────────────┘   höhere   Adressen
```

8.3 inline-Maschinencode

8.3.1 Die Anweisung inline und ihre Fallen

inline bietet die Möglichkeit, Assembleranweisungen mitten in einem Pascal-
Programm zu übernehmen. Mit *inline* wird eine Reihe von ein bzw. zwei Bytes
langen Werten eingeleitet, die vom Compiler fast ohne jede Überprüfung als
Assemblercode aufgenommen wird. Werte können in dezimaler oder hexadezi-
maler Form dargestellt werden. Ebenso können Variablenbezeichner eingefügt
werden. Sie stellen dann einen zwei Bytes langen Wert dar, nämlich den Offsetwert der Variablenadresse. Mit Hilfe der Operatoren '<' und '>' kann das
Format der abgelegten Werte auf *byte*- bzw. *word*-Länge festgesetzt werden.
Ebenfalls erlaubt sind '+' und '-' Operatoren, mit deren Hilfe neue Offsetwerte
berechnet werden können.

Programm hinzugezogen. Natürlich kann man auch entsprechende Tabellen benutzen, aber das ist noch komplizierter und zeitaufwendiger.

Um die praktischere erste Methode zu beschreiben und gleichzeitig ein Beispiel für die Anwendung der *inline*-Anweisung und für ihre Fallen zu geben, schreiben wir ein kleines Programm. Anschließend ersetzen wir eine Programmzeile durch den entsprechenden *inline*-Code. In anderen, sinnvolleren Programmbeispielen werden wir die *inline*-Anweisung wieder verwenden.

Zunächst das vollständig in Pascal-Anweisungen geschriebene Programm:

program unsinn_tst;

```
const ConstX = 15;
var   WordVar :word;
      ByteVar :byte;
begin
  ByteVar:=200;
  WordVar:=ByteVar*ConstX;                 { Diese Programmzeile wird ersetzt }
  writeln(wordvar);
end.
```

Wir kompilieren zunächst das Programm auf Diskette. Dann betrachten wir das .EXE-File mit Hilfe eines DEBUG-Programms. Hier ist der Assemblercode, der vom Compiler für die betreffende Anweisung generiert wurde:

```
                    {.}
                    {.}
A00200       MOV    AL,[0002]              ; ByteVar -> AX
30E4         XOR    AH,AH
B90F00       MOV    CX,000F               ; ConstX  -> CX
F7E9         IMUL   CX                    ; AX * CX -> AX
A30000       MOV    [0000],AX             ; WordVar = AX
                    {.}
                    {.}
```

Die Byte-Werte der entsprechenden Assembleranweisungen werden vom DEBUG-Programm angezeigt. Es muß darauf geachtet werden, daß *word*-Werte von DEBUG-Programm in umgekehrter Reihenfolge dargestellt werden. Nun können wir die Pascal-Anweisung durch eine *inline*-Anweisung ersetzen:

```
{.}
{.}
inline($A0/$0002/
       $30/$E4/
       $B9/$000F/
       $F7/$E9/
       $A3/$0000);
{.}
{.}
{.}
```

Damit haben wir aber noch nicht alle Möglichkeiten einer inline-Anweisung ausgeschöpft. Es ist möglich, die Bezeichner der entsprechenden Variablen zu verwenden, anstatt direkte Offsetwerte zu benutzen, die uns normalerweise nicht bekannt sind. Ebenso können Konstanten durch ihre Bezeichner ersetzt werden. Der Compiler fügt dann die richtigen Werte ein. Formen wir also die inline-Anweisung um:

```
{.}
{.}
inline($A0/ByteVar/
       $30/$E4/
       $B9/>ConstX/
       $F7/$E9/
       $A3/WordVar);
{.}
{.}
```

Beachten Sie bitte den Operator '>' in der dritten Zeile. Der Wert von *ConstX* ist 15 und wird von Turbo Pascal als ein byte betrachtet. Die Assembleranweisung MOV CX,15 erwartet aber einen *word*-Wert. *ConstX* muß also vorher entsprechend erweitert werden, was der '>'-Operator erledigt. Hätte man dies übersehen, wären die Folgen verheerend. So hätte dann der vom Compiler generierte Assemblercode ausgesehen:

```
                    {.}
                    {.}
A00200      MOV     AL,[0002]
30E4        XOR     AH,AH
B90FF7      MOV     CX,F70F              ; <- hier fängt der Fehler an
E9A300      JMP     00BA                ; und erweitert sich wegen
der
0089EC31    ADD     [BX+DI+31EC],CL     ; Verschiebung um ein Byte
C0          DB      C0
```

Die Ursache wurde bereits erwähnt. Der Compiler prüft nicht etwa nach, welchen Assemblercode die Reihen von Bytes repräsentieren. Folglich kann er auch nicht wissen, daß die MOV-Anweisung anstelle des als *byte* dargestellten Werts von ConstX einen word-Wert erwartet. Bei der Ausführung liest dann die MOV CX,..-Anweisung, zwei aufeinanderfolgende Bytes. Dabei "verschlingt" sie das erste Byte der nächten IMUL CX Anweisung, und schon ist uns ein unkontrollierbarer Fehler unterlaufen.

Bei der Verwendung von Bezeichnern ist also große Vorsicht geboten. Man sollte sie nicht bedenkenlos mit den vom DEBUG-Programm übernommenen Werten einsetzen. Außerdem empfiehlt sich eine nachträgliche Kontrolle, ob alles noch stimmt.

8.3.2 inline als Makro

Eine ganz neue Anwendungsmöglichkeit bietet Turbo Pascal ab der Version 4.0 für die *inline*-Anweisung. Prozeduren oder Funktionen, die ausschließlich aus einer *inline*-Anweisung bestehen, können als Makros benutzt werden. Das heißt, daß beim Erscheinen der entprechenden Bezeichner im Quelltext kein Code zum Aufruf erzeugt wird, sondern der gesamte Code der *inline*-Anweisung abgelegt wird.

Derartige Makros dürfen keine lokalen Bezeichner definieren. Der Definitionskopf kann aber Parameter definieren, die dann vor dem abgelegten *inline*-Code in den Stack übergeben werden, wie normale Parameter. Die Verwendung der Bezeichner im *inline*-Code wird allerdings vom Compiler ignoriert. In den Stack übergebene Parameter müssen vom *inline*-Code selbst entfernt werden, da es sich hier nicht um normale Unterprogramme handelt, die vom Compiler den uns schon bekannten Ein- und Ausgangscode erhalten. In diesem Fall gibt es keine **RET ParamSize** Anweisung, die die Parameter vom Stack entfernt, weil kein Aufruf stattfindet.

Ein kleines Programmbeispiel soll die Anwendung von *inline*-Makros verdeutlichen. Es verhält sich wie eine Funktion, die den Wert der Summe zweier *longint*-Zahlen zurückliefert:

```
program makro_tst;

  function add(AParam,BParam :longint):longint;
  inline(
        $58/        { POP      AX     ; niederwertiges word von BParam -> AX  }
        $5A/        { POP      DX     ; höherwertiges  word von BParam -> DX  }
        $5B/        { POP      BX     ; niederwertiges word von BParam -> BX  }
        $59/        { POP      CX     ; höherwertiges  word von BParam -> CX  }
        $01/$D8/    { ADD      AX,BX ; Addition der niederwerigen word's      }
        $11/$CA     { ADC      DX,CX ; Addition der höherwertigen word's      }
                    { Ergebnis in Registern DX:AX gespeichert (Konvention)}});

var AVar :longint;

begin                                   { Austesten der add Funktion  }
  AVar:=-23765;
  AVar:=add(AVar, 30765);
  writeln(AVar);
end.
```

Die Formulierung der Funktion *add* fällt kürzer aus als die einer normalen Funktion. Kein Ein- und Ausgangscode ist mehr notwendig, kein unnötiges Zwischenspeichern des Funktionsergebnisses. Darin besteht der Vorteil der gezielten Einbindung von Assembleranweisungen. Der Preis für die größere Ausführungsgeschwindigkeit ist allerdings der längere Programmcode bei mehrmaliger Anwendung. Schauen wir uns einmal den vom Compiler generierten Assemblercode an :

```
                {.}
                {.}
C70600002BA3    MOV    WORD PTR [0000],A32B      ; AVar:= -23765
C7060200FFFF    MOV    WORD PTR [0002],FFFF
FF360200        PUSH   [0002]                    ; Übergabe von AVar
FF360000        PUSH   [0000]
B82D78          MOV    AX,782D                   ; Übergabe des konstanten Wertes
31D2            XOR    DX,DX                     ; 30765
52              PUSH   DX
50              PUSH   AX

58              POP    AX                        ; Hier wurde der inline-Code
5A              POP    DX                        ; direkt abgelegt
5B              POP    BX
59              POP    CX
01D8            ADD    AX,BX
11CA            ADC    DX,CX

A30000          MOV    [0000],AX                 ; Ergebnis (DX:AX) -> AVar
89160200        MOV    [0002],DX
                {.}                              ; Aufruf der writeln-Prozedur
                {.}
```

Das *inline*-Makro befindet sich im Programmcode so oft, wie es angewendet wird, im Gegensatz zu normalen Unterprogrammen, bei denen der Code nur einmal vorhanden ist. *inline*-Makros sind also für kurze Anweisungsfolgen gedacht.

8.3.2.1   inline-Makros erleichtern die Anwendung *inline*

inline-Makros eignen sich hervorragend, um nichtssagende Bytefolgen von *inline*-Anweisungen mitten im Pascal Quellcode durch Assemblermnemoniks zu ersetzen. So wird die Lesbarkeit eines Programms wesentlich verbessert und die Arbeit beträchtlich erleichtert, da nicht jedesmal ein DEBUG-Programm zur Ermittlung der Bytefolgen hinzugezogen werden muß. Man könnte häufig verwendete Assembleranweisungen als *inline*-Makros definieren und in einem Unit zusammenfassen. Ein Pascal-Programm mit *inline*-Anweisungen könnte dann so aussehen:

```
{.}
{.}
push_ax;
pop_es;
{.}
{.}
```

Wir werden hier ein solches Unit definieren, das eine Auswahl der gebräuchlichsten Assembleranweisungen beinhaltet. Viele von ihnen erwarten einen, manchmal sogar zwei Operanden, die von der jeweiligen Programmumgebung abhängig sind (z.B. einen Offsetwert oder Konstantenwert). In solchen Fällen sind die Bezeichner der *inline*-Makros so gewählt, daß sie an die Länge und Anzahl der erwarteten Operanden erinnern. Im allgemeinen werden folgende Namenszusätze verwendet:

bb, ww, dd : Signalisiert die Länge des erwarteten konstanten Operanden, die (1, 2, 4) Bytes entspricht. Erinnern wir uns, daß *low*-Werte an die kleineren Adressen gehören. Dies gilt auch natürlich für Variablen (*pointer, longint*) im dword-Format. Ein Beispiel: *mov_ax_ww_* Der erwartete Wert einer *word*-Konstanten wird in das AX-Prozessorregister geladen.

mb, mw, md : Hier wird immer der Offsetwert einer Speicherstelle erwartet, also ein 2 Bytes langer Wert. Der zusätzliche letzte Buchstabe signalisiert die Anzahl der Bytes, die von der gegebenen Adresse ab gelesen werden. Ein Beispiel: *mov_al_memb_* Aus der Speicherstelle mit dem erwarteten Offsetwert wird 1 Byte gelesen und in das AL-Prozessorregister geladen.

disp : Dieser Zusatzname modifiziert den indirekten Zugriff auf Daten durch Prozessorregister und symbolisiert das Erwarten eines *word*-Wertes. Ein Beispiel: *mov_ax_di_disp_* Liest aus der Speicherstelle [DI + disp] einen *word*-Wert und weist ihn dem Register AX zu.

Bei *inline*-Makros, die zwei Operanden erwarten, wird die Reihenfolge durch die Namenszusätze selbst signalisiert. Ein Beispiel:

*cmp_mw_ww_* Aus der Speicherstelle mit dem erwarteten Offsetwert werden zwei Bytes gelesen (_[mw]_) und mit dem als nächstes erwarteten konstanten *word*-Wert verglichen.

Alle Bezeichner von *inline*-Makros, die einen bzw. zwei Operanden erwarten, enden mit einem '_' Charakter.

Erwartete Operanden können vom Programmierer explizit als *inline*-Anweisung eingegeben werden. Dazu ein Beispiel :

```
const ConstX = 15;            { Als byte dargestellt            }
var   ByteVar:byte;

begin
  {.}
  {.}
  mov_ax_ww_; inline(>ConstX);  { ConstX muß auf word erweitert werden (>) }
  mov_al_mb_; inline(ByteVar);  { Hier wird ein word-Wert erwartet nämlich  }
  {.}                           { der Offsetwert der Adresse von ByteVar.   }
```

```
{.}                           { Gelesen wird aber nur ein Byte              }
end.
```

An dieser Stelle möchten wir das Unit *asm* vorstellen. Es besteht ausschließlich aus *inline*-Makros :

```
unit asm;

interface
    procedure mov_ax_ww_;         inline($B8);        { Datenübertragung           }
    procedure mov_ax_mw_;         inline($A1);
    procedure mov_ax_di_disp_;    inline($8B/$85);
    procedure mov_ax_bp_disp_;    inline($8B/$86);
    procedure mov_mw_ax_;         inline($A3);
    procedure mov_bp_disp_ax_;    inline($89/$86);

    procedure mov_al_bb_;         inline($B0);
    procedure mov_al_mb_;         inline($A0);
    procedure mov_al_di_disp_;    inline($8A/$85);
    procedure mov_al_bp_disp_;    inline($8A/$86);
    procedure mov_bp_disp_al_;    inline($88/$86);
    procedure mov_mb_al_;         inline($A2);
    procedure mov_ah_bb_;         inline($B4);
    procedure mov_ah_mb_;         inline($8A/$26);

    procedure mov_bx_ax;          inline($89/$C3);
    procedure mov_cx_ax;          inline($89/$C1);
    procedure mov_dx_ax;          inline($89/$C2);
    procedure mov_si_ax;          inline($89/$C6);
    procedure mov_di_ax;          inline($89/$C7);
    procedure mov_bp_ax;          inline($89/$C5);
    procedure mov_es_ax;          inline($89/$C0);
    procedure mov_ss_ax;          inline($8E/$D0);
    procedure mov_sp_ax;          inline($89/$C4);
    procedure mov_ah_al;          inline($88/$C4);
    procedure mov_bl_al;          inline($88/$C3);
    procedure mov_cl_al;          inline($88/$C1);
    procedure mov_dl_al;          inline($88/$C2);
    procedure mov_al_bl;          inline($88/$D8);
    procedure mov_al_cl;          inline($88/$C8);
    procedure mov_al_dl;          inline($88/$D0);
    procedure xchg_ah_al;         inline($86/$E0);

    procedure mov_cx_ww_;         inline($B9);
    procedure mov_cx_mw_;         inline($8B/$0E);
    procedure mov_dx_ww_;         inline($BA);
    procedure mov_dx_mw_;         inline($8B/$16);

    procedure mov_mw_ww_;         inline($C7/$06);
    procedure mov_mb_bb_;         inline($C6/$06);

    procedure push_ax;            inline($50);
```

```
procedure pop_ax;             inline($58);
procedure push_bx;            inline($53);
procedure pop_bx;             inline($5B);
procedure push_cx;            inline($51);
procedure pop_cx;             inline($59);
procedure push_dx;            inline($52);
procedure pop_dx;             inline($5A);
procedure push_si;            inline($56);
procedure pop_si;             inline($5E);
procedure push_di;            inline($57);
procedure pop_di;             inline($5F);
procedure push_bp;            inline($55);
procedure pop_bp;             inline($5D);
procedure push_sp;            inline($54);
procedure .pop_sp;            inline($5C);
procedure push_cs;            inline($0E);
procedure pop_cs;             inline($0F);
procedure push_ds;            inline($1E);
procedure pop_ds;             inline($1F);
procedure push_es;            inline($06);
procedure pop_es;             inline($07);
procedure push_ss;            inline($16);
procedure pop_ss;             inline($17);
procedure pushf;              inline($9C);
procedure popf;               inline($9D);
procedure lahf;               inline($9F);
procedure sahf;               inline($9E);

procedure push_mw_;           inline($FF/$36);
procedure pop_mw_;            inline($8F/$06);

procedure in_al_bb_;          inline($E4);
procedure out_bb_al_;         inline($E6);
procedure in_al_dx;           inline($EC);
procedure out_dx_al;          inline($EE);

procedure lea_di_mw_;         inline($8D/$3E);
procedure lea_si_mw_;         inline($8D/$36);
procedure les_di_mw_;         inline($C4/$3E);
procedure les_si_mw_;         inline($C4/$36);
procedure lds_di_mw_;         inline($C5/$3E);
procedure lds_si_mw_;         inline($C5/$36);

procedure les_di_bp_disp_;    inline($C4/$BE);
procedure lea_di_bp_disp_;    inline($8D/$BE);

procedure inc_ax;             inline($40);         { Arithmetik            }
procedure inc_bx;             inline($43);
procedure inc_cx;             inline($41);
procedure inc_dx;             inline($42);
procedure inc_bp;             inline($45);
procedure inc_si;             inline($46);
```

```
procedure inc_di;              inline($47);
procedure inc_ah;              inline($FE/$C4);
procedure inc_al;              inline($FE/$C0);
procedure inc_mb_;             inline($FE/$06);
procedure inc_mw_;             inline($FF/$06);

procedure dec_ax;              inline($48);
procedure dec_bx;              inline($4B);
procedure dec_cx;              inline($49);
procedure dec_dx;              inline($4A);
procedure dec_bp;              inline($4D);
procedure dec_si;              inline($4E);
procedure dec_di;              inline($4F);
procedure dec_mb_;             inline($FE/$0E);
procedure dec_mw_;             inline($FF/$0E);

procedure neg_ax;              inline($F7/$D8);
procedure neg_bx;              inline($F7/$D5);
procedure neg_cx;              inline($F7/$D9);
procedure neg_dx;              inline($F7/$DA);
procedure neg_bp;              inline($F7/$DD);
procedure neg_si;              inline($F7/$DE);
procedure neg_di;              inline($F7/$DF);
procedure neg_mw_;             inline($F7/$1E);
procedure neg_mb_;             inline($F6/$1E);

procedure cbw;                 inline($98);
procedure cwd;                 inline($99);

procedure cmp_ax_ww_;          inline($3D);
procedure cmp_ax_mw_;          inline($3B/$06);
procedure cmp_al_bb_;          inline($3C);
procedure cmp_al_mb_;          inline($3A/$06);
procedure cmp_mw_ww_;          inline($81/$3E);
procedure cmp_mb_bb_;          inline($80/$3E);

procedure sub_sp_ww_;          inline($81/$EC);

procedure not_ax;              inline($F7/$D0);  { Logik                 }
procedure not_al;              inline($F6/$D0);
procedure not_mw_;             inline($F7/$16);
procedure not_mb_;             inline($F6/$16);

procedure shr_ax;              inline($D1/$E8);
procedure shr_al;              inline($D0/$E8);
procedure shr_ax_cl;           inline($D3/$E8);
procedure shr_al_cl;           inline($D2/$E8);
procedure shl_ax;              inline($D1/$E0);
procedure shl_al;              inline($D0/$E0);
procedure shl_ax_cl;           inline($D3/$E0);
procedure shl_al_cl;           inline($D2/$E0);
```

```
procedure and_ax_ww_;          inline($25);
procedure and_al_bb_;          inline($24);
procedure and_ax_mw_;          inline($23/$06);
procedure and_mw_ax_;          inline($21/$06);
procedure and_al_mb_;          inline($22/$06);
procedure and_mb_al_;          inline($20/$06);

procedure xor_ax_ax;           inline($31/$C0);
procedure xor_ah_ah;           inline($30/$E4);
procedure xor_al_al;           inline($30/$C0);
procedure xor_ax_ww_;          inline($35);
procedure xor_al_bb_;          inline($34);
procedure xor_ax_mw_;          inline($33/$06);
procedure xor_mw_ax_;          inline($31/$06);
procedure xor_al_mb_;          inline($32/$06);
procedure xor_mb_al_;          inline($30/$06);

procedure or_ax_ax;            inline($09/$C0);
procedure or_ah_ah;            inline($08/$E4);
procedure or_al_al;            inline($08/$C0);
procedure or_ax_ww_;           inline($0D);
procedure or_al_bb_;           inline($0C);
procedure or_ax_mw_;           inline($0B/$06);
procedure or_mw_ax_;           inline($09/$06);
procedure or_al_mb_;           inline($0A/$06);
procedure or_mb_al_;           inline($08/$06);

procedure repz;                inline($F3);      { Stringmanipulation     }
procedure movsw;               inline($A5);
procedure movsb;               inline($A4);
procedure lodsw;               inline($AD);
procedure lodsb;               inline($AC);
procedure stosw;               inline($AB);
procedure stosb;               inline($AA);

procedure call_bx;             inline($FF/$D3);  { Steuerübertragung      }
procedure call_bx_disp_;       inline($FF/$97);
procedure call_mw_;            inline($FF/$16);
procedure call_md_;            inline($FF/$1E);
procedure call_dd_;            inline($9A);
procedure ret;                 inline($C3);
procedure ret_ww_;             inline($C2);
procedure retf;                inline($CB);
procedure retf_ww_;            inline($CA);
procedure int_bb_;             inline($CD);
procedure iret;                inline($CF);

procedure cs;                  inline($2E);      { Segment Umwandlung     }
procedure ds;                  inline($3E);
procedure es;                  inline($26);
procedure ss;                  inline($36);
```

```
procedure sti;              inline($FB);
procedure cld;              inline($FC);
procedure std;              inline($FD);
procedure nop;              inline($90);

implementation
end.
```

8.3.2.2   Aufrufen von Unterprogrammen mit Hilfe von Zeigern

In Turbo Pascal 5.0 ist das, was bereits in der Version 4.0 nahelag, Realität geworden: Unterprogramme wie normale Daten zu behandeln und in Variablen zu speichern, sowie sie mit Hilfe dieser Variablen aufrufen zu können. Denn Turbo Pascal selbst verwendet diese Methode. Dem Programmierer werden verschiedene Zeiger auf Routinen (*ExitProc, HeapError*) zur Verfügung gestellt, die nach Bedarf auf Adressen entsprechender Routinen initialisiert werden können. Wie bereits in Kapitel 5 erläutert, handelt es sich bei den in Version 5.0 definierten Prozedur-Variablen um Zeigervariablen auf Unterprogramme, nur erhält jede derartige Variable über ihre Deklaration zusätzliche Informationen, die für den Compiler von großer Wichtigkeit sind (Anzahl und Datentyp der Parameter sowie des zurückgelieferten Ergebnisses, falls es sich um eine Funktion handelt).

Dieser Abschnitt ist eher für Leser bestimmt, die Version 4.0 von Turbo Pascal besitzen und diese neue Möglichkeit durch die Erweiterung des Sprachumfangs nicht haben. Trotzdem hat die hier vorgestellte Lösung auch einige Vorteile und könnte auch für Besitzer der Version 5.0 interessant sein. So können Prozedur-Variablen in Strukturen wie *array* zusammengefaßt werden, müssen aber alle die gleiche Anzahl von Parameter bekommen. Mit Hilfe von *inline*-Code und eines kleinen deklarativen Überbaus wird es uns möglich sein, über ein *array* Unterprogramme mit unterschiedlicher Anzahl von Parametern aufzurufen.

Wir möchten dieses Ziel schrittweise erreichen. Zunächst werden wir die in Unit *asm* definierten *inline*-Makros verwenden, um einen Aufruf eines Unterprogrammes durch seine Adresse zu ermöglichen. Der Datentyp *pointer* eignet sich hervorragend, um Adressen aller Art, also auch von Prozeduren und Funktionen, mit Hilfe des Operators '@'zu speichern. In den ersten Abschnitten dieses Kapitels wurden verschiedene Aufrufkonventionen von Unterprogrammen, Parameterübergabe und Funktionsergebnisse beschrieben. Gemäß dieser Konventionen werden wir einen einfachen Aufruf einer Prozedur durch ihren Zeiger realisieren:

```
program indirect_proc_call_tst;
uses asm;

  procedure example;                          { indirekt aufgerufene Prozedur }
  begin
    writeln('example aufgerufen');
  end;
```

```
var ProcPtr :pointer;

begin
  ProcPtr:=@example;                     { Adresse der Prozedur laden.. }
  call_mw_; inline(ProcPtr);             { ..und indirekt aufrufen      }
end.
```

Alles wird über eine Assembleranweisung erledigt. Das *inline*-Makro *call_mw_* definiert die Anweisung **CALL [OffsetWert]**. Der erwartete Offsetwert, die Adresse der Variablen *ProcPtr*, wird mit der folgenden *inline*-Anweisung übergeben. Der Namenszusatz '_mw_' signalisiert, daß ab der übergebenen Adresse zwei Bytes gelesen werden. Dann wird dieser Wert als eine Adresse interpretiert und ein intrasegmentaler Sprung auf sie ausgeführt.

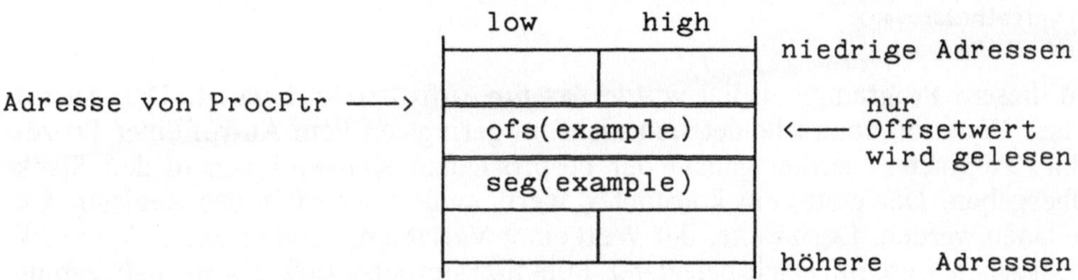

Der Compiler verhält sich im Grunde genauso bei einem normalen Aufruf. Der einzige Unterschied besteht darin, daß er die Adresse des aufgerufenen Unterprogramms bereits weiß und direkt einsetzt. Unser Beispiel wäre beim Aufruf einer *far*-Prozedur ({$F+}) genauso einfach ausgefallen. In diesem Fall würden wir das *inline*-Makro *call_md_* verwenden. Vier Bytes, also Offset- und Segmentwert, würden dann gelesen und ein intersegmentaler Sprung ausgeführt.

Etwas muß aber hier klargestellt werden: Der Compiler kann in *inline*-Anweisungen nicht überprüfen, ob der indirekte Aufruf eines Unterprogramms mit seinem Aufrufmodell (*near/far*) übereinstimmt. Der Programmierer trägt die volle Verantwortung.

Unser Beispiel war sehr einfach. Ein Unterprogramm ohne Parameter ist aber von begrenzter Nützlichkeit. Ein weiteres Problem stellen Funktionen dar. Sie können auf der rechten Seite einer Wertzuweisung stehen *Variable:=func()*, was den Compiler veranlaßt, den zurückgelieferten Wert *Variable* zuzuweisen. Wie können wir den gleichen Effekt mit Hilfe von *inline*-Anweisungen erreichen? Hier wird eine mögliche Lösung gezeigt :

```
program indirect_func_call_tst;
uses asm;
{$F+}                                    { far Aufrufmodel              }
var ProcPtr :pointer;
    WordVar :word;
```

```
function example(P1,P2:word):word;          { indirekt aufgerufene Function }
begin
  example:=P1 * P2;
end;

function wordfunc:word; inline($90);        { Assembleranweisung NOP        }

begin
  WordVar:=3;
  ProcPtr:=@example;                        { Adresse der Funktion laden    }
  mov_ax_ww_; inline(>5);                   { Konstante als Parameter und.. }
  push_ax;                                  { ..den Wert einer Variable in  }
  push_mw_;   inline(WordVar);              { den Stack übergeben           }
  call_md_;   inline(ProcPtr);              { far Funktion aufrufen         }
  WordVar:=wordfunc;                        { Dummy Funktion für Zuweisung  }
  writeln(WordVar);
end.
```

In diesem Programmbeispiel wurde das *far*-Aufrufmodel benutzt. Der Aufruf
einer Funktion unterscheidet sich nicht im geringsten vom Aufruf einer Prozedur. Parameter werden gemäß der besprochenen Konventionen in den Stack
übergeben. Der erste, ein konstanter Wert, muß zunächst in das Register AX
geladen werden. Der zweite, der Wert einer Variablen, kann direkt in den Stack
übergeben werden. Nach beendeter Funktion befindet sich das *word*-Ergebnis
in dem Register AX. Um den Compiler zu veranlassen, Code für die Zuweisung des Wertes vom Register AX auf *WordVar* zu erzeugen, wurde eine *inline*-Makro-Funktion *wordfunc* definiert. Sie enthält die Assembleranweisung
NOP, bei deren Ausführung der Prozessor im Grunde gar nichts tut.

8.3.2.3   Das Unit *inlines*

Jetzt sind wir imstande, praktisch jedes Unterprogramm, ob *near* oder *far*, mit
oder ohne Parameter durch einen Zeiger aufzurufen. Doch gerade durch die für
jedes Unterprogramm individuellen Aufrufbedingungen geht der große Vorteil
des indirekten Aufrufens verloren. Wir möchten aber eine allgemeingültige und
einheitliche Lösung finden, die uns erlaubt, Unterprogramme mit Parametern
unterschiedlicher Datentypen und Anzahl aufzurufen. Die fünf nächsten Punkte
stecken das gesetzte Ziel ab:

1. Es sollen *inline*-Makros definiert werden, die sich für das indirekte Aufru-
   fen von allen Unterprogrammen eignen. Der erste Parameter vom *inline*-
   Makro wird dementsprechend vom Datentyp *pointer* sein und auf die
   Adresse des aufzurufenden Unterprogramms zeigen.

2. Der Datentyp und die Anzahl der Parameter des aufzurufenden Unterprogramms soll nicht vorgegeben sein. Die Lösung ist einfach, unter der Voraussetzung, daß alle indirekt aufgerufenen Unterprogramme ihre Parameter als var-Parameter definieren. Das heißt, ihnen werden nur Zeiger als Parameter übergeben. So wird weder die Anzahl noch der Datentyp der Parameter eingeschränkt. Zu diesem Zweck erhält das *inline*-Makro einen untypisierten Parameter als Buffer für diese Zeiger. Eine zusätzliche Zählervariable wird die Anzahl der in diesem Buffer tatsächlich vorhandenen Zeiger angeben.

3. Beide Aufrufmodelle *near* und *far* sollen unterstützt werden. Aus diesem Grund werden zwei ähnliche *inline*-Makros definiert, die sich nur in der Art des Aufrufmodells unterscheiden.

4. Beim *near*-Aufrufmodel muß zwischen zwei verschiedenen Fällen unterschieden werden.

   a. Das aufgerufene Unterprogramm ist global definiert.
   b. Das aufgerufene Unterprogramm ist lokal, also innerhalb eines anderen Unterprogrammes definiert.

   Im zweiten Fall wird der aufgerufenen Routine das BP-Register des Aufrufers zwecks Adressierung der lokalen Variablen übergeben. Dieser Unterschied wurde im Abschnitt 8.2.3 erläutert. Aus diesem Grund werden zwei verschiedene *near-inline*-Makros entwickelt.

5. Die letzte Frage, die noch geklärt werden muß, hat mit der Eigenschaft der Funktionen zu tun, Werte zurückzuliefern. Im letzten Abschnitt wurde gezeigt, wie mit Hilfe einer Pseudofunktion (*wordfunc*) der Compiler veranlaßt werden kann, Code für eine Zuweisung der folgenden Form zu generieren:

   Variable := func(Parameter);

Das stellt aber eine Kompromißlösung dar, da die Einsetzbarkeit von Funktionen in komlizierteren Ausdrücken eingeschränkt wird. Die bessere Lösung ist, für jeden Ergebnisdatentyp *inline*-Makros als Funktionen zu definieren. Da sie aber ansonsten identisch mit den Prozeduren *inline*- Makros sind und es eine unnötige Wiederholung wäre, werden wir auf die Definition solcher Makros in Unit *inlines* verzichten. Bei Bedarf kann man nachträglich die Prozeduren-Makros als Funktionen umdefinieren.

Unit *inlines* definiert drei verschiedene *inline*-Makros zum Aufruf von Unterprogrammen.

```
unit inlines;
interface

{ Für alle callxxxproc inline Makros :                               }
{ RAddr          : Zeiger auf aufzurufende Routine                   }
{ PSource        : Untypisierter Parameter gefüllt mit Adressen (Zeigern) der  }
```

```
{                   zu übergebenden Parametern.                           }
{ PCount       : Anzahl der in PSource vorhandenen Zeigern               }
{                                                                         }
{ Einschränkung: Alle Parameter werden "by reference" übergeben. Aus diesem }
{                Grund muß die aufgerufene Routine ihre formale Parameter }
{                als var definieren.                                      }

procedure callfarproc(var RAddr:pointer; var PSource; PCount:word);
{ Ruft ein far Unterprogramm über seinen Zeiger auf.                     }
inline($59/              {              POP  CX       ; CX   = PCount      }
       $5E/              {              POP  SI       ; ES:SI = @PSource   }
       $07/              {              POP  ES                           }
       $5B/              {              POP  BX       ; DX:BX = @RAddr     }
       $5A/              {              POP  DX                           }
       $83/$F9/$01/      {              CMP  CX,+01   ; Parameter zu übergeben ? }
       $72/$0C/          {              JB   NoParms                      }
       $26/              { LoadParms: ES:             ; Segmentwert übergeben }
       $FF/$74/$02/      {              PUSH [SI+02]                      }
       $26/              {              ES:            ; Offsetwert   übergeben }
       $FF/$34/          {              PUSH [SI]                         }
       $83/$C6/$04/      {              ADD  SI,+04   ; Nächsten Parameter zeigen}
       $E2/$F4/          {              LOOP LoadParms ; Vorgang wiederholen }
       $8E/$C2/          { NoParms  : MOV  ES,DX      ; ES:BX = @PSource  }
       $26/              {              ES:            ; call far (PSource^) }
       $FF/$1F           {              CALL FAR [BX]                  });


procedure callouterproc(var RAddr:pointer; var PSource; PCount:word);
{ Ruft ein global definiertes near Unterprogramm über seinen Zeiger auf. }
inline($59/              {              POP  CX       ; CX   = PCount      }
       $5E/              {              POP  SI       ; ES:SI = @PSource   }
       $07/              {              POP  ES                           }
       $5B/              {              POP  BX       ; DX:BX = @RAddr     }
       $5A/              {              POP  DX                           }
       $83/$F9/$01/      {              CMP  CX,+01                       }
       $72/$0C/          {              JB   NoParms                      }
       $26/              { LoadParms: ES:             ; Segmentwert übergeben }
       $FF/$74/$02/      {              PUSH [SI+02]                      }
       $26/              {              ES:            ; Offsetwert   übergeben }
       $FF/$34/          {              PUSH [SI]                         }
       $83/$C6/$04/      {              ADD  SI,+04   ; Nächsten Parameter zeigen}
       $E2/$F4/          {              LOOP LoadParms ; Vorgang wiederholen }
       $8E/$C2/          { NoParms  : MOV  ES,DX      ; ES:BX = @RAddr    }
       $26/              {              ES:            ; call near (PSource^) }
       $FF/$17           {              CALL [BX]                      });


procedure callinnerproc(var RAddr:pointer; var PSource; PCount:word);
{ Ruft ein lokal definiertes near Unterprogramm über seinen Zeiger auf. }
inline($59/              {              POP  CX       ; CX   = PCount      }
       $5E/              {              POP  SI       ; ES:SI = @PSource   }
       $07/              {              POP  ES                           }
```

```
    $5B/              {              POP   BX        ; DX:BX = @RAddr           }
    $5A/              {              POP   DX                                   }
    $83/$F9/$01/      {              CMP   CX,+01                               }
    $72/$0C/          {              JB    NoParms                              }
    $26/              { LoadParms:   ES:             ; Segmentwert übergeben    }
    $FF/$74/$02/      {              PUSH  [SI+02]                              }
    $26/              {              ES:             ; Offsetwert  übergeben    }
    $FF/$34/          {              PUSH  [SI]                                 }
    $83/$C6/$04/      {              ADD   SI,+04    ; Nächsten Parameter zeigen}
    $E2/$F4/          {              LOOP  LoadParms ; Vorgang wiederholen      }
    $55/              { NoParms  :   PUSH  BP        ; Aufrufers BP übergeben   }
    $8E/$C2/          {              MOV   ES,DX     ; ES:BX = @RAddr           }
    $26/              {              ES:             ; call near (PSource^)     }
    $FF/$17           {              CALL  [BX]                               }});


{ Alle drei folgenden Funktionen verwenden das gleiche  Aufrufmodell wie die }
{ entprechenden Prozeduren. Der inline-Code ist identisch und wird deswegen  }
{ nicht wiederholt. Der  Datentyp  pointer  wurde  als  Funktionsergebnis    }
{ gewählt, weil durch geeignete Datentyp-Umwandlung  ein Zeiger auf alle nur }
{ denkbaren Datentypen zurückgelifert werden kann.                          }

function callfarfunc (var RAddr:pointer; var PSource; PCount:word) :pointer;
function callouterfunc(var RAddr:pointer; var PSource; PCount:word) :pointer;
function callinnerfunc(var RAddr:pointer; var PSource; PCount:word) :pointer;


implementation
end.
```

Obwohl bereits darauf hingewiesen wurde, hier nochmals zur Erinnerung: Bei *inline*-Anweisungen und Makros hat der Compiler keine Kontrollmöglichkeit über die Richtigkeit des Aufrufmodels, die Anzahl der übergebenen Parameter usw. Es ist deshalb besondere Vorsicht geboten.

Nun bietet sich die Möglichkeit an, wichtige Informationen über Unterprogramme in einem Datentyp zusammenzufassen,

```
type   callmodeltype = (far, inner, outer);

       proctype = record
         Address :pointer;                  { Routinen Adresse        }
         PBuffer :pointer;                  { Parameterpuffer         }
         PCount  :word;                     { Parameteranzahl         }
         CModel  :callmodeltype;            { Aufrufmodell            }
       end;

const MaxProc = 10;


var   ProcArray :array[1..MaxProc] of proctype;
```

und über das *ProcArray* indirekt über die unterschiedlichsten Programme zu verfügen.

8.4 external: Einbinden von OBJ-Modulen

Turbo Pascal bietet mittels der Deklaration *external* die Möglichkeit, in Assemblersprache geschriebene Unterprogramme aufzunehmen. Solche Unterprogramme, die von einem Assembler-Compiler erzeugt worden sind, müssen einzeln oder gruppenweise in Object-Module zusammengefaßt werden. Object-Modul-Dateien haben den Zusatznamen **.OBJ**. In diesen Dateien befindet sich der Code der implementierten Routinen in einem noch nicht lauffähigen Format. Zusätzlich zum eigentlichen Assemblercode enthält dieses Datei-Format Verweise auf die im Code enthaltenen relativen Adressenreferenzen, Zugriffe auf Daten anderer Module und weitere Informationen. Erst, wenn einzelne Module zu einem ganzen Programm zusammengefügt werden, erhalten solche Verweise ihren absoluten Wert. Dies ist Aufgabe eines anderen Programms, des Linkers.

Turbo Pascal verfügt über einen eigenen Linker, der ein eigenes Format für vorkompilierte Dateien besitzt. Jedesmal, wenn ein Object-Modul über die {$L ModulName}-Direktive in ein Turbo Pascal Programm aufgenommen wird, wandelt er es in sein eigenes internes Format um. Eine erfolgreiche Umwandlung setzt die Beachtung einiger Regeln und Einschränkungen bei der Entwicklung von Assemblermodulen voraus:

Segmente: Assemblermodule dürfen zwei Segmente aufführen. Das Codesegment, worin alle Prozeduren und Funktionen implementiert werden, und das Datensegment. Vom Turbo Linker akzeptierte Namen sind:

"**CODE**" oder "**CSeg**" für das Codesegment
"**DATA**" oder "**DSeg**" für das Datensegment

Alle anderen aufgeführten Segmente werden einfach ignoriert, wie auch folgende Segment-Attribute:

- das Attribut "**PUBLIC**", das das Zusammenbinden aller gleichnamigen Segmente bewirkt.

- alle Segmentausrichtungen ("**BYTE**", "**WORD**" und "**PARA**"). Die vom Linker vorgenommene Ausrichtung ist immer "**WORD**".

- die "**GROUP**"-Direktive

Routinen: Alle implementierten Assemblerroutinen befinden sich im Codesegment. Jedes Object-Modul kann öffentliche und private Unterprogramme implementieren. Das Prinzip ist dem eines Units ähnlich. Alle öffentlichen, vom Pascal-Programm aufrufbaren Routinen müssen mit Hilfe der "PUBLIC"-Direktive aufgelistet werden.

Auf die Übereinstimmung der Routine mit ihrer Pascal-Definition muß geachtet werden. Aufrufmodel (*near/far*), Anzahl und Datentyp der Parameter sowie Funktionsergebnisse werden vom Turbo-Linker nicht überprüft. Maßgebend für den vom Compiler erzeugten Code für den Aufruf eines Unterprogramms, Parameterübergabe sowie die Übernahme der Funktionsergebnisse ist auschließlich der Definitionskopf des Unterprogramms im Pascal-Quellcode.

Der Aufruf von Pascal- und Assembler-Routinen ist in beide Richtungen möglich. Das heißt, auch Pascal-Unterprogramme können von Routinen der Object-Module aufgerufen werden. Solche Pascal-Routinen müssen mit Hilfe der "EXTRN"-Assemblerdirektive aufgelistet werden. Auch hier muß auf die korrekten Attribute **"NEAR"** / **"FAR"** geachtet werden, da der Turbo-Linker ebenfalls keine derartige Kontrolle unternimmt.

Variablen:

Variablen von Assemblermodulen werden, wie alle globalen Variablen, im Datensegment abgelegt. Variablen, die in einem Assemblermodul definiert werden, sind privat: Pascal-Routinen haben keinen Zugriff darauf. Trotzdem ist die Definition einer gemeinsamen Daten-Schnittstelle möglich. In diesem Fall müssen die Variablen im Pascal-Programm definiert werden. Assemblemodule können sie dann über die **"EXTRN"**-Anweisung deklarieren und so den Zugriff auf sie ermöglichen. Halten wir dabei fest, daß es sich dabei nur um das Bekanntmachen des Offsetwertes der entsprechenden Variablen innerhalb des Datensegmentes handelt. Assembler verfügt nicht über die Vielfalt der Pascal-Datentypen. Es ist dem Programmierer überlassen, ob er entsprechende Strukturen in Assemblersprache definiert oder Variablen einfach als unstrukturiert behandelt. Beispielsweise kann eine Variable vom Typ *pointer* im Assemblerquellcode als word deklariert werden:

```
extrn PtrVar :word
```

Anschließend kann man mittels PtrVar bzw. PtrVar[2] auf den darin enthaltenen Offset- bzw. Segmentwert zugreifen oder folgende Struktur definieren:

```
pointer  STRUC
  Offs  DW ?
```

Segm DW ?
pointer ENDS

und dann mittels PtrVar[Offs] bzw. PtrVar[Segm] dasselbe erreichen.

Assemblermodule haben außerdem die Möglichkeit, private Daten mitten im Codesegment abzulegen. Solche Variablen lassen sich z.B. durch

VariablenName DW 10

mit bestimmten Werten vorinitialisieren, im Gegensatz zu privaten Variablen im Datensegment.

Turbo Pascal *absolute*-Variablen können nicht in einem Assemblermodul referiert werden.

Allgemeines: Alle in den ersten Abschnitten dieses Kapitels aufgeführten Pascal-Konventionen müssen selbstverständlich bei der Entwicklung von Assemblermodulen beachtet werden.

Im folgendem wird das Gerüst eines Assemblermoduls verdeutlicht, das in ein Pascal-Programm eingebunden werden kann. (Für Assembler reservierte Wörter werden in Großbuchstaben geschrieben) :

```
Data SEGMENT                                 ; Datensegment
     EXTRN PasByteVar    :BYTE               ; Daten Schnittstelle
     EXTRN PasWordVar    :WORD
     EXTRN PasLongVar    :DWORD
     EXTRN PasPtrVar     :DWORD
     EXTRN PasStringVar :BYTE
          AsmByteVar     DB           (?)    ; Private Daten vom
                                             ; Assemblermodul
          AsmWordVar     DW           (?)
          AsmLongVar     DD           (?)
          AsmPtrVar      DD           (?)
          AsmStringVar   DB  256 DUP (?)
Data ENDS                                    ; Ende vom Datensegment


Code SEGMENT                                 ; Codesegment
     ASSUME CS:Code, DS:Data
     EXTRN   PasProc :NEAR                   ; Deklaration der vom Asm. Modul
     EXTRN   PasFunc :FAR                    ;    aufgerufenen Pascal-Routinen
     PUBLIC AsmProc                          ; Deklaration der vom Pascal-
     PUBLIC AsmFunc                          ;    Programm aufgerufenen Asm.
     PUBLIC AsmLabel                         ;    Routinen und Labels

     AsmLocalVar  DW 10 DUP(0AAh)            ; Lokale Variable im Codesegment


AsmProc    PROC NEAR                         ; Implementierung von AsmProc
```

```
            ; .
AsmLabel: PUSH    PasWordVar              ; Variable und konstanten Wert
          MOV     AX, 100                 ; als Parameter übergeben
          PUSH    AX
          CALL    PasFunc                 ; Aufruf der Pascal-Funktion
          MOV     WORD PTR AsmLongVar[0], AX  ; Ergebnis, in diesem Fall
          MOV     WORD PTR AsmLongVar[2], DX  ; longint, in lokaler Variable
          ; .
AsmProc   ENDP


AsmFunc   PROC FAR                        ; Implementierung von AsmFunc
          ; .
          PUSH    PasWordVar              ; Parameter übergeben
          CALL    PasProc                 ; Aufruf der Pascal-Prozedur
          ; .
          CALL    AsmLoc                  ; Aufruf einer lokalen Routine
          ; .
AsmFunc   ENDP


AsmLoc    PROC NEAR                       ; Implementierung einer lokalen
          ; .                             ; Routine
          ; .
AsmLoc    ENDP

Code ENDS                                 ; Ende vom Codesegment
     END                                  ; Ende vom Assemblerquelltext
```

Der Assembler-Compiler fügt Assembler-Unterprogrammen keinerlei Code zu.
Jedes Unterprogramm besteht auch in seiner endgültigen Form nur aus dem
vom Programmierer geschriebenen Code. Die Assemblersprache kennt keine
Funktionen. Prozeduren und Funktionen sind aus der Sicht des Assembler-
Compilers identisch. Wird vom Programmierer eine Funktion implementiert,
muß er dafür sorgen, daß kurz vor der Rücksprunganweisung die richtigen Er-
gebniswerte sich in den von Turbo Pascal konventionsmäßig erforderten Registern befinden. Im Prinzip wäre also jede Assembler-Funktion als Prozedur aufrufbar, was allerdings zu unsinnigen Ergebnissen führen würde.

Assembler-Routinen werden von Turbo Pascal als "black boxes" betrachtet, deren Inhalt nicht überprüft wird.

Ebenso wenig beachtet Turbo Pascal die Deklaration einer Assemblerroutine als
NEAR oder FAR. Solche Deklarationen haben nur innerhalb des Assemblermoduls eine Bedeutung. Ausschlaggebend für Turbo Pascal ist nur der Definitionskopf des Unterprogramms. Der Programmierer trägt allein die Verantwortung für die Übereinstimmung von Pascal-Deklaration und dem tatsächlichen Verhalten des Unterprogramms.

Im folgenden Abschnitt werden wir ein lauffähiges Programmbeispiel entwickeln, das das Einbinden von Assemblerroutinen in Turbo Pascal Programme

demonstriert. Wir werden es wie üblich in Form eines Units schreiben, da so das Beispiel zu einer nützlichen Utility wird.

8.5 Das Unit macro

Unit *macro* definiert Tasten-Makros. Es eignet sich besonders für das Einsetzen eines in Assembler geschriebenen Moduls, weil eine große Ausführungsgeschwindigkeit erforderlich ist.

Durch die Definition von Tasten-Makros kann der Druck einer einzigen Taste die Ausführung einer Reihe von Anweisungen hervorrufen. So kann beispielsweise mit Hilfe einer entsprechenden Definition durch einen einzigen Tastendruck das Drücken einer ganzen Reihenfolge von Tasten simuliert werden. Dabei erfolgt kein Aufruf einer entsprechenden Prozedur. Dieser Ersatzvorgang findet in einer sehr niedrigen Ebene statt und wird von Programmen nicht wahrgenommen.

Definieren von Tasten-Makros ist sehr nützlich bei Anwendungen, die mit Hilfe von vielen Auswahlmenüs bedient werden, wenn zwischen verschiedenen Auswahlmenüs schnell hin und her geschaltet werden muß. Professionelle Programme machen häufig davon Gebrauch.

Um diese Aufgabe besser verstehen zu können, müssen wir einen kleinen Abstecher ins Innenleben des Rechners machen.

8.5.1 BIOS Tastaturpuffer

Sie haben sich vielleicht schon gefragt, wie beim Aufruf der *crt.keypressed* Funktion festgestellt wird, ob eine Taste bereits gedrückt worden ist, oder warum Zeichen von Tasten, die vor einer entsprechenden Abfrage mittels *crt.readkey* gedrückt worden sind, nicht verloren gehen. Man kann vermuten, daß diese Zeichen irgendwo gespeichert werden, bis ein Programm explizit nach einem Tastendruck verlangt.

BIOS (Basic Input Output System), über das wir in Kürze bereits in Kapitel 1 gesprochen haben, verwaltet tatsächlich einen Speicherbereich, der zum Zwischenspeichern von Tastenanschlägen vorgesehen ist. Dieser Puffer wird als eine zyklische Warteschlange verwaltet und kann maximal 15 Tastenanschläge speichern. Einige dokumentierte Variablen werden von BIOS zur Verwaltung des Tastaturpuffers benutzt. Sie befinden sich in niedrigen Speicheradressen, wo BIOS-Daten auch für andere Zwecke bereithält. Im folgenden werden einige den Tastaturpuffer betreffende Variablen mit ihren absoluten Adressen aufgelistet, auf die wir bei der Entwicklung von Unit macro zugreifen werden:

KB_FLAG	$00417	Ist ein Bit-kodiertes byte, worin gespeichert wird, welche der Umschalttasten (Ctrl, Shift, Alt, Ins usw.) gerade aktiv sind.
BUFFER_HEAD	$0041A	Ist ein word-Zeiger, der auf den im Puffer gespeicherten Tastencode zeigt, der bei der nächsten Operation gelesen wird.
BUFFER_TAIL	$0041C	Ist ein word-Zeiger und zeigt auf die Speicherstelle im Puffer, in der der nächste eingegebene Tastencode gespeichert werden wird.
KB_BUFFER	$0041E	Der Tastaturpuffer ist ein array[0..15] of word. Wegen seiner Verwaltung als zyklische Warteschlange können 15 Tastencodes gespeichert werden. BUFFER_HEAD = BUFFER_TAIL bedeutet, daß der Puffer leer ist.
BUFFER_START	$00480	Ist ein word-Offsetzeiger, der auf den Anfang von KB_BUFFER verweist. Er enthält also den Wert $001E.
BUFFER_END	$00482	Ist ein word-Offsetzeiger der auf das Ende von KB_BUFFER oder, besser gesagt, auf die erste Speicherstelle nach KB_BUFFER zeigt. Er enthält also den Wert $003E.

In Kapitel 6 (Datenmaschinen) wurde unter anderem ausgiebig auf die Verwaltung von zyklischen Warteschlangen eingegangen, und deswegen werden wir uns hier nicht weiter damit beschäftigen. Gehen wir also zum praktischen Teil über:

Wie wird nun dieser Puffer mit neuen Zeichen gefüllt, und wie werden daraus Zeichen wieder herausgelesen?

Es ist selbstverständlich, daß kein Programm imstande ist zu wissen, in welchem Moment eine Taste gedrückt wurde. Es muß also die Tastatur selbst sein, die sich bei jedem Tastendruck mit der Anforderung meldet, den Tastencode zu speichern, sich meldet. Ein Hardware-Interrupt, das Interrupt 9, wird erzeugt und die entsprechende Routine angesprungen. Diese Routine führt ein gewisses Protokoll aus, um der Tastatur den Empfang des gesendeten Tastencodes zu bestätigen. Von größerer Wichtigkeit ist aber für uns, daß dieser Interrupt-Handler nicht wahllos jeden Code im Tastaturpuffer speichert. Ist beispielsweise der berichtete Tastencode mit dem einer Umschalttaste identisch, so wird nur KB_FLAG entsprechend verändert. Weiterhin wird überprüft, ob **Ctrl-Break** oder **Ctrl-NumLock** gedrückt wird, was den Abbruch bzw. das vorübergehende Anhalten des gerade laufenden Programms bedeutet. Handelt es sich aber um eine normale Taste, so wird der Tastencode mittels einer Tabelle in das entsprechende ASCII-Zeichen verwandelt. Aus dem ASCII-Zeichen wird mit Hilfe von Tastencode und Ordnungszahl ein 2 Bytes langer Wert gebildet und im Puffer gespeichert. Im höherwertigem Byte befindet sich immer der von der Tastatur gesendete Tastencode und im niederwertigem der ASCII-Wert, z.B.

	HIGH	LOW			HIGH	LOW	
	$1E	$41	= 'A'		$1E	$61	= 'a'
	T. CODE	ASCII			T. CODE	ASCII	

Einzige Ausnahme stellen besondere Tasten, wie z.B. die Funktionstasten dar. In solchen Fällen wird im höherwertigem Byte der gesendete Tastencode und im niederwertigem der Wert Null gespeichert, z.B

	HIGH	LOW			HIGH	LOW	
	$3B	$00	= F1		$3C	$00	= F2
	T. CODE	ASCII			T. CODE	ASCII	

Nach der Sicherstellung des Tastencodes und des resultierenden ASCII-Wertes wird der entprechende Index (BUFFER_TAIL) des zyklisch verwalteten Puffers um eine Einheit, also 2 Bytes, erhöht und der Interruptvorgang abgeschlossen. Die auf diese Weise gesicherten Zeichen bleiben im Puffer, bis ein Programm nach einer Tastatureingabe verlangt. Zu diesem Zweck stellt BIOS ein anderes Interrupt, das Software-Interrupt 16 hex, zur Verfügung. Es ist mit einer Funktion vergleichbar, da es nur softwaremäßig ausgelöst wird und, weil Ergebnisse durch veränderte Registerinhalte zurückgeliefert werden, von Programmen wahrgenommen wird.

Interrupt 16 hex ist genauer gesagt eine Sammelroutine für drei unterschiedliche Funktionen, die abhängig vom Wert des Prozessorregisters AH beim Auslösen des Interrupts aktiviert werden. Im folgenden werden sie beschrieben.

AH = 0 :　　Lesen des nächsten verfügbaren Zeichens vom Tastaturpuffer. Ist kein Zeichen im Puffer vorhanden, wird das Programm solange angehalten, bis eine Tastatureingabe erfolgt. Das Zeichen wird in das Register AX zurückgeliefert.

AH = 1 :　　Prüfen, ob ein Zeichen im Tastaturpuffer bereits vorhanden ist. Falls ja, wird der Wert des nächsten Zeichens in das Register AX geladen und das Bit ZF im Register Flags auf 0 gesetzt. Das Zeichen bleibt weiter im Puffer enthalten. Ansonsten signalisiert ein gesetztes ZF-Bit (Wert=1), daß der Puffer leer ist. In diesem Fall ist der Wert von AX ungültig, und es wird nicht auf eine Tastatureingabe gewartet.

AH = 2 :　　Das Keyboard-Status Byte wird in das Register AX zurückgeliefert.

Die Turbo Pascal Funktionen *crt.readkey* und *crt.keypressed* lösen das Interrupt 16 hex aus. Der Wert von AH beträgt 0 bzw. 1 entsprechend.

8.5.2 Das Konzept von Unit macro

Nun haben wir die nötigen Informationen, um zur Entwicklung des Units macro überzugehen. Unser Ziel ist, das Vorkommen bestimmter Zeichen im Tastaturpuffer von BIOS durch eine vordefinierte Folge anderer Zeichen zu ersetzen und uns somit das einzelne Drücken der entsprechenden Tasten zu ersparen. Ein solches Tasten-Makro kann aus mehreren Tastenfolgen bestehen. So stoßen wir schon auf das erste Problem, denn der BIOS-Tastaturpuffer kann maximal nur 15 Tastendrücke speichern. Unsere Tasten-Makros sind im besten Fall, also bei leerem Puffer, nicht größer als 15 Zeichen. Das ist aber ein Kompromiß, den wir nicht eingehen dürfen, wenn wir die Nützlichkeit unseres Units nicht beträchtlich einschränken wollen.

Das Ersetzen vom BIOS-Tastaturpuffer durch einen anderen, viel größeren, ist also notwendig. Wie können wir aber unseren eigenen Puffer an die zwei Interrupts, 9 und 16 hex, koppeln? Wir ziehen die Lösung mit dem geringsten Aufwand vor.

Man könnte auf den Gedanken kommen, einfach die schon vorgestellten BIOS-Variablen so zu verändern, daß sie auf unseren größeren Puffer zeigen, und ansonsten alles andere so zu belassen, wie es ist. Diese Möglichkeit ist aber nicht praktikabel, da BIOS nur Zeigervariablen für die Offsetwerte zur Verfügung stellt und immer davon ausgeht, daß sich der Tastaturpuffer im Segment $0040 befindet.

Deshalb müssen wir eine eigene Routine entwickeln, die imstande ist, unseren eigenen Puffer auf die gleiche Weise zu verwalten, wie BIOS den seinigen. Diese Routine muß jedesmal, wenn eine Taste gedrückt wird, aufgerufen werden, um den Puffer zu aktualisieren. Sie muß sich also wie das Interrupt 9 verhalten, oder besser gesagt, dieses ersetzen. Das ist nicht unmöglich, da Interrupts indirekt durch ihre absoluten Adressen im Speicher angesprungen werden. Wir werden den entsprechenden Interrupt-Vektor mit Hilfe der Prozeduren *dos.getintvec* und *dos.setintvec* ersetzen und auf unsere Routine zeigen lassen.

Das (nunmehr alte) Interrupt 9 muß aber dabei noch eingesetzt werden, weil wir sonst die komplizierten Abfragen zur Feststellung und Interpretation einer gedrückten Taste selbst hätten programmieren müssen. Diese lästige Arbeit überlassen wir aber dem Interrupt 9. Wir rufen es wie eine normale Prozedur auf, unter Berücksichtigung seiner Interrupt-Natur, und holen das fertig interpretierte Zeichen vom BIOS-Puffer, um es sofort in unseren eigenen zu kopieren.

Dabei gibt es zwei Möglichkeiten. Wir können die vom BIOS-Puffer gelieferten Zeichen selbst lesen, oder wir überlassen es dem ursprünglichen Interrupt-Handler 16 hex. Die zweite Methode ist erfahrungsgemäß am sichersten, da bei der ersten mit absoluten Systemadressen gearbeitet werden muß, die bei Rechnern mit unterschiedlichen BIOS-Versionen zu Kompatibilitätsproblemen führen können. Aus diesem Grund werden wir die zweite Lösung vorziehen. Damit haben wir sichergestellt, daß unser Puffer ständig mit aktuellen Daten gespeist wird.

Nun müssen wir das Herauslesen der Daten aus dem Puffer genauso transparent für Anwendungsprogramme gestalten. Transparent bedeutet in diesem Fall, das ursprüngliche Interrupt 16 hex zu ersetzen. Es ist nicht möglich, den alten Interrupt-Handler zu verwenden, da er, wie bereits erwähnt, mit absoluten Adressen arbeitet.

Außerdem möchten wir im neuen 16 hex-Handler eine zusätzliche Operation implementieren: Jedes vom Puffer gelesene Zeichen muß erst mit den vom Programmierer definierten Tasten-Makros verglichen werden. Wird eine Übereinstimmung festgestellt, wird das Zeichen im Puffer überschrieben und durch die Makrodefinition ersetzt. Anstatt des ursprünglichen Zeichens wird das erste Zeichen der Makrodefinition zurückgeliefert. Wo befinden sich aber solche Makrodefinitionen, und wie werden sie dargestellt?

Der Datentyp *string* eignet sich zur Darstellung von Makrodefinitionen, die normale ASCII-Zeichen enthalten. Makrodefinitionen können aber auch Tastencodes von Sondertasten, wie **PgUp**, **PgDn**, **Funktionstasten** etc., enthalten, die sich besser durch einen ganzahligen Ausdruck darstellen lassen. Solche Werte wurden bereits im Unit *strings* definiert und können ohne weiteres verwendet werden. Eine Darstellungsweise, die beiden Formaten gerecht wird, ist ein variantes Record, das das Unit *macro* global deklariert.

Tastaturcodes werden intern als 2 Bytes lange Folgen dargestellt, wie bereits im letzten Abschnitt beschrieben wurde. Die Funktion crt.readkey liefert aber nur das niederwertige Byte als ASCII-Zeichen zurück. Aus diesem Grund werden wir, um Speicherplatz zu sparen, für unsere Makrodefinitionen nur ein Byte für jedes Zeichen verwenden. Unser Interrupt-Handler 16 hex wird dann im höherwertigen Byte eine Null hinzufügen, was eine Tastatureingabe mittels der Alt-Taste und des numerischen Cursorblocks simuliert.

Wir werden die Makrodefinitionen nicht in ein *array* vom zuletzt erwähnten Record hineinpacken. Die meisten Makrodefinitionen würden nicht den gesamten, für jede Definition vorgesehenen Speicherplatz in Anspruch nehmen, was unnötig Speicherplatz verschwenden würde. Stattdessen kodieren wir einen ansonsten nicht strukturierten Bereich nach folgendem Prinzip:

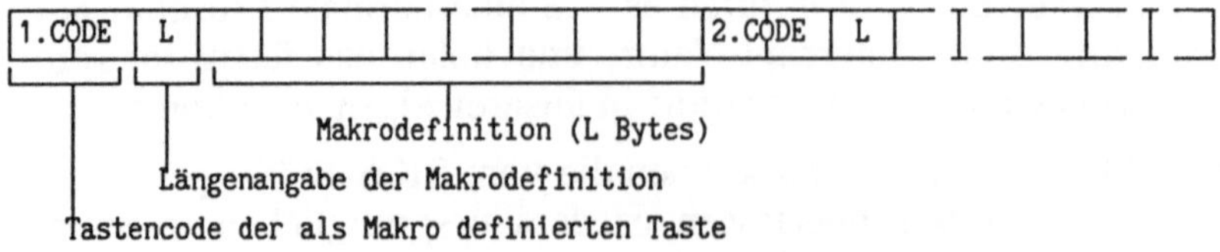

Bild 8.1: Darstellung der Makrodefinitionen im Speicher.

Die ersten zwei Bytes (*word*) werden für den Tastencode der Taste reserviert, die als Makro definiert werden soll. Darauf folgt ein Längenbyte, das die tatsächliche Länge der Makrodefinition bestimmt. Anschließend können weitere Makrodefinitionen folgen, die nach dem gleichen Prinzip kodiert sind. Derartige Strukturen lassen sich sehr schnell durch entprechende Assembleranweisungen, die automatisch den Indexwert erhöhen, nach dem Vorhandensein bestimmter Werte durchsuchen.

Unit *macro* wird einen Initialisierungsteil besitzen, der unter anderem die zwei urprünglichen Interruptvektoren 9 und 16 hex in zwei *pointer*-Variablen sichert. Eine *far*-Prozedur wird mittels der *pointer*-Variablen *ExitProc* an den Ausgangscode des Programms angeschlossen, um nach Beenden der Programmausführung die alten Interruptvektoren wiederherzustellen. Auf diese Weise wird ein Systemabsturz vermieden, der bei einem ungewollten Abbrechen des Programms (Laufzeitfehler,Ctrl-Break, usw), wegen der veränderten Interruptvektoren eintreten würde.

8.5.3   Die Implementierung vom Unit macro

Im *interface*-Teil vom Unit *macro* werden das Record *macrotype* deklariert und vier Pascal-Funktionen implementiert. Die neuen Interrupt-Routinen und alle Variablen zur Verwaltung des lokalen Tastaturpuffers sind nur im *implementation*-Teil definiert. So wird die Schnittstelle möglichst einfach und übersichtlich gehalten. Die vier Funktionen liefern die Werte 0 oder -1 zurück, je nach Ausgang der entsprechenden Operation. Null signalisiert eine fehlerlose Ausführung, während -1 für jede Funktion eine unterschiedliche Bedeutung hat.

setmacro :   Speichert die übergebene Makrodefinition in den Makro-Puffer. Aus zwei Gründen liefert *setmacro* den Wert -1 als Fehlermeldung zurück:
A) Übergebene Makrodefinition hat die Länge 0.
B) Makro Puffer ist voll. Keine Definition mehr möglich.

getmacro :   Liefert den Tastencode der N. Makrodefinition im Makro-Puffer. Der Wert -1 als Ergebnis bedeutet, daß keine N. Makrodefinition im Puffer vorhanden ist.

delmacro :   Löscht die Makrodefinition vom Makro-Puffer, die durch den übergebenen Tastencode definiert wird. Wird der Tastencode nicht im Puffer gefunden, so wird der Wert -1 zurückgeliefert.

putkey :   Speichert den übergebenen *word*-Wert als Tastencode direkt im Tastatur-Puffer. Auf dieser Weise können Programmodule das Drücken von Tasten simulieren, die niemals über die Tastatur eingegeben wurden. Sollte der Tastatur-Puffer voll sein, wird der Wert -1 zurückgeliefert.

```
unit macro;
interface
uses dos, types;

type macrotype = record                             { Variantes Record         }
     MCode :word;
     case byte of
     0: (Chars :string);
     1: (Bytes :array[0..255] of byte);
     2: (MSize :byte;
         Words :array[1..127] of word);
     end;

function setmacro (var MacroDef:macrotype)          :integer;
function getmacro (Nr:word; var MacroDef:macrotype) :integer;
function delmacro (Nr:word)                         :integer;
function putkey   (Nr:word)                         :integer;


implementation
const LocalSize = 320;                              { Tastaturpuffer in word's  }
      MacroSize = 512;                              { Makropuffer in byte's     }

var   LocalBuff :array [1..LocalSize] of word;  { lokaler Tastaturpuffer    }
      MacroBuff :array [1..MacroSize] of byte;  { Makrodefinition-Puffer    }
      SaveInt09 :pointer;                       { $09 org. Interruptvektor  }
      SaveInt16 :pointer;                       { $16 org. Interruptvektor  }
      SaveExit  :pointer;                       { ExitProc sichern          }
      LocalBeg  :word;                          { Verwaltung von LocalBuff  }
      LocalEnd  :word;
      LocalHead :word;
      LocalTail :word;
      LocalFree :word;
      MacroBeg  :word;                          { Verwaltung von MacroBuff  }
      MacroEnd  :word;
      MacroTail :word;


{$L MACRO}
procedure grabint09; external;                  { neuer Interrupt-Handler $09}
procedure grabint16; external;                  { neuer Interrupt-Handler $16}


function setmacro(var MacroDef:macrotype):integer;
var M :pointer;
begin
  setmacro:=-1;
  M:=ptr(DSeg, MacroTail);                       { M=1. freies MacroBuff Feld }
  with MacroDef do begin
    if (MSize > 0) and                           { falls MakroDef nicht leer  }
       (ptrtype(M).Off + MSize + 2 < MacroEnd)   { und MacroBuff nicht voll.. }
    then begin
      move(MCode, M^, MSize + 3);                { Mdef/ion im Puffer kopieren}
```

```pascal
      inc(MacroTail, MSize + 3);            { MacroTail aktualisieren   }
      setmacro:=0;                          { Operation war erfolgreich }
    end;
  end;
end;


function getmacro(Nr:word; var MacroDef:macrotype):integer;
var T :pointer;
begin
  getmacro:=-1;
  T:=ptr(DSeg, MacroBeg);                             { T = Anfang von MacroBuff }
  if Nr > 0 then begin
    while (ptrtype(T).Off<MacroTail) and (Nr >1)  { Versuche die  Nr.  Makro- }
    do begin                                      { definition zu finden      }
      dec(Nr);
      inc(ptrtype(T).Off, macrotype(T^).MSize +3);
    end;

    if (ptrtype(T).Off < MacroTail) and (Nr =1)   { Bei Erfolg ..             }
    then begin
      MacroDef:=macrotype(T^);                     { Makrodefinition kopieren }
      getmacro:=0;                                 { Erfolg signalisieren und }
    end;
  end;
end;


function delmacro(Nr:word):integer;
var T, N :pointer;
    Len  :byte;
begin
  T:=ptr(DSeg, MacroBeg);                             { T = Anfang von MacroBuff }
  if Nr > 0 then begin
    while (ptrtype(T).Off<MacroTail) and (Nr >1)  { Versuche die  Nr.  Makro- }
    do begin                                      { definition zu finden      }
      dec(Nr);
      inc(ptrtype(T).Off, macrotype(T^).MSize +3);
    end;

    if (ptrtype(T).Off < MacroTail) and (Nr =1)   { Bei Erfolg ..             }
    then begin
      Len:=macrotype(T^).MSize + 3;
      N:=ptr(DSeg, ptrtype(T).Off + Len);          { Nächste Definition finden }
      move(N^, T^, MacroTail-ptrtype(N).Off);      { und herrüber kopieren     }
      dec(MacroTail, Len);                         { MacroTail aktualisieren   }
      delmacro:=0;
    end;
  end;
end;
```

```pascal
function putkey(Nr:word):integer;
var Tail :word;
begin
  Tail:=LocalTail + sizeof(word);
  if Tail=LocalEnd then Tail:=LocalBeg;
  if Tail <> LocalHead
    then begin
      word(ptr(DSeg, LocalTail)^):=Nr;
      LocalTail:=Tail;
      dec(LocalFree);
      putkey:=0;
    end
    else putkey:=-1;
end;


{$F+} procedure macroexit; {$F-}         { Muß unbedingt als far      }
begin                                    { kompiliert werden          }
  setintvec($16, SaveInt16);             { org. Interruptvektoren     }
  setintvec($09, SaveInt09);             { wieder zurücksetzen        }
  ExitProc :=SaveExit;
end;


begin                                    { Initialisierungsteil       }
  getintvec($09, SaveInt09);             { org. Interruptvektoren     }
  getintvec($16, SaveInt16);             { sichern.                   }
  LocalBeg :=ofs(LocalBuff);             { LocalBuff Kontrollvariablen}
  LocalEnd :=LocalBeg + sizeof(LocalBuff);  { initialisieren.         }
  LocalHead:=LocalBeg;
  LocalTail:=LocalBeg;
  LocalFree:=LocalSize - 1;
  MacroBeg :=ofs(MacroBuff);             { MacroBuff Kontrollvariablen}
  MacroEnd :=MacroBeg + sizeof(MacroBuff);  { initialisieren.         }
  MacroTail:=MacroBeg;
  SaveExit :=ExitProc;                   { lokale  exit-Prozedur  an  }
  ExitProc :=@macroexit;                 { Ausgangscode anschließen   }
  setintvec($09, @grabint09);            { org. Int.vektoren  durch   }
  setintvec($16, @grabint16);            { eigene Handler einsetzen   }
end.
```

Wie wir feststellen, ist der Pascal-Teil vom Unit *macro* recht einfach und kurz formuliert. Achten Sie darauf, daß die zwei *external*-Prozeduren *grabint09* und *grabint16* nicht als *far* deklariert worden sind, obwohl sie Interrupt-Handler sind. Da sie nie direkt aus Pascal aufgerufen werden, ist das nicht von Bedeutung. Turbo Pascal selbst unternimmt, wie bereits erwähnt, sowieso keine entsprechenden Kontrollen. In den Routinen selbst wird schon Rücksicht darauf genommen, daß sie als Interrupt-Handler angesprungen werden. Ihre Pascal-Deklaration dient lediglich zur Aufnahme ihrer Adressen mittels des '@'-Operators.

Durch die Konstanten *LocalSize* und *MacroSize* wird die Größe des Tastatur- und Makropuffers bestimmt. Diese Größen können bei Bedarf geändert werden. Man sollte aber beachten, daß sich *LocalBuff* und *MacroBuff* im Datensegment befinden, das maximal 64 KB groß sein kann.

Das Assemblermodul, das Kernstück vom Unit *macro*, leistet die ganze Arbeit während des Programmablaufs. Außer den beiden Interrupt-Routinen werden dort noch drei weitere Routinen implementiert.

Zwei davon, *advance_bx* und *reduce_bx*, dienen zur Inkrementierung bzw. Dekrementierung der Pufferzeiger (Header, Tail). Mit Hilfe dieser Routinen wird der Tastaturpuffer (*LocalBuff*) zyklisch verwaltet. Vor dem Aufruf der Routinen befindet sich im Register BX der Wert des Zeigers, der verändert werden muß.

Die dritte lokal definierte Routine *convertch* wird bei jedem Lesevorgang vom Interrupt 16 hex aufgerufen. Bei ihrem Aufruf werden der gelesene Tastaturcode und der entsprechende Zeiger des Puffers in die Register AX und BX übergeben. *convertch* arbeitet wie ein selektiver Filter. Ist der übergebene Tastaturcode keine als Makro definierte Taste, so kehrt die Routine mit unveränderten Registerinhalten zurück. Andernfalls wird die Makrodefinition in *LocalBuff* kopiert. Der als Makro definierte Tastaturcode wird dabei überschrieben und somit vollständig durch seine Definition ersetzt. Bei der Rückkehr der Routine enthält das AX-Register das erste Zeichen der Makrodefinition, und BX zeigt auf seinen Platz im Puffer. Alle anderen benutzten Register werden temporär im Stack gesichert.

Durch dieses Prinzip können die *convertch* aufrufenden Routinen, nämlich die Funktionen 0 und 1 des Interrupts 16 hex, die Werte von AX und BX weiterverwenden, ohne Rücksicht darauf nehmen zu müssen, ob ein Austausch stattgefunden hat. Ein Überlauf des Puffers durch das Ersetzen von Makro-Tastaturcodes ist so gut wie ausgeschlossen, da die als Makros definierten Tasten solange darin kodiert bleiben, bis sie gelesen werden. Es befindet sich also im Puffer höchstens eine Makrodefinition, die nicht länger als 255 Bytes sein kann. Es ist selbstverständlich, daß als Makro definierte Tasten nicht in ihrer eigenen Definition vorkommen können. Genauso dürfen sich zwei Makrodefinitionen nicht gegenseitig beinhalten, da dies zu endlosen rekursiven Strukturen führen würde.

Da alle drei Routinen (*advance_bx*, *reduce_bx* und *convertch*) für den privaten Gebrauch des Assemblermoduls bestimmt sind, müssen sie nicht allen Pascal-Konventionen gerecht werden. So werden Parameterwerte von *convertch* nicht etwa durch den Stack übergeben, sondern über die Prozessorregister. Diese Methode ist schneller und für relativ kleine und übersichtliche Module geeignet.

BIOS-Routinen verändern das Stacksegment prinzipiell nicht. So hat unser Interrupt-Handler 09, der ja den urprünglichen Handler aufruft, nicht mit Problemen durch Änderungen des Stacksegments zu rechnen. Anders sieht es aber mit dem Datensegment aus. Interrupt-Handler laufen normalerweise im Hintergrund ab, d.h. während der Abarbeitung eines anderen Programms, auch wenn es nur der DOS-Interpreter ist. Trotzdem können sie auf private Daten zugreifen, die sich in einem gesonderten Datensegment befinden. Da aber vor allem Hardware-Interrupts zu jedem beliebigen Zeitpunkt ausgelöst werden können, kann man nicht davon ausgehen, daß das DS-Register tatsächlich dieses private Datensegment adressiert. Sie müssen also vor jedem Zugriff auf private Daten das DS-Register auf den entsprechenden Wert setzen. Andernfalls würden sinnlose Daten aus einem anderen Datensegment gelesen werden. Aus diesem Grund setzen beide in Assembler geschriebenen Interrupt-Handler das DS-Register auf den Wert des Turbo Pascal-Datensegmentes.

Nun der Assemblercode, der mit Hilfe von einem Assembler zu einer MACRO.OBJ Datei kompiliert werden muß:

```
Data SEGMENT
     EXTRN     SaveInt09 :DWORD              ; Datenschnittstelle mit dem
     EXTRN     SaveInt16 :DWORD              ; Pascalquellcode
     EXTRN     LocalBeg  :WORD
     EXTRN     LocalEnd  :WORD
     EXTRN     LocalHead :WORD
     EXTRN     LocalTail :WORD
     EXTRN     LocalFree :WORD
     EXTRN     MacroBeg  :WORD
     EXTRN     MacroTail :WORD
Data ENDS


Code SEGMENT
     ASSUME CS:Code, DS:Data
     PUBLIC  grabint09                       ; Deklaration der öffentlichen
     PUBLIC  grabint16                       ; Routinen


grabint09  PROC FAR
           PUSH     AX                       ; Sichern der verwendeten
           PUSH     BX                       ; Register
           PUSH     SI
           PUSH     DS
           MOV      AX, Data                 ; Laden vom Turbo-Datensegment
           MOV      DS, AX

           PUSHF                             ; Alter Handler 9 soll T.code
           CALL     SaveInt09                ; sichern (wenn überhaupt)
           STI

           MOV      AH, 1                    ; Zeichen eingetroffen ?
           PUSHF                             ; Alten Handler 16 fragen
           CALL     SaveInt16
           JZ       grab09ext                ; Zurück falls kein Zeichen da
           MOV      AH, 0                    ; sonst Zeichen (in AX) lesen
```

```
                PUSHF
                CALL        SaveInt16

                MOV         BX, LocalTail         ; ist LocalBuff schon voll ?
                MOV         SI, BX
                CALL        advance_bx
                CMP         BX, LocalHead
                JZ          grab09ext             ; Zurück falls LocalBuff voll

                MOV         [SI], AX              ; Sonst Zeichen speichern..
                MOV         LocalTail, BX         ; ..und LocalBuff Kontroll-
                DEC         LocalFree             ; variablen aktualisieren

grab09ext:  POP         DS                    ; Gesicherte Register laden
                POP         SI
                POP         BX
                POP         AX
                IRET                              ; Zurück vom Interrupt
grabint09   ENDP



grabint16   PROC FAR
                STI
                PUSH        BX                    ; Verwendete Register sichern
                PUSH        DS
                PUSH        AX
                MOV         AX, Data              ; Laden vom Turbo-Datensegment
                MOV         DS, AX
                POP         AX

                CMP         AH, 0
                JZ          asciiread             ; Falls AH = 0 ..
                CMP         AH, 1
                JZ          asciistat             ; Falls AH = 1 ..
                CMP         AH, 2
                JNZ         grab16ext             ; Falls AH <>2 zurück
                PUSHF                             ; Sonst alten Handler 16 zur
                CALL        SaveInt16             ; Ermittlung von KB_FLAG
                JMP SHORT   grab16ext             ; aufrufen

asciiread:  STI                               ; FUNK. O: ZEICHEN LESEN
                NOP
                CLI
                MOV         BX, LocalHead         ; Ist LocalBuff leer ?
                CMP         BX, LocalTail
                JZ          asciiread             ; Dann warten
                MOV         AX, [BX]              ; Sonst Zeichen in AX lesen
                CALL        convertch             ; Ist Zeichen ein Makro ?
                CALL        advance_bx            ; LocalBuff Kontrollvariablen
                MOV         LocalHead, BX         ; aktualisieren und..
                INC         LocalFree
```

```
            STI
            JMP  SHORT grab16ext                 ; ..zurück

asciistat:  CLI                                  ; FUNK. 1: ZEICHEN BERICHTEN
            MOV      BX, LocalHead               ; Ist LocalBuff leer ?
            CMP      BX, LocalTail               ; Dann ZF Flag setzten
            MOV      AX, [BX]                     ; Inhalt trotzdem in AX lesen
            JZ       statexit                     ; Falls gültiges Zeichen,
            PUSHF                                 ; dann Flags im Stack sichern
            CALL     convertch                    ; Ist Zeichen ein Makro ?
            POPF                                  ; Flags wieder laden
statexit :  STI
            POP      DS                           ; ..verwendete Register laden
            POP      BX                           ; Flag Register vom Stack
            RETF     2                            ; entfernen

grab16ext:  POP      DS                           ; Verwendete Register laden
            POP      BX
            IRET                                  ; Zurück vom Interrupt
grabint16   ENDP



advance_bx PROC NEAR                              ; BX = Local [Head|Tail]
            ADD      BX, 2
            CMP      BX, LocalEnd                 ; Bei Überlauf wieder am
            JNE      advancext                    ; Anfang
            MOV      BX, LocalBeg
advancext: RET
advance_bx ENDP



reduce_bx  PROC NEAR                              ; BX = Local [Head|Tail]
            SUB      BX, 2
            CMP      BX, LocalBeg                 ; Bei Überlauf wieder am
            JAE      reduceext                    ; Ende
            MOV      BX, LocalEnd
            SUB      BX, 2
reduceext: RET
reduce_bx  ENDP



convertch  PROC NEAR                              ; AX = Zeichen, BX = LocalHead
            PUSH     CX                           ; Verwendete Register sichern
            PUSH     DI
            PUSH     ES

            CMP      AL, 0                         ; Erweitertes Zeichen ?
            JZ       extended
            XOR      AH, AH                        ; Dann AH = 0
```

```
extended : PUSH      DS                       ; ES = DS
           POP       ES
           MOV       DI, MacroBeg             ; ES:DI = Anfang von MacroBuff
           XOR       CH, CH                   ; Makro Länge <= 256
           CLD
consearch: CMP       DI, MacroTail            ; Makrodefinition vorhanden ?
           JNB       converext                ; Falls nein, ..zurück
           SCASW                              ; Sonst AX = WORD ES:DI ?
           JZ        confound
           MOV       CL, [DI]                 ; Falls nein, dann ES:DI auf
           ADD       DI, CX                   ; nächste Makrodefinition
           INC       DI
           JMP SHORT consearch                ; Suche wiederholen

confound : MOV       CL, [DI]                 ; Sonst CX = Makro Länge
           CMP       CX, LocalFree            ; Noch Platz in LocalBuff ?
           JA        converext                ; Falls nein, ..zurück
           ADD       DI, CX                   ; Sonst DS:DI auf letzten
           DEC       DI                       ; word-Wert von Makro

concopy  : MOV       AX, [DI]                 ; Zeichen in AX laden
           CMP       AL, 0                    ; Erweitertes Zeichen ?
           JNZ       conascii
           DEC       DI                       ; Falls ja, ganzes word auf
           DEC       CX                       ; einmal lesen
           JMP SHORT conmove

conascii : XCHG      AH, AL                   ; Sonst nur ein byte lesen
           XOR       AH, AH                   ; höherwertiges byte = 0

conmove  : MOV       [BX], AX                 ; Zeichen in LocalBuff
           CMP       CX, 1                    ; Schon alle Zeichen kopiert ?
           JE        exitloop
           CALL      reduce_bx                ; Falls nein, Head um 1 zurück
           DEC       DI                       ; DS:DI auf voriges Byte
           DEC       CX                       ; ein Byte weniger zu kopieren
           DEC       LocalFree                ; ein weniger freier Platz
           JMP SHORT concopy                  ; Kopieren wiederholen

exitloop : MOV       LocalHead, BX            ; Sonst Zeichen in AX behalten
                                              ; LocalHead aktualisieren
converext: POP       ES                       ; Verwendete Register laden..
           POP       DI
           POP       CX
           RET                                ; ..und zurück
convertch  ENDP

Code ENDS
     END
```

Im folgenden wird zur Vedeutlichung des Umgangs mit dem Unit *macro* ein kleines Demonstrationsprogramm vorgestellt. Es wird gezeigt, wie mit Hilfe des varianten Records *macrotype* unterschiedliche Tasten-Makros definiert werden können. Jede Taste, ob Funktions- oder normale ASCII-Taste, kann mit einer Makrodefinition belegt werden. Nach dem Starten des Beispielprogramms erscheint auf dem Bildschirm ein Gitternetz, in dessen Kästchen Text geschrieben werden kann. Mit Hilfe der Cursortasten kann der Cursor über den ganzen Bildschirm bewegt werden. Die Tasten F1, F2 und Ctrl-A sind mit drei verschiedenen Makrodefinitionen belegt. Probieren Sie es aus:

```
uses crt, maths, strings, convert, macro;

const Def1 :string = 'DIESES MAKRO IST EINE STRING-DEFINITION';

      Def2 :array[1..10] of word =
           (LeAr,LeAr,LeAr,LeAr,LeAr,LeAr,LeAr,LeAr,LeAr,LeAr);

      Def3 :array[1..52] of byte =
           ($45,$49,$4E,$45,$00,$50,$4D,$49,$53,$43,$48,$55,$4E,$47,$00,
            $50,$41,$55,$53,$00,$50,$41,$53,$43,$49,$49,$00,$50,$55,$4E,
            $44,$00,$50,$45,$52,$57,$45,$49,$54,$45,$52,$54,$45,$4E,$00,
            $50,$5A,$45,$49,$43,$45,$4E);

var   MacroV :macrotype;
      KStroke :word;
      S1,S2   :string;
      X,Y     :word;

begin
  with MacroV do begin              { 1. Makrodefinition        }
    MCode:=F1;                      { Belegung der Taste F1      }
    Chars:=Def1;                    { Makro als string          }
  end;
  if setmacro(MacroV) <> 0 then begin
    writeln('Fehler bei der ersten Makrofenition');
    halt;
  end;

  with MacroV do begin              { 2. Makrodefinition        }
    MCode:=F2;                      { Belegung der Taste F2      }
    MSize:=sizeof(Def2);            { Makro als word-Array       }
    move(Def2, Words[1], MSize);
  end;
  if setmacro(MacroV) <> 0 then begin
    writeln('Fehler bei der zweiten Makrofenition');
    halt;
  end;

  with MacroV do begin              { 3. Makrodefinition        }
    MCode:=ord(^A);                 { Belegung der Taste Ctrl-A  }
    MSize:=sizeof(Def3);            { Makro als byte-Array       }
```

```pascal
    move(Def3, Bytes[1], MSize);
  end;
  if setmacro(MacroV) <> 0 then begin
    writeln('Fehler bei der dritten Makrofenition');
    halt;
  end;
end;

clrscr;
writeln('Folgende Makros wurden definiert :');   { Überprüfung der Makro-   }
writeln;                                          { definitionen            }
fillchar(MacroV, sizeof(MacroV), 0);
X:=1;
while getmacro(X, MacroV) = 0 do
  with MacroV do begin
    write('Tastencode: ',dectohex(MCode));
    writeln(Chars:MSize+1);
    inc(X);
  end;
writeln;
writeln('Drücken Sie eine Taste');
KStroke:=getkey;

S1:='';  S2:='';                                  { Aufbau der Bildschirmmaske }
for X:=1 to 79 do if X mod 2 = 0
  then S1:=S1 + '+'
  else S1:=S1 + '-';
for X:=1 to 79 do if X mod 2 = 0
  then S2:=S2 + '|'
  else S2:=S2 + ' ';
clrscr;
for Y:=1 to 25 do begin
  if Y mod 2 = 0 then write(S1) else write(S2);
  if Y <> 25 then writeln;
end;

X:=1; Y:=1;                                       { Tastatureingabe Wiederhol- }
repeat                                            { schleife                   }
  gotoxy(X,Y);                                    { Ascii-Zeichen Cursorsimu-  }
  write(#219,char(BkSp));                         { lation. Wirklichen Cursor  }
  delay(100);                                     { hinter Zeichen verstecken  }
  KStroke:=getkey;

  case KStroke of                                 { Nur vier Cursortasten und  }
    LeAr: begin                                   { normale  Ascii-Zeichen     }
            X:=minl(word(wherex-2), 79);          { werden überprüft           }
            if X=79 then Y:=maxl(wherey-2,1);
            write(#32);
          end;
    RiAr: begin
            X:=(wherex+2) mod 80;
            if X=1 then Y:=minl(wherey+2,25);
            write(#32);
```

```pascal
                   end;
        UpAr: begin
                 Y:=minl(word(wherey-2),25);
                 write(#32);
              end;
        DnAr: begin
                 Y:=(wherey+2) mod 26;
                 write(#32);
              end;
        else  if KStroke in Asciis then begin
                 write(char(KStroke));
                 X:=X+2;
                 if X > 80 then begin X:=1; Y:=minl(Y+2, 25); end;
              end;
      end;
  until KStroke=Esc;                            { Beenden mit Esc           }
  clrscr;
end.
```

9 Die Systemschnittstelle von Turbo Pascal

C. Emmanuilidis

Bereits in Kapitel 1 wurde über Interrupts und ihre Funktionsweise gesprochen. BIOS-Interrupts und die DOS-Interruptfunktionen stellen eine wichtige Sammlung von Routinen dar, auf die Programme häufig zugreifen. Viele dieser Routinen verhalten sich wie Funktionen, da sie Ergebnisse zurückliefern. Viele dieser Funktionen werden durch dasselbe Interrupt aufgerufen. Die spezielle Funktion wird dann durch einen bestimmten Wert im Register AH angewählt. Ein typisches Beispiel dafür sind alle DOS-Interruptfunktionen, die durch das Interrupt 21 hex ausgelöst werden.

Turbo Pascal bietet zwei im Grunde sehr ähnliche Prozeduren, mit deren Hilfe solche Interrupts ausgelöst werden können. Im Gegensatz zu Version 3.0 befinden sich beide Prozeduren nicht in der Laufzeitbibliothek, sondern werden im Unit *dos* definiert.

Mit Hilfe der Prozedur *dos.intr* kann jedes beliebige Interrupt ausgelöst werden. *dos.msdos* dagegen löst automatisch die im Register AH spezifizierte DOS-Interrupt-Funktion des Interrupts 21 hex aus. *dos.intr* stellt also eine allgemeinere Form von *dos.msdos* dar und erwartet deswegen einen zusätzlichen Parameter, der die Interruptnummer spezifiziert:

intr(Nr, var Regs :registers):	löst das Interrupt *Nr* aus und liefert das Ergebnis in die Variable *Regs* zurück.
msdos(var Regs :registers):	löst das DOS-Interrupt 21 hex (Function Request) aus und liefert das Ergebnis in *Regs* zurück.

Software-Interrupts arbeiten registerorientiert. Das bedeutet, daß die Parameterübergabe, das Anwählen einer bestimmten Funktion, sowie das Zurückliefern der Ergebnisse über die Prozessorregister stattfinden. Manche dieser Interrupts verwenden zu diesem Zweck unterschiedliche Register. Vor dem Auslösen eines Interrupts durch die erwähnten Prozeduren sichert Turbo Pascal aus diesem Grund den momentanen Wert aller Register im Stack und lädt sie dann mit den in *Regs* übergebenen Werten. Der umgekehrte Vorgang findet nach der Ausführung eines Interrupts statt. Die vom Interrupt zurückgelieferten Registerwerte werden in die Pseudoregistervariable *Regs* geladen, und die ursprünglichen Registerwerte vom Stack gelesen. Aus *Regs* können dann Pascal-Programme die Interrupt-Ergebnisse erfahren.

Regs ist im Gegensatz zu Version 3.0 kein untypisierter Parameter, sondern ein in Unit *dos* vordefiniertes variantes Record:

```
type registers = record
        case integer of
        0: (AX,BX,CX,DX,BP,SI,DI,DS,ES,Flags :word);
        1: (AL,AH,BL,BH,CL,CH,DL,DH :byte);
     end;
```

Alle Prozessorregister sind aufgeführt, außer den Registerpaaren **CS:IP** und **SS:SP**, die sowieso nicht verändert werden dürfen. Durch das variante Record können die ersten vier Prozessorregister auch byteweise angesprochen werden.

Das Register *Flags* ist bitweise kodiert. Unit *dos* definiert sechs verschiedene Konstanten (Masken), mit deren Hilfe einzelne Bits herausgelesen werden können. Zu diesem Zweck wird der bitweise Operator *and* verwendet:

Regs.Flags and DosFlagConst = 0   Entsprechendes Bit ist nicht gesetzt (0).
Regs.Flags and DosFlagConst < > 0   Entsprechendes Bit ist gesetzt (1).

Folgende Konstanten sind für die wichtigsten Bits vom Register *Flags* definiert und können nach jedem Auslösen eines Interrupts durch *intr* oder *msdos* verwendet werden:

```
const FCarry    = $0001;
      FParity   = $0004;
      FAuxiliary = $0010;
      FZero     = $0040;
      FSign     = $0080;
      FOverflow = $0800;
```

Die meisten Prozeduren und Funktionen im Unit *dos* rufen das DOS-Interrupt 21 hex auf. Einige davon werden wir in einem späteren Abschnitt einsetzen. Zunächst möchten wir aber als Beispiel zu den schon vorgestellten Prozeduren *intr* und *msdos* ein Unit entwickeln, in dem sechs nützliche Routinen implementiert werden.

9.1 Das Unit bios

Das Erscheinen des blinkenden Cursors auf dem Bildschirm ist in manchen Situationen unerwünscht. Zwar verfügt Turbo Pascal über Routinen, mit deren Hilfe der Cursor auf bestimmte Stellen im Bildschirm positioniert werden kann, aber das Ändern der Cursorform oder das Löschen des Cursors ist unmöglich.

Alles, was mit dem Bildschirm zu tun hat, wird von einem Chip kontrolliert, der als 6845 CRT Controller bekannt ist. Dieser, wie fast jeder andere Chip, ist direkt mit Hilfe bestimmter Ports programmierbar. Obwohl das sogar aus Pascal mittels der *port* und *portw* Arrays möglich ist, ist es klüger, dem BIOS die Programmierung dieses Chips zu überlassen. Das Video Services Interrupt 10 hex von BIOS bietet eine Fülle von Funktionen, die durch das Setzen eines Wertes in das Register AH aktiviert werden können. Zwei davon ermöglichen das Verändern der Größe und der Position des Cursors.

Der Cursor besteht aus aufeinanderfolgenden, blinkenden Linien. Seine Größe läßt sich verändern durch das Bestimmen neuer Werte für Start- und End-Linie. Die Blinkfrequenz läßt sich allerdings nicht softwaremäßig beeinflussen. Die Prozedur *setcursor* vom Unit *bios* verwendet direkt die entsprechende Interruptfunktion, um die Form des Cursors zu verändern.

Die Prozedur cursoroff sichert die momentane Größe des Cursors in zwei lokalen Variablen und ruft ihrerseits *setcursor* auf, dies mit solchen Parameterwerten, daß keine der Linien des Cursors hell dargestellt wird. So wird sein Löschen simuliert, obwohl der Cursor weiterhin in seiner ursprünglichen Position bleibt.

Die Prozedur *cursoron* setzt den Cursor mit Hilfe von *setcursor* immer auf die durch *cursoroff* zuletzt gesicherten Werte.

Die nächste in *bios* implementierte Funktion *getkbdstat* befaßt sich mit der Tastatur. Durch die Umschalttasten (Ctrl, Alt, Shift usw.) werden der Code und die Bedeutung der anderen Tasten geändert. BIOS übernimmt diese Interpretation und liefert die schon geänderten Codes zurück, die dann mittels crt.readkey gelesen werden können. Manchmal ist es aber notwendig, daß sich Programme selbst über den Status (Aktiv/Inaktiv) einer bestimmten Umschalttaste informieren. Nur durch das Drücken solcher Tasten wird aber kein von *crt.readkey* lesbarer Code erzeugt. Die Funktion *getkbdstat* vom Unit *bios* liefert ein bitweise kodiertes *byte* zurück, bei dem jedes Bit den Status einer bestimmten Umschalttaste signalisiert. Neun verschiedene Konstanten werden zum Herauslesen der entsprechenden Information definiert. Linke und rechte **Shift**-Taste werden dabei getrennt behandelt.

Nach demselben Prinzip arbeitet die Funktion *getprnstat*. Der zurückgelieferte *byte*-Wert ist bitweise kodiert und enthält Informationen über den Druckerstatus. Durch diese Abfrage können mögliche Laufzeitfehler, die den Ablauf des Programms unterbrechen würden, vermieden werden, sowie vier der wichtigsten Fehlerursachen ermittelt werden. Dies geschieht mit Hilfe entsprechender Konstanten, die als Masken eingesetzt werden.

Die Prozedur *printout* liest aus einem untypisierten Puffer Bytes heraus und sendet sie zum Drucker mit Hilfe des entsprechenden BIOS Interrupts. Obwohl Turbo Pascal selbst das gleiche Interrupt benutzt, arbeitet *printout* wegen ihres einfachen Aufbaus schneller.

Zum Schluß wird im Unit *bios* die Funktion *dosactive* implementiert, die auf einer undokumentierten DOS-Interruptfunktion basiert. In dem Registerpaar ES:BX wird die absolute Adresse eines Bytes zurückgeliefert, das auf den Wert 0 gesetzt ist, falls DOS im Moment der Abfrage inaktiv ist. DOS ist nämlich nicht reentrant, was bedeutet, daß es nicht wieder aufgerufen werden kann, während es aktiv ist. Im Abschnitt 9.2.4 wird dafür eine praktische Erklärung gegeben.

```
unit bios;

interface
uses dos;

const InsOn     = $80;                          { Konstanten für getkbdstat  }
      CapsOn    = $40;
      NumOn     = $20;
      ScrollOn  = $10;
      AltOn     = $08;
      CtrlOn    = $04;
      LShiftOn  = $02;
      RShiftOn  = $01;
      ShiftOn   = $03;

      NotBusy   = $80;                          { Konstanten für getprnstat  }
      OutPaper  = $20;
      IOError   = $08;
      TimeOut   = $01;
      NotReady  = $28;

procedure printout (Count:word; var SendBuff);
procedure setcursor(Up, Dn:byte);
procedure cursoroff;
procedure cursoron;

function  getkbdstat :byte;
function  getprnstat :byte;
function  dosactive  :boolean;


implementation
var Regs :registers;
    SaveCursorUp, SaveCursorDn :byte;           { Letzte Cursor-Position     }

  procedure printout (Count :word; var SendBuff);
  type bytearray = array [1..MaxInt] of byte;   { lokal definierter Datentyp }
  var  Cnt :word;
  begin
    Cnt:=1;
    Regs.DX:=0;                                 { Drucker Nr. spezifizieren  }

    while Cnt <= Count do begin
      Regs.AH:=0;                               { Int. Funktionsnummer       }
      Regs.AL:=bytearray(SendBuff)[Cnt];
      intr($17, Regs);
      inc(Cnt);
    end;
  end;
```

```pascal
procedure setcursor(Up,Dn:byte);
begin
  Regs.AH:=1;
  Regs.CH:=Up;                                { Cursor Koordinaten        }
  Regs.CL:=Dn;
  intr($10, Regs);                            { Int. 10 hex / Funktion 1  }
end;

procedure getcursor;
begin
  Regs.AH:=3;
  Regs.BH:=0;
  intr($10, Regs);                            { Int. 10 hex / Funktion 3  }
  SaveCursorUp:=Regs.AH;
  SaveCursorDn:=Regs.AL;
end;

procedure cursoroff;
begin
  setcursor(20, 20);
end;

procedure cursoron;
begin
  setcursor(SaveCursorUp, SaveCursorDn);
end;

function getkbdstat:byte;
begin
  Regs.AH:=2;
  intr($16, Regs);                            { Int. 16 hex / Funktion 2  }
  getkbdstat:=Regs.AL;
end;

function getprnstat:byte;
begin
  Regs.AH:=2;
  Regs.DX:=0;
  intr($17, Regs);                            { Int. 17 hex / Funktion 2  }
  getprnstat:=Regs.AH;
end;

function dosactive:boolean;
begin
  Regs.AH:=$34;
  msdos(Regs);
  dosactive:=boolean(ptr(Regs.ES, Regs.BX)^);
end;

begin
```

```
  getcursor;
end.
```

Die Prozeduren *dos.intr* und *dos.msdos* sind nicht die einzige Möglichkeit, aus Pascal-Programmen Interrupts auszulösen. Sie mögen vielleicht ganz praktisch sein für jemanden, der ausschließlich in Pascal programmiert, sind aber in speziellen Anwendungsfällen ziemlich uneffektiv. Ein *far*-Aufruf, die zusätzliche Belegung von ungefähr zwanzig Bytes im Stack, sowie unnötig gesicherte Registerinhalte beeinträchtigen die Ausführungsgeschwindigkeit, was vor allem bei zeitkritischen Anwendungen innerhalb von Wiederholschleifen von Bedeutung sein kann.

Durch das schon vorgestellte Unit *asm*, das aus programmiererfreundlichen *inline*-Makrodefinitionen von Assembleranweisungen besteht, kann man sehr bequem Interrupts auslösen. Als Beispiel hierfür werden wir zwei der in Unit *bios* definierten Routinen mit Hilfe von *inline*-Code anders formulieren.

Gemäß den im letzten Kapitel erwähnten Konventionen können die Werte aller Prozessorregister verändert werden, mit Ausnahme der Registerpaare SS:SP, CS:IP sowie der Register DS und BP. Also erwarten uns keine Überraschungen, wenn wir andere Registerwerte direkt verändern.

Sollten Sie alle in *bios* vorgestellten Routinen mit Hilfe von *inline*-Code umschreiben wollen, ist die Deklaration der Variablen *Regs* nicht mehr nötig, und somit entfällt auch das Auflisten von *dos* unter *uses*. Hier wird nun eine zweite Version der Prozedur *bios.printout* und der Funktion *bios.getprnstat* vorgestellt:

```
uses asm;

procedure printout (Count :word; var SendBuff);
begin
  mov_dx_ww_; inline(>0);                 { DX = 0 printer             }
  les_di_bp_disp_; inline(SendBuff);      { ES:DI -> SendBuff          }

  while (Count>0) do begin
    xor_ah_ah;                            { AH = Int. Funktionsnummer  }
    es;
    mov_al_di_disp_; inline(>0);          { MOV AL, ES:[DI+00]         }
    int_bb_; inline($17);                 { Interrupt Aufruf           }
    inc_di;                               { SendBuff Index erhöhen     }
    dec(Count);                           { Ein Byte weniger ...       }
  end;
end;
```

Der Bezeichner *SendBuff*, in diesem Fall +6, ist für den Compiler ein zum Register BP relativer Offsetwert. Aus dem Bereich SS:BP+6 werden also vier Bytes gelesen und in die Register ES:DI geladen. Dieses Registerpaar zeigt so auf den Speicherbereich, wo die für den Drucker bestimmten Daten gespeichert sind. Das Register DI wird hier als Offsetwert immer wieder erhöht, um auf das nächste Byte zu zeigen. Die *while*-Wiederholschleife wird vom Turbo Pascal Compiler so gut formuliert, daß keine weitere Verbesserung erzielt werden kann. Aus diesem Grund wird sie in ihrer Pascal-Form belassen.

```
function getprnstat: byte;
begin
  mov_ah_bb_; inline(<2);        { AH = 2                     }
  mov_dx_ww_; inline(>0);        { DX = 0                     }
  int_bb_;    inline(<$17);      { INT $17   Ergebnis -> AH   }
  xchg_ah_al;                    { AH <-> AL vertauschen      }
  mov_bp_disp_al_; inline(>-1);  { AL -> Funktionsergebnis    }
end;
```

Die gewohnte Zuweisung *getprnstst:=Wert* entfällt oder ist zumindest nicht auf den ersten Blick zu erkennen. Aber betrachten wir alles der Reihenfolge nach.

In den ersten zwei Zeilen werden den Registern AH und DX konstante Werte zugewiesen. Die Operatoren "<" und ">" legen dabei das Format (*byte / word*) der Werte fest. Dies wird außerdem durch die Namenserweiterungen der inline-Makrobezeichner signalisiert (*_bb_ / _ww_*). Interrupt $17 liefert das Ergebnis in das Register AH zurück. In der vierten Zeile werden die Registerinhalte von AH und AL vertauscht. Jetzt befindet sich also der Ergebniswert in AL. In dieses Register liefert auch Turbo Pascal alle Funktionsergebnisse vom Datentyp *byte* zurück. Trotzdem wäre die Funktion *getprnstat* nicht korrekt ohne die letzte Zeile. Der Grund?

Turbo Pascal geht immer davon aus, daß das Funktionsergebnis in einem lokalen, dafür vorgesehenen Platz gespeichert ist. Am Ende jeder Funktion fügt der Compiler Code ein, der aus diesem Bereich das Ergebnis in die richtigen Register lädt. In unserem Fall wäre das Register AL, das das richtige Ergebnis bereits enthält, überschrieben. Es bleibt uns also nichts anderes übrig, als das Ergebnis in diesem Bereich zu speichern. Leider ist es nicht möglich, den Bezeichner der Funktion *getprnstat* als Adressenreferenz zu benutzen, um den Offsetwert dieses Bereiches zu erhalten. Aus dem letzten Kapitel ist bekannt, daß sich der erwähnte Speicherbereich im Stack befindet und als eine lokale Variable behandelt wird. Abhängig vom Datentyp des Funktionsergebnisses befindet er sich direkt unterhalb des gesicherten BP-Registerwertes im Stack. Lokale Variablen im Stack werden relativ zum Register BP adressiert. Die letzte Zeile entspricht folgendem Assemblercode:

    MOV [BP + Disp], AL

Aus dem Inhalt des Registers BP und einem *integer*-Wert wird ein Offsetwert gebildet. Dann wird der Inhalt des Registers AL in der Adresse SS:Offsetwert gespeichert.

Ab Turbo Pascal 4.0 wurde eine Neuheit vorgestellt. Durch eine besondere Deklaration ist es möglich, eigene Interrupt-Handler in Pascal zu schreiben. Sie können dann mittels der Prozedur *dos.keep* speicherresident gemacht werden. Das heißt, Code und Daten werden nach Ausführung des Hauptprogramms nicht aus dem Speicher entfernt, wie es normalerweise bei .EXE Programmen der Fall ist. Das macht einerseits Turbo Pascal als Programmiersprache mächtiger, hat aber andererseits auch einige Tücken. Im nächsten Abschnitt möchten wir uns näher mit der *interrupt*-Deklaration befassen.

9.2 Interrupts mit Turbo Pascal

9.2.1 Anforderungen an Interrupt-Handler

Durch das Auslösen von Interrupts dürfen gerade laufende Programme nicht beeinflußt werden. Dies hängt ausschließlich von den Registerwerten ab. Wir betrachten nun kurz diesen Ablauf.

Ungeachtet der Tatsache, ob die Hardware oder ein Programm das Auslösen eines Interrupts verursacht hat, ist der weitere Vorgang identisch. Folgende Aktionen werden in jedem Fall vom Prozessor vorgenommen:

- Die vielleicht gerade abgearbeitete Assembleranweisung wird zu Ende geführt. Assembleranweisungen werden als kleinste, bei der Ausführung nicht trennbare Einheiten betrachtet.

- Das Prozessorregister FLAGS sowie das Registerpaar CS:IP, das immer auf die gerade abgearbeitete Anweisung zeigt, wird im aktuellen Stackbereich gesichert.

- Das Interrupt-Statusflag im Prozessorregister FLAGS wird gelöst. Das bedeutet, daß der Prozessor vorübergehend keine weiteren Interrupts zuläßt.

- Aus der Interruptvektortabelle wird der entsprechende Vektor, also eine absolute Adresse, gelesen und ein Sprung darauf durchgeführt. An dieser Stelle befindet sich die erste Anweisung vom Interrupt-Handler.

Sobald der Interrupt-Handler aktiv wird, haben alle Register, außer dem um das Interrupt-Statusflag modifizierten Register FLAGS, noch ihren ursprünglichen Wert. Sind eigene Daten zu verwalten, was meistens der Fall ist, so muß der Interrupt-Handler das Register DS auf das entsprechende Datensegment setzen. Das gleiche gilt für das Stacksegment. Vorerst muß aber der Wert aller zu modifizierenden Register gesichert werden, so daß nach beendeter Ausführung der Interrupt-Routine das unterbrochene Programm normal weitergeführt werden kann.

Gleich nach Ausführung des Codes, der in manchen Fällen nicht unterbrochen Werden darf, ist das Statusflag zurückzusetzen. Dadurch wird der Interrupt-Mechanismus wieder freigegeben, und der Interrupt-Handler kann, wie jedes andere Programm, von weiteren Interrupts unterbrochen werden.

Ein Interrupt-Handler kann von allen Möglichkeiten der strukturierten Programmierung Gebrauch machen. Er kann aus einer Anzahl von Unterprogrammen bestehen, lokale Variablen verwalten usw.

Am Schluß werden die im Stack gesicherten Registerwerte geladen und die Assembleranweisung IRET ausgeführt. Dadurch werden Rücksprungadresse und das Register FLAGS geladen, womit sich der Prozessor wieder in seinem ursprünglichen Zustand (vor dem Auslösen des Interrupts) befindet.

Software-Interrupts sind mit Funktionen zu vergleichen, da sie meistens Ergebnisse registerorientiert zurückliefern. Der Wert solcher Register muß natürlich nicht im Stack gesichert werden.

9.2.2 Die interrupt-Deklaration

Die *interrupt*-Deklaration bewirkt das Generieren eines Ein- und Ausgangscodes, der den beschriebenen Anforderungen gerecht wird. Der Standardeingangscode wird durch das Sichern aller Prozessorregister im Stack modifiziert. Nach dem Einrichten des eigenen Stackbereichs und der Initialisierung des neuen BP-Registerwertes wird zusätzlich das Register DS explizit auf das eigene Datensegment gesetzt. Der *interrupt*-Eingangscode sieht folgendermaßen aus:

```
PUSH  AX                              ; Sichern der Register
PUSH  BX
PUSH  CX
PUSH  DX
PUSH  SI
PUSH  DI
PUSH  DS
PUSH  ES

PUSH  BP                              ; Diese drei Anweisungen
                                      ; gehören
MOV   BP, SP                          ; zum Standard-Eingangscode
SUB   SP, LocalSize

MOV   AX, Data                        ; Initialisieren von DS auf das
MOV   DS, AX                          ; eigene Datensegment
```

Halten wir hier fest, daß das Registerpaar SS:SP, das den Stack verwaltet, nicht gesichert und verändert wird. Das bedeutet, daß der in Pascal geschriebene Interrupt-Handler den Stackbereich des jeweiligen unterbrochenen Programms verwenden wird und sich nicht einen eigenen einrichtet.

Auffällig ist das Fehlen der **STI**-Anweisung, durch die das Bearbeiten weiterer Interrupts ermöglicht wird. Diese Anweisung muß unbedingt von jedem Handler ausgeführt werden. Da sie aber nicht immer direkt am Anfang der Interrupt-Routine ausgeführt werden muß, wurde sie nicht in den interrupt-Eingangscode integriert. Durch eine *inline*-Anweisung kann sie vom Programmierer selbst kodiert werden.

Hardware-Interrupt-Routinen erhalten im Gegensatz zu Software-Interrupt-Routinen keine Parameter. Letzteren werden Parameter registerorientiert übergeben. Es gehört jedenfalls nicht in das Konzept des Interrupt-Mechanismus, den Interrupt-Handlern Parameter über den Stack zu übergeben. Trotzdem können Turbo Pascal *interrupt*-Prozeduren optional eine Reihe von *word*-Parametern definieren.

```
procedure InterruptHandler (Flags,CS,IP,AX,BX,CX,DX,SI,DI,DS,ES,BP :word);
interrupt;
begin
  {.}
  {.}
end;
```

Es ist klar erkennbar, daß diese Parameter nicht im Stack übergeben werden, sondern daß sie Prozessorregisterwerte sind, die durch das Auslösen des Interrupts und den Eingangscode des Pascal-Handlers gesichert wurden. Diese Struktur wurde vorgesehen, um den auf diese Weise geschriebenen Software-Interrupt-Handlern das Zurückliefern von Ergebnissen registerorientiert zu ermöglichen. Beim Modifizieren dieser Werte ist große Vorsicht geboten, weil sie den Status des unterbrochenen Programms widerspiegeln und es direkt nach beendeter Interrupt-Routine beeinflussen. Der Compiler kontrolliert nicht die Existenz, die korrekte Reihenfolge und die Anzahl solcher Parameter.

Der Ausgangscode ist das Gegenstück des Eingangscodes. Am Ende wird die Anweisung IRET ausgeführt, die nicht nur Segment- und Offsetwert der Rücksprungadresse vom Stack liest, sondern auch das gesicherte Register FLAGS.

```
MOV    SP, BP                              ; Freigabe der lokalen Variablen
POP    BP                                  ; Alte Registerwerte laden
POP    ES
POP    DS
POP    DI
POP    SI
POP    DX
POP    CX
POP    BX
POP    AX
IRET                                       ; Zurück vom Interupt
```

Unser Beispielprogramm ist ein kleiner Leckerbissen für alle Leser, die eine Hercules-Graphikkarte in ihrem Rechner installiert haben. Durch den Tastendruck **Ctrl-PrtScr** wird das Interrupt 5 ausgelöst, das den Bildschirm-inhalt zum Drucker sendet. BIOS-Routinen unterstützen aber nicht den Graphikmodus der Herculeskarte, die eine Erweiterung der alten Monochromkarte darstellt. Aus diesem Grund ist es unmöglich, durch dieses Interrupt eine wiedererkennbare Abbildung einer Herculesgraphik aufs Papier zu bringen. Im nächsten Abschnitt wollen wir eine eigene Routine entwickeln, die dies ermöglicht und als Interrupt-Handler einsetzbar ist.

9.2.3 Herculesgraphik auf dem Drucker

Bevor wir mit der Entwicklung des ersten in Turbo Pascal geschriebenen Interrupt-Handlers beginnen, möchten wir einige Sachverhalte bezüglich dieser Aufgabe erörtern.

Wir haben nicht die Absicht, den alten Interrupt-Handler vollständig durch unseren eigenen zu ersetzen. Vielmehr soll der alte immer dann aktiv werden, wenn die Graphikkarte im Textmodus betrieben wird. Auf diese Weise ersparen wir uns die Programmierung der im System schon vorhandenen entprechenden Routine.

Besitzer von Color Graphics oder eines anderen von BIOS unterstützten Adapters können, nach dem Laden des speicherresidenten Programmes **GRAPHICS.COM** von DOS, sowohl Text als auch Graphik ohne weiteres ausdrucken. Der speicherresidente Handler unterscheidet selbständig, ob im Auslösemoment der Bildschirm im Text- oder Graphikmodus betrieben wird, und interpretiert entsprechend seinen Inhalt. Diese Modusüberprüfung geschieht nicht etwa durch eine direkte Abfrage des 6845 CRT Controllers, sondern durch das Speichern des zuletzt gesetzten Modus. Zwar verfügt der CRT-Controller über Register, die über bestimmte Portadressen programmiert werden können, doch sind sie nur zum Schreiben und nicht zum Lesen bestimmt. Es ist also nicht möglich, den aktuellen Modus zuverlässig zu erfahren. So kann beispielsweise auch GRAPHICS.COM jederzeit irregeführt werden, falls man den Bildschirmmodus direkt und nicht via BIOS ändert.

Wir überlassen es dem Benutzer, sich für eine Interpretation zu entscheiden. BIOS behandelt die linke und die rechte Shift-Taste getrennt. Unser Handler wird durch Aufrufen der in Unit *bios* vorgestellten Funktion *getkbdstat* unterschiedlich auf diese zwei Tasten reagieren, um den Bildschirminhalt als Text oder Graphik zu interpretieren.

Um Überraschungen auszuschließen, muß aber erst überprüft werden, ob überhaupt eine Hercules-Graphikkarte vorhanden ist. Bei negativem Ergebnis wird immer der ursprüngliche Handler aufgerufen. Da BIOS die Herculeskarte nicht kennt und sie als eine Monochromkarte identifiziert, erfolgt die Überprüfung in zwei Schritten:

Der erste besteht in der Abfrage des Systems nach dem aktuellen Videomodus durch ein BIOS Interrupt. Meldet das Interrupt das Vorhandensein einer Monochromkarte zurück, so muß weiter geprüft werden, um welche der beiden Karten es sich tatsächlich handelt. Der zweite Schritt der Überprüfung besteht also darin, Hercules- und Monochromkarte auseinanderzuhalten. Wie ist das möglich?

Die Antwort auf diese Frage führt ziemlich tief in die Hardware und ist nicht nach jedermanns Geschmack. Der Vorgang dieser Überprüfung wurde in Form der Funktion *isHGC* vom Datentyp *boolean* formuliert, die *True* zurückliefert, falls die vorhandene Karte tatsächlich der Hercules-Graphics-Adapter ist. Für interessierte Leser wird im nächsten Paragraphen kurz der Ansatz dieser Funktion erklärt.

Beim vertikalen Strahlenrücklauf, d.h. jedesmal, wenn der Kathodenstrahl beim Erreichen der rechten unteren Ecke des Bildschirms wieder an die linke obere Ecke geführt werden muß, wird der ganze Bildschirm kurzzeitig gelöscht. Während dieses Vorgangs wird das höherwertige Bit vom **Display Status Port** ($03BA) der Herculeskarte auf Null gesetzt. Anders verhält sich die Monochromkarte, bei der das gleiche Bit immer den Wert 1 hat. Der Test dieses Bits gibt uns Aufschluß über die Identität des vorhandenen Adapters. Die Funktion *isHGC* testet eine gewisse Zeit lang das erwähnte Bit an dieser Portadresse. Hat sich innerhalb dieser Zeit der Wert geändert, so handelt es sich um eine Herculeskarte und *isHGC* liefert *True* zurück.

So haben wir die meisten Hindernisse überwunden und festgestellt, ob unser eigener Handler oder der alte aktiv werden soll. Ist die Entscheidung für unseren gefallen, so muß er sich möglichst konform zu den Systemanforderungen verhalten. Im BIOS-Datensegment gibt nämlich ein Byte Aufschluß über den Status der Print Screen Routine. Unserer Handler setzt dieses Byte auf einen der drei möglichen Werte. Hier wird ihre Bedeutung erläutert:

  0 : erfolgreich abgeschlossene Print Screen Operation

  1 : Print Screen Operation bereits aktiv. Dieser Wert wird von der Routine überprüft und soll das wiederholte Aktivieren der Operation verhindern.

255 : Dieser Wert signalisiert aufgetretene Fehler bei der zuletzt aktivierten Print Screen Operation.

Die eigentliche Interpretation des Bildschirminhalts zu druckreifen Bytefolgen wurde aus Gründen der Übersichtlichkeit in einer getrennten Prozedur *printhgcscreen* zusammengefaßt. Wir gehen davon aus, daß die Karte mit der üblichen Auflösung (720 x 348 Punkte) betrieben wird. Auf die Besonderheiten der Datenrepräsentation der Herculeskarte werden wir hier nicht eingehen.

Das gesamte Programm wird auf ein Speichermedium als .EXE Datei kompiliert. Im Hauptprogramm wird die *interrupt*-Prozedur *printscreenint* nicht direkt aufgerufen. Stattdessen wird der Interruptvektor des alten Interrupt-Handlers in einer lokalen Variablen gesichert und durch die absolute Adresse von *printscreenint* ersetzt. Das Programm wird mit der Prozedur *dos.keep* beendet, aber nicht vom Speicher entfernt. Das bedeutet, daß Code und Daten des Programmes nicht mehr von anderen Anwendungen überschrieben werden können. Aus diesem Grund muß unbedingt der vom Programm maximal benötigte Speicherplatz für Stack und Heap mit Hilfe der Compilerdirektive {$M ...} spezifiziert werden. Dieser muß so klein wie möglich gehalten werden, um anderen Anwendungen möglichst viel Speicherplatz freizulassen. Durch die zuletzt erwähnte Compilerdirektive läßt sich der für den Stack verwendete Speicherbereich auf nicht weniger als 1024 Bytes begrenzen. Die Prozedur *printhgcscreen*, die nur als Interrupt-Handler aktiv wird, wird nicht diesen Bereich als Stack benutzen. Erinnern wir uns daran, daß das Registerpaar SS:SP durch die *interrupt*-Deklaration überhaupt nicht gesichert oder auf den lokalen Stackbereich gesetzt wird. Stattdessen wird der Stackbereich des jeweils unterbrochenen Programms verwendet.

```
program hgcprint;
{$M 1024, 0, 0}                            { So wenig wie möglich Stack,}
                                           { kein Heap erforderlich.    }
{$S-,B-}                                   { Keine Stacküberprüfung     }


uses dos, bios, asm, types;


const HGCVSeg       = $B000;               { Hercules Video Segment     }
      LF            :byte = 10;            { Drucker Konstanten         }
      EpsonFXMode :array[1..5] of byte =
                    (27,42,54,208,2);
      RowHeight    :array[1..3] of byte=
                    (27,65,08);


var   SaveInt05     :pointer;              { Alter Interruptvektor      }
      StartTime     :word;
      EndTime       :word;
      MonoMode      :byte;
      RightShift    :byte;
      Rows, Bytes   :word;                 { Laufvariablen              }
      Scans, Bits   :word;
      SByte         :byte;
      ByteBuff      :array [0..1023] of byte;  { Puffer für den Drucker   }
      ScrPtr        :array [0..7] of byteptr;  { Zeiger auf Bildschirmbytes }



  procedure printhgcscreen;
  const Mask     :array[0..7] of byte =    { Bitmuster Masken           }
             ($80,$40,$20,$10,$08,$04,$02,$01);
        LineOfs :array[0..7] of word =     { Ofs.Werte der ersten Linien}
             ($605A, $405A, $205A, $005A,  { in umgekehrter Reihenfolge }
              $6000, $4000, $2000, $0000);
        BytesRow = 90;                      { Anzahl von Bytes pro Zeile }
        ScansRow =  8;                      { Anzahl je Durchlauf        }

  begin
    for Scans:=0 to 7 do begin             { Zeiger auf ersten 8 Zeilen }
      ptrtype(ScrPtr[Scans]).Seg:=HGCVSeg;
      ptrtype(ScrPtr[Scans]).Off:=LineOfs[Scans];
    end;
    printout(3, RowHeight);                { Zeilenabstand setzen       }
```

```pascal
    for Rows:=0 to 43 do begin              { 44 Zeilen zu 8 Linien      }
      printout(1, LF);                      { Neue Zeile anfangen        }
      printout(5, EpsonFXMode);             { Drucker Modus setzen       }
      for Bytes:=0 to BytesRow-1 do begin   { 90 Bytes je Zeile          }
        for Bits:=0 to 7 do begin           {  8 Bits  je Byte           }
          SByte:=0;
          for Scans:=0 to ScansRow-1 do     {  8 Linien                  }
            SByte:=SByte or
            ((ord(ScrPtr[Scans]^ and Mask[Bits]=0) xor 1) shl Scans);
          ByteBuff[(Bytes shl 3) + Bits]:=SByte; { Muster speichern      }
        end;
        for Scans:=0 to ScansRow-1 do       { Zeiger auf nächste Bytes   }
          inc(ptrtype(ScrPtr[Scans]).Off);
      end;
      printout(720, ByteBuff);              { Ganze Zeile zum Drucker    }
      for Scans:=0 to ScansRow-1 do         { Zeiger auf nächste 8 Zeilen}
        inc(ptrtype(ScrPtr[Scans]).Off, BytesRow);
    end;
end;


function isHGC: boolean;
const DispStatPort = $03BA;                 { Hercules Status Port Nr.   }
      HighBit      = $80;

begin
  while port[DispStatPort] and HighBit = 0 do; { Warten bis high Bit = 1   }
  xor_ah_ah;                                { Zeit via Int. 26 AH:0 lesen}
  int_bb_; inline($1A);
  push_dx;                                  { Niederwertigen Anteil (DX) }
  pop_ax;                                   { in StartTime sichern und.. }
  mov_mw_ax_; inline(StartTime);
  inc(StartTime, 2);                        { um zwei Clockticks erhöhen }

  repeat
    xor_ah_ah;                              { Zeit via Int. 26 AH:0 lesen}
    int_bb_; inline($1A);
    push_dx;                                { Niederwertigen Anteil (DX) }
    pop_ax;                                 { in EndTime sichern und..   }
    mov_mw_ax_; inline(EndTime);            { solange wiederholen, bis   }
  until (port[DispStatPort] and HighBit <> 0) { high Bit = 0  oder        }
      or (EndTime > StartTime);            { Zeit verstrichen ist       }

  isHGC:=EndTime <= StartTime;              { Hercules, falls Zeit nicht }
end;                                        { verstrichen                }


procedure printscreenint; interrupt;
var  PrtScrOn :byte absolute $0050:0;       { BIOS Variable              }

begin
  mov_ah_bb_; inline(<$0F);                 { Videomode feststellen via  }
```

```
  int_bb_;      inline(<$10);              { Int. 10 hex  AH:15          }
  mov_mb_al_; inline(MonoMode);
  RightShift:=getkbdstat and RShiftOn;     { Shift Taste lokalisieren    }
  if (MonoMode=7) and isHGC and            { Nur bei HGC und rechter     }
     (RightShift=RShiftOn)                 { Shifttaste ausführen...     }
  then begin
    sti;                                   { Interrupts ermöglichen      }
    if PrtScrOn <> 1 then begin            { BIOS print screen aktiv     }
      PrtScrOn:=1;                         { Flag setzen                 }
      if getprnstat and NotReady = 0 then  { Drucker bereit ? ...        }
      begin
        printhgcscreen;                    { Bildschirminhalt drucken    }
        PrtScrOn:=0;                       { Erfolg signalisieren        }
      end
      else PrtScrOn:=255;                  { Sonst Fehler signalisieren }
    end;
  end
  else begin                              { ...Sonst  alten  Handler    }
    pushf;                                 { aufrufen                    }
    call_md_; inline(SaveInt05);
  end;
end;


begin
  getintvec(5, SaveInt05);                 { Alten Int. Vektor sichern   }
  setintvec(5, @printscreenint);           { Neuen Int. Vektor setzen    }
  keep(3);                                 { Im Speicher behalten        }
end.
```

9.2.4 Die Tücken der interrupt-Deklaration

Es wurde im letzten Abschnitt betont, daß der durch die *interrupt*-Deklaration
abgelegte Eingangscode das Registerpaar SS:SP weder im Stack sichert, noch
es auf dem lokalen Stackbereich des Interrupt-Handlers initialisiert. Es wäre
auch absurd, diese Werte in einem Bereich zu sichern, der nach der Veränderung des Registerpaars SS:SP nicht mehr auffindbar ist. Deshalb setzt der Interrupt-Handler den Stackbereich des unterbrochenen Programmes ein. Das ist
aber ein sehr labiler Zustand. Wenn beispielsweise der Interrupt-Handler große
Stackbereiche für eine große Anzahl lokaler Variablen oder zum rekursiven
Aufrufen von Unterprogrammen in Anspruch nimmt, kann es zu einem Stacküberlauf kommen. Dadurch werden andere, außerhalb des Stacks befindliche
Speicherbereiche verändert, was mit großer Wahrscheinlichkeit zu schwerwie-
genden Problemen führen wird.

Die einzige Möglichkeit, das Registerpaar SS:SP auf den lokalen Speicherbereich zu setzen, ohne die ursprünglichen Werte endgültig zu verlieren, ist, diese
Werte nicht im Stacksegment zu sichern. Es ist einfach, durch *inline*-Code
beide Werte kurzzeitig in globalen Variablen zu speichern und den Zeiger

SS:SP auf die lokalen Stackwerte zu setzen. Leider bringt ein solcher Eingriff weitere Probleme mit sich. So ist es beispielsweise sehr umständlich, durch ein allgemein einsetzbares *inline*-Makro den Speicherbereich für die lokalen Variablen im Stack zu reservieren,weil die Größe dieses Bereichs (LocalSize), von der Anzahl und dem Datentyp der lokalen Variablen abhängt.

Im folgenden wird der Ansatz dieses Gedankens, sowie die damit verbundenen Schwierigkeiten mit Hilfe eines abstrahierten Pascal-Programmes verdeutlicht.

```pascal
program testint;
uses dos, asm;
{$M 4096, 0, 0}                                  { Begrenzung des Sp. bedarfs }

var SaveIntNr          :pointer;                 { Zu ersetzender Int. vektor }
    LocalSS, LocalSP :word;                      { Lokales Registerpaar SS:SP }
    SaveSS, SaveBP   :word;                      { Temporäres  Sichern  SS:BP }
    Nr, Active         :byte;


  procedure replaceNr; interrupt;
  var LocalVar :string;                          { Lokale Variable im Stack   }
  begin
    if Active = 0 then begin                     { Nur falls replaceNr nicht  }
      Active:=1;                                  { aktiv ist ...              }
      cli;                                       { Interrupts unterdrücken.   }
      SaveSS:=SSeg;                              { SS-Registerwert sichern.   }
      push_bp; pop_ax;                           { BP-Registerwert sichern.   }
      mov_mw_ax_; inline(SaveBP);
      mov_ax_mw_; inline(LocalSS);    mov_ss_ax; { Lokalen SS- und SP-        }
      mov_ax_mw_; inline(LocalSP);    mov_sp_ax; { Registerwert laden.        }
      sti;                                       { Interrupts wieder frei.    }
      mov_bp_ax;
      sub_sp_ww_; inline(>256);                  { SUB SP, sizeof(string)     }

      {.}                                        { Eigendlicher Programmrumpf }
      pushf;                                     { Hier wird einfach der alte }
      call_md_; inline(SaveIntNr);              { Handler aufgerufen.        }
      {.}

      cli;                                       { Interrupts unterdrücken.   }
      mov_ax_mw_; inline(SaveSS);    mov_ss_ax;  { Temporär  gesicherte  SS-  }
      mov_ax_mw_; inline(SaveBP);    mov_bp_ax;  { und BP-Registerwerte laden.}
      sti;                                       { Interrupts wieder frei.    }
      Active:=0;
    end;
  end;


begin
  randomize;
  Nr:=random(32);                                { Zufällige Interruptnummer  }
  Active:=0;                                      { replaceNr ist nicht aktiv  }
```

```
  LocalSS:=Sseg;                          { Lokalen  SS-Wert  sichern  }
  LocalSP:=4000;                          { Lokalen  SP-Wert  NICHT !! }
                                          { auf "top of stack" setzen. }

  getintvec(Nr, SaveIntNr);               { Interrupt-Vektoren vertau- }
  setintvec(Nr, @replaceNr);              { schen .. und im Speicher   }
  keep(0);                                { behalten                   }
end.
```

Im Initialisierungsteil (Hauptprogramm) wird zunächst das Registerpaar SS:SP, das den lokalen Stackbereich adressiert, in zwei *word*-Variablen gesichert. Das sind genau die Werte, die durch die lokale *interrupt*-Prozedur *replaceNr* bei jeder späteren Aktivierung eingesetzt werden. Die Variable *LocalSP* wird nicht auf die Spitze des Stackbereichs gesetzt, und zwar aus folgendem Grund: Wird nämlich *replaceNr* an einem Hardware-Interrupt-Vektor angehängt, kann es vorkommen, daß *replaceNr* aktiviert wird, solange noch die Prozedur *dos.keep* abgearbeitet wird. Dies führt aber mit Sicherheit zu einem Absturz, da *replaceNr* durch das Neusetzen des Registerpaares SS:SP noch gültige Werte im Stack überschreibt.

Am Anfang der *interrupt*-Prozedur *replaceNr* werden die SS- und BP-Registerwerte des unterbrochenen Programms in den Variablen *SaveSS* und *SaveBP* gesichert und durch die in *LocalSS* und *LocalSP* gespeicherten Werte ersetzt. Erinnern wir uns daran, daß durch den Eingangscode der SP-Registerwert dem Register BP zugewiesen wird (MOV BP,SP). Es wäre ein Fehler, hier das Register SP zu sichern, da dieser Wert beim Ausgangscode auf jeden Fall mittels (MOV SP,BP) überschrieben wird. Während dieses Vorgangs müssen alle weiteren Interrupts unterdrückt werden.

Der *interrupt*-Eingangscode reserviert durch die Anweisung **SUB SP,LocalSize** den Bereich für die lokale Variable *LocalVar*. Diese Resevierung bezieht sich aber auf den Stackbereich des unterbrochenen Programms und ist deshalb wirkungslos. Die *inline*-Makroanweisung *sub_sp_ww_; inline(>256)* tut im Grunde dasselbe, diesmal aber nach dem Laden der lokalen SS- und SP-Werte. Der Programmierer muß eigenständig die gesamte Byte-Länge der lokalen Variablen berechnen und als Wert einsetzen. Dies ist vor allem während der Entwicklung von Programmen umständlich.

Im Rumpf von *replaceNr* steht anstelle des eigentlichen Interrupt-Behandlungscodes ein Aufruf des ersetzten Handlers.

Direkt vor dem Ende von *replaceNr* werden die in *SaveSS* und *SaveBP* gesicherten Werte in die Register SS un SP geladen. So wird die Verbindung mit dem ursprünglichen Stackbereich hergestellt, der die restlichen Registerwerte enthält.

Zum Schluß kommen wir zur Variablen *Active*. In unserem Beispiel wird diese Variable als Schalter benutzt, der die Werte 0 oder 1 annimmt. Falls *Active* den Wert 1 hat, wird das Ausführen des weiteren Codes verhindert. Es empfiehlt sich zwar generell nicht, von der Hardware erzeugte Interrupts zu ignorieren, aber im Falle unseres kleinen Beispielprogramms, das sowieso den alten

Interrupt-Handler aufruft, ist ein solches Vorgehen vertretbar. Ist das Ergebnis der Abfrage *Active=0* positiv ausgefallen, wird der Variablen *Active* sofort der Wert 1 zugewiesen. Der Grund für das Vorhandensein dieser Schalter-Variablen wurde bereits erwähnt, in Zusammenhang mit der Initialisierung der Variablen *LocalSP* auf einen kleineren Wert: wird nämlich die *interrupt*-Prozedur *replaceNr* ein zweites Mal durch ein erzeugtes Interrupt aufgerufen, solange sie noch aktiv ist, geht der momentane Status vom Stack durch das Setzen der absoluten Werte *LocalSS:LocalSP* verloren. Ein Absturz des Systems ist nicht vermeidbar. Diese Situation kann natürlich nur bei Hardware-Interrupts entstehen, da nur die Hardware zu jedem Zeitpunkt eine zweite Interrupt-Anforderung erzeugen kann.

Das Betriebsystem DOS arbeitet mit lokalen Stackbereichen, die, jedesmal wenn es aktiv wird, in ähnlicher Weise auf konstante Werte gesetzt werden. Aus diesem Grund ist DOS nicht reentrant, genau wie an Hardware-Interrupts angeschlossene Pascal *interrupt*-Prozeduren. Dementsprechend darf keine DOS-Routine von Hardware-Interrupt-Handlern aufgerufen werden.

Im Unit *bios* wurde die *boolean*-Funktion *dosactive* implementiert, die auf einer undokumentierten DOS Interrupt-Funktion basiert und den Wert *True* zurückliefert, falls DOS im Moment der Abfrage aktiv ist.

9.2.5 Speicherresidente Programme

Speicherresidente Programme wie *hgcprint* und *testint* bereiten den meisten Programmierern aus zwei Gründen Kopfzerbrechen:

- Sie lassen sich nicht ohne weiteres vom Speicher entfernen, nachdem sie bereits geladen worden sind.

- Sie sind nicht imstande zu prüfen, ob sich bereits eine identische Kopie von ihnen im Speicher befindet. Deshalb werden durch ein mehrmaliges Starten mehrere Kopien desselben Programms im Speicher gestapelt.

Das Spektrum der hierzu vorgeschlagenen Methoden erstreckt sich vom Neustarten des Rechners bis hin zu komplizierten und nicht immer ohne Nebeneffekte bleibenden Verfahren, durch die das Vorhandensein des Programms im Speicher überprüft wird.

In diesem Kapitel werden wir die bessere und einfachere Lösung vorstellen, die auf der internen Speicherverwaltung des Betriebsystems DOS beruht. Aus diesem Grund wollen wir uns zunächst mit einigen DOS-Speicherstrukturen vertraut machen.

9.2.5.1   DOS-Speicherstrukturen

9.2.5.1.1   Environment-Tabelle von Programmen

Das Betriebsystem DOS sieht die Möglichkeit vor, die Umgebung der unter ihm laufenden Programme mittels interner Befehle zu verändern. Dies geschieht durch das Setzen neuer oder schon von DOS vordefinierter Systemvariablen wie **COMSPEC, PATH, PROMPT** etc. Solche Umgebungs-Spezifikationen werden in einer Tabelle zusammengefaßt, die kurz Environment heißt.

Jedes gestartete Programm erhält von seinem übergeordneten Prozeß eine private Kopie dieser Tabelle. Solange das Programm aktiv ist, beziehen sich alle weiteren Veränderungen der Systemumgebung auf diese private Kopie. Wurde ein Programm durch "terminate and stay resident" bzw. durch die dos.keep Funktion beendet, ist seine Environment-Kopie statisch. Das bedeutet, daß weitere Veränderungen der Systemumgebung, von anderen Programmen aus, keinen Einfluß auf diese Kopie haben.

Die Environment-Tabelle ist ein maximal 32 KBytes großer, unstrukturierter Speicherblock und besteht aus einer Reihe von ASCII-Zeichenketten der Form

     NAME = parameter,

wobei NAME der Name der Systemvariablen ist. Hierbei handelt es sich allerdings nicht um Zeichenketten, wie man sie von Turbo Pascal her kennt. Am Ende jeder Zeichenkette steht ein Byte, das den Wert 0 hat. Die Reihe dieser Zeichenketten wird durch ein zusätzliches Null-Byte abgeschlossen. Danach folgt ein *word* Wert. Das letzte Element der Environment-Tabelle ist eine Zeichenkette, die die vollständige Bezeichnung [drive][path] filename.ext des entsprechenden Programms beinhaltet, z.B 'A:\LANG\TURBO\TURBO.EXE'. Diese Zeichenkette wird bei der Suche nach einer Kopie desselben Programms im Speicher von großer Bedeutung sein.

In der Version 5.0 wurden drei neue Funktionen implementiert (*dos.envcount*, *dos.envstr* und *dos.getenv*), mit deren Hilfe die Anzahl und die entsprechenden Zeichenketten, in Turbo Pascal-Zeichenkettendarstellung, zurückgeliefert werden. Der letzte Eintrag der Environment-Tabelle, aus dem ein Programm erfahren kann, aus welchem Verzeichnis es gestartet wurde, kann lediglich mit Hilfe dieser Funktionen nicht ermittelt werden.

9.2.5.1.2   Program Segment Prefix (PSP)

Beim Starten eines Programms reserviert DOS einen Speicherblock an der kleinstmöglichen Segmentadresse (16-Byte Block oder Paragraph). Diesen Segmentwert nennt man **Programmsegment**. An der Adresse mit Offsetwert 0 relativ zum Programmsegment bildet DOS einen 256 Bytes großen Kontrollblock, der **Programmsegment-Prefix** (PSP) heißt. Der eigentliche Programm-code wird direkt nach PSP in den Speicher geladen und erhält anschließend die Kontrolle.

PSP beinhaltet verschiedene von DOS verwendete Informationen und ist in klar abgetrennte Bereiche unterteilt. Im folgenden Pascal-Record wird die Struktur von PSP wiedergegeben:

```
type

psptype = record
  Int20       :word;                    { INT 20h Anweisung                        }
  TopOfMem    :word;                    { verfügbarer Speicher (16-Byte Blöcke)    }
  Reserved1   :array[1..6] of byte;
  LastInt22   :pointer;                 { Int. 22 hex Vektor (terminate address)   }
  LastInt23   :pointer;                 { Int. 23 hex Vektor (ctrl-break address)  }
  LastInt24   :pointer;                 { Int. 24 hex Vektor (critical-error)      }
  CommPSPSeg  :word;                    { Programmsegment von COMMAND.COM          }
  Reserved2   :array[1..20] of byte;
  EnvironSeg  :word;                    { Segmentadresse der Environment-Tabelle   }
  Reserved3   :array[1..34] of byte;
  Int21       :word;
  Retf        :byte;
  Reserved4   :array[1..9] of byte;
  FCB1        :array[1..16] of byte;  { File Control Block                         }
  FCB2        :array[1..20] of byte;

  case byte of
    0:(Params :string[127]);          { Übergebene Parameter-Zeichenketten oder }
    1:(DTA     :array[1..128] of byte); { Data Transfer Area                      }
end;
```

Auf die genaue Verwendung aller Record-Komponenten werden wir nicht wei-ter eingehen. Interessant für uns ist hier lediglich die Komponente EnvironSeg, die den Segmentwert der zugehörigen Environment-Tabelle enthält. Pro-gramme, die ihren Programmsegmentwert kennen, können dadurch ihre private Environment-Kopie im Speicher lokalisieren. Turbo Pascal definiert die Va-riable system.PrefixSeg, in der der Programmsegmentwert gespeichert wird. Folgender Ausdruck ermöglicht den direkten Zugriff auf die private Environ-ment-Tabelle:

ptr (psptype (ptr (PrefixSeg, 0)^).EnvironSeg, 0)

Im Feld *Params* des varianten Teils des soeben definierten Datentyps psptype werden übergebene Parameter beim Starten des Programms gespeichert. Diese Parameter werden durch das Unit *system* von Turbo Pascal gesichert und sind mit Hilfe der Funktionen *paramcount* und *paramstr* abrufbar.

9.2.5.1.3   Memory-Control-Blocks

In diesem Abschnitt wird eine interne, undokumentierte DOS-Speicherstruktur vorgestellt, mit deren Hilfe das Betriebssystem den gesamten Speicher verwaltet.

Unabhängig davon, ob im Speicher Daten, normale oder speicherresidente Programme geladen werden, reserviert DOS Speicherblöcke, die dann nicht mehr überschrieben werden können. Solche Speicherblöcke befinden sich immer am Anfang eines Speicher-Paragraphen, d.h. an einer durch den Wert 16 teilbaren, absoluten Adresse. Mit Hilfe von drei Funktionen des DOS-Interrupts 21 hex können solche Programmspeicherblöcke belegt, freigesetzt oder modifiziert werden. DOS verwendet eine einfache, aber trotzdem effektive Methode, um das Unterteilen des gesamten Speicherplatzes in kleinere Bereiche zu verwalten. Vor jedem reservierten Speicherbereich wird ein kleiner Kontrollblock angelegt, der Informationen über diesen enthält und nur 16 Bytes groß ist. Die Struktur solcher Speicherkontrollböcke läßt sich durch folgendes Pascal-Record beschreiben:

```
type  mcbtype = record
        ID        :char;
        ContrSegm :word;
        BlockSize :word;
        Reserved  :array [0..10] of byte;
      end;
```

ID :   In diesem Feld wird immer der Buchstabe 'M' gespeichert, der den Block als einen Speicherkontrollblock (Memory-Control-Block) charakterisiert. Handelt es sich dabei um den letzten Kontrollblock im Speicher, so wird er mit 'Z' markiert.

ContrSegm :   Hier wird der Programmsegmentwert des Programms gespeichert, das den hiermit eingeleiteten Speicherbereich beansprucht.

BlockSize :   In diesem *word*-Wert wird die Größe des nachfolgenden, reservierten Speicherbereichs in Paragraphen (16-Bytes) festgehalten.

Mit Hilfe des Feldes *BlockSize* läßt sich sehr einfach die gesamte Liste von Speicherkontrollblöcken im Speicher verfolgen. Hat man beispielsweise den ersten Kontrollblock an der Segmentadresse MCB1 lokalisiert, kann man die Segmentadresse des nächsten Kontrollblocks MCB2 auf folgende Weise ermitteln:

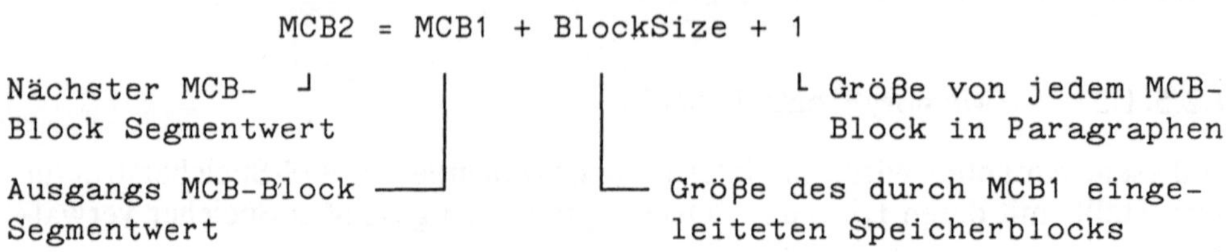

Nachdem wir die drei verschiedenen DOS-Speicherstrukturen besprochen haben, möchten wir als nächstes die Methode vorstellen, mit deren Hilfe man feststellen kann, ob sich ein bestimmtes Programm im Speicher befindet.

9.2.5.2 Entfernbare, speicherresidente Programme

Speicherresidente Programme ersetzen meistens Interrupt-Vektoren, um Systemfunktionen umzudefinieren oder um mit ihrer Umgebung zu kommunizieren. Hierbei unterscheidet man hauptsächlich drei Vorgehensweisen:

- Der alte Interrupt-Handler wird vollständig ersetzt und wird nicht mehr aufgerufen.

- Der alte Interrupt-Handler wird bedingt weiterverwendet.

- Alter und neuer Interrupt-Handler werden immer parallel aktiv.

Die zweite und dritte Möglichkeit implizieren, daß der zuletzt geladene Interrupt-Handler den Interrupt-Vektor des alten Handlers sichert, um ihn bei Bedarf aufrufen zu können. Auf diese Weise entstehen sogenannte Interrupt-Ketten, bei denen die Kontrolle wie bei einer Kettenreaktion vom zuletzt geladenen Interrupt-Handler zum ersten übergeben wird. Das Utility-Programm *SideKick* von Borland z.B. leitet das Tastatur-Interrupt 9 um und fängt auf diese Weise alle Tastendrücke ab, die weitergeleitet werden, bis eine bestimmte Tastenkombination entdeckt wird. Diese wird dann vom Programm selbst abgefangen und als Aktivierungssignal interpretiert, was bedeutet, daß das Programm sich auf dem Bildschirm meldet.

Es ist sehr leicht, interaktive, speicherresidente Programme wie *SideKick* wieder vom Speicher zu entfernen. Dies geschieht mittels der DOS-Interrupt-Funktion 49 hex (free allocated memory), der der Segmentwert des freizugebenden Speicherblocks als Parameter übergeben wird. Mit Hilfe dieser Funktion können die beiden vom Programm verwendeten Speicherblöcke, Programmbereich sowie private Environment-Tabelle, dem System zurückgegeben werden. Komplizierter hingegen ist das Entfernen von Programmen, die ständig im Hintergrund arbeiten, weil diese in der Regel nicht per Tastendruck einen entsprechenden Befehl empfangen können. Solche Programme lassen sich unter Umständen durch einen Neustart mit einem entprechenden Kommandozeilenparameter, z.B. *programname off* entfernen. Dazu müssen allerdings drei Voraussetzungen erfüllt sein:

1. Das Programm muß imstande sein, seinen speicherresidenten "Zwillingsbruder" im Speicher zu lokalisieren, also seinen Programmsegment-Wert
   bestimmen können.

2. Das speicherresidente Programm muß als letztes an die möglicherweise
   vorhandene Interrupt-Kette angehängt worden sein. Andernfalls würde das
   Entfernen des residenten Programms die Interrupt-Kette mit fatalen Folgen
   unterbrechen. Dies wird im Bild 9.1 veranschaulicht.

3. Der vom residenten Programm ersetzte Interrupt-Vektor muß immer noch
   erreichbar sein.

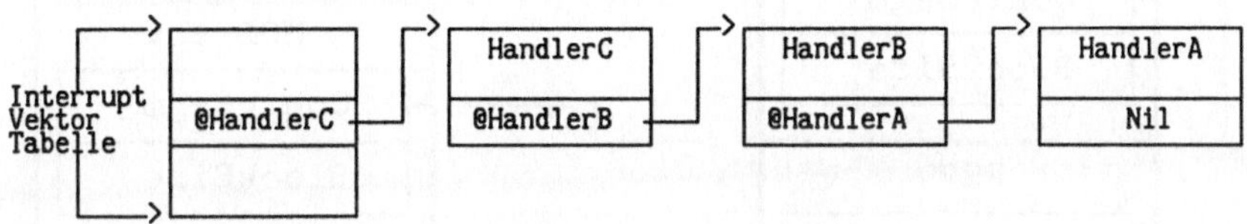

Bild 9.1: Interrupt-Kette von drei Interrupt-Handlern

Wir möchten jetzt einzeln erläutern, wie Programme diesen drei Forderungen
gerecht werden:

1. Suchen nach einem bestimmten Programm im Speicher:

Durch geschicktes Kombinieren der drei DOS-Speicherstrukturen ist es möglich, nach einem bestimmten, bereits im Speicher geladenen Programm zu suchen. Ziel der Suche ist der in der Environment-Tabelle eingetragene Name des
Programms. Doch es wird nicht wahllos danach im Speicher gesucht:

Zunächst muß der erste Speicherkontrollblock gefunden werden. Angefangen
bei der niedrigsten Speicheradresse wird in 16-Byte Schritten (Paragraph) nach
dem Buchstaben 'M' bzw. dem entprechenden ASCII-Wert gesucht, der jeden
Speicherkontrollblock kennzeichnet. Dieses Kriterium reicht natürlich nicht
aus, um auf einen Speicherkontrollblock zu schließen. Mit großer Wahrscheinlichkeit handelt es sich aber tatsächlich um einen Speicherkontrollblock, wenn
man nach dem Erhöhen der gefundenen Segmentadresse um den Wert des Feldes *BlockSize+1* wieder auf den Buchstaben 'M' oder auf 'Z' stößt. Wurde auf
diese Weise der erste Speicherkontrollblock ermittelt, können alle weiteren
durch einfaches Erhöhen der Segmentadresse im Speicher lokalisiert werden.
Weitere Überprüfungen sind dann unnötig.

Wie kann man nun erkennen, ob der gefundene Speicherkontrollblock einen
Programm- und keinen Datenbereich einleitet? Er leitet einen Programmbereich
ein, wenn der *ContrSeg*-Wert um 1 größer ist als der Segmentwert des Spei-
cherkontrollblocks. Die weitere Suche nach dem Programmnamen geht über

das PSP (Program Segment Prefix), dessen Wert im Feld *ContrSeg* gespeichert ist. Im PSP-Feld *EnvironSeg* steht die Segmentadresse der Environment-Tabelle. Unter Berücksichtigung ihres Aufbaus kann aus dieser dann die vollständige Bezeichnung ([drive][path] filename.ext) des Programms gelesen werden. Im folgenden Bild wird das Zusammenspiel der drei DOS-Speicherstrukturen dargestellt.

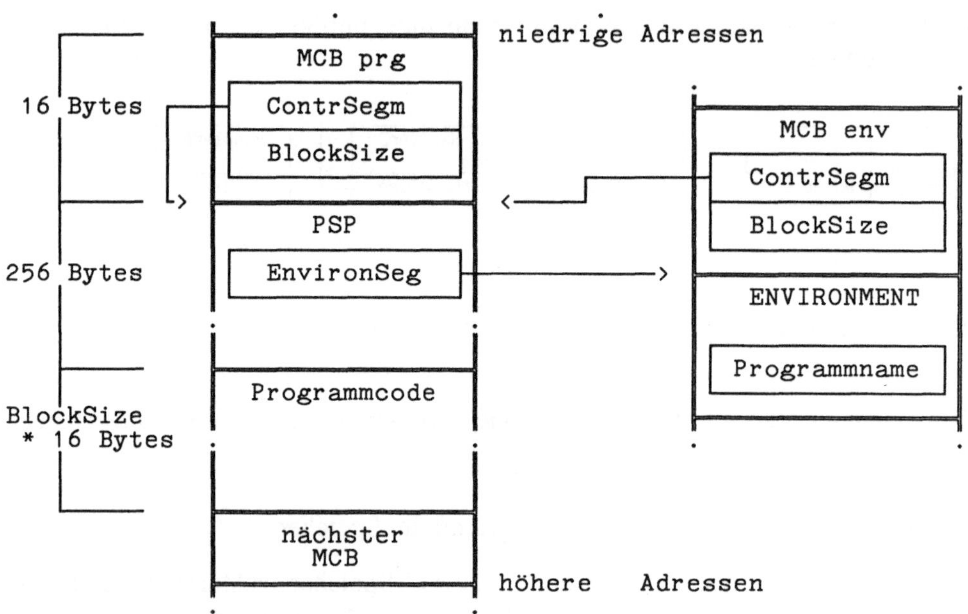

Bild 9.2: Ein MCB-Block eines Programmbereichs mit den entsprechenden Segmentadressverweisen

2. Feststellung des letzten Glieds einer Interrupt-Kette:

Nachdem der "Zwillingsbruder" eines Programms im Speicher eindeutig lokalisiert worden ist, muß festgestellt werden, ob es sich bei diesem um das letzte Glied der Interrupt-Kette handelt. Dies ist der Fall, wenn der Segmentwert des Interrupt-Vektors auf eine Adresse innerhalb des gefundenen Speicherbereichs zeigt:

Programmsegment $<=$ IntVector $<$ Programmsegment $+$ *BlockSize*

3. Lokalisieren des gesicherten Int.Vektors im speicherresidenten Programm:

Zuletzt muß noch der gesicherte alte Interrupt-Vektor im Bereich des speicherresidenten Programms gefunden werden. Im Normalfall befindet er sich im Datensegment des betreffenden Programms. Wie können wir aber den genauen Datensegmentwert ermitteln? Wir haben zwar das PSP des gesuchten Programms im Speicher lokalisiert, doch alle Segmentregisterwerte sind uns unbekannt. Da beide Programme den gleichen Aufbau haben, befindet sich der gesicherte Interrupt-Vektor immer an der gleichen relativen Adresse (Offsetwert) im Datensegment. Der Datensegmentwert wiederum kann mittels *DSeg - PrefixSeg* relativ zum bekannten Programm-Segment-Wert errechnet werden. Bild 9.3 soll dies verdeutlichen.

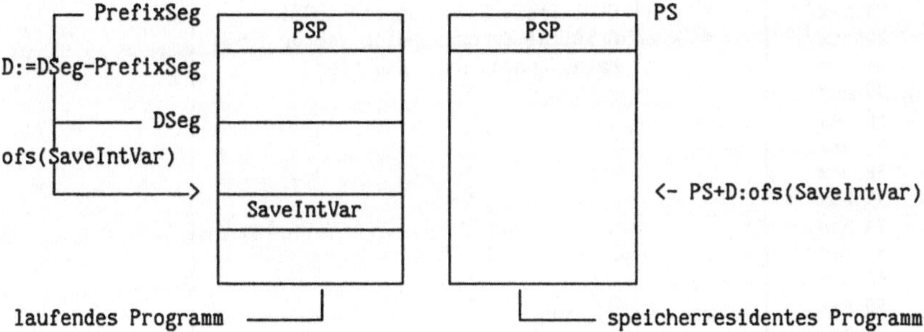

Bild 9.3: Ermitteln der absoluten Adresse einer Variablen innerhalb eines der beiden identischen Programme

Im nächsten Abschnitt formulieren wir den hier beschriebenen Algorithmus zum Auffinden eines bestimmten Programms im Speicher in Form eines Units. Betrachten wir aber zuvor einen anderen Nebeneffekt, der dann auftritt, wenn ein Turbo Pascal Programm mittels der Prozedur *dos.keep* beendet und im Speicher behalten wird.

Beim Starten von Turbo Pascal-Programmen wird eine Reihe von Interrupt-Vektoren umgeleitet, die dann während der Laufzeit auf lokale Interrupt- Behandlungsroutinen zeigen. Nach Beendigung des Programms durch einen expliziten oder impliziten (automatisch vom Compiler eingefügte Code am Ende des Programms) Aufruf der Prozedur *system.halt* werden sie wieder auf ihre ursprünglichen Werte gesetzt. Wird aber ein Programm mit Hilfe der Prozedur *dos.keep* beendet, findet dieser Vorgang nicht statt, was unter Umständen zu einem fehlerhaften Ablauf anderer Programme führen kann. Speicherresidente Programme sollten deswegen kurz vor dem Aufruf der Prozedur *dos.keep* die Interrupt-Vektoren wieder aud ihre ursprünglichen Werte setzen. Dies ist möglich, da die vorgefundenen Interrupt-Vektoren in entsprechenden *pointer*-Variablen gesichert werden, die für den Pascal-Programmierer zugänglich sind. Jedesmal, wenn das entsprechende Interrupt ausgelöst wird, kann der Interrupt-Handler seinerseits die vorgefundenen System-Interrupt-Vektoren für die Dauer seiner Tätigkeit sichern und sie durch die Turbo Pascal-Vektoren ersetzen.

In der Version 5.0 wurde eine Prozedur implementiert (*dos.swapvectors*), die bei jedem Aufruf die umgeleiteten Interrupt-Vektoren mit den von Turbo Pascal vertauscht. Tabelle 9.1 faßt alle von Turbo-Pascal umgeleitete Interrupt-Vektoren zusammen.

Bezeichner	Interrupt-Nr	Ver. 4.0	Verwendung
SaveInt00	0 hex	*	Division durch Null
SaveInt02	2 hex	*	Non Maskable Interrupt (NMI)
SaveInt1B	1B hex	*	Keyboard Break (BIOS)
SaveInt23	23 hex	*	Ctrl-Break Exit Address (DOS)
SaveInt24	24 hex	*	Critical Error Handler Vector (DOS)
SaveInt34	34 hex		Math. Coprozessor Emulator
SaveInt35	35 hex		"
SaveInt36	36 hex		"
SaveInt37	37 hex		"
SaveInt38	38 hex		"
SaveInt39	39 hex		"
SaveInt3A	3A hex		"
SaveInt3B	3B hex		"
SaveInt3C	3C hex		"
SaveInt3D	3D hex		"
SaveInt3E	3E hex		"
SaveInt3F	3F hex		"
SaveInt75	75 hex	*	Gleitpunktzahlenfehler

Tabelle 9.1: Von Turbo Pascal umgeleitete Interrupt-Vektoren

9.2.5.3   Das Unit *mcb*

Die in Unit *mcb* implementierten Funktionen definieren den Umgang mit den DOS-Speicherkontrollblöcken und ermöglichen somit das Auffinden eines bestimmten Programms im Speicher. Es werden sechs *word*- und zwei *string*-Funktionen definiert, die auf keiner Weise das System beinflussen, da sie nur Lese-Operationen durchführen. Bei falschem Ergebnis liefern die ersteren den Wert $FFFF zurück, der als Konstante *NotValidSeg* definiert wird. Der bereits vorgestellte Datentyp *mcbtype* wird in *interface*-Teil von Unit *mcb* übernommen. Im folgenden werden alle Funktionen kurz erläutert:

getfmcbseg :   Liefert den Segmentwert des ersten MCB-Blocks zurück.

getnmcbseg (MSeg:word) :   Liefert den Segmentwert des relativ zu *MSeg* nächsten MCB-Blocks zurück. Ist *MSeg* kein

	gültiger MCB-Segmentwert oder ist kein MCB-Block mehr vorhanden, wird der Wert *NotValidSeg* als Fehlermeldung zurückgeliefert.
getctrlseg (MSeg:word) :	Falls *MSeg* ein gültiger MCB-Segmentwert ist, wird die Komponente *ContrSegm*, ansonsten der konstante Wert *NotValidSeg* zurückgeliefert.
getblksize (MSeg:word) :	Falls *MSeg* ein gültiger MCB-Segmentwert ist, wird die Größe des eingeleiteten Speicherblocks in Paragraphen, ansonsten der konstante Wert *NotValidSeg* zurückgeliefert.
getblkseg (MSeg:word) :	Falls *MSeg* ein gültiger MCB-Segmentwert ist, wird der Segmentwert des eingeleiteten Speicherblocks, ansonsten der konstante Wert *NotValidSeg* zurückgeliefert. Handelt es sich dabei um einen Programmbereich, so ist der zurückgelieferte Wert der Programmsegment-Wert (PSP) des Programmes.
getenvseg (MSeg:word) :	Falls *MSeg* ein gültiger MCB-Segmentwert ist und einen Programm-Speicherbereich einleitet, wird der Segmentwert der Environment-Tabelle, ansonsten der konstante Wert *NotValidSeg* zurückgeliefert.
getpathname (MSeg:word) :	Falls *MSeg* ein gültiger MCB-Segmentwert ist und einen Programm-Speicherbereich einleitet, wird der Datei-Pfad aus dem das Programm gestartet wurde als Zeichenkette zurückgeliefert.
getfilename (MSeg:word) :	Falls *MSeg* ein gültiger MCB-Segmentwert ist und einen Programm-Speicherbereich einleitet, wird der Programmname als Zeichenkette zurückgeliefert.

```
unit mcb;

interface
uses maths, types;
const NotValidSeg = $FFFF;                     { Fehlerkonstante        }

type  mcbtype = record
        ID        :char;
        ContrSegm :word;
        BlockSize :word;
        Reserved  :array [0..10] of byte;
      end;
      mcbptrtype = ^mcbtype;
```

```pascal
function getfmcbseg                :word;
function getnmcbseg (MSeg:word) :word;
function getctrlseg (MSeg:word) :word;
function getblksize (MSeg:word) :word;
function getblkseg  (MSeg:word) :word;
function getenvseg  (MSeg:word) :word;
function getpathname(MSeg:word) :str080;
function getfilename(MSeg:word) :str080;


implementation

  function getfmcbseg:word;
  var MPtr, Next :mcbptrtype;
  begin
    MPtr:=ptr(word(ptr(0,$C3)^), 0);                    { DOS-Bereich überspringen   }
    repeat
      while (MPtr^.ID <> 'M') do                         { Solange ID <> 'M', Zeiger  }
        inc(ptrtype(MPtr).Seg);                          { auf nächsten Paragraphen.  }
      Next:=MPtr;                                         { Adresse vom nächsten MCB-  }
      inc(ptrtype(Next).Seg, Next^.BlockSize+1); { Block ermitteln.           }
      with Next^ do if (ID='M') or (ID='Z') then { Tatsächlich ein MCB Block?}
      begin
        getfmcbseg:=ptrtype(MPtr).Seg;
        exit;
      end;
      inc(ptrtype(MPtr).Seg);                            { Sonst Suche fortsetzen bis }
    until ptrtype(MPtr).Seg >= $A000;                    { Video Bereich erreicht ist }
  end;


  function getnmcbseg(MSeg:word):word;
  var MPtr :mcbptrtype;
  begin
    MPtr:=ptr(MSeg, 0);                                  { MCB Zeiger erzeugen         }
    inc(ptrtype(MPtr).Seg, MPtr^.BlockSize+1);  { Adresse vom nächsten MCB-  }
    with MPtr^ do if (ID='M') or (ID='Z')       { Block ermitteln. Sollte er }
      then getnmcbseg:=ptrtype(MPtr).Seg         { wider Erwarten kein MCB-   }
      else getnmcbseg:=NotValidSeg;              { Block sein, Fehler melden  }
  end;


  function getctrlseg(MSeg:word):word;
  var MPtr :mcbptrtype;
  begin
    MPtr:=ptr(MSeg, 0);                                  { MCB Zeiger erzeugen         }
    with MPtr^ do if (ID='M') or (ID='Z')       { Tatsächlich ein MCB-Block ?}
      then getctrlseg:=ContrSegm
      else getctrlseg:=NotValidSeg;
  end;
```

```pascal
function getblksize(MSeg:word):word;
var MPtr :mcbptrtype;
begin
  MPtr:=ptr(MSeg, 0);                       { MCB Zeiger erzeugen         }
  with MPtr^ do if (ID='M') or (ID='Z')     { Tatsächlich ein MCB-Block ?}
    then getblksize:=BlockSize
    else getblksize:=NotValidSeg;
end;


function getblkseg(MSeg:word):word;
var MPtr :mcbptrtype;
begin
  MPtr:=ptr(MSeg, 0);                       { MCB Zeiger erzeugen         }
  with MPtr^ do
  if ((ID='M') or (ID='Z'))                 { Tatsächlich ein MCB-Block? }
    then getblkseg:=MSeg+1
    else getblkseg:=NotValidSeg
end;


function getenvseg(MSeg:word):word;
var MPtr :mcbptrtype;
begin
  MPtr:=ptr(MSeg, 0);                       { MCB Zeiger erzeugen         }
  with MPtr^ do                             { Tatsächlich ein MCB-Block   }
  if ((ID='M') or (ID='Z')) and             { der einen Programmbereich   }
     (MSeg+1=ContrSegm)                      { einleitet ?                 }
    then getenvseg:=word(ptr(ContrSegm, $2C)^) { Segmentwert von PSP lesen }
    else getenvseg:=NotValidSeg;
end;


function getprogname(MSeg:word):str080;
var EPtr     :pointer;
    Eseg, W :word;
begin
  ESeg:=getenvseg(MSeg);
  if ESeg <> NotValidSeg then begin         { Falls gültiger MCB-Block.. }
    if ESeg <> 0 then begin
      EPtr:=ptr(ESeg, 0);                    { MCB Zeiger erzeugen         }

      repeat                                 { Environment Zeichenketten   }
        while byte(EPtr^) <> 0 do            { überspringen                }
          inc(ptrtype(EPtr).Off);
        inc(ptrtype(EPtr).Off);
      until byte(EPtr^)=0;
      inc(ptrtype(EPtr).Off,3);  W:=0;

      repeat                                 { Programm-Namen kopieren      }
```

```
      inc(W);
      getprogname[W]:=upcase(char(EPtr^));
      inc(ptrtype(EPtr).Off);
    until byte(EPtr^)=0;
    getprogname[0]:=char(W);                 { Längen-Byte setzen         }
  end
  else getprogname:='COMMAND.COM';           { (ESeg=0) and (Programm) => }
 end                                         { erster Befehlsinterpreter  }
 else getprogname:='';
end;


function getpathname(MSeg:word):str080;
var W,Last :word;
    S       :str080;
begin
  S:=getprogname(MSeg);                      { Vollständige Zeichenkette  }
  if length(S) > 0 then begin                { lesen                      }
    Last:=0;
    for W:=1 to length(S) do
      if (S[W]=':')or(S[W]='\') then Last:=W; { Z.kette  bis  zum  letzten }
    S[0]:=char(Last);                        { DRIVE bzw. PATH Symbol     }
  end;                                       { zurückliefern              }
  getpathname:=S;
end;


function getfilename(MSeg:word):str080;
var W,Last :word;
    S       :str080;
begin
  S:=getprogname(MSeg);                      { Vollständige Zeichenkette  }
  if length(S) > 0 then begin                { lesen                      }
    Last:=0;
    for W:=1 to length(S) do                 { DRIVE  und  PATH  Angaben  }
      if (S[W]=':')or(S[W]='\') then Last:=W; { überspringen und den Rest }
    W:=length(S)-Last;                       { der  Zeichenkette  zurück- }
    move(S[Last+1], S[1], W);                { liefern                    }
    S[0]:=char(W);
  end;
  getfilename:=S;
end;


end.
```

Im folgenden werden wir das im Abschnitt 9.2.4 vorgestellte Testprogramm
testint modifizieren und es zu einer nützlichen, speicherresidenten Programm-
Utility aufwerten. In diesem Beispiel-Programm wird alles angewendet, was in
vorliegendem Kapitel über speicherresidente Programme besprochen wurde:

- Das Programm prüft vor dem Aufruf der Prozedur *dos.keep*, ob es bereits im Speicher geladen worden ist, und gibt unter Umständen eine entsprechende Meldung aus.

- Es akzeptiert den Kommandozeilenparameter 'off' und kann auf diese Weise wieder vom Speicher entfernt werden, falls es das letzte Glied der Interrupt-Kette ist.

- Es stellt die umgeleiteten Interrupt-Vektoren wieder her.

Das Programm *clock* gibt die Systemzeit aus und leitet aus diesem Grund den Interrupt-Vektor 8 (Clock-Tick) um. Dieses Hardware-Interrupt wird in regelmäßigen Zeitabständen ausgelöst (etwa 18 mal pro Sekunde), um neben anderen wichtigen Funktionen auch die Systemzeit zu aktualisieren. Die lokale *interrupt*-Prozedur *clockint* ruft jedesmal den Interrupt-Handler 8 auf und stellt somit eine Interrupt-Kette her.

Mit Hilfe der Zählervariablen *Count* wird nur jedes 18. mal der eigentliche Rumpf von *clock* ausgeführt. Nach dem Einrichten des lokalen Stackbereiches und dem Setzen der Schalter-Variablen *Active* werden im Rumpf die vorgefundenen Interrupt-Vektoren gesichert und durch die entsprechenden Pascal-Vektoren ersetzt. Nach ausgegebener Zeit findet der umgekehrte Vorgang statt.

Da DOS-Routinen nicht reentrant sind, findet das Vertauschen der Interrupt-Vektoren innerhalb der *interrupt*-Prozedur *clockint* nicht durch die Prozeduren *dos.getintvec*, *dos.setintvec* oder *dos.swapvectors* statt, sondern durch direkten Pascal-Code. Das Vertauschen von Interrupt-Vektoren muß mit unterdrücktem Interrupt-Mechanismus (CLI) stattfinden, da sonst ein Absturz des Systems auftreten kann.

```
program clock;
uses dos, crt, mcb, asm, types;
{$M 4096, 0, 0}                              { Begrenzung des Sp. bedarfs }
{$B-,S-}

const MaxVec  = 18;
      VecNr :array[1..MaxVec] of byte =      { Nummern  der  umgeleiteten }
         ($00,$02,$1B,$23,$24,$34,$35,$36,$37,  { Interrutp-Vektoren        }
          $38,$39,$3A,$3B,$3C,$3D,$3E,$3F,$75);

var   SaveIntVec              :pointer;      { Clock-Tick Interrupt-Vektor}
      SaveLocSS, SaveLocSP    :word;         { Lokales Registerpaar SS:SP }
      SaveSysSS, SaveSysBP    :word;         { Temporäres  Sichern  SS:BP }
      MSeg, PSeg, ESeg        :word;         { MCB, PSP, Environment      }
      IntNr, Count            :byte;
      Active, I               :byte;
      SavePasVec, SaveSysVec :array[1..MaxVec] of pointer; {Pascal- & System-}
                                             { Interrupt-Vektoren         }


   procedure clockint; interrupt;
```

```pascal
  procedure bioszeit(var Hour,Min,Sec :word);
  var BIOSTime :longint absolute $0040:$006C; { Time-Count BIOS-Variable   }
      Time       :longint;
  begin
    Time:=BIOSTime;
    Hour:=trunc(Time / 65543.33);
    Time:=trunc(Time - Hour*65543.33);
    Min :=trunc(Time / 1092.38);
    Time:=trunc(Time - Min* 1092.38);
    Sec :=trunc(Time / 18.20);
  end;


var IntTb :array[0..255]of pointer absolute 0:0; {Interrupt-Table            }
    Hour, Min, Sec        :word;
    SaveWhereX, SaveWhereY :word;                    { Letzte Cursor-Position    }

begin
  pushf;                                           { Clock-Tick Int.-Handler... }
  call_md_; inline(SaveIntVec);                    { ...auf jeden Fall aufrufen }
  inc(Count);

  if (Count=18) and (Active=0) then begin          { Nur jedes 18. mal ...     }
    Active:=1;
    Count:=0;

    cli;                                           { Interrupts unterdrücken.  }
    SaveSysSS:=SSeg;                               { SS-Registerwert sichern.  }
    push_bp; pop_ax;                              { BP-Registerwert sichern.  }
    mov_mw_ax_; inline(SaveSysBP);
    mov_ax_mw_; inline(SaveLocSS);   mov_ss_ax; { Lokalen SS- und SP-       }
    mov_ax_mw_; inline(SaveLocSP);   mov_sp_ax; { Registerwert laden.       }
    mov_bp_ax;
    sub_sp_ww_; inline(>10);                      { SUB SP, sizeof(string)    }
    for I:=1 to MaxVec do begin                   { System-Interrupt-Vektoren }
      SaveSysVec[I]:=IntTb[VecNr[I]];             { sichern und ersetzen      }
      IntTb[VecNr[I]]:=SavePasVec[I];
    end;
    sti;                                           { Interrupts wieder frei.   }

    SaveWhereX:=wherex; SaveWhereY:=wherey;        { Cursor-Position sichern   }
    gotoxy(72,1);                                 { und an rechte obere Ecke  }
    bioszeit(Hour, Min, Sec);                      { die Zeitangabe schreiben. }
    write(Hour:2,':',Min:2,' ',Sec:2);
    gotoxy(SaveWhereX, SaveWhereY);                { Cursor auf alte Position. }

    cli;                                           { Interrupts unterdrücken.  }
    for I:=1 to MaxVec do                          { System Int.Vektoren setzen.}
      IntTb[VecNr[I]]:=SaveSysVec[I];
    mov_ax_mw_; inline(SaveSysSS);   mov_ss_ax;{ Temporär  gesicherte  SS- }
    mov_ax_mw_; inline(SaveSysBP);   mov_bp_ax;{ und BP-Registerwerte laden.}
    sti;                                           { Interrupts wieder frei.   }
```

```pascal
      Active:=0;
    end;
  end;


begin
  IntNr:=8;                                   { Clock-Interrupt-Nummer     }
  for I:=1 to MaxVec do                       { Turbo Int.Vektoren sichern }
    getintvec(VecNr[I], SavePasVec[I]);

  MSeg:=getfmcbseg;                           { Im  Speicher   nach   dem  }
  while (MSeg<>NotValidSeg) and               { Programmnamen suchen       }
        (getfilename(MSeg)<>'CLOCK.EXE')
    do MSeg:=getnmcbseg(MSeg);
  PSeg:=getblkseg(MSeg);  ESeg:=getenvseg(MSeg);

  if (PSeg<>NotValidSeg) and (PSeg<>PrefixSeg) { Wurde eine ANDERE !! Kopie }
  then begin                                  { im Speicher gefunden ?     }
    if (paramcount > 0) and (paramstr(1)='off') { Komm.zeilenparam. 'off' ? }
    then begin
      getintvec(IntNr, SaveIntVec);           { Ist die Kopie letztes Glied}
      if (ptrtype(SaveIntVec).Seg >= PSeg) and { der Interrupt-Kette ?     }
        (ptrtype(SaveIntVec).Seg <  PSeg + getblksize(MSeg))
        {mcbtype(ptr(MSeg,0)^).BlockSize)}
      then begin
        SaveIntVec:=pointer(ptr(DSeg-PrefixSeg+PSeg, ofs(SaveIntVec))^);
        setintvec(IntNr, SaveIntVec);         { In der Kopie, Int.Vektor 8 }
                                              { finden und ersetzen.       }

        mov_ax_mw_; inline(ESeg);             { Environment-Tab. freigeben.}
        push_ax;
        pop_es;
        mov_ah_bb_; inline(<$49);
        int_bb_; inline(<$21);

        mov_ax_mw_; inline(PSeg);             { Programmsegment freigeben  }
        push_ax;
        pop_es;
        mov_ah_bb_; inline(<$49);
        int_bb_; inline(<$21);
      end
      else writeln('CLOCK kann nicht entfernt werden.');
    end
    else writeln('CLOCK bereits installiert.');
  end
  else begin                                  { clock installieren...      }
    Count :=0;
    Active:=0;                                { clockint ist nicht aktiv   }
    SaveLocSS:=Sseg;                          { Lokalen  SS-Wert   sichern }
    SaveLocSP:=4000;                          { Lokalen  SP-Wert   NICHT !!}
                                              { auf "top of stack" setzen. }
```

```
  swapvectors;                          { Int.Vektoren vertauschen   }
  (*
  setintvec($00, SaveInt00);            { Dasselbe für Version 4.0   }
  setintvec($02, SaveInt02);
  setintvec($1B, SaveInt1B);
  setintvec($23, SaveInt23);
  setintvec($24, SaveInt24);
  setintvec($75, SaveInt75);
  *)

  getintvec(IntNr, SaveIntVec);         { Clock-Tick Vektor sichern  }
  setintvec(IntNr, @clockint);          { Neuen Vektor setzen und... }
  keep(0);                              { im Speicher behalten       }
  end;
end.
```

9.2.5.4　　Das Unit *shell*

In den letzten Abschnitten wurde gezeigt, daß eine komplexe Aufgabe wie das
Entwickeln von speicherresidenten Interrupt-Routinen sogar unter ungünstigen
Bedingungen (*interrupt*-Direktive) von Turbo Pascal aus gemeistert werden
kann. Doch sind die möglichen Lösungen anwendungsspezifisch und program-
miertechnisch zu kompliziert, um als allgemeingültig betrachtet zu werden.
Umständlich und deswegen fehleranfällig ist vor allem der erforderliche *inline*-
Code, der den eigentlichen Routinenrumpf umhüllt und die Einrichtung des lokalen Stackbereichs und das Setzen der richtigen Interrupt-Vektoren übernimmt. Ferner war der Aufbau der vorgestellten Programmbeispiele *testint* und
clock an Hardware-Interrupts angepaßt. Das Zurückliefern von Ergebnissen in
die Prozessorregister war nicht vorgesehen.

In diesem Abschnitt möchten wir ein Unit entwickeln, dessen Kernstück eine
external-Prozedur ist: eine Schale, mit deren Hilfe normale Pascal-Prozeduren
als Hardware- oder Software-Interrupt-Handler eingesetzt werden können.
Diese in Assembler geschriebene Routine soll alle Vorkehrungen vor, und nach
dem Aufruf einer normalen Pascal-Prozedur übernehmen, eine flexible Schnittstelle besitzen und auf optimierte und differenzierte Weise auf die Anforderungen eines Interrupt-Handlers reagieren.

Im Unit *shell* werden zwei *pointer*-Variablen definiert, über die die Kontrolle
wahlweise zwei verschiedenen Routinen übergeben werden kann:

PascalPtr :　　　Ist ein Zeiger auf eine *far*-Pascal-Prozedur, durch die der Inter-
　　　　　　　rupt-Handler implementiert wird. Dieser Prozedur wird immer
　　　　　　　dann die Kontrolle übergeben, wenn die Schalter-Variable *Ac-
　　　　　　　tive* gleich Null ist. Jede durch *PascalPtr* angeschlossene Pro-
　　　　　　　zedur muß folgenden strukturierten *var*-Parameter definieren,
　　　　　　　über den Ergebnisse in die Prozessorregister zurückgeliefert
　　　　　　　werden können:

PascalProzedur(var Regs:shellregisters);

Der Datentyp *shellregisters* ist dem Record *dos.registers* sehr ähnlich. Veränderungen der einzelnen Felder von *Regs* haben unmittelbaren Einfluß auf den Ablauf des unterbrochenen Programms. Als Hardware-Interrupt-Handler eingesetzte Prozeduren dürfen daher diesen Parameter nicht verändern.

ByPassPtr : Ist ein Zeiger auf eine Interrupt-Routine, normalerweise das nächste Glied der Interrutp-Kette. Die über diesen Zeiger angeschlossene Interrupt-Routine wird immmer dann angesprungen, wenn die Schalter-Variable *Active* den Wert 1 hat, d.h. wenn die über *PascalPtr* adressierte Prozedur aktiv ist. Diese Ausweichmöglichkeit wurde aus zwei Gründen vorgesehen:

- Das nächste Glied der Interrutp-Kette wird direkt aufgerufen ohne unnötiges Sichern der Prozessorregister, Setzen des lokalen Stackbereiches usw.

- Die somit angeschlossene Routine definiert im allgemeinen, wie auf das erzeugte Interrupt reagiert werden soll, wenn der eigentliche Interrupt-Handler (*PascalProzedur*) aktiv ist.

ByPassPtr kann auf *Nil* gesetzt werden. In diesem Fall findet kein Aufruf statt, sondern wird das ausgelöste Interrupt einfach ignoriert.

Das Setzen der Variable *Active*, deren Wichtigkeit bereits im Abschnitt 9.2.4 erklärt wurde, wird vom Assembler-Modul übernommen. *Active* wird im Codesegment abgelegt, was den Zugriff des Assemblermoduls auf sie ohne das Laden des Datensegments ermöglicht.

Im Assembler-Modul wird außerdem die Funktion (*removeint*) vom Datentyp *boolean* implementiert, mit deren Hilfe Programme sich oder ihre identischen speicherresidenten Kopien vom Speicher entfernen lassen. Die Funktion removeint erhält als Parameter das Programmsegment des zu entfernenden Programms. Wenn es nicht vom Speicher entfernt werden kann, weil es nicht das letzte Glied der Interrupt-Kette ist, liefert *removeint* den Wert *False* zurück. Andernfalls wird der Interrupt-Vektor auf seinen ursprünglichen Wert gesetzt, und beide Speicherblöcke, Environment-Tabelle und Programm, werden dem System zurückgegeben.

Im folgenden wird der Code des Assembler-Moduls aufgelistet:

```
Data SEGMENT WORD PUBLIC
     EXTRN PrefixSeg  :WORD           ; Variable system.PrefixSeg
     EXTRN IntNr      :BYTE           ; Interrupt-Nummer
     EXTRN SaveIntVec :DWORD          ; Interrupt-Vektor
     EXTRN PascalPtr  :DWORD          ; Zeiger auf Pascal-Int.-Handler
     EXTRN ByPassPtr  :DWORD          ; Zeiger auf alternativen Handler
     EXTRN SaveLocSP  :WORD           ; Turbo  SP
     EXTRN SaveLocSS  :WORD           ; Turbo  SS
```

```
        EXTRN SaveSysSP  :WORD              ; System SP
        EXTRN SaveSysSS  :WORD              ; System SS
        EXTRN VecNr      :BYTE              ; Nummern der Interrupt-Vektoren
        EXTRN SavePasVec :DWORD             ; Pascal-Interrupt-Vektoren
        EXTRN SaveSysVec :DWORD             ; System-Interrupt-Vektoren
Data ENDS


Code SEGMENT BYTE PUBLIC
        ASSUME CS:Code, DS:Data
        PUBLIC IntShell
        PUBLIC RemoveInt


Active   DB 0                               ; Schalter-Variable

IntShell   PROC      FAR
           CMP       CS:Active, 0           ; Bereits aktiv ? ...
           JZ        Enter                  ; ... Pascal-Prozedur aufrufen

           PUSH      DS
           PUSH      AX
           MOV       AX, Data               ; Lokalen Datensegment-Wert laden
           MOV       DS, AX
           POP       AX
           CMP       WORD PTR ByPassPtr[0],0 ;ByPassPtr <> Nil ? ...
           JNZ       NotNil
           CMP       WORD PTR ByPassPtr[2],0
           JZ        IsNil
NotNil:    PUSHF                            ; ... ByPass Int.-Handler aufrufen
           CALL      ByPassPtr
IsNil:     POP       DS
           IRET

Enter:     INC       CS:Active              ; Jetzt ist Pasal-Handler aktiv
           PUSH      ES                     ; Alle Register sichern
           PUSH      DS
           PUSH      DI
           PUSH      SI
           PUSH      BP
           PUSH      DX
           PUSH      CX
           PUSH      BX
           PUSH      AX
           MOV       AX, Data               ; Lokalen Datensegment-Wert laden
           MOV       DS, AX

           MOV       SaveSysSS, SS          ; System SS:SP Werte sichern
           MOV       SaveSysSP, SP
           CLI
           MOV       SS, SaveLocSS          ; Lokale SS:SP Werte laden
           MOV       SP, SaveLocSP
           STI
```

```
            MOV       BP, SP

            LEA       SI, SaveSysVec        ; System Int.-Vektoren sichern
            CALL      GetVectors
            LEA       SI, SavePasVec        ; Pascal Int.-Vektoren laden
            CLI
            CALL      SetVectors
            STI

            PUSH      SaveSysSS             ; var-Parameter übergeben und
            PUSH      SaveSysSP
            CALL      PascalPtr             ; Pascal-Prozedur aufrufen

            LEA       SI, SaveSysVec        ; System Int.-Vektoren laden
            CLI
            CALL      SetVectors
            MOV       SS, SaveSysSS         ; System SS:SP Werte laden
            MOV       SP, SaveSysSP
            STI

            POP       AX                    ; Alle Register laden
            POP       BX
            POP       CX
            POP       DX
            POP       BP
            POP       SI
            POP       DI
            POP       DS
            POP       ES
            DEC       Active                ; Jetzt ist Pascal-Handler inaktiv
            IRET
IntShell    ENDP


GetLoop :   XOR       BX, BX
            MOV       BL, VecNr[DI]         ; Interrupt-Nummer lesen
            SHL       BX, 1                 ; Offset in Int.-Tabelle berechnen
            SHL       BX, 1
            MOV       AX, ES:[BX][0         ; Offsetwert lesen
            MOV       DX, ES:[BX][2]        ; Segmentwert lesen
            MOV       WORD PTR [SI][0], AX
            MOV       WORD PTR [SI][2], DX
            ADD       SI, 4                 ; SI auf nächsten Eintrag
            INC       DI                    ; Index erhöhen
            LOOP      GetLoop
            RET
GetVectors ENDP
```

```
SetVectors PROC                              ; DS:SI=Buffer,  ES:BX=Vector
           XOR       DI, DI                  ; Index auf das erste Element
           MOV       ES, DI                  ; ES auf Segment der Int.-Tabelle
           MOV       CX, 18                  ; Achtzehn Int.-Vektoren

SetLoop :  XOR       BX, BX
           MOV       BL, VecNr[DI]           ; Interrupt-Nummer lesen
           SHL       BX, 1                   ; Offset in Int.-Tabelle berechnen
           SHL       BX, 1
           MOV       AX, WORD PTR [SI][0]
           MOV       DX, WORD PTR [SI][2]
           MOV       ES:[BX][0], AX          ; Offsetwert lesen
           MOV       ES:[BX][2], DX          ; Segmentwert lesen
           ADD       SI, 4                   ; SI auf nächsten Eintrag
           INC       DI                      ; Index erhöhen
           LOOP      SetLoop
           RET
SetVectors ENDP


RemoveInt  PROC      FAR                     ; removeint(PSeg:word);
           PUSH      BP
           MOV       BP, SP
           PUSH      DS                      ; Datensegment sichern und neues,
           MOV       AX, [BP][6]             ; relativ  zu  PSeg, ermitteln
           ADD       AX, Data
           SUB       AX, PrefixSeg
           MOV       DS, AX

           XOR       BX, BX                  ; Prüfen, ob Programm das letzte
           MOV       ES, BX                  ; Glied der Interrupt-Kette ist
           MOV       BL, IntNr               ; Interrupt-Nummer lesen
           SHL       BX, 1
           SHL       BX, 1
           MOV       AX, [BP][6]             ; PSeg mit vorhandenem Interrupt-
           CMP       AX, ES:[BX][2]          ; Vektor vergleichen
           JA        RemNot
           PUSH      ES
           PUSH      BX
           DEC       AX
           MOV       ES, AX                  ; aus MCB-Block das Feld
           MOV       BX, 3                   ; BlockSize lesen und dazu
           ADD       AX, ES:[BX]             ; addieren
           POP       BX
           POP       ES
           CMP       AX, ES:[BX][2]          ; Programm nicht entfernbar, falls
          ˜JB        RemNot                  ; not (PSeg>=Vektor<PSeg+BlockSize)

           MOV       AX, WORD PTR SaveIntVec [0] ; Sonst alten Vektor laden
```

```
          MOV       DX, WORD PTR SaveIntVec [2]
          CLI
          MOV       WORD PTR ES:[BX][0], AX
          MOV       WORD PTR ES:[BX][2], DX
          STI

          MOV       ES, [BP][6]              ; Speicherblock der Environment-
          MOV       AH, 49h                  ; Tabelle freigeben
          MOV       ES, WORD PTR ES:[2Ch]
          INT       21h
          MOV       AH, 49h
          MOV       ES, [BP][6]              ; Speicherblock des Programms
          INT       21h                      ; freigeben
          MOV       AL, 1                    ; Ergebnis True zurückliefern
          JMP SHORT RemExt

RemNot:   MOV       AL, 0                    ; Ergebnis False zurückliefern
RemExt:   POP       DS
          MOV       SP, BP
          POP       BP
          RETF      2
RemoveInt ENDP

Code ENDS
     END
```

Im Unit *shell* wird der Datentyp *shellregisters* definiert und es werden alle im Programm *clock* bereits definierte Datentypen und Variablen übernommen. Folgende zwei Routinen werden ins Unit *shell* implementiert:

procedure instalint :	Installiert eine Pascal-Prozedur als Interrupt-Handler und übernimmt alle notwendigen Operationen für einen korrekten Ablauf des Programms. *instalint* sollte als letzte Prozedur im Hauptprogramm aufgerufen werden, da sie unter anderem die Prozedur *dos.keep* aufruft, um das Programm zu beenden und es im Speicher zu behalten.
function removeint :	Hierbei handelt es sich um die im Assembler-Modul entwickelte Routine. Sie wird ins Unit *shell* als *external* deklariert. Das speicherresidente Programm, dessen Programmsegment als Parameter übergeben wurde, wird vom Speicher entfernt. Alle hierfür notwendigen Operationen werden von removeint übernommen. Ein anderes Programm kann nur entfernt werden, wenn es sich dabei um eine identische Kopie handelt. *removeint* liefert den Wert *False* zurück, falls das zu entfernende Programm nicht das letzte Glied der Interrupt-Kette ist und somit nicht entfernt werden kann.

```pascal
unit shell;
{$F+,S-,B-,L SHELL}

interface
uses dos, crt;

type  shellregisters = record
         case byte of
         0:(AX,BX,CX,DX,BP,SI,DI,DS,ES,IP,CS,Flags:word);
         1:(AL,AH,BL,BH,CL,CH,DL,DH :byte);
       end;

const MaxVec = 18;
      VecNr :array[1..MaxVec] of byte=
        ($00,$02,$1B,$23,$24,$34,$35,$36,$37,
         $38,$39,$3A,$3B,$3C,$3D,$3E,$3F,$75);

var   SaveSysVec :array[1..MaxVec] of pointer;   { System-Interrupt-Vektoren }
      SaveIntVec :pointer;                        { Interrupt-Vektor           }

procedure instalint (Nr:byte; PascalH, ByPassH:pointer);
function  removeint (PSeg :word) :boolean;


implementation
var   SaveLocSP, SaveLocSS :word;               { Lokale SS:SP Werte         }
      SaveSysSP, SaveSysSS :word;               { System SS:SP Werte         }
      PascalPtr, ByPassPtr :pointer;            { Routinen-Zeiger            }
      IntNr                :byte;               { Interrupt-Nummer           }
      SavePasVec :array[1..MaxVec] of pointer;  { Pascal-Interrupt-Vektoren  }

  procedure intshell;  external;                { Interrupt-Aufruf-Schale    }
  function  removeint; external;


  procedure instalint(Nr:byte; PascalH, ByPassH:pointer);
  var I :integer;
  begin
    CheckBreak:=false;                          { Ctrl-Break ausschalten     }
    SaveLocSP :=SPtr - 100;                      { Lokale SS:SP Werte sichern }
    SaveLocSS :=SSeg;
    IntNr     :=Nr;
    PascalPtr :=PascalH;
    ByPassPtr :=ByPassH;
    getintvec(IntNr, SaveIntVec);                { Interrupt-Vektor sichern   }
    for I:=1 to MaxVec do                        { Pascal-Vektoren sichern    }
      getintvec(VecNr[I], SavePasVec[I]);

    swapvectors;                                 { Int.Vektoren vertauschen   }
    (*
    setintvec($00, SaveInt00);                   { Dasselbe für Version 4.0   }
    setintvec($02, SaveInt02);
```

```
      setintvec($1B, SaveInt1B);
      setintvec($23, SaveInt23);
      setintvec($24, SaveInt24);
      setintvec($75, SaveInt75);
      *)

      setintvec(IntNr, @intshell);
      keep(0);
    end;

end.
```

9.2.5.5 Programm *memorymirror*

Das Programm *memorymirror* stellt eine speicherresidente Utility dar, die die
Verwendung des Units *shell* demonstriert. Das Tastatur-Interrupt 9, ein Interrupt mit hoher Priorität, wird umgeleitet. Auf diese Weise kann durch eine bestimmte Tastenkombination (Alt-M) *memorymirror* jederzeit aktiviert werden,
um den gesamten Speicherbereich zu analysieren. Alle im Moment der Aktivierung im Speicher vorhandenen Speicherblöcke und ihr Verwendungszweck
(System, Programm, Environment, unbelegter Speicherplatz) sowie die Belegung der Interrupts von den Programm-Speicherbereichen werden auf dem
Bildschirm angezeigt. Mit Hilfe der Cursor-Tasten PgUp / PgDn, LeAr / RiAr
können weitere Speicherblöcke bzw. Interrupt-Belegungen angezeigt werden.
Durch die Taste Esc wird *memorymirror* verlassen, während durch die Taste
'Q' das Programm vom Speicher entfernt werden kann. *memorymirror* läßt sich
ebenfalls durch Neustarten mit den Kommandozeilenparameter 'off' vom Speicher entfernen. Auf jeden Fall wird der Zustand des Bildschirms vor der Aktivierung gesichert und nach beendeter Sitzung restoriert.

```
program mm;

{$F+,S+,B-,M 3072,0,0}
uses dos, crt, shell, mcb, bios, maths, strings, convert, asm, types;

const KbdInt  = $09;
      RemMsg  =' MM.EXE kann nicht entfernt werden';
      InstMsg =' MM.EXE kann mit <Alt-M> aktiviert werden';
      ExistMsg=' MM.EXE ist bereits installiert';

var   MSeg, PSeg, ESeg :word;
      SaveScreen        :array[1..4000] of byte;


  procedure memcheck(var Regs :shellregisters);

    procedure searchmemory;
    type collecttype = record
           Count :word;
```

```pascal
    MemS  :array[1..23] of word;
  end;

function getvideoptr:pointer;              { Bestimmt die Video-Segment-}
const Mono = 7;                            { adresse mit Hilfe des BIOS }
var   VideoMode :byte;                     { Get Video Mode Interrupts  }
begin
  mov_ah_bb_; inline(<$F);
  int_bb_;     inline(<$10);
  mov_bp_disp_al_; inline(VideoMode);
  getvideoptr:=ptr($B000+$800*ord(VideoMode <> Mono),0);
end;


procedure collectblocks(var StartSeg:word; var CBuff:collecttype);
var W :word;                               { Füllt  CBuff  mit den     }
begin                                      { nächsten MCB-Block Segment-}
  W:=0; fillchar(CBuff, sizeof(CBuff), 0); { adressen                  }
  while (StartSeg <> NotValidSeg) and (W < 23) do
  with CBuff do begin
    inc(W);
    inc(Count);
    MemS[Count]:=StartSeg;
    StartSeg:=getnmcbseg(StartSeg);
  end;
end;


procedure printblocks(var FoundBlk:collecttype);
const BIOSLine ='  F000 F000 1000 BIOS';   { Gibt die gefundenen  MCB- }
var   W :word;                             { Daten  auf den  Bildschirm }
begin                                      { aus                       }
  window(01,02,29,24);  clrscr;
  window(01,01,80,25);  gotoxy(1,2);
  with FoundBlk do begin
    for W:=1 to Count do
      writeln(dectohex(getblkseg (MemS[W])):5,
              dectohex(getctrlseg(MemS[W])):5,
              dectohex(getblksize(MemS[W])):5,
              ' ', getfilename(MemS[W]));
  end;
  if MSeg=NotValidSeg then write(BIOSLine);
end;


procedure printints(StartInt:word; var FoundBlk:collecttype);
var W,M,J,X :word;                         { Gibt die Belegung der     }
    S       :str080;                       { einzelnen  Interrupts  von }
begin                                      { den entsprechenden Speicher}
  window(31,02,78,24);  clrscr;            { bereichen aus             }
  window(31,02,79,25);
  with FoundBlk do begin
```

```pascal
      for W:=1 to Count+ord(MSeg=NotValidSeg) do { Zuletzt BIOS-Bereich  }
      begin                                      { ausgeben             }
        S:=xeroxs('* ',24);
        for M:=StartInt to StartInt+47 do
        begin
          J:=1;  while (J<=MaxVec) and (VecNr[J]<>M) do inc(J);
          case J of
            1..MaxVec: X:=ptrtype(SaveSysVec[J]).Seg; { System-Vektoren  }
            else if M=KbdInt                          { oder Int.Nr 9 ?  }
              then X:=ptrtype(SaveIntVec).Seg
              else X:=word(ptr(0,4*M+2)^);
          end;

          if ((W<>Count+1)and
             (MemS[W]<X) and (MemS[W]+getblksize(MemS[W])>=X))
             or
             ((W=Count+1) and
             ($F000 <=X) and ($FFFF >=X)) then S[M-StartInt+1]:='■';
        end;
        writeln(S);
      end;
    end;
    window(01,01,80,25); gotoxy(30,1);
    TextAttr:=$70;
    write(char(48+(StartInt div 16)+ord((StartInt div 16)>9)*7));
    TextAttr:=$07;  gotoxy(1,01);
  end;


const MenuLine :array[1..2] of str040 =
        (' [PgUp/PgDn] [LeAr/RiAr] [Esc] [Q]    <',
         'MM>         by Christos Emmanuilidis 1988 ');

      TopLine :array[1..2] of str040 =
        (' SEGM CTRL SIZE FILENAME.EXT X012345678',
         '9ABCDEF0123456789ABCDEF0123456789ABCDEF ');

      Keys :validkeys=(PgUp,PgDn,LeAr,RiAr,Esc,081,113,
                       0,0,0,0,0,0,0,0,0,0,0,0,0);

var   VideoPtr               :pointer;
      SaveWhereX, SaveWhereY :integer;
      FirstBlk, FirstInt     :word;
      KeyCode, W             :word;
      FoundBlk               :collecttype;

begin
  VideoPtr:=getvideoptr;                          { Bildschirm-Daten sichern  }
  move(VideoPtr^, SaveScreen, sizeof(SaveScreen));
  SaveWhereX:=wherex;  SaveWhereY:=wherey;

  clrscr;
```

```
TextAttr:=$70;                              { Menüzeile schreiben        }
writeln(TopLine[1]+TopLine[2]);
gotoxy(1,25);
write(MenuLine[1]+MenuLine[2]);
TextAttr:=$07;  gotoxy(1,01);

FirstBlk:=0;  FirstInt:=0;
MSeg:=getfmcbseg; ESeg:=MSeg;               { Ersten MCB-Block bestimmen }

collectblocks(Mseg, FoundBlk);              { MCB's in FoundBlk speichern}
printblocks(FoundBlk);                      { Speicherbereiche ausgeben  }
printints(FirstInt, FoundBlk);              { Int. Belegung ausgeben     }

repeat
  KeyCode:=getvalidkey(Keys);               { Nächsten Tastendruck holen }
  case KeyCode of
    PgUp: if FirstBlk >= 23 then begin
            MSeg:=ESeg;
            dec(FirstBlk,23);
            for W:=1 to FirstBlk do MSeg:=getnmcbseg(MSeg);
            collectblocks(MSeg, FoundBlk);
            printblocks(FoundBlk);
            printints(FirstInt, FoundBlk);
          end;
    PgDn: if MSeg <> NotValidSeg then
          with FoundBlk do begin
            inc(FirstBlk, Count);
            collectblocks(MSeg, FoundBlk);
            printblocks(FoundBlk);
            printints(FirstInt, FoundBlk);
          end;
    LeAr: if FirstInt > 47 then begin
            dec(FirstInt,48);
            printints(FirstInt, FoundBlk);
          end;
    RiAr: if FirstInt < 192 then begin
            inc(FirstInt,48);
            printints(FirstInt, FoundBlk);
          end;
    else  if KeyCode <> Esc then begin
            if not removeint(PrefixSeg)
            then begin
              window(24,12,58,15);
              TextAttr:=$70;
              clrscr;  gotoxy(1,2);
              write(RemMsg,#10#13#10#13' [Esc]');
              window(1,1,80,25);
              repeat KeyCode:=getkey; until KeyCode=Esc;
            end;
            KeyCode:=Esc;
          end;
  end;
```

```pascal
        until KeyCode = Esc;

        move(SaveScreen, VideoPtr^, sizeof(SaveScreen)); { Bildschirm-Daten   }
        gotoxy(SaveWhereX, SaveWhereY);                   { restorieren        }
      end;


  const AuxKeyCode = 50;
  var   KbdCode     :byte;

  begin
    if (port[$60]=AuxKeyCode) and          { Wurde  die Taste 'M'  und  }
       (getkbdstat and AltOn = AltOn)      { Taste  Alt  gleichzeitig   }
    then begin                             { gedrückt ?                 }
      KbdCode   :=port[$61];               { Empfang  des  Tastencodes  }
      port[$61]:=KbdCode or $80;           { bestätigen                 }
      port[$61]:=KbdCode;
      cli;
      port[$20]:=$20;                      { EOI (End Of Interrupt)     }
      sti;
      searchmemory;                        { Programm aktivieren        }
    end
    else begin
      pushf;                               { Alten Handler aufrufen     }
      call_md_; inline(SaveIntVec);
    end;
  end;



begin
  MSeg:=getfmcbseg;                        { Im  Speicher  nach  dem    }
  while (MSeg <> NotValidSeg) and          { Programmnamen suchen       }
        (getfilename(MSeg)<> 'MM.EXE') do
        MSeg:=getnmcbseg(MSeg);
  PSeg:=getblkseg(MSeg);

  if (PSeg<>NotValidSeg) and (PSeg<>PrefixSeg) { Wurde eine ANDERE !! Kopie }
  then begin                               { im Speicher gefunden ?     }
    if (paramcount >0) and (paramstr(1)='off') { Komm.zeilenparam. 'off' ? }
    then begin
      if not removeint(PSeg) then writeln(RemMsg)
    end
    else writeln(ExistMsg);
  end
  else begin                               { <MM> installieren...       }
    writeln(InstMsg);
    getintvec (KbdInt, SaveIntVec);
    instalint(KbdInt, @memcheck, SaveIntVec);
  end;
end.
```

10 Overlays

S. Alexakis

10.1 Das Overlay-Konzept

Durch das **Overlay-Konzept** können viel größere Programme erzeugt werden, als der Hauptspeicher fassen kann. Eine Reihe von Units (Overlay-Units) werden nach diesem Konzept abwechselnd in denselben Speicherbereich geladen. Dieser Bereich wird zwischen Stack und Heap reserviert und ist mindestens so groß wie das größte der Overlay-Units. Im Beispiel von Bild 10.1 wird die Mindestgröße des Overlay-Bereichs von Overlay-Unit 2 bestimmt. Um es genau zu sagen: der Overlay-Bereich enthält nicht nur den Overlay-Code, sondern auch eine Tabelle mit Querverweisen - bei einem 64K großen Unit übersteigt er deshalb die Maximalgröße eines Segments.

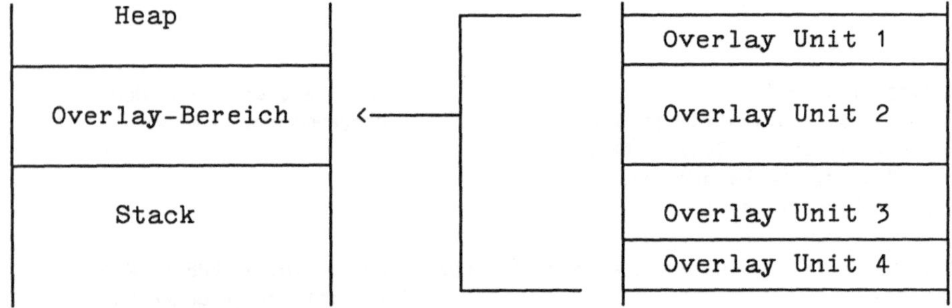

Bild 10.1: Der Overlay-Bereich

In den Overlay-Bereich werden soviele Units wie möglich auf einmal geladen. Im obigen Beispiel sind die Units 1 und 4 halb so groß wie das Unit 2, können also gleichzeitig im Overlay-Bereich untergebracht werden.

Wir werden jetzt versuchen, das Prinzip der Overlays an einem Beispiel zu erläutern. Nehmen wir an, daß die Prozedur *proc1* zum Unit 1 gehört, *proc2* zum Unit 2 u.s.w., und daß der Overlay-Bereich momentan leer ist. Eine Prozedur des Hauptprogramms kann folgende Aufrufe enthalten:

```
procedure Beispiel;                    procedure proc2;
begin                                  begin
  proc1;   {1. Aufruf}                   proc3;
  proc4;   {2. Aufruf}                   proc1
  proc2;   {3. Aufruf}                 end;
end;
```

Nach dem ersten Aufruf wird zunächst geprüft, ob sich *proc1* im Speicher befindet. Da dies nicht der Fall ist, wird das erste Overlay-Unit geladen, und *proc1* ausgeführt. Die gleiche Prozedur wiederholt sich vor der Ausführung von *proc4*. Der dritte Aufruf bewirkt das Laden von Overlay-Unit 2. Da dieses Unit so groß wie der Overlay-Bereich ist, werden Unit 1 und 4 überschrieben. Die Ausführung von *proc2* verursacht noch einige weitere Ladevorgänge, da lokal auf Routinen anderer Overlay-Units zugegriffen wird: Durch den Aufruf *proc3* wird das Unit 3 geladen - dabei wird versucht, Routinen des Units 2, die noch benötigt werden (in diesem Fall *proc2*), nicht zu überschreiben. Nach Ausführung des Befehls *proc3* wird geprüft, ob sich *proc2* noch im Speicher befindet - falls nicht, wird Unit 2 geladen. Schließlich werden Unit 1 geladen, *proc1* ausgeführt und die Ausführung von *proc2* beendet.

10.2 Arbeiten mit Overlays

Um ein Overlay-Unit zu erstellen, muß man den Compiler-Schalter {$O+} (Overlays allowed) an den Anfang des Units setzen. Der Compiler fügt dann zusätzlichen Prüfcode für *set-* und *string*-Konstanten ein. Ein Unit, das im Modus {$O+} kompiliert wurde, wird nicht automatisch zum Overlay - es kann aber als solches deklariert werden. Alle Standard-Units außer *dos* sind mit {$O-} kompiliert worden. Deshalb kann nur *dos* als Overlay eingesetzt werden.

Die Verwaltung des Overlay-Bereiches erfolgt durch das Unit *overlay*, das jedes mit Overlays arbeitende Programm einbinden muß. *overlay* muß im Hauptprogramm als erstes in der Liste der einzubindenden Units vorkommen. Die Compiler-Direktive {$O Unitname} legt fest, welche dieser Units als Overlays eingesetzt werden. Vor dem ersten Zugriff auf ein Overlay-Unit muß die Prozedur *ovrinit* aufgerufen werden, die den Overlay-Bereich reserviert. Da der Speicherplatz für diesen Bereich aus dem Heap entnommen wird, soll zu diesem Zeitpunkt keine dynamische Variable definiert sein.

Overlay-Units werden nicht in der EXE-, sondern in einer eigenen Datei auf der Platte mit Suffix .OVR gespeichert. Diese Datei wird während der Kompilierung erstellt, deshalb erzeugt der Versuch, ein Programm, das Overlays einsetzt, auf den RAM-Speicher zu kompilieren, eine Fehlermeldung. Normalerweise entspricht der Name der OVR-Datei dem der EXE-Datei.

Laut Handbuch müssen alle Routinen des Hauptprogramms, die direkt oder indirekt auf Overlay-Units zugreifen, sowie alle privaten Unterprogramme eines

Overlay-Units als *far*-Routinen deklariert werden. Der Grund dafür bleibt auch bei genauem Lesen schleierhaft. Außerdem liefen einige Testprogramme, bei denen der Schalter {$F} kein einziges Mal betätigt wurde, problemlos. Wenn nämlich ein Unterprogramm *proc1* ein anderes *proc2* aufruft, das sich in einem anderen Segment befindet, muß *proc2* natürlich als *far*-Routine deklariert sein (also mit RETF enden - und das tun alle Routinen im Interface eines Units), ob aber *proc1* mit RETF oder nur mit RET endet, spielt für diese Transaktion keine Rolle. Wohlan, am sichersten ist, daß man sich an das Handbuch hält.

10.3 Das Unit overlay

Das Unit *overlay* enthält alle Routinen, die für die Overlay-Verwaltung zuständig sind. Jedes Programm, das mit Overlays arbeitet, muß dieses Unit durch die Anweisung *uses* aufnehmen, und zwar als erstes in der Liste der einzubindenden Units. *overlay* enthält fünf Routinen und definiert eine globale Variable und diverse Konstanten. Diese Bezeichner und ihre Funktion werden in vorliegendem Abschnitt dargestellt.

procedure ovrinit (Filename:string)

Funktion	ovrinit reserviert den Overlay-Bereich und öffnet die entsprechende OVR-Datei.
Kommentar	Der Parameter *Filename* gibt den Namen der Datei an, in der sich die Overlay-Units des Programms befinden. Die Reservierung des Overlay-Bereiches erfolgt, indem der Zeiger *HeapOrg*, der die Startadresse des Heaps enthält, entsprechend in Richtung höherer Speicheradressen verschoben wird.

procedure ovrinitEMS

Funktion	*ovrinitEMS* prüft, ob eine genügend große EMS-Karte vorhanden ist. Falls ja, wird die OVR-Datei in diese Karte kopiert.
Kommentar	Alle durch die Overlay-Verwaltung verursachten Diskettenzugriffe können so durch Kopieroperationen im Speicher ersetzt und somit wesentlich beschleunigt werden.

procedure ovrsetbuf(Size:longint)

Funktion	Durch diese Prozedur läßt sich die Größe des Overlay-Bereiches vom Benutzer festlegen, nämlich auf *Size* Bytes.
Kommentar	Die Minimalgröße des Heaps ist gleich der der größten Overlay-Prozedur. Die Maximalgröße ist die momentane Größe des Overlay-Bereichs plus der Größe des Heaps. Liegt *Size* nicht in diesem Bereich, wird der Puffer nicht verändert und die Variable *OvrResult* auf den Wert *OvrError* bzw. *OvrNoMemory* gesetzt. Der Zeiger *HeapOrg* wird, entsprechend dem Parameter Size, in Richtung absteigender bzw. aufsteigender Adressen verschoben. Deshalb

muß bei einem Aufruf von *ovrsetbuf* der Heap unbelegt sein. Ist das nicht der Fall, wird der Overlay-Bereich nicht verändert und *OvrResult* auf den Wert *OvrError* gesetzt.

function ovrgetbuf :longint

Funktion	*ovrgetbuf* gibt die momentane Größe des Overlay-Bereichs aus.
Kommentar	siehe *ovrsetbuf*

procedure ovrclearbuf

Funktion	Diese Routine entfernt alle momentan geladenen Overlay-Units aus dem Overlay-Bereich.
Kommentar	*ovrclearbuf* wird eingesetzt, wenn kurzfristig große Bereiche im Heap belegt werden müssen.

OvrResult

Funktion	Jeder Aufruf einer Routine des Units *overlay* setzt die globale Variable *OvrResult* auf einen bestimmten Wert, der angibt, ob die Routine erfolgreich ausgeführt werden konnte.
Kommentar	Die Werte, die *OvrResult* annehmen kann, sind als Konstanten vordefiniert. Die folgende Tabelle 10.1 listet diese Konstanten und ihre Bedeutung auf.

Wert	Konstante	Bedeutung
Ø	OvrOK	fehlerfreie Ausführung
-1	OvrError	allgemeine Fehlermeldung
-2	OvrNotFound	OVR-Datei nicht gefunden
-3	OvrNoMemory	nicht genügend Platz, um den Overlay-Bereich zu vergrößern
-4	OvrIOError	I/O Fehler beim Zugriff auf die OVR-Datei
-5	OvrNoEMSDriver	EMS-Treiber nicht installiert
-6	OvrNoEMSMemory	nicht genug Platz auf der EMS-Karte

Tabelle 10.1: Werte von OvrResult

In der Version 5.5 von Turbo Pascal wurde der Overlay-Manager erweitert. Näheres hierzu finden Sie in Kapitel 13.2.

11 Graphik mit Turbo Pascal 4.0 und 5.0

C. Emmanuilidis

Wer bereits vertraut ist mit der Graphix Toolbox der Turbo Pascal Version 3.0, wird viel Bekanntes im Unit *graph* wiederfinden. In *graph* wurde jedoch das gesamte Konzept neu bearbeitet und vor allem hinsichtlich der Portabilität ein und desselben Programms auf Rechnern mit verschiedenen Graphik-Karten erweitert. So wurden High-Level-Routinen wie *graph.line*, *graph.circle*, *graph.drawpoly* etc. klar von Low-Level-Routinen abgetrennt, die die direkte Steuerung der Hardware übernehmen und deren absolute Eckwerte definieren (maximale Auflösung, Unterstützung verschiedener Modi, Definition der Größe der Farbpaletten usw). Solche Hardware-spezifischen Größen lassen sich mit Hilfe einer Reihe vordefinierter Funktionen und Prozeduren ermitteln (*graph.getmaxx*, *graph.getpalette*, *graph.getmoderange* usw.). Turbo Pascal 4.0 und 5.0 Programme sind imstande, während der Laufzeit die installierte Graphik-Karte zu identifizieren. Auf diese Weise und unter Berücksichtigung der Hardware-spezifischen Größen ist es möglich, Programme zu entwickeln, die auf allen unterstützten Graphik-Karten ohne spezielle Anpassungen lauffähig sind.

Die Hardware-Steuerroutinen sind nicht in das Unit *graph* eingebunden, sondern befinden sich in externen Dateien mit dem Zusatznamen **.BGI** (Borland Graphics Interface). Eine erfolgreiche Kompilierung ist ohne diese Dateien möglich, da sie normalerweise erst während der Laufzeit des Programms mit Hilfe der Prozedur *graph.initgraph* eingebunden werden. Das feste Einbinden in Programmcode ist jedoch auch mit Hilfe der Funktion *graph.registerbgidriver* möglich. Zu diesem Zweck muß aber zuerst die in Frage kommende .BGI-Steuerdatei in das .OBJ Format umgewandelt und dann als eine normale *external* Prozedur übernommen werden. Diese Umwandlung erfolgt mit Hilfe des mitgelieferten Programms **BINOBJ.EXE**.

Ähnliches gilt auch für das Einbinden von **.CHR** Dateien in Programme, allerdings muß hier die Funktion *graph.registerbgifont* aufgerufen werden. Solche Dateien enthalten jedoch keinen Code, sondern Daten für die Vektordarstellung der ersten 128 ASCII-Zeichen. Die Vektordarstellung von ASCII-Zeichen ermöglicht es, im Gegensatz zur Bit-Musterdarstellung, Text im Graphikmodus in unterschiedlichen Größen und Proportionen darzustellen, ohne den Verlust der feinen Auflösung in Kauf nehmen zu müssen. Trotzdem wird man gelegentlich der Bit-Musterdarstellung von Text wegen ihrer meist höheren Ausführungsgeschwindigkeit den Vorrang geben. Turbo Pascal stellt zu diesem Zweck keine eigene Bit-Mustertabelle von ASCII-Zeichen zur Verfügung, sondern verwendet die 8x8 Punkte System-Bit-Musterdefinitionen. Die zweite Hälfte der ASCII-Tabelle, also auch alle deutschen Umlaut-Buchstabenzeichen, ist nicht darin enthalten. Will man diese ASCII-Zeichen Turbo Pascal Programmen trotzdem zugänglich machen, so muß vor dem Starten des Programms das GRAPHICS.COM Programm vom Betriebssystem DOS gestartet werden, das die weiteren 8x8 Punkte Definitionen speicherresident installiert. Eine entsprechende Erweiterung der .CHR Vektordarstellungs-Dateien setzt Kenntnisse des internen Aufbaus dieser Dateien voraus. In der Version 5.0 besteht sogar die Möglichkeit, mit Hilfe der *graph.installuserdriver* und *graph.installuserfont* neue, vom Benutzer definierte Steuerroutinen bzw. Zeichen in Vektordarstellung zu übernehmen.

Auf die genaue Beschreibung aller in Unit *graph* vordefinierten Unterprogramme möchten wir in diesem Kapitel nicht eingehen. Stattdessen werden wir ein weiteres Unit entwickeln, das die Programmierung mit Hilfe dieser Routinen demonstriert. Unit *windows* implementiert eine ausgereifte Fenstertechnik im Graphikmodus und ist auf allen Graphik-Karten lauffähig.

11.1 Das Unit windows

Bei der Fenstertechnik werden verschiedene Bildschirmbereiche, die sich unter Umständen auch überschneiden können, als unabhängige und eigenständige Ausgabegeräte mit privaten Rahmenbedingungen verwaltet. Man könnte sich den Bildschirm als einen Schreibtisch vorstellen, auf dem Zettel unterschiedlicher Größe, Farbe usw. liegen. Man wählt sich einen beliebigen Zettel aus und beschriftet ihn. Möchte man auf einen der darunter liegenden Zettel schreiben, so muß erst der obere entfernt oder verschoben werden. Dieser unbefangene Umgang mit Zeichen- bzw. Schreibflächen auf dem Bildschirm und deren Verwaltung ist Ziel des Units *windows*.

Fenster können niemals größer als der Bildschirm selbst sein und werden durch eine Ordnungszahl, ihre absoluten Koordinaten, Farben für Hinter- und Vordergrund, Textform und Textgröße, Linienart usw. definiert. Unabhängig von der Anzahl der bereits geöffneten Fenster ist immer nur ein Fenster aktiv, auf das sich alle weitere Operationen beziehen. Es kann beliebig zwischen bereits geöffneten und sich nicht überschneidenden Fenstern hin und her geschaltet werden, wobei immer die Definitionen des jeweils aktiven Fensters geltend gemacht werden. Das Fenster mit der Ordnungszahl 0 gilt bereits bei der Initialisierung als geöffnet und kann im Gegensatz zu allen anderen Fenstern weder verschoben noch geschlossen werden. Wird ein Fenster geschlossen, wird automatisch das zuletzt benutzte bzw. geöffnete aktiv. Geöffnete Fenster können weiterhin innerhalb des Bildschirms verschoben werden, und ihre Größen können umdefiniert werden.

Alle diese Operationen (Öffnen, Schließen, Selektieren, Verschieben) setzen voraus, daß der Inhalt der jeweiligen Fenster, ihr Hintergrund sowie alle aktuellen Definitionen separat gesichert werden. Bei dem Inhalt und Hintergrund von Fenstern handelt es sich um Bit-Muster-Ausschnitte des Bildschirms, die einfach mit Hilfe der Prozeduren *graph.getimage*, *graph.putimage* und der Funktion *graph.getimagesize* manipuliert werden können. Alle drei Unterprogramme haben auf verschiedenen Graphik-Karten dieselben Ergebnisse trotz der unterschiedlichen internen Darstellung des Bildschirmspeichers. Ihre Ausführungsgeschwindigkeit ist allerdings relativ niedrig.

Bei der Implementierung von Unit *windows* wurden einige Unterprogramme von Unit *graph* neu definiert. Dies aus folgenden Gründen:

- Routinen von Unit *windows* müssen vor dem Aufruf der entsprechenden Routinen von Unit *graph* spezielle Vorkehrungen treffen. Ein direkter Aufruf von *graph* hätte unkorrekte Ergebnisse der Fensterverwaltung zur Folge.

- einige Unterprogramme von *graph* arbeiten nicht wie eigentlich erwartet. So ist es beispielsweise unmöglich, bei der Hercules-Karte weiß als Hintergrundfarbe nach dem Aufruf *setbkcolor(1); clearviewport;* zu bekommen. Die einzige Möglichkeit, diesen Fehler zu korrigieren, besteht darin, den gesamten Fensterbereich mit Hilfe der Prozedur graph.bar mit der gewünschten Farbe zu füllen.

- Routinen von Unit *graph* arbeiten zwar korrekt, haben jedoch unerwünschte Nebeneffekte auf einigen Graphik-Karten. Als Beispiel sei hier die Prozedur *graph.setbkcolor* erwähnt. Jede Änderung der Hintergrundfarbe bewirkt bei der CGA-Karte gleichzeitig die Änderung aller Vordergrundfarben, und zwar auf dem gesamten Bildschirmbereich. Das widerspricht jedoch dem Konzept der voneinander unabhängigen Fenster.

Trotz der erwähnten Umdefinierung sind *graph*-Routinen weiterhin aufrufbar durch die explizite Angabe des Unitsbezeichners z.B. *graph.RoutinenName*.

Sechs weitere Unterprogramme, die eigentlich nicht zur Fensterverwaltung gehören, aber eng darauf aufbauen, werden ebenfalls in *windows* implementiert. Im folgenden werden sie zusammen mit allen anderen *windows*-Unterprogrammen kurz dokumentiert:

procedure initgraph(WinCount:byte; BGIPath:string)

Funktion   Initialisiert das Fensterverwaltungssystem und setzt den Bildschirm in den Graphik-Modus.

Kommentar   *initgraph* ersetzt die gleichnamige Prozedur von Unit *graph*, die nicht mehr vom Programmierer explizit aufgerufen werden muß. Die vorhandene Graphik-Karte wird automatisch identifiziert und auf den größtmöglichen Modus gesetzt. Die passende .BGI Datei muß sich im Verzeichnis befinden, das von *BGIPath* angegeben wird. Zwei globale Variablen *Driver* und *Mode*, die im Interface-Teil von Unit *windows* definiert werden, werden auf die entsprechenden Werte gesetzt.

Unit *windows* verwaltet maximal 255 Fenster, deren genaue Anzahl bei der Initialisierung von *WinCount* festgelegt wird. Im Heap wird ein Speicherbereich belegt, dessen Größe der Anzahl der Fenster entspricht. *windows* verwendet einen internen Stack, um die Reihenfolge der geöffneten Fenstern zu bestimmen. Dieser befindet sich ebenfalls im Heap.

Das Fenster mit der Ordnungszahl 0 wird mit den Standardwerten von *graph* initialisiert. Diese sind identisch mit den von Prozedur *graph.graphdefaults* gesetzten Werte für Farben, Linienarten, Palette usw.

procedure closegraph

Funktion   Beendet das Fensterverwaltunssystem und den Graphik-Modus-Betrieb des Bildschirms.

Kommentar   *closegraph* ersetzt die gleichnamige Prozedur von Unit *graph*, die nach der Freisetzung des für die Verwaltung der Fenster belegten Speicherplatzes im Heap aufgerufen wird.

procedure openwindow(Nr, absLe,absUp,absRi,absDn:word; BkSave:boolean);

Kommentar   Vor dem Öffnen des Fensters mit der Ordnungszahl *Nr* wird der Status des noch aktiven Fensters gesichert. Die Größe des neuen Fensters wird von den absoluten Bildschirmkoordinaten *absLe, absUp, absRi, absDn* bestimmt, die gegebenenfalls auf die maximalen bzw. minimalen Werte der Graphik-Karte abgerundet werden. *BkSave* bestimmt, ob der vom Fenster in Anspruch genommene Bildschirmbereich gesichert werden soll. Dies ist notwendig, wenn nach dem Schließen des Fensters der Bildschirm in seinem ursprünglichen Zustand belassen werden soll. Für diesen Zweck wird im Heap Speicherplatz belegt, dessen Größe durch die Funktion *graph.imagesize* ermittelt wird. Das Fenster wird mit den Standardwerten von *graph* initialisiert. *openwindow* sichert die Ordnungszahl des beim Aufruf gerade aktiven Fensters in einem internen Speicherbereich, der wie ein Stack verwaltet wird. Das durch *openwindow* geöffnete Fenster wird sofort aktiv. Ein explizites Anwählen ist nicht notwendig. Alle hier beschriebenen Operationen werden nicht ausgeführt, falls das Fenster *Nr* bereits geöffnet worden ist.

procedure closewindow

Funktion   Schließt das momentan aktive Fenster.

Kommentar   Falls das Fenster mit aktiver Hintergrund-Speicherung geöffnet wurde, wird der Bildschirm in seinen ursprünglichen Zustand gebracht. Andernfalls wird die Spur des Fensters auf dem Bildschirm hinterlassen. Die im Heap belegten Speicherbereiche für die Speicherung von Inhalt und Hintergrund des Fensters werden wieder freigegeben. Anschließend wird automatisch das zuletzt benutzte Fenster aktiviert.

Das Fenster mit der Ordnungszahl 0 kann nicht geschlossen werden.

procedure selectwindow(Nr :byte)

Funktion   Wählt ein zuvor geöffnetes Fenster an.

Kommentar   *Nr* muß eine gültige Ordnungszahl eines bereits geöffneten und sich nicht mit einem anderen überschneidenden, inaktiven Fensters sein. Sind diese Bedingungen erfüllt, wird der Status des noch aktiven Fensters gesichert und das Fenster *Nr* aktiviert.

procedure resizewindow(absRi,absDn :word)

Funktion   Ändert die Dimensionen des aktiven Fensters.

Kommentar   Die Größe des Fensters wird geändert, indem die rechte untere Ecke des Fensters auf die neuen absoluten Bildschirmkoordinaten *absRi* und *absDn* verschoben wird. Pufferspeicherbereiche für Inhalt und Hintergrund des Fensters werden dessen neuen Dimensionen angepaßt und entsprechend aktualisiert.

resizewindow hat keine Wirkung auf das Fenster mit der Ordnungszahl 0.

procedure movewindow(absLe,absUp :word)

Funktion   Verschiebt das aktive Fenster innerhalb des Bildschirms.

Kommentar   *absLe* und *absUp* bestimmen die neue Position der linken oberen Ecke des Fensters. Sollten durch die Verschiebung Teile des Fensters außerhalb des Bildschirmbereiches geraten, werden die Werte von *absLe* und *absUp* vor der Operation entsprechend verkleinert.

movewindow verschiebt nur die Koordinaten des Fensters. Das optische Abbild des Fensters auf dem Bildschirm wird nur dann mitverschoben, wenn vorher die Speicherung des Fensterinhaltes aktiviert wurde (siehe *setsavefrg*). Dasselbe gilt für die Speicherung des Hintergrunds. Nur wenn beide aktiv sind, erfolgt eine Verschiebung, ohne daß auf auf dem Bildschirm eine Spur hinterlassen wird.

Diese Prozedur hat keine Wirkung auf das Fenster mit der Ordnungszahl 0.

procedure clearviewport

Funktion   Löscht das aktive Fenster.

Kommentar   *clearviewport* ersetzt die gleichnamige Prozedur von Unit *graph*, die unkorrekt arbeitet. Das Löschen des Fensters findet tatsächlich durch den Aufruf der Prozedur *graph.b*ar statt, die einen rechteckigen Bereich mit der Hintergrundfarbe füllt.

procedure inversewindow

Funktion   Invertiert den Inhalt des aktiven Fensters.

Kommentar   Es wird mit Hilfe der Prozedur *graph.putimage* eine XOR-Operation auf dem Fensterinhalt ausgeführt.

procedure setbkcolor(Color :word)

Funktion   Definiert eine Hintergrundfarbe für das aktive Fenster.

Kommentar   *setbkcolor* ersetzt die gleichnamige Prozedur von Unit *graph*. Es wird nicht die in der Palette für den Hintergrund definierte Farbe geändert, sondern lediglich eine Eintragung im privaten Record des Fensters, weil sich, wie bereits erwähnt, Änderungen der Hintergrundfarbe auf dem gesamten Bildschirmbereich auswirken.

procedure setcolor(Color :word)

Funktion   Definiert eine Vordergrundfarbe für das aktive Fenster.

Kommentar   *setcolor* ersetzt die gleichnamige Prozedur von Unit *graph*.

procedure setborder(On:boolean)

Funktion   Setzen bzw. Löschen des Fensterrahmens.

Kommentar   Durch den Parameter *On* kann ein Rahmen um das aktive Fenster gesetzt oder gelöscht werden. *setborder* verkleinert die Zeichenfläche des Fensters entsprechend, so daß der Rahmen nicht überschrieben werden kann. Allerdings wird durch das Löschen (*On=False*) der Rahmen optisch nicht mitentfernt. Dies ist aber mit einem Aufruf von *clearviewport* möglich.

Der Rahmen ist immer drei Linien breit, wobei die Linie mit der Farbe des Hintergrunds zwischen zwei Linien mit der Farbe des Vordergrunds steht.

procedure setusercharsize(Mx,Dx,My,Dy :byte)

Funktion   Bestimmt benutzerdefinierte Faktoren für Breite und Höhe von Text.

Kommentar   *setusercharsize* ersetzt die gleichnamige Prozedur von Unit *graph*, die aufgerufen wird. Zuvor werden allerdings die Parameter *Mx*, *Dx*, *My* und *Dy*, die die Proportionen des Textes in X- und Y-Richtung bestimmen, im privaten Verwaltungsbereich des Fensters gesichert.

procedure setsavefrg(On :boolean)

Funktion   Aktiviert bzw. deaktiviert das Sichern des Fensterinhaltes.

Kommentar   Normalerweise reicht es beim Öffnen eines neuen Fensters aus, die Sicherung des Hintergrundes zu aktivieren, um ein korrektes Verhalten beim Schließen des Fensters zu erreichen. Wird aber ein Fenster mit Hilfe der Prozedur *movewindow* verschoben, ist es notwendig, die Speicherung des Fensterinhaltes zu aktivieren, um den momentanen Inhalt des Fensters an die neue Position "mitzuschleppen". Der Aufruf von *setsavefrg* bewirkt keine direkte Sicherung des Fensterinhaltes und somit auch keine Speicherplatzbelegung im Heap, sondern hat die Funktion eines Schalters. Abhängig davon wird der Fensterinhalt erst beim Aufruf von *movewindow* oder *resizewindow* gesichert.

procedure scrollwindow(LineCount :integer)

Funktion   Verschiebt den Inhalt des aktiven Fensters in vertikaler Richtung.

Kommentar   Die Anzahl der Linien muß mindenstens 2 betragen und wird von *LineCount* angegeben. Bei positiven Werten wird der Inhalt des Fensters nach oben, bei negativen nach unten verschoben.

procedure menuwindow(var MenuWinPrms :menuwintype)

Funktion   Öffnet und verwaltet ein Auswahl-Fenster im Graphik-Modus.

Kommentar   Durch die Implementierung von *menuwindow* wird eine einheitliche Lösung für menüorientierte Programme gegeben. Bei solchen Programmen muß der Programmierer immer wieder ähnliche *repeat*-Schleifen schreiben, bei denen unterschiedliche Tasten abgefragt und entsprechende Routinen angesprungen werden.

                     menuwindow öffnet ein Menüfenster, in dem die eingegebenen Texte (Symbole) für die entsprechenden Routinen wahlweise horizontal oder vertikal eingetragen werden. Für jedes der Symbole wird ein eigenes kleines Fenster geöffnet. Bei horizontaler Menü-Leiste werden Symbole innerhalb der kleinen

Fenster zentriert, während sie beim vertikalem Aufbau links-bündig angeordnet werden. Die Höhe der einzelnen Fenster wird von der auf den Wert 9 vorinitialisierten Variablen *MenuWinH* angegeben. *MenuWinH* kann vor dem Aufruf von *menuwindow* auf einen neuen Wert gesetzt werden. Alle Symbole werden mit Hilfe der vier Cursor-Tasten erreicht. Dies wird durch die angegebene Richtung (horizontal/vertikal) abge-wickelt,ohne daß der Programmierer besondere Vorkehrungen treffen muß. Anwählen der einzelnen Symbole, d.h. Ausführen der damit assoziierten Prozeduren, wird immer mit Hilfe der *CaRe*-Taste getätigt.

Jedes von *menuwindow* geöffnete Menü-Fenster kann inividu-elle Farbkombinationen haben, wodurch es von den anderen, an dieselben Koordinaten plazierten Menü-Fenster unterschieden werden kann.

Doch durch *menuwindow* werden noch mehr Kontrollmöglich-keiten implementiert. So kann ein Menü auf verschiedene Wei-sen verlassen bzw. geschlossen werden. Zunächst werden Menüs hinsichtlich ihrer Beständigkeit in zwei Gruppen unter-teilt:

- Das Menü kann nur durch Anwählen des letzten Symbols verlassen werden. Das bedeutet, daß nach Ausführung einer Routine, die zu einem anderen Symbol gehört, wieder in dasselbe Menü zurückgesprungen wird. Solche Menüs eige-nen sich gut als Hauptmenüs von Programmen oder Unter-programmen. Es wird zusätzlich beim Öffnen eines solchen Menüs die Möglichkeit angeboten, das erste Symbol auto-matisch anzuwählen.

- Das Menü kann entweder durch Anwählen eines der Sym-bole oder auch durch das Drücken der Esc-Taste verlassen werden. Auf jeden Fall aber wird das Menü-Fenster vor dem Aufruf der entsprechenden Routine geschlossen. Solche Menüs eignen sich gut, um Schalterfunktionen eines Pro-gramms anzuwählen.

menuwindow löst diese Aufgabe mit Hilfe eines zum Teil aus anderen Records zusammengesetzten Datentyps *menuwintype*, der im Interface-Teil von windows definiert wird. Folgende Konstanten, Datentypen und Variablen werden global definiert:

```
const MaxProc = 6;
```

MaxProc definiert die maximale Anzahl von Routinen, die von einem Menü aus angesprungen werden können. Sie kann bei Bedarf geändert werden.

```
type  menuproctype = record
        Names :array[1..MaxProc] of str040;
        Addrs :array[1..MaxProc] of procedure;
      end;
```

Der Datentyp *menuproctype* definiert 6-stellige Arrays mit den Namen bzw. dem auf dem Bildschirm angezeigten Text und den damit assoziierten *far* Prozeduren. Besitzer der Version 4.0 müssen hier eine kleine Änderung vornehmen, nämlich

```
Addrs :array[1..MaxProc] of pointer;
```

wobei es sich in beiden Fällen um die Adressen der jeweiligen Routinen handelt. Sollten diese Zeigervariablen den Wert *Nil* haben, findet kein Aufruf statt, auch wenn das entsprechende Symbol aktiviert wird.

```
type  behaviourtype = record
        Remain:boolean;
        SelOn :boolean;
        EscOn :boolean;
      end;
```

behaviourtype definiert das Verhalten des Fenster-Menüs. *Remain=True* definiert ein beständiges Auswahlmenü, das durch Anwählen des letzten Symbols verlassen werden kann. Dagegen bedeutet *Remain=False*, daß das Auswahlmenü nach der Eingabe von *CaRe* geschlossen wird und daß erst danach die entsprechende Routine aufgerufen wird. *SelOn* legt fest, ob beim Öffnen des Auswahlfensters das erste Symbol automatisch angewählt werden muß. *EscOn* definiert eine zusätzliche Möglichkeit, ein bereits geöffnetes Auswahlfenster wieder zu schließen, ohne eines der Symbole anwählen zu müssen.

```
type  menuwintype = record
        MenuLe    :integer;
        MenuUp    :integer;
        Direct    :integer;
        BckCol    :shortint;
        ForCol    :shortint;
        Factor    :longint;
        Border    :boolean;
        Entrys    :menuproctype;
        Behaviour :behaviourtype;
      end;
```

Im Datentyp *menuwintype* werden die beiden bereits vorgestellten Datentypen und andere Parameter zusammengefaßt. Die Position des Menü-Fensters im Bildschirm wird durch die absoluten Koordinaten der linken oberen Ecke bestimmt, die von

MenuLe und *MenuUp* angegeben werden. *Direct* gibt die Richtung an. Hierzu können die im Unit graph definierten Konstanten *HorizDir* =0 und *VertDir* =1 verwendet werden. *BckCol* und *ForCol* definieren die Farben für Hintergrund und Vordergrund. Das mit Hilfe der Cursor-Tasten aktivierte Symbol wird mit den inversen Farben dargestellt (siehe *inversewindow*).

menuwindow bietet zuletzt noch die Möglichkeit, einen kontextbezogenen Hilfetext für jedes einzelne Menü-Symbol einzubinden, was vor allem bei großen Programmen, die in mehreren Menü-Ebenen unterteilt sind, von Bedeutung ist.

Kontextbezogene Hilfestellung in einem Programm setzt eine genaue Bestimmung des momentanen "Standorts" in einem hierarchisch aufgebauten Menüsystem voraus. Zu diesem Zweck muß eine Index-Variable um einen konstanten Wert, abhängig von der Menüebene, erhöht bzw. erniedrigt werden. Der erwähnte konstante Wert wird von der Record-Komponenten menuwintype.Factor angegeben. Unit *windows* definiert *GHCode* als globale Index-Variable und *GHProc* als Zeiger auf eine benutzerdefinierte Hilfe-Prozedur.

```
type  globalhelptype = procedure(GHCode:longint);


var   GHProc :globalhelptype;
      GHCode :longint;
```

Die durch *GHProc* angeschlossene *far*-Prozedur wird von *menuwindow* jedesmal angesprungen, wenn die F1-Taste gedrückt wird. Der Aufruf findet allerdings nicht statt, falls *GHProc* den Wert *Nil* hat.

procedure cooraxis(var DrawAxisRec :cooraxistype)

Funktion   Zeichnet ein Koordinatensystem mit den entsprechenden Maßeintragungen.

Kommentar   *cooraxis* übernimmt den vollen Aufbau eines Koordinatensystems inklusive Vermaßung, Eintragung der Maßeinheiten usw. und der Umsetzung von Gleitpunkt-Zahlenbereichen auf die vom Benutzer definierten absoluten Bildschirmkoordinaten.

cooraxis öffnet ein separates Fenster, worin ein Koordinatensystem gezeichnet wird. Das Fenster wird anschließend nicht geschlossen. Auf diese Weise kann dann innerhalb des Fensters weitergezeichnet werden. Nach beendeten Zeichenoperationen muß es explizit mit *closewindow* geschlossen werden.

Beide Koordinatenachsen können unabhängig voneinander wahlweise vermaßt oder proportional eingeteilt werden. Bei der

Vermaßung wird die Achse in möglichst kleine Abstände eingeteilt, die ganzahligen Zehnerpotenzen entsprechen. Es wird
jedoch darauf geachtet, daß keine Textüberschneidungen auftreten. In diesem Fall wird die nächsthöhere Zehnerpotenz als
Maßeinheit gewählt. Bei der proportionalen Einteilung der
Achsen kann zusätzlich ein Text eingegeben werden. Hierzu
werden im Interface-Teil von windows folgende Datentypen definiert:

```
type percenttype = 0..100;

    proptype = record
      Percent :percenttype;
      Comment :str020;
    end;

    axisproptype = array[1..10] of proptype;

    axisenumtype = (NumStyle, ProStyle);

    axistyletype = record
      case AxisStyle :axisenumtype of
      NumStyle:();
      ProStyle:(Mark :axisproptype);
    end;
```

percenttype definiert einen Unterbereich von ganzen Zahlen.
proptype definiert den Baustein für jede propotionale Eintragung auf einer der Achsen, nämlich den ganzahligen Wert Per-
cent, der für den Nenner eines Bruchs steht:

$$\frac{Percent}{100} \% = \text{Position der Eintragung auf der Achse}$$

Comment wird an der errechneten Position mit Hilfe der Prozedur *graph.outtextxy* zentriert als Text geschrieben.

axisproptype definiert ein 10-stelliges Array des oben erklärten
Datentyps proptype.

Mit Hilfe des Datentyps *axistyletype* wird bestimmt, ob eine
Achse vermaßt oder proportional eingeteilt werden soll. Proze-
dur *cooraxis* erhält als *var*-Parameter ein zusammengesetztes
Record folgenden Datentyps:

```
type cooraxistype = record
      Le, Up, Ri, Dn        :word;
      XMin, XMax, YMin, YMax :float;
      XStyle, YStyle        :axistyletype;
```

```
        TextX, TextY              :str020;
        Border                    :boolean;
     end;
```

Le, *Up*, *Ri* und *Dn* bestimmen den Bildschirmbereich, in dem das Koordinatensystem gezeichnet werden soll. *XMin*, *XMax*, *YMin* und *YMax* geben den Wertebereich für X- und Y-Achse an. Sie sind vom Datentyp *float*, der bereits im Unit maths definiert wurde. In *TextX* und *TextY* kann die Maßeinheit der beiden Achsen als Text eingegeben werden. Ist *Border* = *True*, so wird der Koordinatenachsenbereich in einen Rahmen gesetzt.

Je nach Länge der an den Achsen eingetragenen Texte wird die Y-Achse verschoben bzw. die X-Achse gekürzt. Entsprechend dazu wird das geöffnete Fenster umdimensioniert und an die richtige Position geschoben. Folgendes Bild soll dies verdeutlichen:

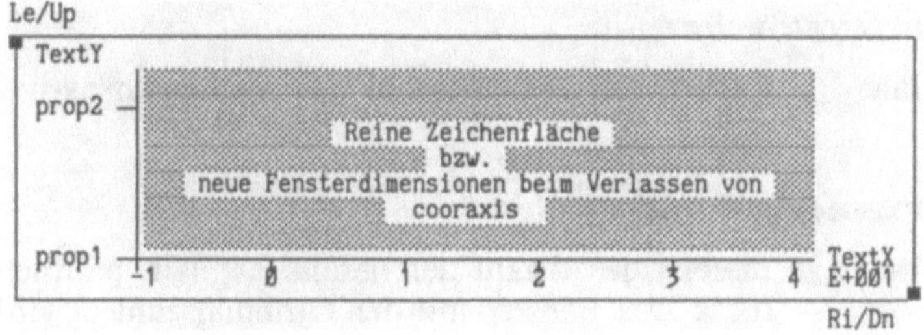

Bild 11.1: Aufbau des Bildschirmbereiches nach Aufruf von cooraxis

cooraxis initialisiert folgende global in *windows* definierte Variablen, die maßgebend für das weitere Zeichnen innerhalb des geöffneten Fensters sind:

```
var   ScaleX, ScaleY           :float;
      AxisXMin, AxisXMax        :float;
      AxisYMin, AxisYMax        :float;
```

ScaleX und ScaleY stellen den Maßstabsfaktor dar, mit dem reelle Werte mutipliziert werden müssen, um den tatsächlichen Abstand in Bildschirmpunkten errechnen zu können. Alle übrigen Axis?Min und Axis?Max Variablen sind eine globale Kopie der mit cooraxistype übergebenen Extremwerte.

procedure axisline(x1,y1,x2,y2 :float)

Funktion   Zeichnet eine durch reelle Werte bestimmte Linie.

Kommentar   *axisline* zeichnet die durch *x1*, *y2*, *x2* und *y2* definierte Linie im
                  aktiven Fenster. Allerdings wird vorausgesetzt, daß sich kleine
                  Y-Werte unten und große Y-Werte oben auf dem Bildschirm
                  befinden. *axisline* verwendet das *float* Format als Datentyp für
                  die übergebenen Parameter. Das hat den Vorteil, daß aus einem
                  Rechenmodul eines Programms ermittelte Werte direkt ge-
                  zeichnet werden können, ohne daß zuvor relativ einfache, aber
                  mühselige Transformationen vorgenommen werden müssen.

                  axisline verwendet die von *cooraxis* initialisierten globalen Va-
                  riablen *ScaleX*, *ScaleY*, *AxisXMin*, *AxisXMax*, *AxisYMin* und
                  AxisXMax, um den gültigen Wertebereich zu bestimmen. Ist zu-
                  vor cooraxis nicht aufgerufen worden, muß diese Initialisierung
                  vom Benutzer explizit vorgenommen werden.

function getactive :byte

Funktion   Liefert die Ordnungszahl des momentan aktiven Fensters zu-
                  rück.

function getopened :byte

Funktion   Liefert die Anzahl der bereits explizit geöffneten Fenster zu-
                  rück. Das Fenster mit der Ordnungszahl 0 wird nicht berück-
                  sichtigt.

function getle(Nr:byte) :word,   function getup(Nr:byte) :word,
function getri(Nr:byte) :word,   function getdn(Nr:byte) :word

Funktion   Alle vier Funktionen liefern die absoluten Bildschirmkoordina-
                  ten eines Fensters zurück.

Kommentar   *Nr* spezifiziert die Ordnungszahl eines geöffneten Fensters. Bei
                  gesetztem Fensterrahmen stimmen diese Werte nicht mit denen
                  der reinen Zeichenfläche des Fensters überein. Letztere können
                  unter Berücksichtigung der Rahmenbreite errechnet werden
                  (siehe *getborder*).

function getmaxx(Nr:byte) :word,   function getmaxy(Nr:byte) :word

Funktion   Beide Funktionen liefern die maximalen Dimensionen eines
                  Fensters zurück.

Kommentar   *Nr* spezifiziert die Ordnungszahl eines geöffneten Fensters. Die
                  gleichnamigen Funktionen von *graph* werden ersetzt. Bei akti-
                  ver Fensterverwaltung ist die Abfrage der entsprechenden maxi-
                  malen Bildschirmwerten unnötig. Diese werden in globalen Va-

riablen gesichert und sind ohne Funktionsaufruf abrufbar (*XRes YRes*).

function getcolor(Nr:byte) :word,   function getbkcolor(Nr:byte) :word

Funktion   Beide Funktionen liefern die gesetzten Farben für Hinter- und Vordergrund eines Fensters zurück.

Kommentar   *Nr* spezifiziert die Ordnungszahl eines geöffneten Fensters. Die gleichnamigen Funktionen von *graph* werden ersetzt.

function getborder(Nr:byte) :word

Funktion   Liefert die Breite des Fensterrahmens zurück.

Kommentar   Nr spezifiziert die Ordnungszahl eines geöffneten Fensters. Je nachdem, ob der Rahmen aktiviert wurde oder nicht, liefert getborder die Werte 0 oder 3 zurück. Mit Hilfe folgender Ausdrücke ist es möglich, die absoluten Bildschirmkoordinaten der Zeichenfläche eines Fensters zu errechnen:

getle(X) + (getborder(X) - 1)
getup(X) + (getborder(X) - 1)
getri(X) - (getborder(X) - 1)
getdn(X) - (getborder(X) - 1)

function getposofwin(Nr:byte) :byte

Funktion   Liefert die momentane Position eines Fensters innerhalb des internen Stacks zurück.

Kommentar   *windows* verwaltet einen internen Stack, um die Reihenfolge der geöffneten Fenster zu bestimmen. *getposofwin* liefert eine Zahl zurück, die die momentane Position wiedergibt.

function getwininpos(P:byte) :byte

Funktion   Liefert die Ordnungszahl des Fensters zurück, das sich an einer bestimmten Position innerhalb des internen Stacks befindet.

Kommentar   siehe auch *getposofwin*.

function messgbox(absLe,absUp, Bkg,Frg:word; Txt:string) :word

Funktion   Öffnet ein Fenster und gibt die übergebene Zeichenkette aus.

Kommentar   *absLe* und *absUp* bestimmen die absolute Position der linken oberen Ecke des geöffneten Fensters im Bildschirm. Die Höhe der Zeichenfläche des Fensters beträgt immer 1.5 * *MenuWinH*, während die Breite der Länge der als *Txt* übergebenen Zeichenkette angepaßt wird. *Bkg* und *Frg* bestimmen die Hinter- und Vordergrundfarben. Nach der Ausgabe von *Txt* bleibt das Fenster solange offen, bis eine Eingabe von der Tastatur erfolgt. *messgbox* liefert den Code der Taste als *word*-Wert zurück. Das Fenster wird geschlossen und der Hintergrund wieder aufgebaut.

function stringbox(absLe,absUp,Bkg,Frg,Count:word; Help:longint) :string

Funktion   Öffnet ein Fenster, worin eine Zeile editiert werden kann.

Kommentar   *absLe* und *absUp* bestimmen die absolute Position der linken oberen Ecke des geöffneten Fensters im Bildschirm. *Bkg* und *Frg* bestimmen die Hinter- und Vordergrundfarben. *Count* gibt die maximale Länge der zu editierenden Zeile an und bestimmt somit auch die Breite des Fensters. *stringbox* liefert die eingegebene Zeichenkette zurück. Zum Editieren stehen außer der ASCII-Tasten folgende zusätzliche Tasten zur Verfügung:

CaRe :   Schließt den Editiervorgang ab.

Esc :   Bricht den Editiervorgang ab und bewirkt das Zurückliefern einer leeren Zeichenkette.

LeAr / BkSp : Löschen bereits eingegebene Zeichen.

RiAr :   Übernimmt bereits eingegebene, aber gelöschte Zeichen.

Fl :   Ruft die benutzerdefinierte Hilfe-Prozedur auf, falls *GHProc < >Nil.* Der Wert *Help* wird der Variablen *GHCode* vorübergehend dazuaddiert.

function floatbox(		
	absLe,absUp,Bkg,Frg,Count	*:word;*
	MinRange, MaxRange	*:float;*
	Sign, Long	*:boolean;*
var	*Result*	*:integer;*
	Help	*:longint) :float*

Funktion   Öffnet ein Fenster, worin ein Zahlenwert editiert werden kann.

Kommentar   *absLe* und *absUp* bestimmen die absolute Position der linken oberen Ecke des geöffneten Fensters auf dem Bildschirm. *Bkg* und *Frg* bestimmen die Vorder- und Hintergrundfarben. *Count* gibt die maximale Länge der zu editierenden Zeile an und bestimmt somit auch die Breite des Fensters.

floatbox stellt zum Editieren dieselben Tasten zur Verfügung wie *stringbox*, führt aber eine strenge Überprüfung der normalen ASCII- Tasten durch, so daß falsche, nicht in Zahlenwerten konvertierbare Zeichenketten ausgeschlossen werden. Diesem Zweck dienen auch die beiden *boolean*-Parameter *Sign* und *Long*, die, miteinander kombiniert, insgesamt vier Möglichkeiten definieren:

Sign: Positive / negative Zahlenwerte.
Long: Ganzzahlige / *float* Werte.

Unabhängig von den spezifizierten Parametern wird der Wert im *float*-Format zurückgeliefert. Vorerst wird aber überprüft, ob sich der eingegebene Wert innerhalb des von *MinRange* und *MaxRange* angegebenen Wertebereiches befindet. Ist das nicht der Fall, wird Result auf entsprechende Werte gesetzt. Folgende vier kostante Werte werden von floatbox zu diesem Zweck verwendet:

FloatOk Korrekte Eingabe, gültiger Wert
FloatNv Ungültige Eingabe (z.B. wurde mit der Esc-Taste annuliert)
FloatOv Wert überschreitet den MaxRange Bereich
FloatUn Wert unterschreitet den MinRange Bereich

Alle vier Konstanten werden im Interface-Teil von Unit *windows* global definiert.

```pascal
unit windows;
{$S+,B-,V-,R-,N+,E+}


interface
uses graph, types, maths, strings;

const On      = True;                        { Globale Konstanten         }
      Off     = False;
      MaxProc = 6;                           { Anzahl von Prozeduren      }

      FloatOk = 0;         { floatbox Ergebniswerte: Gültige Eingabe      }
      FloatNv = -1;                          { Ungültige Eingabe          }
      FloatOv = -2;                          { Bereich überschritten      }
      FloatUn = -3;                          { Bereich unterschritten     }

type  menuproctype = record                  { Datentypen für menuwindow  }
        Names :array[1..MaxProc] of str040;  { Menu Symbole               }
        Addrs :array[1..MaxProc] of procedure; { Adressen von Prozeduren  }
      end;

      behaviourtype = record
        Remain :boolean;                     { Bleibendes Menü            }
        SelOn  :boolean;                     { AutoSelect des 1.Symbols   }
        EscOn  :boolean;                     { Menü mit Esc verlassen     }
      end;

      menuwintype = record
        MenuLe    :integer;                  { Linke Ecke vom Menü Fenster}
        MenuUp    :integer;                  { Obere Ecke vom Menü Fenster}
        Direct    :integer;                  { Richtung des Fensters      }
        BckCol    :shortint;                 { Hintergrundfarbe           }
```

```pascal
      ForCol    :shortint;                  { Vordergrundfarbe           }
      Factor    :longint;                   { Wird auf GHCode dazuaddiert}
      Border    :boolean;                   { Rahmen -los                }
      Entrys    :menuproctype;              { Daten von MaxProc Prozedur }
      Behaviour :behaviourtype;             { Abbruch-Verhalten          }
    end;


    globalhelptype = procedure(GHCode:longint);


    percenttype = 0..100;                   { Datentypen für  cooraxis   }

    proptype = record
      Percent :percenttype;                 { Position auf der Achse      }
      Comment :str020;                      { Text an dieser Position     }
    end;


    axisproptype = array[1..10] of proptype; { max. propotionale Einträge }
    axisenumtype = (NumStyle, ProStyle);    { Vermassen  / Propotional    }

    axistyletype = record
      case AxisStyle :axisenumtype of
      NumStyle:();
      ProStyle:(Mark :axisproptype);
    end;


    cooraxistype = record
      Le, Up, Ri, Dn          :word;        { Koordinaten-Fenter Dimens. }
      XMin, XMax, YMin, YMax :float;        { min. & max. Wertebereiche  }
      XStyle, YStyle          :axistyletype; { Einteilungsstil            }
      TextX, TextY            :str020;      { Masseinheiten              }
      Border                  :boolean;     { Fensterrahmen Ein/Aus      }
    end;


var Driver, Mode :integer;                  { Globale Variablen          }
    XRes, YRes   :word;
    XAsp, YAsp   :word;


    MenuWinH     :byte;                     { Menü-Fensterhöhe in Linien }
    GHCode       :longint;                  { Globaler Hilfe-Index       }
    GHProc       :globalhelptype;           { Benutzerdefinierte Routine }


    ScaleX, ScaleY     :float;              { Werte-Anpassungsfaktoren   }
    AxisXMin, AxisXMax :float;              { min. & max. Wertebereiche  }
    AxisYMin, AxisYMax :float;


procedure initgraph        (WinCount:byte; BGIPath:string);
procedure closegraph;
procedure openwindow       (Nr, absLe,absUp,absRi,absDn:word; BkSave:boolean);
procedure closewindow;
```

```pascal
procedure selectwindow   (Nr :byte);
procedure resizewindow   (absRi,absDn :word);
procedure movewindow     (absLe,absUp :word);
procedure clearviewport;
procedure inversewindow;
procedure setbkcolor     (Color :word);
procedure setcolor       (Color :word);
procedure setborder      (On:boolean);
procedure setusercharsize(Mx,Dx,My,Dy :byte);
procedure setsavefrg     (On :boolean);
procedure scrollwindow   (LineCount :integer);
procedure menuwindow     (var MenuWinPrms :menuwintype);
procedure cooraxis       (var DrawAxisRec :cooraxistype);
procedure axisline       (x1,y1,x2,y2 :float);

function  getactive               :byte;
function  getopened               :byte;
function  getle      (Nr:byte) :word;
function  getup      (Nr:byte) :word;
function  getri      (Nr:byte) :word;
function  getdn      (Nr:byte) :word;
function  getmaxx    (Nr:byte) :word;
function  getmaxy    (Nr:byte) :word;
function  getcolor   (Nr:byte) :word;
function  getbkcolor (Nr:byte) :word;
function  getborder  (Nr:byte) :word;
function  getposofwin(Nr:byte) :byte;
function  getwininpos(P :byte) :byte;
function  messgbox   (absLe,absUp, Bkg,Frg:word; Txt:string)          :word;
function  stringbox  (absLe,absUp,Bkg,Frg,Count:word;Help:longint) :string;
function  floatbox   (    absLe,absUp,Bkg,Frg,Count :word;
                          MinRange, MaxRange        :float;
                          Sign, Long                :boolean;
                      var Result                    :integer;
                          Help                      :longint) :float;


implementation
const MaxWindow = 255;
      BorderW   =   3;
      WindowBuf :pointer =Nil;          { Zeiger für Heap Speicher-  }
      StackBuf  :pointer =Nil;          { bereiche                   }

type  windowtype = record
        OnOff, OverL :byte;             { Fenster ist Offen/Überdeckt}
        CursX, CursY :integer;          { Curosr-Position            }
        BkCol, FoCol :word;             { Fenster-Farben             }
        UsrMx, UsrDx :byte;             { Benutzerdefinierte Faktoren}
        UsrMy, UsrDy :byte;             { für Text                   }
        Bordr        :byte;             { Fenster-Rahmen             }
        SaveF, SaveB :boolean;          { Hinter- Vordergrund        }
        BuffF, BuffB :pointer;          { Heap Speicherbereiche      }
```

```
        LineS           :linesettingstype;         { Linenart-Parameter        }
        TextS           :textsettingstype;         { Textstil-Parameter        }
        ViewS           :viewporttype;             { Fenster-Koordinaten + Clip }
      end;

    windowarray=array[0..MaxWindow] of windowtype; { Typen für Umwandlung }
    stackarray =array[0..MaxWindow] of byte;        { des Heap-Bereiches   }

var WindowNr               :word;                 { max. erforderte Fenster    }
   WindowSize, StackSize :word;                  { Größe der Heap-Bereiche     }
   WindowAct,  StackIdx  :byte;                  { Aktives Fenster / Stack Pos}
   Palette               :palettetype;           { Verwendete Palette          }


  procedure push(var WindowAct:byte);            { Lokal verwendete Routinen  }
  begin
    inc(StackIdx);
    stackarray(StackBuf^)[StackIdx]:=WindowAct;
  end;

  procedure pop(var WindowAct:byte);
  begin
    dec(StackIdx);
    WindowAct:=stackarray(StackBuf^)[StackIdx];
  end;

  procedure updatestack(var WindowAct:byte);
  var I :word;
      SourcePtr, DestinPtr :pointer;
  begin
    I:=0;
    while (I< StackIdx) and (stackarray(StackBuf^)[I] <>WindowAct) do inc(I);
    SourcePtr:=@stackarray(StackBuf^)[I+1];
    DestinPtr:=@stackarray(StackBuf^)[I];
    move(SourcePtr^, DestinPtr^, StackIdx-I);
    stackarray(StackBuf^)[StackIdx]:=WindowAct;
  end;


  procedure getwindowimage(var Buffer:pointer; xa,ya,xb,yb:integer);
  begin
    if Buffer =Nil then getmem(Buffer, imagesize(xa,ya,xb,yb));
    getimage(xa,ya,xb,yb, Buffer^);
  end;


  procedure putwindowimage(var Buffer:pointer; xa,ya:integer);
  begin
    if Buffer<>Nil then putimage(xa,ya, Buffer^, NormalPut);
  end;
```

```pascal
procedure makeactive;                            { Setzen der Fensterparameter}
begin
  with windowarray(WindowBuf^)[WindowAct] do begin
    setusercharsize(UsrMx, UsrDx, UsrMy, UsrDy);
    with LineS do setlinestyle(LineStyle, Pattern, Thickness);
    with TextS do settextstyle(Font, Direction, CharSize);
    with TextS do settextjustify(Horiz, Vert);
    with ViewS do setviewport(x1+Bordr, y1+Bordr, x2-Bordr, y2-
Bordr,ClipOn);
    moveto(CursX, CursY);
    setcolor(Palette.Colors[FoCol]);
  end;
end;


procedure saveactive;                            { Sichern der Fensterparam.  }
begin
  with windowarray(WindowBuf^)[WindowAct] do begin
    CursX:=getx;
    CursY:=gety;
    getlinesettings(LineS);
    gettextsettings(TextS);
    setviewport(0, 0, graph.getmaxx, graph.getmaxy, ClipOn);
    if SaveF then with ViewS do getwindowimage(BuffF, x1,y1,x2,y2);
  end;
end;


function overlap(W1,W2:byte):boolean;         { Ermitteln, ob zwei Fenster }
var L,U,R,D :word;                            { sich gegenseitig übelappen }
begin
  with windowarray(WindowBuf^)[W1].ViewS do begin
    L:=x1; U:=y1; R:=x2; D:=y2;
  end;
  with windowarray(WindowBuf^)[W2].ViewS do
    overlap:=(L <=x2) and (R >=x1) and (U <=y2) and (D >=y1);
end;


procedure markoverlaped(AddOn:shortint);      { Markieren bzw. Demarkieren }
var S, W :byte;                               { der vom aktiven Fenster     }
begin                                         { überlappten Fenster         }
  S:=0;
  while S < StackIdx do begin
    W:=stackarray(StackBuf^)[S];
    if overlap(WindowAct, W) then
      with windowarray(WindowBuf^)[W] do inc(OverL, AddOn);
    inc(S);
  end;
end;
```

```pascal
procedure closegraph;                              { Globale Routinen            }
begin
  if StackBuf <> Nil then freemem(StackBuf,  StackSize);
  StackBuf :=Nil;
  if WindowBuf<> Nil then freemem(WindowBuf, WindowSize);
  WindowBuf:=Nil;
  graph.closegraph;
end;


procedure initgraph(WinCount:byte; BGIPath:string);
var I, Result :integer;
begin
  Driver:=0;  Mode:=0;                             { Graph-Mode setzen          }
  graph.initgraph(Driver, Mode, BGIPath);
  Result:=graphresult;
  if Result <> grOk then begin
    writeln(grapherrormsg(Result));
    halt;
  end;

  case Driver of                                   { Korrekturen vornehmen      }
    HercMono: with Palette do begin
                for I:=0 to 15 do Palette.Colors[I]:=I mod 2;
                {$IFDEF ver50} setaspectratio(2,3) {$ENDIF}
              end;
    CGA     : with Palette do begin
                Size:=getmaxcolor+1;
                for I:=0 to 15 do Palette.Colors[I]:=I mod 2;
                setbkcolor(2);
              end;
    else getpalette(Palette);
  end;

  getaspectratio(XAsp, YAsp);                       { Driver Konstanten sichern  }
  XRes:=graph.getmaxx;
  YRes:=graph.getmaxy;

  WindowNr:=WinCount;                               { Anzahl der Fenster sichern }
  WindowSize:=WindowNr*sizeof(windowtype);          { Erford. Größen errechnen    }
  StackSize :=WindowNr*sizeof(byte);
  getmem(WindowBuf, WindowSize);                     { Heap-Bereich für Fenster   }
  fillchar(WindowBuf^, WindowSize, 0);               { reservieren und initialis. }
  WindowAct:=0;
  getmem(StackBuf, StackSize);                       { Heap-Bereich für Stack     }
  fillchar(StackBuf^, StackSize, 0);                 { reservieren und initialis. }
  StackIdx:=$FF;

  with windowarray(WindowBuf^)[0] do begin           { Fenster 0 öffnen           }
    OnOff:=1;
    FoCol:=White;
    UsrMx:=1; UsrDx:=1; UsrMy:=1; UsrDy:=1;
```

```
    with LineS do Thickness:=NormWidth;
    with TextS do begin CharSize:=1; Horiz:=LeftText; Vert:=TopText; end;
    with ViewS do begin x2:=XRes; y2:=YRes; Clip:=ClipOn; end;
  end;
  push(WindowAct);
  makeactive;

  MenuWinH  :=9;                              { Von  menuwindow  verwendete}
  GHCode    :=0;                              { Variablen initialisieren   }
  @GHProc:=Nil;
end;


procedure openwindow(Nr, absLe,absUp,absRi,absDn:word; BkSave:boolean);
begin
  absLe:=rangel(absLe, 0, XRes);             { Koordinaten innerhalb des }
  absUp:=rangel(absUp, 0, YRes);             { Bildschirmbereiches       }
  absRi:=rangel(absRi, 0, XRes);
  absDn:=rangel(absDn, 0, YRes);

  with windowarray(WindowBuf^)[Nr] do        { Nur gültige nicht geöffnete}
  if (1 <=Nr)  and (Nr <=WindowNr) and       { Fenster öffnen             }
     (OnOff=0) and (absRi >absLe) and (absDn >absUp)
  then begin                                 { Fenster  Standardwerte     }
    OnOff:=1;                                { setzen                     }
    FoCol:=White;
    UsrMx:=1; UsrDx:=1; UsrMy:=1; UsrDy:=1;
    SaveB:=BkSave;
    with LineS do Thickness:=NormWidth;
    with TextS do begin
      CharSize:=1; Horiz:=LeftText; Vert:=TopText;
    end;
    with ViewS do begin
      x1:=absLe; y1:=absUp; x2:=absRi; y2:=absDn; Clip:=ClipOff;
    end;
    saveactive;
    if BkSave then getwindowimage(BuffB, absLe,absUp,absRi,absDn);
    WindowAct:=Nr;
    push(WindowAct);                         { Fenster Nr. sichern        }
    makeactive;                              { Fensterparameter aktivieren}
    markoverlaped(1);                        { Überlappte Fenstr markieren}
  end;
end;


procedure closewindow;
begin
  if WindowAct >= 1 then begin
    markoverlaped(-1);                       { Überlappte F. demarkieren  }
    setviewport(0,0, graph.getmaxx, graph.getmaxy, ClipOn);
    with windowarray(WindowBuf^)[WindowAct] do with ViewS do begin
      if BuffF <>Nil then                    { Heap-Bereiche freigeben    }
```

```pascal
      freemem(BuffF, imagesize(x1,y1,x2,y2));
    if BuffB <>Nil then begin
      if SaveB then putwindowimage(BuffB, x1,y1);
      freemem(BuffB, imagesize(x1,y1,x2,y2));
    end;
    fillchar(windowarray(WindowBuf^)[WindowAct], sizeof(windowtype), 0);
  end;
  pop(WindowAct);                                { Zuletzt aktives Fenster   }
  with windowarray(WindowBuf^)[WindowAct] do { vom internen Stack holen }
    with ViewS do if SaveF then                { aktivieren                }
      putwindowimage(BuffF,x1,y1);
  makeactive;
 end;
end;


procedure selectwindow(Nr:byte);
begin
  with windowarray(WindowBuf^)[Nr] do with ViewS do { Nur gültige geöffnete}
  if (0 <=Nr)  and (Nr <=WindowNr) and              { und nicht überlappte }
    (OnOff=1) and (OverL=0) and (Nr<>WindowAct)     { Fenster anwählen      }
  then begin
    saveactive;                                     { Vorerst aktives sichern }
    setviewport(0,0, graph.getmaxx, graph.getmaxy, ClipOn);
    WindowAct:=Nr;
    updatestack(WindowAct);                         { Stack aktualisieren     }
    makeactive;                                     { Fensterparameter setzen }
  end
end;


procedure resizewindow(absRi,absDn:word);
begin
  if WindowAct >= 1 then
  with windowarray(WindowBuf^)[WindowAct] do
  with ViewS do begin
    absRi:=rangel(absRi,0,XRes);
    absDn:=rangel(absDn,0,YRes);

    if ((absRi<>x2) or  (absDn<>y2)) and
       (absRi >x1) and (absDn >y1)
    then begin
      CursX:=minl(getx, absRi-x1);                  { Neue Cursor Position      }
      CursY:=minl(gety, absDn-y1);                  { bestimmen                 }

      setviewport(0,0, graph.getmaxx, graph.getmaxy, ClipOn);
      if BuffF <>Nil then begin                 { Heap-Bereiche freigeben und}
        freemem(BuffF,imagesize(x1,y1,x2,y2)); { bei Bedarf neu belegen    }
        BuffF:=Nil;
      end;
      if SaveF then begin
        getmem(BuffF, imagesize(x1,y1,absRi,absDn));
```

```pascal
            getwindowimage(BuffF,x1,y1,absRi,absDn);
        end;
      if BuffB <>Nil then begin
        if SaveB then putwindowimage(BuffB, x1,y1);
        freemem(BuffB, imagesize(x1,y1,x2,y2));
        BuffB:=Nil;
      end;
      if SaveB then begin
        getmem(BuffB, imagesize(x1,y1,absRi,absDn));
        getwindowimage(BuffB,x1,y1,absRi,absDn);
      end;

      if BuffF <>Nil then putwindowimage(BuffF, x1,y1);
      markoverlaped(-1);
      x2:=absRi;   y2:=absDn;
      makeactive;
      markoverlaped(1);
    end;
  end;
end;


procedure movewindow(absLe,absUp:word);
var Dx, Dy :integer;
begin
  if WindowAct >=1 then
  with windowarray(WindowBuf^)[WindowAct] do with ViewS do begin
    absLe:=rangel(absLe, 0, XRes-(x2-x1));
    absUp:=rangel(absUp, 0, YRes-(y2-y1));
    Dx:=x1-absLe;  Dy:=y1-absUp;

    if (Dx<>0) or (Dy<>0) then begin
      saveactive;
      if SaveB then putwindowimage(BuffB, x1,y1);
      markoverlaped(-1);
      x1:=absLe;  y1:=absUp;  x2:=x2-Dx;  y2:=y2-Dy;
      if SaveB then getwindowimage (BuffB, x1,y1,x2,y2);
      if SaveF then putwindowimage(BuffF, x1,y1);
      makeactive;
      markoverlaped(1);
    end;
  end;
end;


procedure clearviewport;
var V :viewporttype;
    F :fillsettingstype;
begin
  getviewsettings(V);
  getfillsettings(F);
  setviewport(0,0,XRes,YRes,ClipOn);
```

```pascal
  with windowarray(WindowBuf^)[WindowAct] do with ViewS do begin
    setfillstyle(1,Palette.Colors[BkCol]);
    bar(x1+Bordr, y1+Bordr, x2-Bordr, y2-Bordr);
  end;
  with V do setviewport(x1, y1, x2, y2, Clip);
  with F do setfillstyle(Pattern, Color);
end;


procedure inversewindow;
var S,X,Y :word;
    P     :pointer;
begin
  X:=getmaxx(WindowAct);
  Y:=getmaxy(WindowAct);
  S:=imagesize(0,0,X,Y);
  getmem(P,S);
  getimage(0,0,X,Y,P^);
  putimage(0,0,P^,notput);
  freemem(P,S);
end;


procedure setbkcolor(Color:word);          { Farbe  nur  im  lokalen   }
begin                                      { Fensterbereich sichern    }
  windowarray(WindowBuf^)[WindowAct].BkCol:=Color;
end;

procedure setcolor(Color:word);            { Farbe im  lokalen Fenster- }
begin                                      { bereich sichern und  graph }
  windowarray(WindowBuf^)[WindowAct].FoCol:=Color;   { aufrufen        }
  graph.setcolor(Palette.Colors[Color]);
end;


procedure setborder(On:boolean);
var TmpBkCol,TmpFoCol :word;
begin
  with windowarray(WindowBuf^)[WindowAct] do with ViewS do begin
    TmpFoCol:=FoCol;  TmpBkCol:=BkCol;        { Rahmen aus drei Linien   }
    case On of                                { bilden                   }
      True : if Bordr=0 then begin
        setcolor(TmpBkCol); setbkcolor(TmpFoCol);
        rectangle(1, 1, x2-x1-1, y2-y1-1);
        setcolor(TmpFoCol); setbkcolor(TmpBkCol);
        rectangle(0, 0,  x2-x1,   y2-y1);
        rectangle(2, 2, x2-x1-2, y2-y1-2);
        Bordr:=BorderW;
      end;
      False: Bordr:=0;
    end;
    setviewport(x1+Bordr, y1+Bordr, x2-Bordr, y2-Bordr, ClipOn);
```

```pascal
    end;
  end;


  procedure setusercharsize(Mx,Dx,My,Dy:byte);
  begin
    with windowarray(WindowBuf^)[WindowAct] do begin
      UsrMx:=Mx; UsrDx:=Dx;
      UsrMy:=My; UsrDy:=Dy;
    end;
    graph.setusercharsize(Mx,Dx,My,Dy);
  end;


  procedure setsavefrg(On:boolean);
  begin
    windowarray(WindowBuf^)[WindowAct].SaveF:=On;
  end;


  procedure scrollwindow(LineCount:integer);
  var L,U,R,D,M :word;
  begin
    M:=getmaxy(WindowAct);
    if (2 <=abs(LineCount)) and (abs(LineCount) <=M) then
    with windowarray(WindowBuf^)[WindowAct] do with ViewS do begin
      L:=x1 + Bordr;                            { Tatsächliche Zeichenfläche }
      R:=x2 - Bordr;                            { ermitteln                  }
      U:=y1 + Bordr + LineCount*ord(LineCount >0);
      D:=y2 - Bordr + LineCount*ord(LineCount <0);
      openwindow(getopened+1, L,U,R,D, Off);    { Neues Fenster öffnen und   }
      setsavefrg(On);                           { verschieben                }
      U:=y1 + Bordr - LineCount*ord(LineCount <0);
      movewindow(L, U);
      closewindow;

      U:=y1 + Bordr + (M-LineCount+1)*ord(LineCount >0);  { Restliche Fläche }
      D:=y2 - Bordr - (M+LineCount+1)*ord(LineCount <0);  { als Fenster mit  }
      openwindow(getopened+1, L,U,R,D, Off);    { aktueller Hintergrundfarbe }
      setbkcolor(BkCol);                        { füllen                     }
      clearviewport;
      closewindow;
    end;
  end;


  procedure menuwindow(var MenuWinPrms :menuwintype);
  const MenuKeys  :validkeys=(CaRe,Esc,F1,LeAr,UpAr,RiAr,DnAr,00,
                          00,00,00,00,00,00,00,00,00,00,00,00);
  var   MaxLen, MaxStr, MainRi, MainDn :word;
        SecLe, SecUp, SecRi, SecDn     :word;
        Open, Order, KeyOrd, I, U, W   :word;
```

```pascal
      HelpOnEntry                    :longint;

begin
  with MenuWinPrms do begin
    MaxStr:=0;    MaxLen:=0;
    while (MaxStr < MaxProc) and                 { Anzahl  der  Symbole  und }
          (length(Entrys.Names[MaxStr+1]) > 0) { Breite des längsten        }
    do begin                                     { bestimmen                 }
      inc(MaxStr);
      W:=textwidth(Entrys.Names[MaxStr]);
      if MaxLen < W then MaxLen:=W;
    end;
    MaxLen:=MaxLen + 2*textwidth(' ');

    if MaxStr > 0 then begin
      HelpOnEntry:=GHCode;                       { GHCode sichern            }
      Order:=(BorderW-1) * ord(Border);
      case Direct of                             { Größe des globalen Fensters}
        horizdir: begin                          { bestimmen                 }
          MainRi:=XRes;
          MainDn:=MenuUp + 2*Order + MenuWinH-1;
        end;
        vertdir: begin
          MainRi:=MenuLe + 2*Order + MaxLen-1;
          MainDn:=MenuUp + 2*Order + MaxStr*MenuWinH-1;
        end;
      end;
      openwindow(getopened+1,MenuLe,MenuUp,MainRi,MainDn,On);
      if Border then setborder(On);  setsavefrg(Off);
      setbkcolor(BckCol); clearviewport;
      Open:=getopened;

      SecLe:=MenuLe + Order;                      { Koordinaten des ersten    }
      SecRi:=SecLe + MaxLen -1;                   { Symbol-Fensters bestimmen }
      SecUp:=MenuUp + Order;
      SecDn:=SecUp + MenuWinH -1;

      for I:=1 to MaxStr do begin                 { Alle Symbol-Fenster öffnen }
        openwindow(getopened+1, SecLe,SecUp,SecRi,SecDn, Off);
        setsavefrg(Off);   setbkcolor(BckCol);
        setcolor(ForCol); clearviewport;
        case Direct of
          horizdir: begin
            U:=(MaxLen  - textwidth(Entrys.Names[I])) shr 1;
            W:=((MenuWinH - textheight(' ')) shr 1) +1;
            outtextxy(U, W, Entrys.Names[I]);
            inc(SecLe, MaxLen);
            inc(SecRi, MaxLen);
          end;
          vertdir: begin
            U:=textwidth(' ');
            W:=((MenuWinH - textheight(' ')) shr 1) +1;
```

```pascal
          outtextxy(U, W, Entrys.Names[I]);
          inc(SecUp, MenuWinH);
          inc(SecDn, MenuWinH);
        end;
      end;
  end;


  Order:=1;
  inc(GHCode, Factor);
  selectwindow(Order+Open);                 { Erstes Symbol-Fenster      }
  inversewindow;                            { inverse darstellen         }

  with Behaviour do                         { Verwaltung der Menüabfrage }
  repeat
    if Remain and SelOn
      then begin SelOn:=false; KeyOrd:=CaRe; end
      else KeyOrd:=getvalidkey(MenuKeys);
    case KeyOrd of
      F1        : if @GHProc <> Nil then GHProc(GHCode);
      CaRe      : with Entrys do if Remain and (@Addrs[Order] <> Nil)
                    then Addrs[Order];
      Esc       : if EscOn then Order:=0;

      UpAr,LeAr: if ((Direct=vertdir) xor (KeyOrd=LeAr)) and (Order>1)
              then begin
                dec(Order);
                dec(GHCode, Factor);
                inversewindow;
                selectwindow(Order+Open);
                inversewindow;
              end;

      RiAr,DnAr: if ((Direct=vertdir) xor (KeyOrd=RiAr)) and
                   (Order<MaxStr)
              then begin
                inc(Order);
                inc(GHCode, Factor);
                inversewindow;
                selectwindow(Order+Open);
                inversewindow;
              end;
    end;
  until ((KeyOrd=CaRe) and Remain and (Order=MaxStr) and not EscOn)
        or
        ((KeyOrd=CaRe) and not Remain)
        or
        ((KeyOrd=Esc)  and EscOn);

  I:=0;
  repeat closewindow; inc(I); until I>MaxStr; { Alle Fenster schließen }

  if not Behaviour.Remain and (KeyOrd=CaRe) then
```

```pascal
        with Entrys do if @Addrs[Order] <> Nil then Addrs[Order];
      GHCode:=HelpOnEntry;
    end;
  end;
end;


procedure cooraxis(var DrawAxisRec:cooraxistype);
const RoundUp = 0.4999999999;
var ThisXres, ThisYres        :word;
    OneW, TriW, SixW, OneH     :word;
    CoorL, CoorU, CoorD, CoorR :word;
    UnitStepX,  UnitStepY      :float;
    F, G                       :float;
    I, J                       :integer;
    A, B                       :boolean;
    St                         :string;

begin
  with DrawAxisRec do begin                      { Fenster mit gewünschten    }
    openwindow(getopened+1, Le,Up,Ri,Dn,Off); { Koordinaten öffnen          }
    setbkcolor(getbkcolor(getwininpos(getposofwin(getactive)-1)));
    setcolor  (getcolor  (getwininpos(getposofwin(getactive)-1)));
    if Border then rectangle(0,0,getmaxx(getactive)-1,getmaxy(getactive)-1);
    ThisXres:=getmaxx(getactive)-2*ord(Border);{ Lokale Auflösung bestimmen}
    ThisYres:=getmaxy(getactive)-2*ord(Border);

    setusercharsize(1,1,1,1);                      { SMALL Schrift wählen       }
    settextjustify(LeftText, TopText);
    settextstyle(SmallFont, HorizDir, UserCharSize);

    AxisXMin:=XMin; AxisXMax:=XMax;                { Extremwerte für den        }
    AxisYMin:=YMin; AxisYMax:=YMax;                { späteren Gebrauch global   }
                                                   { sichern                    }
    OneW:=textwidth('0');
    TriW:=textwidth('012');
    SixW:=textwidth('012345');
    OneH:=textheight('0');
    A:=XStyle.AxisStyle <> ProStyle;
    B:=YStyle.AxisStyle  = ProStyle;

    J:=0;                                          { Längsten Text für Y-Achse  }
    with YStyle do                                 { bestimmen                  }
      for I:=1 to 10 do J:=maxl(J, length(Mark[I].Comment));

    Le:=maxl(SixW, (J+3)*OneW*ord(B));             { Entgültigen Platz der      }
    Up:=OneH*2;                                     { Achsen im Fenster bestimmen}
    Ri:=ThisXres - maxl(textwidth(TextX)+OneW, 7*OneW*ord(A));
    Dn:=ThisYres - Up;

    line(Le, Up, Le, Dn);                          { Achsen zeichnen und entspr.}
    line(Le, Dn, Ri, Dn);                          { Texte schreiben            }
```

```pascal
outtextxy(OneW, 0, TextY);
outtextxy(ThisXres-textwidth(TextX), Dn-OneH, TextX);

with XStyle do begin                      { Eintragungen der X-Achse   }
  CoorU:=Dn + 1;                          { abhängig vom gewünschtem   }
  CoorD:=Dn + OneH div 2;                 { Stil vornehmen             }
  ScaleX:=(Ri-Le) / (XMax-XMin);

  case AxisStyle of
    NumStyle :begin
      UnitStepX:=power(10, trunc( log(TriW / ScaleX)));
      if UnitStepX*ScaleX <= TriW then UnitStepX:=UnitStepX*10;

      F:=log(UnitStepX);
      str(abs(F):0:0, TextX);
      St:=' E'+ char(43+2*ord(F<0)) + xeroxc('0',3-length(TextX))+TextX;
      outtextxy(ThisXres-textwidth(St), ThisYres-round(1.5*OneH), St);
      settextjustify(CenterText, TopText);

      CoorR:=ThisYres-round(1.5*OneH);
      F:=XMin/UnitStepX;
      F:=UnitStepX*ScaleX*abs(F - round(F +RoundUp));
      G:=UnitStepX*ScaleX;
      I:=round(XMin/UnitStepX +RoundUp);
      J:=round(XMax/UnitStepX -RoundUp);

      for I:=I to J do begin
        CoorL:=round(Le + F);
        line(CoorL, CoorU, CoorL, CoorD);
        str(I, St);
        outtextxy(CoorL, CoorR, St);
        F:=F + G;
      end;
    end;

    ProStyle: begin
      settextjustify(CenterText, TopText);
      CoorR:=ThisYres-round(1.5*OneH);
      I:=1;
      while (length(Mark[I].Comment) >0) and (I <11) do begin
        with Mark[I] do begin
          F:=Le + Percent/100*(XMax-XMin)*ScaleX;
          CoorL:=round(F);
          line(CoorL, CoorU, CoorL, CoorD);
          outtextxy(CoorL, CoorR, Comment)
        end;
        inc(I);
      end;
    end;
  end;
end;
```

```pascal
with YStyle do begin                      { Eintragungen der Y-Achse   }
  CoorL:=Le - OneW;                        { abhängig vom gewünschtem   }
  CoorR:=Le - 1;                           { Stil vornehmen             }
  I:=3*OneW + textwidth(TextY);
  ScaleY:=(Dn-Up) / (YMax-YMin);

  case AxisStyle of
    NumStyle :begin
      UnitStepY:=power(10, trunc( log(1.5*OneH / ScaleY)));
      if UnitStepY*ScaleY <= 1.5*OneH then UnitStepY:=UnitStepY*10;

      F:=log(UnitStepY);
      str(abs(F):0:0, TextY);
      St:=' E'+ char(43+2*ord(F<0)) + xeroxc('0',3-length(TextY))+TextY;
      settextjustify(LeftText, TopText);
      outtextxy(I, 0, St);
      settextjustify(RightText, CenterText);

      F:=YMin/UnitStepY;
      F:=-UnitStepY*ScaleY*abs(F - round(F +RoundUp));
      G:=UnitStepY*ScaleY;
      I:=round(YMin/UnitStepY +RoundUp);
      J:=round(YMax/UnitStepY -RoundUp);

      for I:=I to J do begin
        CoorU:=round(Dn + F);
        line(CoorL, CoorU, CoorR, CoorU);
        str(I, St);
        St:=xeroxc(' ', 3-length(St)) + St;
        outtextxy(Le-textwidth(St)+OneW, CoorU-3, St);
        F:=F - G;
      end;
    end;

    ProStyle: begin
      settextjustify(RightText, CenterText);
      I:=1;
      while (length(Mark[I].Comment) >0) and (I <11) do begin
        with Mark[I] do begin
          F:=Dn - Percent/100*(YMax-YMin)*ScaleY;
          CoorU:=round(F);
          line(CoorL, CoorU, CoorR, CoorU);
          outtextxy(CoorL-OneW, CoorU, Comment);
        end;
        inc(I);
      end;
    end;
  end;
end;

I:=getle(getactive) + Ri-Le - 1;           { Fenster auf tatsächliche    }
J:=getup(getactive) + Dn-Up - 1;           { Zeichenfläche reduzieren    }
```

```pascal
    resizewindow(I, J);
    movewindow(getle(getactive)+Le+1, getup(getactive)+Up);
    settextstyle(DefaultFont, HorizDir, 1);
    settextjustify(LeftText, TopText);
  end;
end;


procedure axisline(x1,y1,x2,y2:float);
var DifX, DifY, S :float;
    TmpX, TmpY     :float;
    L, U, R, D     :integer;

  procedure line;
  begin
    L:= round(abs(AxisXMin-x1)*ScaleX) - 1;
    R:= round(abs(AxisXMin-x2)*ScaleX) - 1;
    U:=-round(abs(AxisYMin-y1)*ScaleY) + getmaxy(getactive)+1;
    D:=-round(abs(AxisYMin-y2)*ScaleY) + getmaxy(getactive)+1;
    graph.line(L,U,R,D);
  end;

begin
  TmpX:=x1;    TmpY:=y1;                         { Abstände zwischen Punkte   }
  DifX:=x2-x1; DifY:=y2-y1;                      { berechnen                  }

  if DifY <> 0                                   { Falls  Linie nicht waage-  }
  then begin                                     { recht und Steigung noch im }
    if (DifX <>0) and                            { float-Format darstellbar   }
       ((abs(DifX) >=1) or (MaxFloat*abs(DifX) >abs(DifY)))
    then begin
      S:=DifY / DifX;                            { Steigung errechnen         }
      y1:=rangef(y1, AxisYMin, AxisYMax);        { Linie auf die in Frage kom-}
      y2:=rangef(y2, AxisYMin, AxisYMax);        { mende Y-Werte abschneiden. }
      if y1 <> y2 then begin
        x1:=((y1-TmpY)/S) + TmpX;                { Neue X-Werte errechnen und }
        x2:=((y2-TmpY)/S) + TmpX;                { das Gleiche in X-Richtung  }
        x1:=rangef(x1, AxisXMin, AxisXMax);      { wiederholen                }
        x2:=rangef(x2, AxisXMin, AxisXMax);
        if x1 <> x2 then begin
          y1:=((x1-TmpX)*S) + TmpY;              { Neue Y-Werte errechnen und }
          y2:=((x2-TmpX)*S) + TmpY;              { die jetzt im  integer  Be- }
          line;                                  { reich darstellbare Linie   }
        end;                                     { ziehen                     }
      end;
    end
    else begin                                   { Linie ist senkrecht        }
      if (AxisXMin <=x1) and (x1 <= AxisXMax) then begin
        y1:=rangef(y1, AxisYMin, AxisYMax);
        y2:=rangef(y2, AxisYMin, AxisYMax);
        if y1 <> y2 then line;
      end;
```

```pascal
        end;
    end
    else begin                                    { Linie ist waagerecht        }
        if (AxisYMin <=y1) and (y1 <= AxisYMax) then begin
          x1:=rangef(x1, AxisXMin, AxisXMax);
          x2:=rangef(x2, AxisXMin, AxisXMax);
          if x1 <> x2 then line;
        end;
    end;
end;


function getactive:byte; begin getactive:=WindowAct; end;
function getopened:byte; begin getopened:=StackIdx;  end;

function getle(Nr:byte):word;
begin
  if (0 <=Nr) and (Nr <=WindowNr)
  then with windowarray(WindowBuf^)[Nr] do getle:=ViewS.x1
  else getle:=0;
end;

function getup(Nr:byte):word;
begin
  if (0 <=Nr) and (Nr <=WindowNr)
  then with windowarray(WindowBuf^)[Nr] do getup:=ViewS.y1
  else getup:=0;
end;

function getri(Nr:byte):word;
begin
  if (0 <=Nr) and (Nr <=WindowNr)
  then with windowarray(WindowBuf^)[Nr] do getri:=ViewS.x2
  else getri:=0;
end;

function getdn(Nr:byte):word;
begin
  if (0 <=Nr) and (Nr <=WindowNr)
  then with windowarray(WindowBuf^)[Nr] do getdn:=ViewS.y2
  else getdn:=0;
end;

function getmaxx(Nr:byte):word;
begin
  if (0 <=Nr) and (Nr <=WindowNr)
  then with windowarray(WindowBuf^)[Nr] do with ViewS do
    getmaxx:=x2-x1-2*Bordr
  else getmaxx:=0;
end;


function getmaxy(Nr:byte):word;
```

```pascal
begin
  if (0 <=Nr) and (Nr <=WindowNr)
  then with windowarray(WindowBuf^)[Nr] do with ViewS do
    getmaxy:=y2-y1-2*Bordr
  else getmaxy:=0;
end;

function getcolor(Nr:byte):word;
begin
  if (0 <=Nr) and (Nr <=WindowNr)
  then with windowarray(WindowBuf^)[Nr] do getcolor:=FoCol
  else getcolor:=0;
end;

function getbkcolor(Nr:byte):word;
begin
  if (0 <=Nr) and (Nr <=WindowNr)
  then with windowarray(WindowBuf^)[Nr] do getbkcolor:=BkCol
  else getbkcolor:=0;
end;

function getborder(Nr:byte) :word;
begin
  if (0 <=Nr) and (Nr <=WindowNr)
  then with windowarray(WindowBuf^)[Nr] do getborder:=Bordr
  else getborder:=0;
end;

function getposofwin(Nr:byte):byte;
var I :word;
begin
  I:=0;  while (I<=WindowNr) and (stackarray(StackBuf^)[I] <>Nr) do inc(I);
  getposofwin:=I;
end;

function getwininpos(P:byte):byte;
begin
  if (0 <=P) and (P <=WindowNr) then getwininpos:=stackarray(StackBuf^)[P];
end;


function messgbox(absLe,absUp, Bkg,Frg:word; Txt:string) :word;
var BoxWidth, Ri,Dn :word;
begin
  BoxWidth:=textwidth(Txt) + textwidth('00');
  Ri:=absLe + BoxWidth;
  Dn:=absUp + round(1.5*MenuWinH) + 4;
  openwindow(getopened+1,absLe,absUp,Ri,Dn,On);
  setborder(On);  setbkcolor(Bkg);
  setcolor(Frg);  clearviewport;
  settextjustify(CenterText, TopText);
  Ri:=getmaxx(getactive) shr 1;
```

```pascal
    Dn:=(round(1.5*MenuWinH) - textheight(Txt)) shr 1;
    outtextxy(Ri,Dn, Txt);
    messgbox:=getkey;
    closewindow;
  end;


  function stringbox(absLe,absUp,Bkg,Frg,Count:word;Help:longint):string;
  var   BoxWidth, X,Y,I, Key :word;
        absRi, absDn          :word;
        St, SB                :string;
        Ch                    :char;
  begin
    St:=' STRING ';
    BoxWidth:=maxl((Count+2)*textwidth('0') + 5, textwidth(St));
    absRi:=absLe+BoxWidth;   absDn:=absUp+2*MenuWinH+5;
    openwindow(getopened+1, absLe,absUp,absRi,absDn, On);
    setborder(On);   setbkcolor(Bkg);
    setcolor(Frg);   clearviewport;

    absLe:=absLe +3;   absUp:=absUp + 3;
    absRi:=absRi -3;   absDn:=absUp + MenuWinH -1;
    openwindow(getopened+1, absLe,absUp,absRi,absDn, Off);
    setbkcolor(Frg);   setcolor(Bkg);   clearviewport;
    settextjustify(CenterText, TopText);
    X:=getmaxx(getactive) shr 1;
    Y:=(MenuWinH - textheight(' ')) shr 1;
    outtextxy(X,Y, St);

    X:=textwidth('0');
    absLe:=absLe + X; absUp:=absUp + MenuWinH;
    movewindow(absLe, absUp);
    resizewindow(absLe+X-1, absUp+MenuWinH-1);
    setbkcolor(Bkg); setcolor(Frg);
    settextjustify(LeftText, TopText);
    outtextxy(0, Y, '?');

    SB:=''; St:='';
    repeat
      Key:=getkey;

      case Key of
        F1: if @GHProc <>Nil then GHProc(GHCode+Help);

        BkSp,LeAr: if length(St) > 0 then begin
          dec(byte(St[0]));
          movewindow(getle(getactive)-X, getup(getactive));
          clearviewport;
        end;

        RiAr: if length(SB) > length(St) then begin
          inc(byte(St[0]));   I:=length(St);   St[I]:=SB[I];
```

```pascal
        outtextxy(0,Y, St[I]);
        movewindow(getle(getactive)+X, getup(getactive));
      end;

      else if (length(St)< Count) and (32<=Key) and (Key<=127)
      then begin
        Ch:=upcase(char(Key));
        clearviewport;  outtextxy(0,Y, Ch);
        movewindow(getle(getactive) + X, getup(getactive));
        inc(byte(St[0]));    I:=length(St);    St[I]:=Ch;
        SB:=St + copy(SB,length(St)+1,length(SB));
      end;
    end;
  until (Key=Esc) or (Key=CaRe);
  closewindow;  closewindow;
  if (Key=CaRe) then stringbox:=St else stringbox:='';
end;



function floatbox(     absLe,absUp,Bkg,Frg,Count :word;
                       MinRange, MaxRange         :float;
                       Sign, Long                 :boolean;
                   var Result                     :integer;
                       Help                       :longint) :float;


var    BoxWidth, X,Y, I,J, Key :word;
       absRi, absDn             :word;
       FltOn, ExpOn             :boolean;
       TmpFloat                 :float;
       St, SB                   :string;
       Ch                       :char;

  function legalchar(Ch:char):boolean;
  var I :byte;
  begin
    I:=length(St);
    legalchar:=
      (byte(Ch) in DecDigits)                                             or
      ((Ch='-') and (((I=0) and Sign) or ((St[I]='E') and not Long)))   or
      ((Ch='.') and (FltOn and not ExpOn))                              or
      ((Ch='E') and (not ExpOn and (I>0)and(byte(St[I])in DecDigits)));
  end;

begin
  if Sign then St:=' SIGNED'
          else St:=' UNSIGNED';
  if Long then St:=St + ' INTEGER '
          else St:=St + ' FLOAT ';
  BoxWidth:=maxl((Count+2)*textwidth('0') + 5, textwidth(St));
  absRi:=absLe + BoxWidth;
  absDn:=absUp + 2*MenuWinH +5;
```

```
openwindow(getopened+1, absLe,absUp,absRi,absDn, On);
setborder(On);  setbkcolor(Bkg);
setcolor(Frg);  clearviewport;

absLe:=absLe +3;  absUp:=absUp + 3;
absRi:=absRi -3;  absDn:=absUp + MenuWinH - 1;
openwindow(getopened+1, absLe,absUp,absRi,absDn, Off);
setbkcolor(Frg);  setcolor(Bkg);
clearviewport;
settextjustify(CenterText, TopText);
X:=getmaxx(getactive) shr 1;
Y:=(MenuWinH - textheight(' ')) shr 1;
outtextxy(X,Y, St);

X:=textwidth('0');
absLe:=absLe + X;  absUp:=absUp + MenuWinH;
movewindow(absLe, absUp);
resizewindow(absLe+X-1, absUp+MenuWinH-1);
setbkcolor(Bkg);  setcolor(Frg);
settextjustify(LeftText, TopText);
outtextxy(0, Y, '?');

SB:='';  St:='';  I:=1;
repeat
  FltOn:=not Long;
  ExpOn:=False;
  for J:=1 to length(St) do begin
    case St[J] of
      '.': FltOn:=False;
      'E': ExpOn:=True;
    end;
  end;

  Key:=getkey;
  I:=length(St);

  case Key of
    F1: if @GHProc <>Nil then GHProc(GHCode+Help);

    BkSp,LeAr: if I > 0 then begin
      dec(byte(St[0]));
      movewindow(getle(getactive)-X, getup(getactive));
      clearviewport;
    end;

    RiAr: if length(SB) >I then begin
      J:=I;
      repeat
        inc(J);  Ch:=SB[J];
      until (J >length(SB)) or legalchar(Ch);
      if J <=length(SB) then begin
        inc(I);  St[0]:=char(I);  St[I]:=SB[J];
```

```pascal
            if J >I then delete(SB, I, J-I);
            outtextxy(0,Y, St[I]);
            movewindow(getle(getactive)+X, getup(getactive));
          end;
        end;

      else begin
        Ch:=upcase(char(Key));
        if (I <Count) and legalchar(Ch) then begin
          clearviewport;
          outtextxy(0,Y, Ch);
          movewindow(getle(getactive) + X, getup(getactive));
          St:=St + Ch;
          SB:=St + copy(SB, length(St)+1, length(SB));
          ExpOn:=Ch='E';
          FltOn:=FltOn and not (Ch='.');
          end;
        end;
      end;
    until (Key=Esc) or (Key=CaRe);

    closewindow; closewindow;
    val(St, TmpFloat, I);
    Result:=FloatOk;

    if (Key=CaRe) and (length(St) > 0) and (I=0) then begin
      if (TmpFloat<MinRange) then Result:=FloatUn;   { Bereich unterschritten }
      if (MaxRange<TmpFloat) then Result:=FloatOv;   { Bereich überschritten  }
    end
    else Result:=FloatNv;                            { Ungültige Eingabe      }

    floatbox:=TmpFloat;
  end;

end.
```

12 Ansätze zum Parserbau

C. Emmanuilidis

Vor einiger Zeit bat mich ein Freund, ein kleines Programm zu schreiben, das den Verlauf einer bestimmten mathematischen Funktion graphisch auf dem Bildschirm darstellt. Doch nach Fertigstellung des Programms kam er immer wieder, um sich neue Funktionsgraphiken anzusehen. Jedesmal mußte ich den Turbo Pascal Compiler aufrufen, das Programm laden, die neue zu zeichnende Funktion im Quellcode editieren und eine Neukompilierung vornehmen; kurz eine mühselige Arbeit, da die Funktion jedesmal Bestandteil des Programmcodes war. Schließlich entschloß ich mich, ein neues Programm zu erstellen, bei dem die Eingabe die Gleichung der Funktion im ASCII-Format ist. Um Funktionswerte zu ermitteln, sollte dieses Programm in der Lage sein, die Texteingabe richtig zu interpretieren. In diesem Kapitel stellen wir eine neubearbeitete Version dieses Programms vor, nicht nur, weil es eine interessante Anwendung ist, sondern auch, um ansatzweise die Funktion eines Parsers und Interpreters zu zeigen und den Umgang mit einigen in diesem Buch vorgestellten Units zu demonstrieren. Doch bevor wir uns auf die Entwicklung des Programms stürzen, möchten wir kurz auf die Problematik der Aufgabe eingehen.

12.1 Parser

Obwohl wir uns hier auf mathematische Ausdrücke beschränken werden, sind die in diesem Kapitel vorgestellten Ansätze zur syntaktischen Analyse auch für komplexere Strukturen einsetzbar.

Sprachen basieren auf einer Menge von Grundsymbolen, die, zu Zeichenfolgen kombiniert, Wörter ergeben. Natürliche Sprachen verwenden als Grundsymbole die Buchstaben eines Alphabets, Programmiersprachen hingegen meistens den ASCII-Zeichensatz. Eine Untermenge dieser Wörter bildet den Wortschatz einer Sprache. Die Syntax bestimmt die Regeln, nach denen Wörter zu sinnvollen Ausdrücken kombiniert werden können. Formale Sprachen, wie z.B. Programmiersprachen, weisen eine strengere Syntax auf als natürliche Sprachen. Doch genau dieses Merkmal vereinfacht das syntaktische Analysieren von Ausdrücken einer formalen Sprache. Durch das Verfahren der schrittweisen Verfeinerung werden komplexe Ausdrücke in kleinere, einfache Ausdrücke zerlegt, deren letzte Bausteine Wörter sind.

Programme, die diese Aufgabe erfüllen, werden Parser genannt. Sie suchen, unter Beachtung der syntaktischen Regeln der jeweiligen Sprache, in einer Folge von Grundsymbolen nach sinnvollen Ausdrücken . Die Ausgabe solcher Programme erfolgt meistens als ein Nebenprodukt einer erfolgreichen Analyse. So erzeugt ein Compiler einer höheren Programmiersprache Assemblercode, der dem Quelltext entspricht, und legt diesen im RAM ab. Unser Programm erzeugt dagegen einen Baum, der die analysierte mathematische Funktion widerspiegelt und später entsprechend interpretiert werden kann. Wir möchten jetzt die Notwendigkeit dieser hierachischen Baumstruktur anhand von einfachen Beispielen aufzeigen. Wohlan denn, betrachten wir hierfür folgenden Ausdruck:

```
20 + 5 + 14
```

Man könnte in Versuchung geraten, den folgenden sehr einfachen Algorithmus zu formulieren, der ein korrektes Ergebnis obiger Addition liefert.

```
Wiederhole
   .
   RESULT := nächster Operand
   OPND   := Operand
   RESULT := RESULT   OPND   übernächster Operand
   .
Bis keine Operanden mehr vorhanden
```

Doch so gut dieser Algorithmus auch für die obige Additionsoperation geeignet sein mag, wird er bereits bei einfachen Ausdrücken der Form 20 + 5 * 14 versagen. In diesem Fall liefert der Algorithmus das falsche Ergebnis RESULT = 350 anstatt des richtigen RESULT = 90, weil hier die Priorität des Multiplikationsoperanden mißachtet wird. Das bedeutet, daß das Zwischenergebnis der Multiplikation 5 * 14 vor der Addition ermittelt werden muß. Der Algorithmus führt jedoch eine lineare Interpretation eines mathematischen Ausdrucks aus (Bild 12.1), die nicht ausreichend ist.

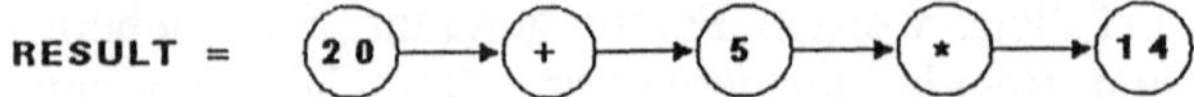

Bild 12.1: Unzulängliche lineare Interpretation mathematischer Ausdrücke

Beim zweiten Versuch, einen Algorithmus zu formulieren, werden wir differenzierter vorgehen. Die unterschiedliche Priorität der Operatoren muß berücksichtigt werden. Der gesamte Ausdruck wird mit dem bereits erwähnten Verfahren der schrittweisen Verfeinerung in distinktive Einheiten unterteilt, aus denen die erwünschte Hierarchie hervorgeht. Dies setzt folgende Definitionen voraus:

```
AUSDRUCK  =   SUMMAND  [+SUMMAND]   [-SUMMAND]

SUMMAND   =   FAKTOR   [* FAKTOR]   [/ FAKTOR]

FAKTOR    =   TERM     [^ TERM   ]

TERM      =   ( AUSDRUCK )
              Zahlenausdruck
              Variable
```

Mit Hilfe eines rekursiven Algorithmus, der auf diesen Definitionen basiert, ist es möglich, eine Baumstruktur zu erzeugen, die den kompliziertesten mathematischen Ausdrücken gewachsen ist. Bild 12.2 stellt die Baumstruktur des bereits gezeigten Ausdrucks 20 + 5 * 14 dar.

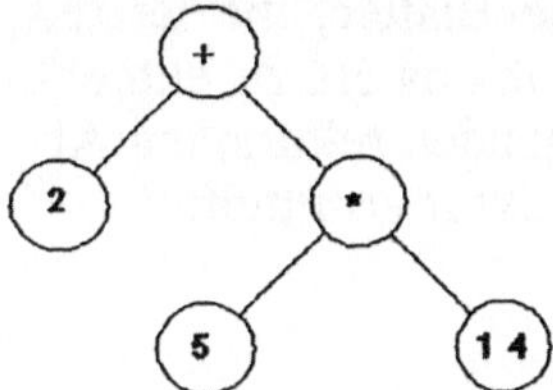

Bild 12.2: Hierarchisch interpretierter mathematischer Ausdruck

Betrachten wir zum Schluß einen komplizierten Ausdruck, der alle Elemente obiger Definitionen beinhaltet, wobei A=AUSDRUCK, S=SUMMAND, F=FAKTOR, T=TERM, Z=ZAHL und V=VARIABLE bedeuten:

```
Ausdruck:              6 * X  + (2  + X  * 4) ^ 3 / 8 * 7
Logischer Aufbau:
```

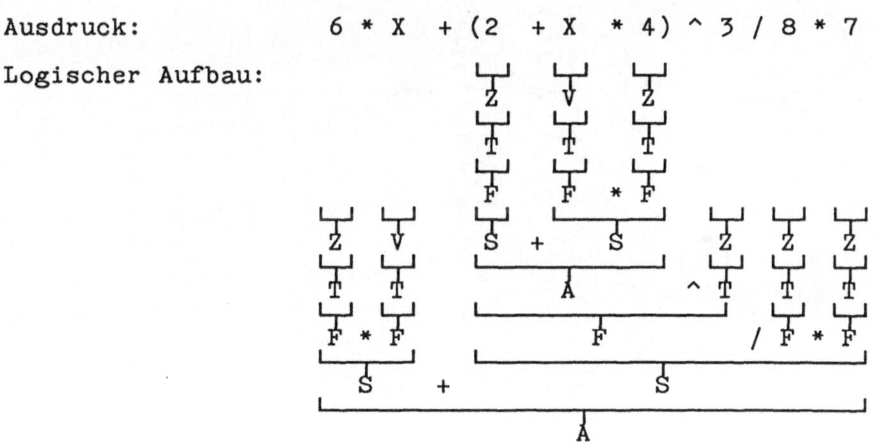

Aus der obigen Darstellung sowie aus der im Bild 12.3 dargestellten Baumstruktur läßt sich erkennen, daß sich jeder Ausdruck schrittweise bis zu den Grundbausteinen, nämlich die Wörter der verwendeten Sprache, verfeinern läßt. Diese haben als solche eine eindeutige und direkt verwendbare Aussage

für die betreffende Sprache. In unserem Beispiel sind die Blätter, die letzten
Knoten des Baumes, Elemente, aus denen ein direkter Zahlenwert zu entneh-
men ist. Genau das ist auch das Abbruchkriterium des folgenden rekursiven Algorithmus, der den Wert einer solchen mathematischen Struktur ermittelt:

```
RESULT (Knoten)
begin
  falls Knoteninhalt = Operand
    dann  RESULT := RESULT (Linker Knoten)   OPND   RESULT (Rechter Knoten)
    sonst RESULT := Knoteninhalt
  end
end
```

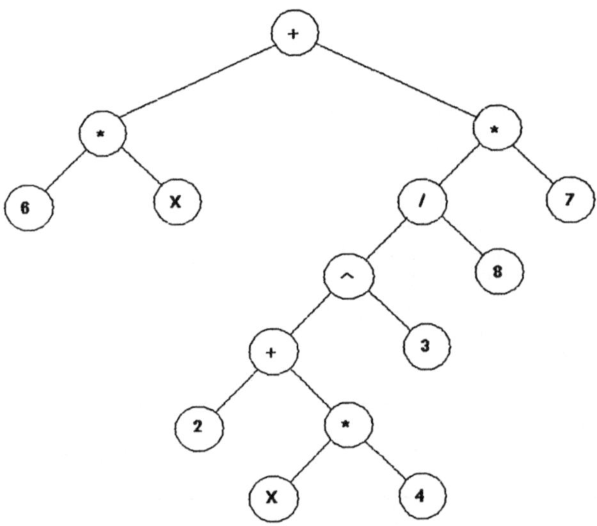

*Bild 12.3: Baumstruktur des Ausdrucks 6*X+(2+X*4)^3/8*7*

12.2 Programm Funktionsplotter

Nachdem wir uns in relativ abstrahierter Form mit dem Grundsätzlichen befaßt haben, wollen wir jetzt ein Programm entwickeln, das in Textform eingegebene Funktionen analysieren und anschließend auf dem Bildschirm darstellen kann.

Unsere Erwartungen an dieses Programm sind wesentlich höher als an ein Taschenrechner-Programm, das mathematische Ausdrücke der bereits gezeigten Form bewältigen kann. Wir möchten die Syntax so erweitern, daß sie der Syntax der Pascal-Funktionen entspricht. Funktionen werden durch einen Bezeichner gekennzeichnet, mit dessen Hilfe sie in Ausdrücken weiterer Funktionen verwendet werden können.

Ferner soll der Parser imstande sein, in Unit *maths* definierte sowie von Pascal vordefinierte Konstanten und Funktionen zu erkennen und entsprechend umzusetzen. Das gleiche gilt für Symbole wie die Konstante π (3.14), Konstante e und $|X|$ (absoluter Wert), die eher in dieser Form in mathematischen Ausdrücken verwendet werden. Jeder Funktionsausdruck wird mit einem Semikolon (';') abgeschlossen. Folgende Zeilen stellen für unseren Parser gültige mathematische Ausdrücke dar:

```
Linear ()   := 2 * X + 5;
MyFunc ():= X ^ ( sin(X) + Linear( cos(X) ) );
Masse0 ()  := 100;
LichtG ()   := 3E+5;
Geschw () := X;
MasseX () := Masse0(X) / sqrt(1 - Geschw(X)^2 / LichtG(X)^2);
```

Im folgenden werden alle Syntaxdiagramme, die die Sprache unseres Programms definieren, dargestellt. Wir beginnen mit der Syntax der Grundsymbole, den ASCII-Zeichen und kommen dann zu den darauf basierenden Sprachelementen und schließlich zum Gesamttext, der mehrere Funktionsausdrücke enthalten kann. Die Syntaxdiagramme der einzelnen Sprachelemente werden später als Grundlage für die Implementierung der entsprechenden Unterprogramme dienen.

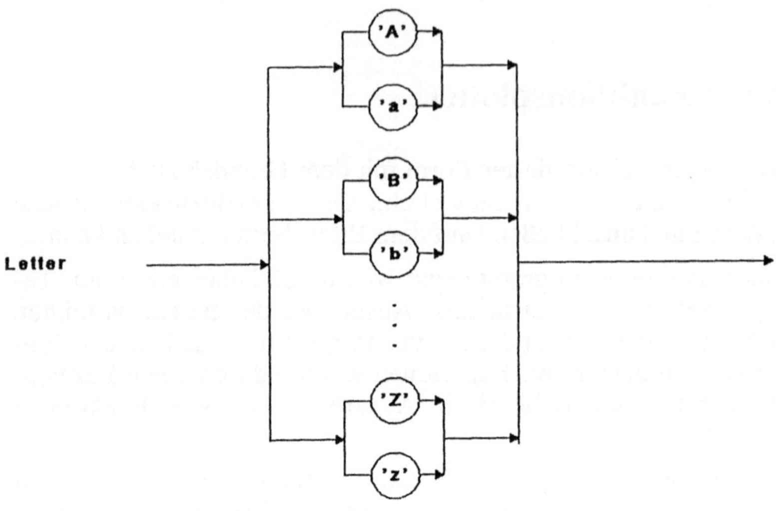

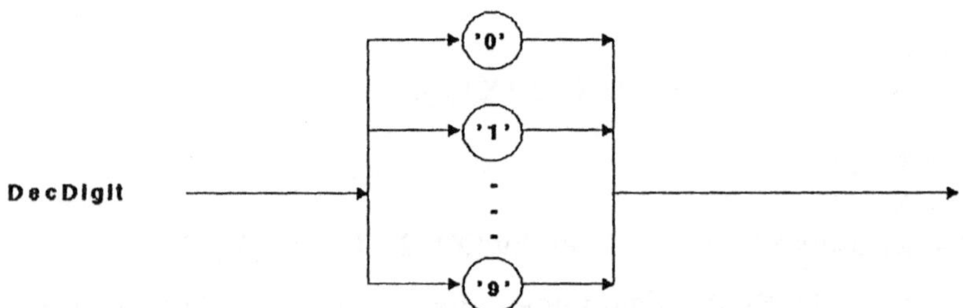

Bild 12.4: Definitionen von Buchstaben und Ziffern

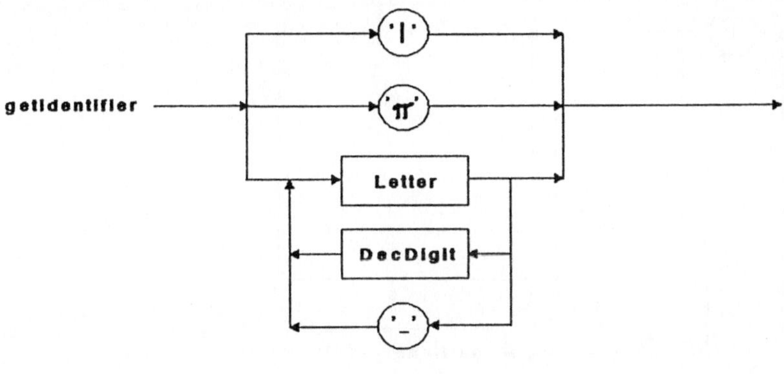

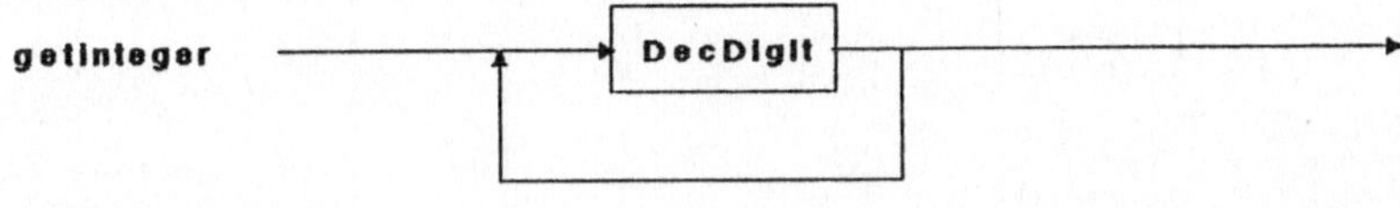

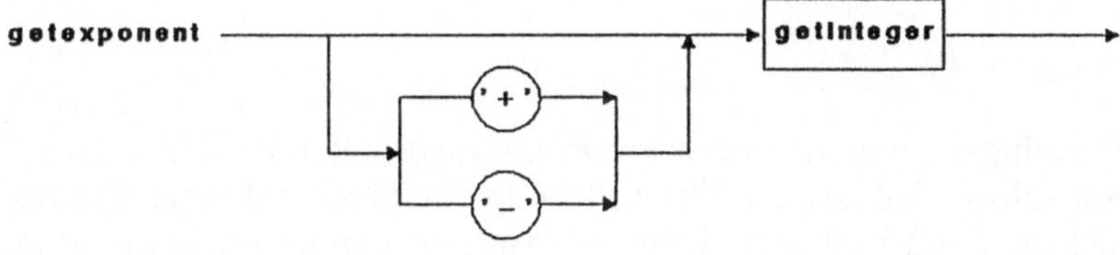

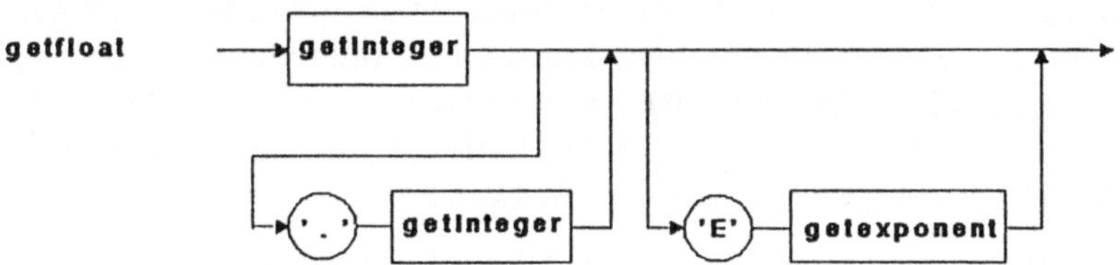

Bild 12.5: Definitionen der Bezeichner, ganzzahligen Ausdrücken, Exponenten- und Dezimalzahl-Ausdrücken

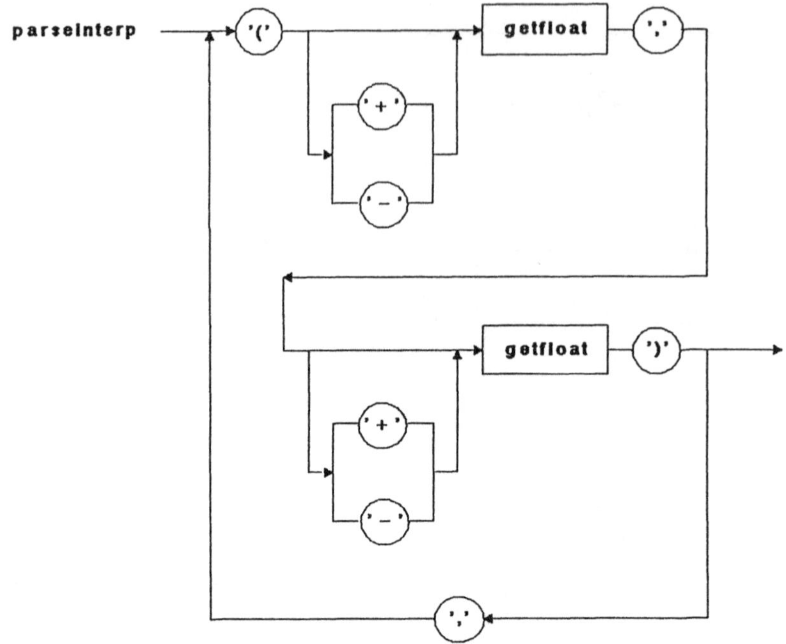

Bild 12.6: Definitionen für die Wertepaareeingabe der in Unit maths implementierten Funktionen spline und lagran

Da die gesamte Texteingabe aus mehreren Funktionsausdrücken bestehen kann, versteht es sich von selbst, daß bei der Kompilierung entsprechend viele Bäume entstehen. Aus diesem Grund ist eine Listenverwaltung der einzelnen Bäume notwendig. Die Möglichkeit, nicht nur die in Unit *maths* definierten und die Pascal-Standardfunktionen, sondern auch in Textform definierte Funktionsausdrücke einzubeziehen, setzt Verweise von einem Baum auf andere bereits erstellte Bäume voraus. Baumknoten müssen Informationen enthalten über die Standardvariable X, Operanden, Funktionen, konstante Zahlenwerte, Verweise auf benutzerdefinierte Funktionen und über das negative Vorzeichen, das nicht mit dem Subtraktionszeichen verwechselt werden sollte. Unser Programm definiert deshalb folgende Datentypen und Record-Strukturen:

```
type   funcptrtype = ^functype;            { Zeiger auf Funktions-Header}
       knotptrtype = ^knottype;            { Zeiger auf Funktions-Knoten}

       functype = record                   { Funktions-Header          }
         Identifier  :str010;              { Benutzerdef. Bezeichner   }
         FunctionPtr :knotptrtype;         { Erster Funktions-Knoten   }
         NxtFunction :funcptrtype;         { Nächster Funktions-Header  }
       end;
```

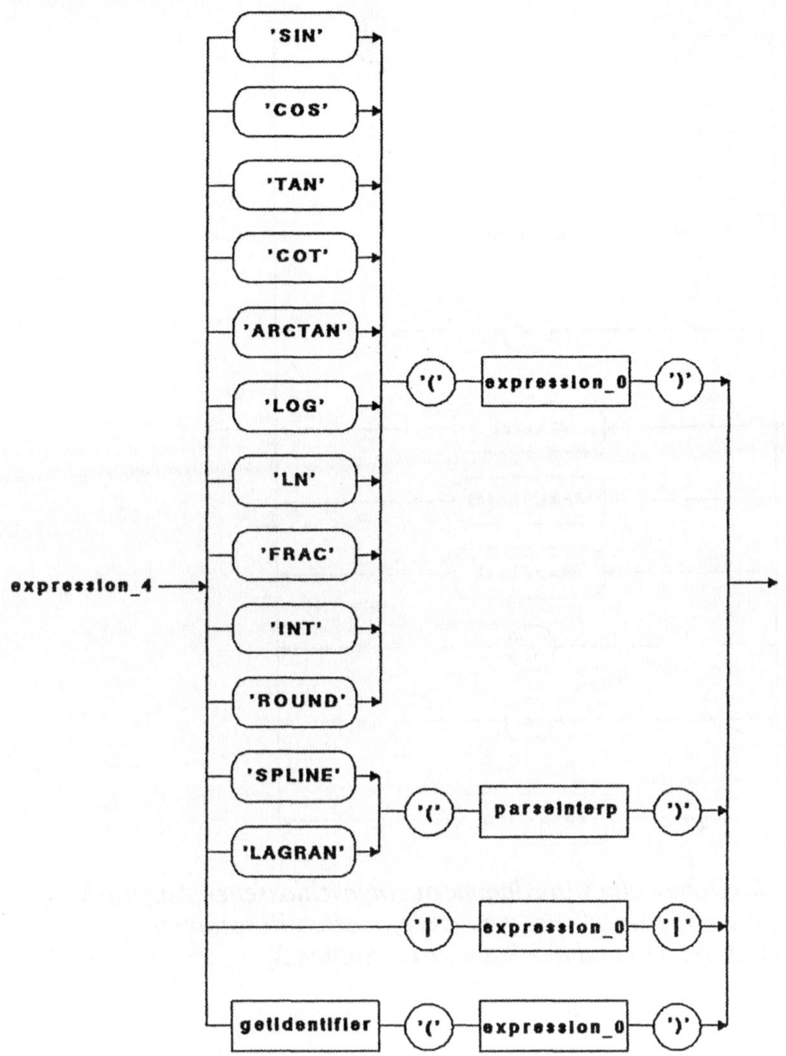

Bild 12.7: Syntaxdiagramm für vor- bzw. benutzerdefinierte Funktionen

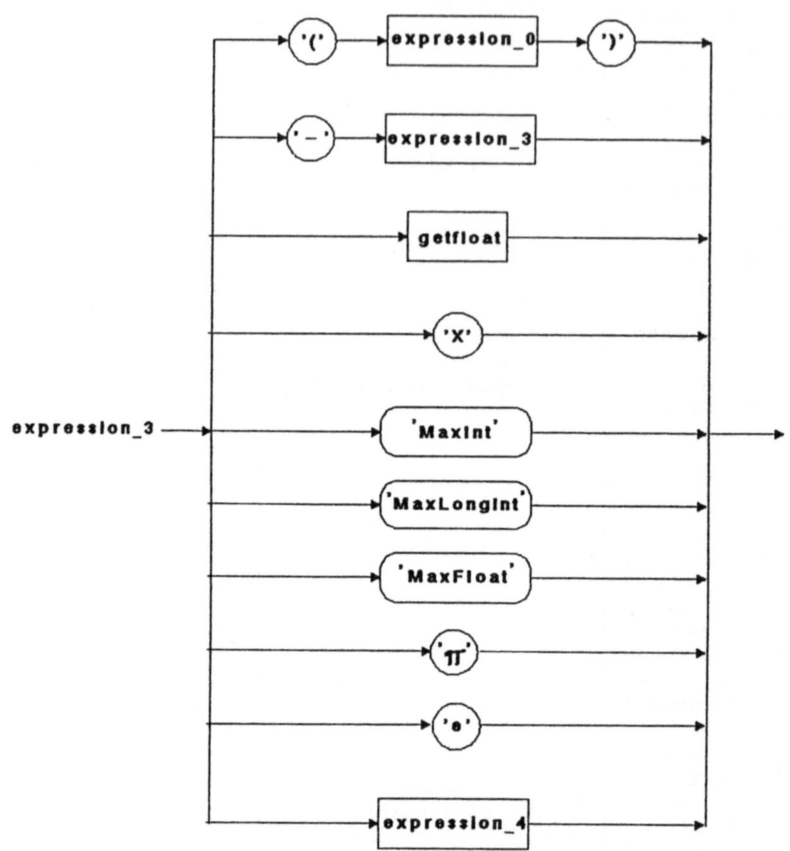

Bild 12.8: Syntaxdiagramm eines in Klammern eingeschlossenen Ausdrucks, des negativen Vorzeichens, von vordefinierten Konstanten, konstanten Werten und der Standardvariablen X

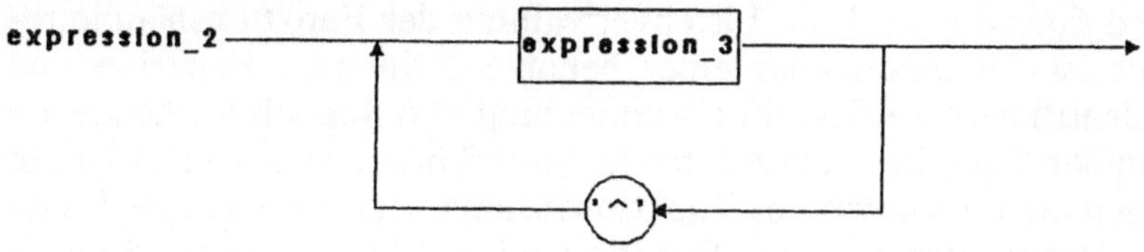

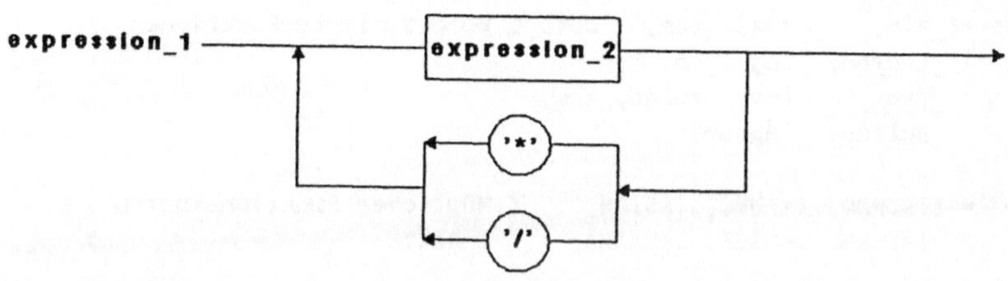

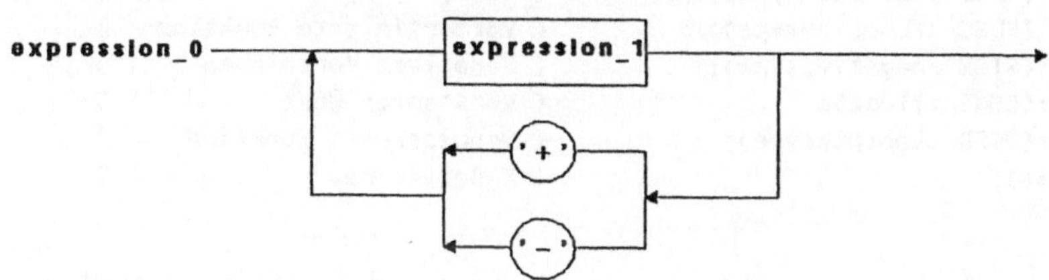

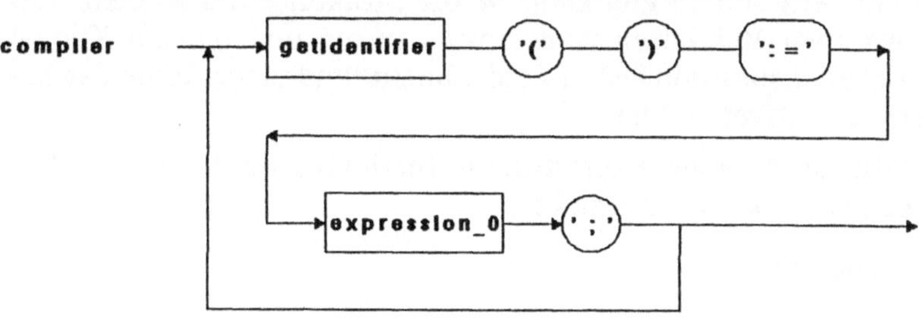

Bild 12.9: Syntaxdiagramm eines Potenz-, Faktoren-, Summandenausdrucks und des gesamten Eingabetextes

Durch das Record *functype* wird die Listenverwaltung der Funktionsbäume realisiert. *Identifier* ist der Bezeichner einer benutzerdefinierten Funktion und kann eindeutig identifiziert werden. Zur Vermeidung von doppelt vorhandenen Bezeichnern kann der Compiler eine Kontrolle durchführen. *FunctionPtr* ist ein Zeiger, der auf den ersten Knoten des Funktionsbaums verweist, während *NxtFunction* auf den Header der nächsten Funktion zeigt. Ein Knoten wird durch folgende Datentypen definiert:

```
type    operatortype =(_add,_sub,_mul,_div,_pot);   { Operanden +, -, *, /, ^  }
        negativetype =(_neg);                        { Negatives Vorzeichen     }
        functiontype =(_sin,     _cos, _tan, _cot,   { Vordefinierte Funktionen }
                       _arctan, _log, _ln,
                       _frac,    _int, _round,_abs,
                       _spline, _lagran);

        contenttype = (IsOPND, IsFUNC, IsSIGN,       { Möglicher Funktionsknoten-}
                       IsCONS, IsUSER, IsVARX);      { Inhalt                   }

        knottype = record
          Left, Right :knotptrtype;                  { Funktionsknoten          }
          case Content:contenttype of                { Knoteninhalt             }
            IsOPND :(OPND :operatortype);            { +, -, *, /, ^            }
            IsFUNC :(FUNC :functiontype);            { Vorderfinierte Funktion  }
            IsSIGN :(SIGN :negativetype);            { Negatives Vorzeichen     }
            IsCONS :(CONS :float);                   { Konstanter Wert          }
            IsUSER :(USER :knotptrtype);             { Benutzerdef. Funktion    }
            IsVARX :();                              { X Bezeichner             }
        end;
```

Die drei Aufzählungstypen *operatortype*, *negativetype* und *functiontype* sind zur Eintragung in Knoten vorgesehen und bestimmen die verschiedenen Variationen einer und derselben Qualität. Letztere wird durch den Aufzählungstyp *contenttype* gegeben. Dadurch wird bestimmt, wie jeder Knoten richtig interpretiert werden kann. Am Schluß gibt *knottype* die Struktur eines Knoten wieder. Sie besteht aus zwei Verweisen zum jeweils linken und rechten Knoten (*Left, Right*), dem qualitätsbestimmenden Feld *Content* und einer Reihe der bereits besprochenen alternativen Felder.

Folgendes Bild stellt die gesamte Baumstruktur (inklusive Funktions-Header) dar, bei den gegebenen Funktionsausdrücken:

```
func1() := 2 * sin(|X|);


func2() := func1(X / 2) ^ e + 3;
```

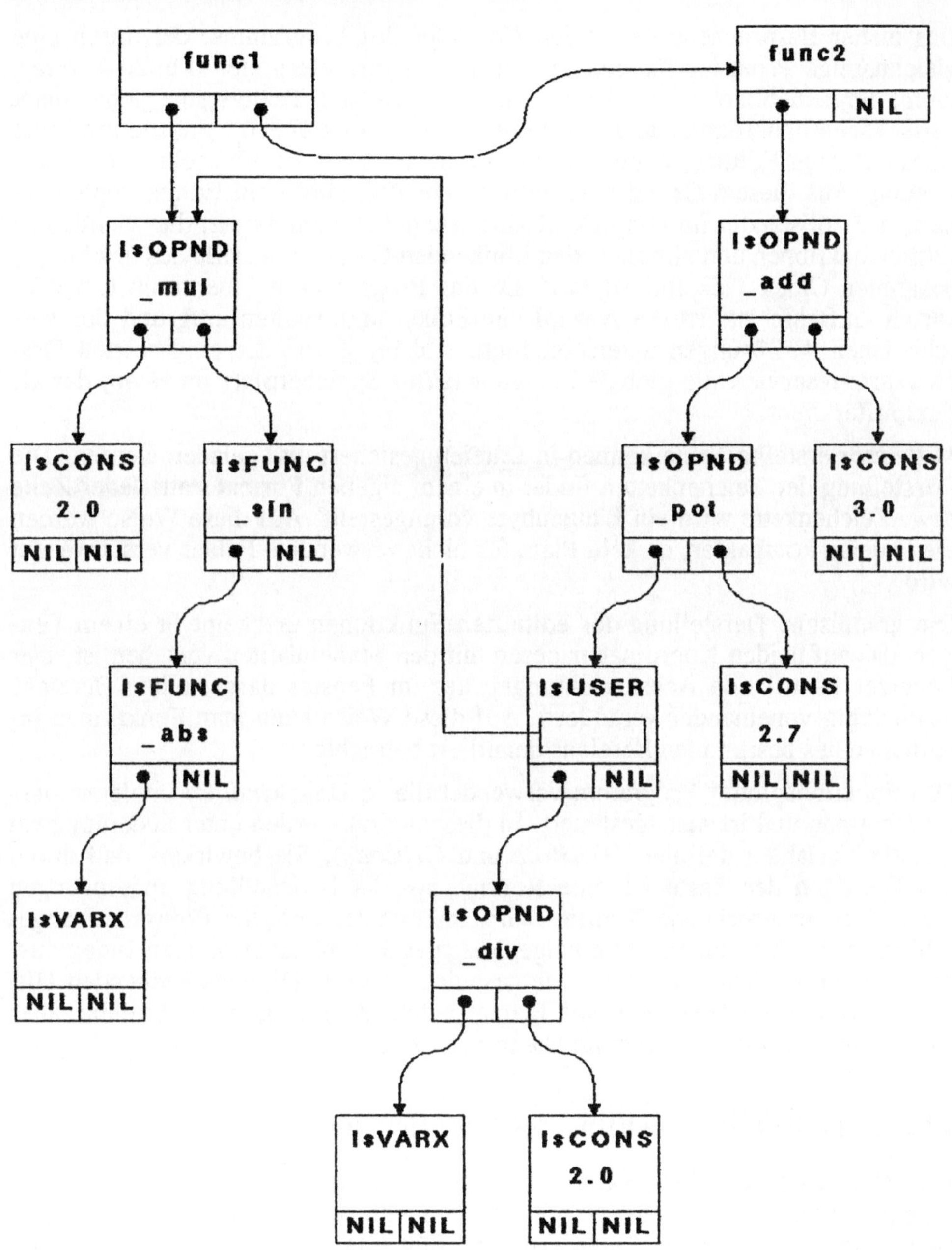

Bild 12.10: Eine typische compilererzeugte Baumstruktur

Das bisher Besprochene betraf den Compiler des Programms, der durch eine gleichnamige Prozedur (*compiler*) und dem Baum-Interpreter (Funktion *interprete*) implementiert wird. Sehen wir nun, wie die Texteingabe gehandhabt wird. Eigentlich könnte sie durch Lesen einer Textdatei erfolgen, die mit Hilfe eines externen Editors erstellt werden kann, doch das ist eine sehr unbequeme Lösung. Aus diesem Grund wird in unserem Programm ein Editor implementiert, der vollständig im Graphik-Modus arbeitet. Er unterstützt die wichtigsten Editierfunktionen und simuliert den blinkenden Cursor mit Hilfe des uns bereits bekannten Clock-Tick Interrupts 8. Da das Programm auf mehreren Graphikkarten lauffähig ist, ist die Anzahl der Zeilen und Spalten aufgrund der verschiedenen Auflösungen unterschiedlich. Abhängig von der eingesetzten Graphikkarte reserviert die globale Prozedur *editor* Speicherplatz im Heap, der als Textpuffer dient.

Mit *editor* erstellte Texte können in Dateien gesichert und geladen werden. Die Darstellung der Zeichenketten findet in einem eigenen Format statt. Jeder Zeile bzw. Zeichenkette wird ein Längenbyte vorangestellt. Auf diese Weise werden die Dateien kompakter, da kein Platz für nicht verwendete Felder verschwendet wird.

Die graphische Darstellung der editierten Funktionen erscheint in einem Fenster, das auf beiden Koordinatenachsen mit den Maßeinheiten versehen ist. Der Benutzer kann beide Achsenrichtungen des im Fenster dargestellten Bereichs unabhängig voneinander verändern. Auf diese Weise kann man Funktionen innerhalb eines bestimmten Bereichs detailliert betrachten.

Das Funktionsplotter-Programm verwendet die in Unit *windows* implementierten Routinen und ist menügesteuert. In diesem Unit werden unter anderem zwei globale Variablen definiert (*GHProc* und *GHCode*). Sie bewirken, daß durch das Betätigen der Taste F1 eine Routine zwecks Hilfestellung angesprungen wird. Eine entprechende Routine wird im Funktionsplotter Programm angeschlossen, auch wenn sie als einzige Ausgabe den menüabhängigen Index ausgibt, der in der Variablen *GHCode* gespeichert wird. Die entsprechenden Hilfetexte werden im Quellcode aus Platzgründen nicht aufgelistet. Sie sind aber auf der begleitenden Programmdiskette vorhanden.

12.2.1 Bedienungsanleitung des Funktionsplotters

Das Programm Funktionsplotter ist menügesteuert und wird ähnlich wie Turbo Pascal bedient. Alle Menü-Symbole werden mit Hilfe der Cursortasten angesteuert und mit der Taste Enter aktiviert. Für eine genaue Dokumentation der Menü- und Eingabe-Fenster verweisen wir auf die Beschreibung der entsprechenden Routinen von Unit *windows*. Im folgenden werden die einzelnen Hauptmenü-Optionen beschrieben:

Files

```
┌─────────┐
│  Load   │
│  Save   │
│  New    │
└─────────┘
```

Durch diese Menü-Option wird ein Fenster mit den links dargestellten Optionen geöffnet. Bei Aktivierung der Symbole **Load** und **Save** erfolgt die Eingabe des Dateinamens mit Hilfe eines Eingabefensters. Jede **Load**-Operation für automatisch zum Editor. Durch **New** wird der Editor-Textpuffer neu initialisiert, ohne eine vorherige Abfrage zur Sicherung des vorhandenen Textes.

Edit

Das Anwählen der **Edit**-Option führt zum Editor. Folgende Editierfunktionen sind implementiert:

Enter:	Anfang nächster Zeile
BkSp:	Löscht linken Buchstaben
[Ctrl] BkSp:	Löscht rechtes Wort
Del:	Löscht Buchstaben
Ins:	Schalter Insert/Overwrite Modus
[Ctrl] Cursor links:	[wort-] zeichenweise nach links
[Ctrl] Cursor rechts:	[wort-] zeichenweise nach rechts
Cursor oben:	Zeile nach oben
Cursor unten:	Zeile nach unten
Home:	Anfang der Zeile
End:	Ende der Zeile
Esc:	Editor verlassen

Run

Aktiviert das Zeichenmodul. Liegt dabei bereits ein erstellter Funktionsbaum vor, und wurde der Text zwischenzeitlich nicht geändert, wird sofort mit der graphischen Darstellung begonnen, die jederzeit durch Drücken einer beliebigen Taste abgebrochen kann. Andernfalls wird erst der Compiler aufgerufen.

Compile

Überprüft den editierten Text auf syntaktische Korrektheit und erzeugt die Liste der Funktionsbäume. Werden dabei Fehler entdeckt, wird die Kompilierung abgebrochen und im Editor die Fehlerposition durch die Cursorposition angezeigt. Gleichzeitig erscheint die Fehlermeldung, die durch den ersten Tastendruck gelöscht wird.

Sizes

Max. X	15.00
Min. X	-15.00
Max. Y	5.00
Min. Y	-5.00
Plot Step	70.00

Durch die Option **Sizes** wird ein neues Auswahlfenster geöffnet. Die verschiedenen Auswahloptionen ermöglichen die Veränderung der Wertebereiche des Graphikfensters. Durch die Option **Plot Step** kann der Zeichenschritt verändert werden. Die ganze Zahl kann man sich als Nenner eines Bruchs vorstellen, der die Größe des Zeichenschritts relativ zur gesamten Bildschirmbreite angibt. So bedeutet beispielsweise die Zahl 70, daß der Zeichenschritt 1/70 der gesamten Bildschirmbreite beträgt.

Exit

Verlassen des Programms. Für die Sicherung des editierten Textes findet keine Abfrage statt.

12.2.2 Der Quellcode vom Funktionsplotter

```pascal
{$F+,B-,S+,N+,E+,M 8192,60000,655360}
uses dos, graph, crt, windows, maths, strings, asm, types, macro;

type  funcptrtype = ^functype;                { Zeiger auf Funktions-Header}
      knotptrtype = ^knottype;                { Zeiger auf Funktions-Knoten}

      functype = record                       { Funktions-Header          }
        Identifier  :str010;                  { Benutzerdef. Bezeichner    }
        FunctionPtr :knotptrtype;             { Erster Funktions-Knoten    }
        NxtFunction :funcptrtype;             { Nächster Funktions-Header  }
      end;

      operatortype =(_add,_sub,_mul,_div,_pot); { Operanden  +, -, *, /, ^  }
      negativetype =(_neg);                     { Negatives Vorzeichen      }
      functiontype =(_sin,    _cos, _tan,  _cot, { Vordefinierte Funktionen }
                     _arctan, _log, _ln,
                     _frac,   _int, _round,_abs,
                     _spline, _lagran);

      contenttype  = (IsOPND, IsFUNC, IsSIGN,  { Möglicher Funktionsknoten- }
                      IsCONS, IsUSER, IsVARX); { Inhalt                     }

      knottype = record
        Left, Right :knotptrtype;             { Funktionsknoten           }
        case Content:contenttype of           { Knoteninhalt              }
          IsOPND :(OPND :operatortype);       { +, -, *, /, ^             }
          IsFUNC :(FUNC :functiontype);       { Vorderfinierte Funktion   }
          IsSIGN :(SIGN :negativetype);       { Negatives Vorzeichen      }
          IsCONS :(CONS :float);              { Konstanter Wert           }
          IsUSER :(USER :knotptrtype);        { Benutzerdef. Funktion     }
          IsVARX :();                         { X Bezeichner              }
      end;
```

```pascal
const MaxFunc = 13;
      MaxCons =  5;
      FuncStr :array[1..MaxFunc] of str010=      { Bezeichner vordefinierter }
               ('SIN',    'COS', 'TAN',  'COT', { Funktionen                }
                'ARCTAN', 'LOG', 'LN',
                'FRAC',   'INT', 'ROUND','|',
                'SPLINE', 'LAGRAN');

      ConsStr :array[1..MaxCons] of str010=      { Bezeichner vordef. Konst. }
               ('E',' ','MAXINT','MAXLONGINT','MAXFLOAT');

var   Edit :record                               { editor globale Variablen  }
         EditL,EditU,EditR,EditD :word;          { Abs.    Fensterkoordinaten }
         MaxCol, MaxRow          :integer;       { Editor- Spalten / Zeilen  }
         LastCol, LastRow        :integer;       { Letzte Cursor-Position    }
         TextSize, CursorSize    :word;          { Heap-Größe Text / Cursor  }
         LineSize                :word;          { Heap-Größe einer Zeile    }
         TextPtr                 :stringptr;     { Heap-Zeiger für Text,     }
         CursorPtr, CuBackPtr    :pointer;       { Cursor- Vor- Hintergrund  }
         LinePtr                 :pointer;       { Heap-Zeiger für Zeile     }
         CursorMode, CursorCount :byte;          { On-Off / Zeitzähler       }
         CursorActive            :boolean;       { Interrupt Prozeß ist aktiv }
         CursorX, CursorY        :word;          { Position Graphik-Cursor   }
         InsMode, ClearEditWindow:boolean;
      end;

      Run :record                                { rungraph globale Variablen }
         RunL, RunU, RunR, RunD  :word;          { Abs.    Fensterkoordinaten }
         RunMinX, RunMaxX        :float;         { X-Achse Grenzwerte        }
         RunMinY, RunMaxY        :float;         { Y-Achse Grenzwerte        }
         StepSize, RunRange      :float;         { Zeichendichte / Grenzwert }
         RunStroke               :boolean;       { rungraph-Symbol aktiviert }
      end;

      MainMenu  :menuwintype;                    { Haupt-,Untermenü-Parameter }
      FilesMenu :menuwintype;
      SizesMenu :menuwintype;

      CompHeap  :pointer;                        { HeapTop bei Kompilierung  }
      Compiled  :boolean;                        { Erfolgreiche Kompilierung }

      Error     :boolean;                        { Fehlermeldungscode        }
      FirstFunc :functype;                       { Erste kompilierte Funktion }
```

```pascal
procedure newfile;                          { Löscht den Textpuffer des Editors }
const EditPath :array[1..3] of word =(Esc, RiAr, CaRe);
var   I, J :word;

begin
  with Edit do begin                        { Initialisieren mit den        }
    LastCol:=1;  LastRow:=1;                 { Standardwerten                }
    fillchar(TextPtr^, TextSize, 0);
    ClearEditWindow:=True;
  end;
  Error:=False;
  fillchar(FirstFunc, sizeof(FirstFunc), 0);
  Compiled:=False;
  for I:=1 to 3 do J:=putkey(EditPath[I]);   { Zurück zum Editor             }
end;


procedure loadfile;                         { Lädt eine neue Datei im Textpuffer }
var   Le,Up,Ma,FSize :word;
      St                 :string;
      StPtr              :stringptr;
      FDat               :file;

begin
  Le:=getle(getactive) + getmaxx(getactive) shr 1;
  Up:=getdn(getactive) + 3;
  St:=stringbox(Le,Up,White,Black,30,10);         { Eingabe von FILENAME.EXT   }

  if St <>'' then begin                           { Eingabe stattgefunden ?    }
    assign(FDat, St);
    {$I-}
    reset(FDat, 1);
    if ioresult =0 then with Edit do begin   { I/O Fehler aufgetreten ?   }
      newfile;                               { Standardwerte setzen       }
      FSize:=filesize(FDat);  Le:=0;         { Hilfsvar. initialisieren   }
      StPtr:=TextPtr;
      Ma:=ptrtype(StPtr).Off + TextSize;

      while (Le < FSize) and (ofs(StPtr^)< Ma) { Dateiinhalt lesen          }
      do begin
        Up:=minl(FSize-Le, MaxCol+1);        { max. eine ganze Zeile lesen}
        blockread(FDat, StPtr^, Up);
        inc(Le, byte(StPtr^[0]) + 1);        { Tatsächliche Zeilenlänge   }
        seek(FDat, Le);                      { Filezeiger zurück          }
        inc(ptrtype(StPtr).Off, MaxCol+1);   { Textzeiger auf nächste Z.  }
      end;
      close(FDat);
      if Le < FSize then begin               { Ganze Datei gelesen ?      }
        St:='File Format Error';             { Sonst Warnung ausgeben     }
        Le:=(getmaxx(1)-textwidth (St)) shr 1;
        Up:=(getmaxy(1)-textheight(St)) shr 1;
        Le:=messgbox(Le,Up,White,Black,St);
    end;
  end
```

```pascal
    else begin                              { I/O Fehler stattgefunden   }
      St:='Invalid Drive or File Name';     { Meldung ausgeben           }
      Le:=(getmaxx(1)-textwidth (St)) shr 1;
      Up:=(getmaxy(1)-textheight(St)) shr 1;
      Le:=messgbox(Le,Up,White,Black,St);
    end;
    {$I+}
  end;
end;


procedure savefile;                  { Sichert den Textpuffer auf eine Datei }
var Le,Up,Ma,FSize :word;
    St             :string;
    StPtr          :stringptr;
    FDat           :file;

begin
  Le:=getle(getactive) + getmaxx(getactive) shr 1;
  Up:=getdn(getactive) + 3;
  St:=stringbox(Le,Up,White,Black,30,10);        { Eingabe von FILENAME.EXT   }

  if St <>'' then begin                          { Eingabe stattgefunden ?    }
    assign(FDat, St);
    {$I-}
    rewrite(FDat, 1);
    if ioresult =0 then with Edit do begin       { I/O Fehler aufgetreten ?   }
      Le:=MaxRow+1;
      StPtr:=ptr(seg(TextPtr^), ofs(TextPtr^) + TextSize);
      repeat                                      { Letzte beschriebene Zeile  }
        dec(Le);                                  { im Textpuffer finden       }
        dec(ptrtype(StPtr).Off, MaxCol+1);
      until (Le=0) or (length(StPtr^) >0);

      StPtr:=TextPtr;
      for Up:=1 to Le do begin                    { Zeilenweise schreiben      }
        blockwrite(FDat, StPtr^, byte(StPtr^[0])+1);
        inc(ptrtype(StPtr).Off, MaxCol+1);
      end;
      close(FDat);
    end
    else begin                                    { I/O Fehler stattgefunden   }
      St:='File Creation Error';                  { Meldung ausgeben           }
      Le:=(getmaxx(1)-textwidth (St)) shr 1;
      Up:=(getmaxy(1)-textheight(St)) shr 1;
      Le:=messgbox(Le,Up,White,Black,St);
    end;
    {$I+}
    Le:=putkey(Esc);                              { Zurück zum Hauptmenü       }
  end;
end;
```

```pascal
procedure filewin;                          { Öffnet das Files Pull-Down Menü   }
begin
  fillchar(FilesMenu, sizeof(FilesMenu), 0);  { Initialisieren Parameter   }
  with FilesMenu do begin                     { für das Files Pull-Down    }
    MenuLe:=getle(getactive) -1;              { Menü                       }
    MenuUp:=getdn(getactive) +2;
    Direct:=VertDir;
    BckCol:=White;
    ForCol:=Black;
    Border:=On;
    Factor:=100;
    with Entrys do begin
      Names[1]:='Load File';  Addrs[1]:=loadfile;
      Names[2]:='Save File';  Addrs[2]:=savefile;
      Names[3]:='New';        Addrs[3]:=newfile;
    end;
    with Behaviour do begin
      Remain:=On;
      EscOn :=On;
      SelOn :=Off;
    end;
  end;
  menuwindow(FilesMenu);                       { Files Pull-Down Menü          }
end;


procedure compiler;     { Analysiert syntaktisch den Textpuffer und erzeugt }
                                            { den entsprechenden Baum       }
const EOT      = char(0);                    { End Of Text Konstante         }
      MaxIDLen = 10;                         { Maximale Bezeichnerlänge      }
var   SaveLastCol, SaveLastRow  :integer;    { Letzte Cursorposition         }
      NextCharCol, NextCharRow  :integer;    { Nexter zu lesende Buchstabe}
      TmpFunc                   :funcptrtype;
      TmpPtr                    :stringptr;

  function getnextch:char;     { Liefert das nächste Zeichen vom Textpuffer }
  begin
    with Edit do begin
      while (ptrtype(TmpPtr).Off+MaxCol+1 <ptrtype(TextPtr).Off+TextSize)
and
            (length(TmpPtr^) < NextCharCol)   { Leere Zeilen überspringen  }
      do begin
        NextCharCol:=1;
        inc(ptrtype(TmpPtr).Off, MaxCol+1);
        inc(NextCharRow);
      end;

      if length(TmpPtr^) >= NextCharCol       { Zeichen zurückliefern falls}
      then begin                              { Textpufferbereich  nicht   }
        getnextch:=upcase(TmpPtr^[NextCharCol]); { überschritten            }
        inc(NextCharCol);
        LastCol:=NextCharCol;
        LastRow:=NextCharRow;
```

```pascal
      end
      else getnextch:=EOT;                    { Sonst Ende signalisieren   }
    end;
  end;


  procedure ungetchar;                        { Annuliert den letzten Lesevorgang }
  begin
    with Edit do begin
      dec(NextCharCol);
      while ((length(TmpPtr^) =0) or (NextCharCol=0)) and
              (ptrtype(TmpPtr).Off - (MaxCol+1) >= ptrtype(TextPtr).Off)
      do begin
        dec(ptrtype(TmpPtr).Off, MaxCol+1);
        dec(NextCharRow);
        NextCharCol:=maxl(length(TmpPtr^)+1, 1);
      end;
      LastCol:=NextCharCol;
      LastRow:=NextCharRow;
    end;
  end;


  function getskipch:char;                     { Ignoriert "blanks" im Textpuffer }
  var TmpCh :char;
  begin
    repeat
      TmpCh:=getnextch;
    until (TmpCh<>#32) or (TmpCh=EOT);
    getskipch:=TmpCh;
  end;


  function getidentifier(Ext:str004):string;  { Prüft einen Bezeichner     }
  var TmpCh :char;                             { Ext definiert zusätzliche  }
      TmpSt :string;                           { Zeichen, die nicht zur     }
      L     :byte;                             { standard Bezeichnerdefini- }
  begin                                        { tion gehören  z.B. ' '     }
    TmpSt:='';  TmpCh:=getskipch;
    L:=1;  while (L <=length(Ext)) and (Ext[L] <> TmpCh) do inc(L);

    if L <=length(Ext)
    then TmpSt:=TmpCh
    else begin
      if TmpCh <>EOT then begin
        if ord(TmpCh) in Letters                { 1. Zeichen immer Buchstabe }
        then begin
          repeat
            TmpSt:=TmpSt + TmpCh;
            TmpCh:=getnextch;                    { Zeichen lesen solange bis}
          until (not ((ord(TmpCh) in Letters) or { kein Buchstabe oder      }
                (ord(TmpCh) in DecDigits)        or { keine Ziffer oder     }
```

```pascal
               (TmpCh='_')))               or { kein Unterstrich oder   }
               (length(TmpSt)=255);            { Zeichenkette voll        }

     if length(TmpSt) > MaxIDLen then byte(Error):=2;
   end
   else byte(Error):=0;
 end
 else byte(Error):=1;
 ungetchar;                                  { Letztes ungültiges Zeichen }
end;
getidentifier:=TmpSt;
end;


function uniqueidentifier(Name:string; ActFunc:funcptrtype) :boolean;
{ Liefert True zurück falls Name kein bereits definierter Funktionsbe-   }
{ zeichner ist                                                          }
var TmpFunc :funcptrtype;
begin
  TmpFunc:=@FirstFunc;
  while TmpFunc <> ActFunc do begin
    if TmpFunc^.Identifier = Name then byte(Error):=14;
    TmpFunc:=TmpFunc^.NxtFunction;
  end;
  uniqueidentifier:=(Error=False);
end;


function initnew :knotptrtype;              { Erzeugt einen neuen Baumknoten }
var TmpKnot :knotptrtype;
begin
  new(TmpKnot);
  fillchar(TmpKnot^, sizeof(knottype), 0);
  initnew:=TmpKnot;
end;


function getfloat :float;  { Analysiert syntaktisch einen Zahlenausdruck }
var TmpSt1, TmpSt2 :string;
    Value          :float;
    L, ConvertR    :word;
    Ch1, Ch2       :char;

  function getinteger :string;              { Analysiert syntaktisch einen }
  var TmpSt :string;                        { ganzzahligen Ausdruck        }
      L        :byte;
  begin
    TmpSt[0]:=#0;  L:=0;
    repeat
      inc(L);
      TmpSt[L]:=getnextch;
    until (TmpSt[L] <'0') or (TmpSt[L] >'9') or (L >=255);
```

```pascal
          ungetchar;
          dec(L);  TmpSt[0]:=char(L);
          getinteger:=TmpSt;
      end;


      function getexponent:string;            { Analysiert sytaktisch einen }
      var TmpSt :string;                       { Exponentenausdruck          }
          Ch    :char;
          L     :byte;
      begin
        L:=0; TmpSt[0]:=char(L);
        Ch:=getnextch;
        if (Ch='+') or (Ch='-') or ((Ch>='0') and (Ch<='9'))
        then begin
          if (Ch='+') or (Ch='-') then begin
            inc(L);
            TmpSt[L]:=Ch;
            TmpSt[0]:=char(L);
          end
          else begin Ch:=#0; ungetchar; end;

          TmpSt:=getinteger;
          if length(TmpSt) <= 4 then TmpSt:=Ch + TmpSt  else byte(Error):=10;
        end
        else byte(Error):=9;
        getexponent:=TmpSt;
      end;


    begin
      TmpSt2[0]:=#0;
      TmpSt1:=getinteger;                       { Ganzzahligen Ausdruck lesen}
      L:=length(TmpSt1);
      Ch1:=getnextch;  ungetchar;
      Ch2:=upcase(getskipch);

      if (Ch1='.') or (Ch2='E') then begin     { Ist es eine Dezimalzahl ? }
        if Ch1 <>'.' then Ch1:=Ch2;
        inc(L);
        if L < 255 then begin                   { Zeichenkette voll ?       }
          TmpSt1[L]:=Ch1;
          TmpSt1[0]:=char(L);
          case Ch1 of
            '.': begin                          { Nachkommaausdruck         }
                   Ch1:=getnextch;
                   if (Ch1>='0') and (Ch1<='9') then begin
                     ungetchar;
                     TmpSt2:=getinteger;
                     if length(TmpSt2) > 0 then begin
                       Ch1:=getnextch;
                       if Ch1='E'
```

```pascal
            then TmpSt2:=TmpSt2 + Ch1 + getexponent
            else ungetchar;
          end
          else byte(Error):=9;
        end
        else byte(Error):=9;
      end;
    'E': TmpSt2:=getexponent;                  { Exponenten lesen           }
  end;
end
else byte(Error):=8;
end
else ungetchar;

if not Error then begin                        { Zeichenkette in float-Wert }
  if length(TmpSt1)+length(TmpSt2) <=255  { umwandeln                       }
  then begin
    TmpSt1:=TmpSt1 + TmpSt2;
    val(TmpSt1, Value, ConvertR);
    if ConvertR =0 then getfloat:=Value  else byte(Error):=11;
  end
  else byte(Error):=8;
end;
end;


procedure parseinterp(var Knot :knottype); { Analysiert syntaktisch die  }
{ Eingabewerte für die Funktionen spline und lagran                      }
var FltPtr          :^float;
    Size, MemSize :word;
    Sign            :shortint;
    Ch              :char;

  function getsign: shortint;
  begin
    Ch:=getskipch;
    getsign:=1;
    if (Ch='+') or (Ch='-') then begin
      if Ch='-' then getsign:=-1;
      Ch:=getskipch;
    end;
  end;


begin
  MemSize:=255*sizeof(float);
  getmem(FltPtr, MemSize);
  pointer(Knot.Left):=pointer(FltPtr);
  Size:=0;  Ch:=',';
```

```
  repeat
    if Size <=128 then begin
      if Ch=',' then begin
        if getskipch='(' then begin
          Sign:=getsign;
          if ('0'<= Ch) and (Ch <='9') then begin
            ungetchar;
            FltPtr^:=getfloat*Sign;
            inc(ptrtype(FltPtr).Off, sizeof(float));
            if not Error then begin
              if getskipch = ',' then begin
                Sign:=getsign;
                if ('0'<= Ch) and (Ch <='9') then begin
                  ungetchar;
                  FltPtr^:=getfloat*Sign;
                  inc(ptrtype(FltPtr).Off, sizeof(float));
                  if not Error then begin
                    if getskipch=')' then begin
                      inc(Size);
                      Ch:=getskipch;
                    end
                    else byte(Error):=4;
                  end;
                end
                else byte(Error):=17;
              end
              else byte(Error):=15;
            end;
          end
          else byte(Error):=17;
        end
        else byte(Error):=3;
      end
      else byte(Error):=15;
    end
    else byte(Error):=16;
  until Error or (Ch=')');

  ungetchar;
  if not Error then begin
    longint(Knot.Right):=Size;
    freemem(FltPtr, MemSize-2*Size*sizeof(float));
  end;
end;


function expression_0 :knotptrtype; forward;


function expression_4 :knotptrtype;     { Analysiert syntaktisch vordefi- }
var TmpSt :string;    { nierte oder benutzerdefinierte Funktionsausdrücke }
    Term  :knotptrtype;
    TmpFx :funcptrtype;
    Ch    :char;
       L     :byte;
```

```
begin
  Term:=Nil;
  TmpSt:=getidentifier('|');
  if not Error then begin
    L:=1; while (L<= MaxFunc) and (FuncStr[L] <> TmpSt) do inc(L);

    if L <= MaxFunc then begin                  { Vordefinierte Funktion ?   }
      if (L=11) or (getskipch='(')
      then begin
        Term:=initnew;
        with Term^ do begin
          Content:=IsFUNC;
          case L of
            1:FUNC:=_sin;      2:FUNC:=_cos;       3:FUNC:=_tan;
            4:FUNC:=_cot;      5:FUNC:=_arctan;    6:FUNC:=_log;
            7:FUNC:=_ln;       8:FUNC:=_frac;      9:FUNC:=_int;
           10:FUNC:=_round;   11:FUNC:=_abs;      12:FUNC:=_spline;
           13:FUNC:=_lagran;
          end;

          if L< 12
            then begin Right:=Nil;  Left:=expression_0; end
            else parseinterp(Term^);
        end;

        if not Error then begin
          Ch:=getskipch;
          if (L =11) and (Ch<> '|') then byte(Error):=13;
          if (L<>11) and (Ch<> ')') then byte(Error):=4;
        end;
      end
      else byte(Error):=3;
    end

    else begin                                  { Benutzerdefinierte Funktion}
      if TmpSt <> TmpFunc^.Identifier then begin
        TmpFx:=@FirstFunc;
        while (TmpFx <>Nil) and (TmpFx^.FunctionPtr <>Nil) and
              (TmpFx^.Identifier <>TmpSt)
              do TmpFx:=TmpFx^.NxtFunction;

        if (TmpFx <>Nil) and (TmpFx^.Identifier =TmpSt)
        then begin
          Term:=initnew;
          with Term^ do begin
            Content:=IsUSER;
            USER:=TmpFx^.FunctionPtr;
            Right:=Nil;
            if getskipch='(' then begin
              Left:=expression_0;
```

```pascal
                      if not Error then
                          if getskipch<> ')' then byte(Error):=4;
                  end
                else byte(Error):=3;
              end;
            end
          else byte(Error):=12;
        end
        else byte(Error):=18;
      end;
    end;
    expression_4:=Term;
end;


function expression_3:knotptrtype;      { Analysiert syntaktisch Ausdrücke }
{ folgender Formen:  (Ausdruck),  -Ausdruck,  Zahl,  X,  Konstante        }
var Term  :knotptrtype;
    TmpSt :string;
    TmpFl :float;
    Ch    :char;
    L     :byte;

begin
  expression_3:=Nil;
  Ch:=getskipch;
  case Ch of
    '(': begin                                 { Beginn neuen Ausdruckes   }
           expression_3:=expression_0;
           if not Error then
             if getskipch <>')' then byte(Error):=6;
         end;
    '-': begin                                 { Negatives Vorzeichen      }
           Term:=initnew;
           with Term^ do begin
             Content:=IsSIGN;
             SIGN:=_neg;
             Right:=Nil;
             Left :=expression_3;
           end;
           expression_3:=Term;
         end;
    '0'..'9': begin                            { Zahlenausdruck            }
           ungetchar;
           TmpFl:=getfloat;
           if not Error then begin
             Term:=initnew;
             with Term^ do begin
               Content:=IsCONS;
               CONS :=TmpFl;
               Left :=Nil;
               Right:=Nil;
```

```pascal
                    end;
                    expression_3:=Term;
                  end;
                end;
        'X': begin                              { Standard Var.bezeichner    }
               Term:=initnew;
               with Term^ do begin
                 Content:=IsVARX;
                 Left :=Nil;
                 Right:=Nil;
               end;
               expression_3:=Term;
             end;

        EOT: byte(Error):=7;                    { Ende vom Text              }

        else begin                              { Sonst könnte ein konstanter}
          ungetchar;                            { Ausdruck sein              }
          TmpSt:=getidentifier(' |');
          if not Error then begin
            L:=1; while (L <=MaxCons) and (ConsStr[L] <> TmpSt) do inc(L);

            if L <= MaxCons then begin           { Ist es eine vordefinierte  }
              Term:=initnew;                     { Konstante ?                }
              with Term^ do begin
                Content:=IsCONS;
                case L of
                  1:CONS:=exp(1);  2:CONS:=Pi;
                  3:CONS:=MaxInt;  4:CONS:=MaxLongInt;  5:CONS:=MaxFloat;
                end;
                Left :=Nil;
                Right:=Nil;
              end;
              expression_3:=Term;
            end
            else begin
              for L:=1 to length(TmpSt) do ungetchar;
              expression_3:=expression_4;
            end;
          end;
        end;
      end;
  end;

function expression_2:knotptrtype;      { Analysiert  syntaktisch  einen   }
var Term1,Term2 :knotptrtype;           { Ausdruck der Form Term [^ Term]  }
    Ch          :char;
begin
  expression_2:=Nil;
  Term1:=expression_3;
  if not Error then begin
    Ch:=getskipch;
```

```pascal
        while (not Error) and (Ch='^')
        do begin
          Term2:=initnew;
          with Term2^ do begin
            Content:=IsOPND;
            OPND :=_pot;
            Left :=Term1;
            Right:=expression_3;
          end;
          Term1:=Term2;
          Ch:=getskipch;
        end;

        ungetchar;
        expression_2:=Term1;
      end;
  end;


function expression_1:knotptrtype;      { Analysiert  syntaktisch  einen   }
var Term1,Term2 :knotptrtype;           { Ausdruck der Form Term [*/ Term] }
    Ch              :char;
begin
  expression_1:=Nil;
  Term1:=expression_2;
  if not Error then begin
    Ch:=getskipch;

    while (not Error) and ((Ch='*') or (Ch='/'))
    do begin
      Term2:=initnew;
      with Term2^ do begin
        Content:=IsOPND;
        case Ch of
          '*': OPND:=_mul;
          '/': OPND:=_div;
        end;
        Left :=Term1;
        Right:=expression_2;
      end;
      Term1:=Term2;
      Ch:=getskipch;
    end;

    ungetchar;
    expression_1:=Term1;
  end;
end;
```

```pascal
    function expression_0 :knotptrtype;     { Analysiert  syntaktisch  einen   }
    var Term1, Term2 :knotptrtype;          { Ausdruck der Form Term [+- Term] }
        Ch           :char;
    begin
      expression_0:=Nil;
      Term1:=expression_1;
      if not Error then begin
        Ch:=getskipch;

        while (not Error) and ((Ch='+') or (Ch='-'))
        do begin
          Term2:=initnew;
          with Term2^ do begin
            Content:=IsOPND;
            case Ch of
              '+': OPND:=_add;
              '-': OPND:=_sub;
            end;
            Left :=Term1;
            Right:=expression_1;
          end;
          Term1:=Term2;
          Ch:=getskipch;
        end;

        ungetchar;
        expression_0:=Term1;
      end;
    end;


  const EditPath :array[1..3] of word=(LeAr,LeAr,CaRe);
        RunPath  :array[1..2] of word=(LeAr,CaRe);

  var   X     :funcptrtype;
        I,J   :word;
        TmpSt :string;

   begin                                         { compiler-Rumpf             }
    if CompHeap <> Nil then begin                { Heap-Bereich freigeben und }
      release(CompHeap);                         { vor  Erzeugung  des  neuen }
      CompHeap:=Nil;                             { Baumes wieder Heap-Position}
      fillchar(FirstFunc, sizeof(functype), 0);  { markieren                  }
    end;
    mark(CompHeap);

    TmpPtr:=Edit.TextPtr;
    TmpFunc:=@FirstFunc;
    SaveLastCol:=Edit.LastCol;                   { Editor  Cursor-Position    }
    SaveLastRow:=Edit.LastRow;                   { sichern                    }
    NextCharCol:=1;                              { Spalten- und Zeilenposition}
    NextCharRow:=1;                              { des zu lesenden Zeichens   }
```

```
      Edit.LastCol:=1;
      Edit.LastRow:=1;
      Error:=False;                           { Kein Fehler aufgetreten   }

      TmpSt[1]:=getnextch;
      repeat                                   { Wiederholen bis EOT oder  }
        fillchar(TmpFunc^, sizeof(functype), 0);  { Auftreten von Fehler..    }

        ungetchar;
        TmpSt:=getidentifier('');             { Funktionsbezeichner lesen }
        if not Error                          { Fehler aufgetreten ?      }
        then begin
          if uniqueidentifier(TmpSt, TmpFunc)    { Bereits definierter Funk- }
            then begin                        { tionsbezeichner ?         }
            TmpFunc^.Identifier:=TmpSt;       { Bezeichner speichern      }
            if getskipch='(' then begin       { '()' Sequenz vorhanden ?  }
              if (getskipch=')')
              then begin
                if (getskipch=':') and        { ':=' Sequenz vorhanden ?  }
                   (getnextch='=')
                then begin
                  TmpFunc^.FunctionPtr:=expression_0;   { Funktion analysieren }
                  if not Error then begin               { Fehler aufgetreten ? }
                    if getskipch<>';' then byte(Error):=6; { ';' vorhanden ?   }
                  end;
                end
                else begin ungetchar; byte(Error):=5; end;
              end
              else begin ungetchar; byte(Error):=4; end;
            end
            else begin ungetchar; byte(Error):=3; end;
          end;
        end;

        TmpSt[1]:=getskipch;
        if (not Error) and (TmpSt[1]<>EOT)      { Falls kein Fehler und nicht}
        then begin                              { Ende erreicht, neuen Funk- }
          new(X);                               { tionsknoten erzeugen       }
          TmpFunc^.NxtFunction:=X;
          TmpFunc:=X;
        end;
      until Error or (TmpSt[1]=EOT);

      if Error
      then begin                                { Bei Fehler Heap-Bereich    }
        ungetchar;                              { freigeben                  }
        release(CompHeap);
        CompHeap:=Nil;
        Compiled:=False;                        { Kompilierung erfolglos     }
        fillchar(FirstFunc, sizeof(functype), 0); { Zurück  zum  Editor  durch }
        for I:=1 to 3 do J:=putkey(EditPath[I]); { Tastenmakros              }
      end
```

```pascal
  else begin
    Edit.LastCol:=SaveLastCol;               { Sonst alte  Cursorposition }
    Edit.LastRow:=SaveLastRow;               { übernehmen                 }
    Compiled:=True;                          { Kompilierung erfolgreich   }
    if Run.RunStroke then                    { Falls Run-Symbol aktiviert }
      for I:=1 to 2 do J:=putkey(RunPath[I]); { starten der Graphik        }
  end;
  Run.RunStroke:=False;
end;



procedure rungraph;          { Stellt die als Text eingegebene mathematische }
{ Funktionen innerhalb der gesetzten Wertebereiche dar                       }
const CompPath :array[1..2] of word=(RiAr,CaRe);
var   CoorRec  :cooraxistype;
      GlobalX  :float;
      I, J     :word;


  function interprete(StartKnot:knotptrtype; X:float):float;{ Interpretiert}
  { den vom compiler erzeugten Baum und liefert den Wert des von StartKnot }
  { angegebenen Knoten zurück. X ist dabei der Wert der Standardvariable   }

  var KnotL, KnotR :float;
  begin
    with StartKnot^ do begin
      case Content of                        { Abhängig vom Knoteninhalt..}
        IsOPND: begin                        { Operand +, -, *, /, ^      }
          KnotL:=interprete(Left , X);
          KnotR:=interprete(Right, X);
          case OPND of
            _add: interprete:=KnotL + KnotR;
            _sub: interprete:=KnotL - KnotR;
            _mul: interprete:=KnotL * KnotR;
            _div: if KnotR <> 0
                    then interprete:=KnotL / KnotR
                    else interprete:=MaxFloat;
            _pot: interprete:=power(KnotL, KnotR);
          end;
        end;

        IsFUNC: begin                            { Vordefinierte Funktion    }
          case FUNC of
            _sin  : interprete:=sin   (interprete(Left, X));
            _cos  : interprete:=cos   (interprete(Left, X));
            _tan  : interprete:=tan   (interprete(Left, X));
            _cot  : interprete:=1/tan (interprete(Left, X));
            _arctan: interprete:=arctan(interprete(Left, X));
            _log  : if X > 0
                      then interprete:=log(interprete(Left, X))
                      else interprete:=-MaxFLoat;
            _ln   : if X > 0
```

```pascal
                      then interprete:=ln (interprete(Left, X))
                      else interprete:=-MaxFLoat;
        _frac  : interprete:=frac (interprete(Left, X));
        _int   : interprete:=int  (interprete(Left, X));
        _round : interprete:=round (interprete(Left, X));
        _abs   : interprete:=abs  (interprete(Left, X));
        _spline: interprete:=spline(Left^, longint(Right), X);
        _lagran: interprete:=lagran(Left^, longint(Right), X);
      end;
    end;


    IsSIGN: interprete:=-interprete(Left, X); { Negatives Vorzeichen   }

    IsCONS: interprete:=CONS;                 { Konstanter Zahlenwert   }

    IsUSER: begin                             { Benutzerdefinierte Funktion}
              KnotL:=interprete(Left, X);
              interprete:=interprete(USER, KnotL);
            end;

    IsVARX: interprete:=X;                     { Standardvariable X       }
    end;
  end;
end;


procedure drawfunctions;             { Zeichnet alle definierte Funktionen }
var Step, LastX, LastY, NewY :float;
    TmpFunc                  :funcptrtype;
    TmpKnot                  :knotptrtype;
    LastOK, NewOK            :boolean;
    St                       :string;
    Le, Up                   :word;

begin
  Step:=(AxisXMax-AxisXMin) / Run.StepSize;
  TmpFunc:=@FirstFunc;

  while TmpFunc <> Nil do begin              { Alle Funktionen zeichnen   }
    TmpKnot:=TmpFunc^.FunctionPtr;
    GlobalX:=AxisXMin;                        { Startwert der X-Achse       }
    LastX  :=GlobalX;
    LastY  :=interprete(TmpKnot, GlobalX);    { Y-Wert vom Baum errechnen  }
    LastOK :=MathsResult >=0;                 { Fehler aufgetreten ?       }
    MathsResult:=0;
    GlobalX:=GlobalX + Step;                   { X-Wert um Step erhöhen    }

    while GlobalX <= AxisXMax do begin         { Für gesamte X-Achse..     }
      NewY :=interprete(TmpKnot, GlobalX);     { Nächsten Y-Wert errechnen }
      NewOK :=MathsResult >=0;                 { Fehler aufgetreten ?       }
      MathsResult:=0;
      if not(((LastY >AxisYMax) and (NewY <AxisYMin))  or
```

```pascal
               ((LastY <AxisYMin) and (NewY >AxisYMax))) and
               LastOK and NewOK
          then axisline(LastX, LastY, GlobalX, NewY); { Punkte verbinden  }
        LastX:=GlobalX;                                { Werte vertauschen }
        LastY:=NewY;
        LastOk:=NewOk;
        GlobalX:=GlobalX + Step;

        if keypressed then begin                 { Wurde eine Taste gedrückt? }
          Le:=getkey;                            { Tastenpuffer leeren        }
          St:='Abort RUN ? [Enter/Esc]';         { Bestätigungsabfrage  aus-  }
          Le:=(getmaxx(1)-textwidth (St)) shr 1; { geben und falls positiv }
          Up:=(getmaxy(1)-textheight(St)) shr 1; { (Enter) graphische Dar- }
          if messgbox(Le,Up,Black,White,St)=CaRe { stellung abbrechen      }
             then exit;
        end;
      end;
    end;


    TmpFunc:=TmpFunc^.NxtFunction;               { Nächste Funktion zeichnen }
  end;
end;


begin                                            { rungraph-Rumpf            }
  if Compiled and (FirstFunc.FunctionPtr<>Nil) { Erfolgreich kompiliert ? }
  then begin
    Edit.ClearEditWindow:=True;                  { Editor Fenster wird über- }
                                                 { schrieben                 }
    with Run do begin
      openwindow(getopened+1, RunL, RunU, RunR, RunD, Off); { Neues Fenster}
      setbkcolor(White); setcolor(Black);
      clearviewport;

      I:=getactive;
      fillchar(CoorRec, sizeof(CoorRec), 0);     { Parameter für Koordinaten- }
      with CoorRec do begin                      { achsen initialisieren      }
        Le:=RunL + getborder(I);
        Up:=RunU + getborder(I);
        Ri:=RunR - getborder(I);
        Dn:=RunD - getborder(I);

        XMin:=RunMinX;  XMax:=RunMaxX;
        YMin:=RunMinY;  YMax:=RunMaxY;
        XStyle.AxisStyle:=NumStyle;
        YStyle.AxisStyle:=NumStyle;
        Border:=False;
      end;
      cooraxis(CoorRec);                         { Koordinatensystem zeichnen }
      drawfunctions;                             { Funktionen zeichnen        }
    end;
    closewindow;                                 { Koordinatenfenster sowie }
    closewindow;                                 { Run-Fenster schließen    }
```

```pascal
    end
  else begin                              { Text noch nicht kompiliert?}
    Run.RunStroke:=True;                  { Erst zum Compiler durch    }
    for I:=1 to 2 do J:=putkey(CompPath[I]);  { Tastenmakros          }
  end;
end;



procedure editor;         { Implementiert einen Text-Editor im Graphik-Modus }
const CharWidth = 8;                      { Zeichenbreite (Bildschirmpunkten) }
      SkipChars :set of char =            { Wort trennende Zeichen       }
        [' '..'/', ':'..'@', '['..'^','\', '{'..'~'];
      SaveIntVec :pointer=Nil;            { Clock-Tick Interrupt-Vektor}

var   Col, Row                     :integer; { Aktuelle Cursorposition   }
      Order, I,J,L,U,R,D,B         :word;
      TmpPtr, StPtrA, StPtrB, StPtrC :stringptr;
      TmpSt                        :string;
      Ch                           :char;
      LineAdjust                   :word;

  function errormsg:string; {Gibt eine Fehlermeldung im aktiven Fenster aus}
  begin
    clearviewport;
    case byte(Error) of
       0: errormsg:=' Error  0: Invalid function or constant identifier';
       1: errormsg:=' Error  1: Missing function or constant identifier';
       2: errormsg:=' Error  2: Function identifier too long';
       3: errormsg:=' Error  3: "(" expected';
       4: errormsg:=' Error  4: ")" expected';
       5: errormsg:=' Error  5: ":=" expected';
       6: errormsg:=' Error  6: ";" expected';
       7: errormsg:=' Error  7: Unexpected end of source text';
       8: errormsg:=' Error  8: Constant expression too long';
       9: errormsg:=' Error  9: Incorrect float expression';
      10: errormsg:=' Error 10: Exponent of float expression too long';
      11: errormsg:=' Error 11: Float conversion error';
      12: errormsg:=' Error 12: Unknown identifier or syntax error';
      13: errormsg:=' Error 13: "|" expected';
      14: errormsg:=' Error 14: Dublicated user function Identifier';
      15: errormsg:=' Error 15: "," expected';
      16: errormsg:=' Error 16: Too many interpolation definitions';
      17: errormsg:=' Error 17: Float expression expected';
      18: errormsg:=' Error 18: Recursive call of user defined function';
    end;
  end;
```

```pascal
procedure cursor;       { Simuliert den blinkenden Cursor im Graphik-Modus }
interrupt;
begin
  pushf;                                  { Clock-Tick Interrupt-Handler}
  call_md_; inline(SaveIntVec);           { auf jeden Fall aufrufen      }
  inc(Edit.CursorCount);

  with Edit do                            { Ausführen nur wenn..         }
  if not CursorActive and                 { Routine nicht bereits aktiv }
    (CursorCount mod 3=0)                 { jedes dritte mal             }
  then begin
    CursorActive:=True;                   { Kritischer Teil jetzt aktiv }
    if (CursorMode=1)                     { Abhängig vom Zustand Cursor }
      then putimage(CursorX, CursorY, CuBackPtr^, NormalPut) { verstecken}
      else putimage(CursorX, CursorY, CursorPtr^, NormalPut);{ zeigen    }
    CursorMode:=CursorMode xor 1;
    CursorActive:=False;                  { Kritischer Teil beendet      }
  end;
end;


procedure graphcursor(Switch:boolean); { Ein- ausschalten des Gr.-Cursors}
begin
  with Edit do begin
    if Switch                             { Einschalten. Vorher aber     }
    then begin                            { Hintergrund wiederherstell.}
      getimage(CursorX, CursorY, CursorX+7, CursorY+1, CuBackPtr^);
      cli; CursorActive:=False; sti;
    end
    else begin                            { Ausschalten                  }
      cli;  CursorActive:=True;  sti;
    end;
  end;
end;


procedure gotoxy(X,Y :word);  { Positioniert den Graphik-Cursor auf neue }
{ Koordinaten. Auf Wiederherstellung des Hintergrundes wird geachtet }
begin
  with Edit do begin
    Col:=rangel(X, 1, MaxCol);
    Row:=rangel(Y, 1, MaxRow);
    ptrtype(TmpPtr).Off:=ptrtype(TextPtr).Off + (Row-1) * (MaxCol+1);
    graphcursor(Off);
    putimage(CursorX, CursorY, CuBackPtr^, NormalPut);
    CursorX:=CharWidth*(Col-1) + CharWidth shr 1;
    CursorY:=MenuWinH*(Row-1) + LineAdjust + 6;
    graphcursor(On);
    moveto(CursorX, CursorY-6);
  end;
end;
```

```pascal
procedure deline(Col,Row:integer; Width:byte);    { Löscht Width Anzahl   }
{ Zeichen vom  Bildschirm ab  der durch  Col, Row angegebenen  Position  }
var  TmpSize, absX, absY, B :word;
begin
  with Edit do begin
    wordptr(LinePtr)^:=Width*CharWidth-1;
    B:=getborder(getactive);
    absX:=(Col-1)*CharWidth + CharWidth shr 1;
    absY:=(Row-1)*MenuWinH;
    graphcursor(Off);
    putimage(absX, absY, LinePtr^, NormalPut);
    graphcursor(On);
  end;
end;


procedure writestr(var St:string);   { Gibt eine Zeichenkette aus, an der }
begin                                { aktuellen Graphikcursor  Position  }
  graphcursor(Off);
  outtext(St);
  graphcursor(On);
end;


const TopLine=' [Ins] [Del] [Esc] [Ctrl] / [LeAr] [RiAr] [Home] [End] [BSp]';

begin                                          { editor-Rumpf            }
  with Edit do begin
    LineAdjust:=((MenuWinH-8) div 2) +1;        { Menü-Fenster öffnen      }
    openwindow(getopened+1,getle(2)+2,getup(2)+2,getri(2)-2,getdn(2)-2, On);
    setbkcolor(White); setcolor(Black);  clearviewport;

    if not Error                             { Abhängig vom Fehler-Code.. }
      then outtextxy(0, LineAdjust, TopLine)  { Menü-Anzeige oder          }
      else outtextxy(0, LineAdjust, errormsg);{ Fehlermeldung ausgeben     }

    openwindow(getopened+1, EditL,EditU,EditR,EditD, Off);{ Editor-Fenster }
    TmpPtr:=TextPtr;
    if ClearEditWindow then begin              { Falls Editor-Fenster über- }
      clearviewport;                           { schrieben                  }
      ClearEditWindow:=False;
      for I:=0 to MaxRow-1 do begin            { Text nochmals ausgeben     }
        outtextxy(4, MenuWinH*I+LineAdjust, TmpPtr^);
        inc(ptrtype(TmpPtr).Off, MaxCol+1);
      end;
    end;

    Row:=LastRow;                              { Initialisierungen vornehmen}
    Col:=minl(LastCol,MaxCol);
    CursorX:=(Col-1)*CharWidth;
    CursorY:=(Row-1)*MenuWinH + 6;
    CursorMode  :=0;
```

```pascal
CursorCount :=0;
CursorActive:=False;
TmpPtr:=TextPtr;

getimage(CursorX, CursorY, CursorX+7, CursorY+1, CuBackPtr^);
getintvec(8, SaveIntVec);                     { Clock-Tick Vektor sichern  }
setintvec(8, @cursor);                        { Neuen Vektor setzen        }
gotoxy(Col,Row);

Order:=getkey;                                 { Ersten Tastendruck abwarten}
if Error then begin                            { Wurde Fehlermeldung bereits}
  graphcursor(Off);                            { ausgegeben ?               }
  selectwindow(getactive-1);
  clearviewport;                               { Fehlermeldung löschen und  }
  outtextxy(0, LineAdjust, TopLine);           { durch Menü-Leiste ersetzen }
  selectwindow(getactive+1);
  cli; CursorActive:=False; sti;
  Error:=False;
end;

repeat                                        { Editieroperationen vornehmen }
  case Order of
    F1     : if @GHProc <>Nil then begin  { Hilfe anzeigen              }
               gotoxy(Col,Row); graphcursor(Off);
               GHProc(GHCode+100);
               graphcursor(On);  gotoxy(Col,Row);
             end;
    LeAr   : gotoxy(Col-1, Row);              { Buchstabe nach links       }
    UpAr   : gotoxy(Col, Row-1);              { Zeile nach oben            }
    RiAr   : gotoxy(Col+1, Row);              { Buchstabe nach rechts      }
    DnAr   : gotoxy(Col, Row+1);              { Zeile nach unten           }
    Home   : gotoxy(1, Row);                  { Zum Anfang / Ende der Zeile}
    Ende   : gotoxy(minl(length(TmpPtr^)+1, MaxCol), Row);
    CtrHome: gotoxy(Col, 1);                  { Zum Anfang der Seite       }
    CtrEnd : gotoxy(Col, MaxRow);             { Zum Ende der Seite         }
    Ins    : InsMode:=InsMode xor True;       { Insert / Overwrite         }

    CaRe   : if Row < MaxRow then begin       { Zeile einfügen             }
      StPtrC:=ptr(seg(TextPtr^), ofs(TextPtr^) + TextSize);
      J:=MaxRow+1;
      repeat                                  { Letzte nicht leere Zeichen-}
        dec(J);                               { kette finden               }
        dec(ptrtype(StPtrC).Off, MaxCol+1);
      until (J =Row) or (length(StPtrC^) >0);

      if J < MaxRow then begin
        if Row < J then begin
          StPtrA:=TmpPtr;  I:=Row;
          repeat                              { Nächste nicht leere Zeichen}
            inc(I);                           { kette finden               }
            inc(ptrtype(StPtrA).Off, MaxCol+1);
          until (I =J) or (length(StPtrA^) >0);
```

```
           StPtrB:=ptr(seg(StPtrA^), ofs(StPtrA^) + MaxCol+1);
           move(StPtrA^, StPtrB^, (J-I+1)*(MaxCol+1));
           StPtrA^[0]:=#0;
           B:=getborder(getactive);
           L:=getle(getactive) + B;
           R:=getri(getactive) - B;
           U:=getup(getactive) + B  + I*MenuWinH - MenuWinH;
           D:=getup(getactive) + B  + J*MenuWinH + MenuWinH - 1;
           gotoxy(Col,Row); graphcursor(Off);
           openwindow(getopened+1, L,U,R,D, Off);
           scrollwindow(-MenuWinH);  closewindow;
           graphcursor(On);
         end;

         StPtrA:=ptr(seg(TmpPtr^), ofs(TmpPtr^) + MaxCol+1);
         move(TmpPtr^[Col], StPtrA^[1], MaxCol-Col+1);
         byte(StPtrA^[0]):=maxl(length(TmpPtr^)-Col+1, 0);
         byte(TmpPtr^[0]):=minl(Col-1, length(TmpPtr^));
         deline(Col,Row, MaxCol-Col+1);
       end;
       gotoxy(1, Row+1);  writestr(TmpPtr^);
    end;


Del : if length(TmpPtr^) >= Col          { Buchstaben löschen        }
then begin
  for I:=Col to length(TmpPtr^)-1 do TmpPtr^[I]:=TmpPtr^[I+1];
  I:=length(TmpPtr^)-1;
  TmpPtr^[0]:=#0;
  for I:=1 to I do if TmpPtr^[I]>#32 then TmpPtr^[0]:=char(I);
  deline(Col,Row, MaxCol-Col+1);
  TmpSt:=copy(TmpPtr^, Col, MaxCol-Col+1);
  writestr(TmpSt);
  gotoxy(Col, Row);
  Compiled:=False;
end;


BkSp   : if Col > 1 then begin           { Linken Buchstaben löschen }
  for I:=Col to length(TmpPtr^) do TmpPtr^[I-1]:=TmpPtr^[I];
  I:=maxl(length(TmpPtr^)-1,0);
  TmpPtr^[0]:=#0;
  for I:=1 to I do if TmpPtr^[I]>#32 then TmpPtr^[0]:=char(I);
  gotoxy(Col-1, Row);
  deline(Col,Row, MaxCol-Col+1);
  TmpSt:=copy(TmpPtr^, Col, MaxCol-Col+1);
  writestr(TmpSt);
  Compiled:=False;
end;


CtrBkSp: if length(TmpPtr^) >= Col     { Wort löschen                }
then begin
  J:=Col;
  repeat inc(J);
```

```
        until (J>length(TmpPtr^))or
              ((TmpPtr^[J]<>#32)and(TmpPtr^[J-1]=#32));

        dec(J, Col);
        for I:=Col to length(TmpPtr^)-J do TmpPtr^[I]:=TmpPtr^[I+J];
        dec(byte(TmpPtr^[0]), J);

        if length(TmpPtr^)< Col then begin
          TmpPtr^[0]:=#0;
          for I:=1 to Col-1 do
            if TmpPtr^[I] <>#32 then TmpPtr^[0]:=char(I);
        end;

        deline(Col,Row, MaxCol-Col+1);
        TmpSt:=copy(TmpPtr^, Col, MaxCol-Col+1);
        gotoxy(Col,Row); writestr(TmpSt);
        gotoxy(Col, Row);
        Compiled:=False;
      end
      else begin
        StPtrA:=TmpPtr;  I:=Row;
        repeat                              { Nächste nicht leere Zeichen}
          inc(I);                           { kette finden              }
          inc(ptrtype(StPtrA).Off, MaxCol+1);
        until (I >MaxRow) or (length(StPtrA^) >0);

        if I <=MaxRow then begin
          if I =Row+1
          then begin
            for I:=length(TmpPtr^)+1 to Col-1 do TmpPtr^[I]:=#32;
            J:=minl(MaxCol-Col+1, length(StPtrA^));
            move(StPtrA^[1], TmpPtr^[Col], J);
            move(StPtrA^[1+J], StPtrA^[1], length(StPtrA^)-J);
            TmpPtr^[0]:=char(Col+J-1);  dec(byte(StPtrA^[0]),J);
            I:=Col;
            TmpSt:=copy(TmpPtr^, Col, MaxCol-Col+1);
            deline(1,Row+1, length(StPtrA^)+J);
            gotoxy(1, Row+1); writestr(StPtrA^);
            gotoxy(I,Row-1);  writestr(TmpSt);
          end
          else begin
            StPtrB:=ptr(seg(TextPtr^), ofs(TextPtr^) + TextSize);
            J:=MaxRow+1;
            repeat                          { Letzte nicht leere Zeichen-}
              dec(J);                       { kette finden              }
              dec(ptrtype(StPtrB).Off, MaxCol+1);
            until (J <=I) or (length(StPtrB^) >0);

            StPtrC:=ptr(seg(StPtrA^), ofs(StPtrA^) - (MaxCol+1));
            move(StPtrA^, StPtrC^, (J-I+1)*(MaxCol+1));
            fillchar(StPtrB^, MaxCol+1, 0);
```

```
              B:=getborder(getactive);
              L:=getle(getactive) + B;
              R:=getri(getactive) - B;
              U:=getup(getactive) + B  + (I-2)*(MenuWinH);
              D:=getup(getactive) + B  + (J-1)*(MenuWinH) + MenuWinH - 1;
              gotoxy(Col,Row); graphcursor(Off);
              openwindow(getopened+1, L,U,R,D, Off);
              scrollwindow(MenuWinH);
              closewindow;
              graphcursor(On);
           end;
         end;
      end;


   CtrLeAr: begin                          { Wort links                   }
      repeat dec(Col)
      until ((not (TmpPtr^[Col] in SkipChars)) and
             (TmpPtr^[Col-1] in SkipChars)) or (Col <= 0);

      if (Col <1) and (Row >1)
        then begin
          StPtrA:=ptr(seg(TmpPtr^), ofs(TmpPtr^) - (MaxCol+1));
          gotoxy(length(StPtrA^)+1, maxl(Row-1,1));
        end
        else gotoxy(Col, Row);
   end;


   CtrRiAr: begin                          { Wort rechts                  }
      if Col > length(TmpPtr^) then begin
        Col:=1; inc(Row);
        gotoxy(Col, Row);
      end;
      repeat inc(Col)
      until ((not (TmpPtr^[Col] in SkipChars)) and
             (TmpPtr^[Col-1] in SkipChars)) or (Col > MaxCol);
      gotoxy(minl(Col,length(TmpPtr^)+1), Row);
   end;


   else                                    { ASCII-Zeichen ausgeben       }
   if (Order>=32) and (Order<=254) and (length(TmpPtr^) <MaxCol)
   then begin
     Ch:=char(Order);
     for I:=length(TmpPtr^)+1 to Col-1 do TmpPtr^[I]:=#32;

     if not InsMode                        { Overwrite Modus              }
     then begin
       TmpPtr^[0]:=char(maxl(byte(TmpPtr^[0]), Col));
       TmpPtr^[Col]:=Ch;   TmpSt:=Ch;
       deline(Col,Row,1);
       writestr(TmpSt);
     end
     else begin                            { Insert Modus                 }
```

```
                  TmpPtr^[0]:=char(maxl(byte(TmpPtr^[0])+1, Col));
                  for I:=length(TmpPtr^) downto Col+1 do TmpPtr^[I]:=TmpPtr^[I-1];
                  TmpPtr^[Col]:=Ch;
                  deline(Col,Row,MaxCol-Col+1);
                  TmpSt:=copy(TmpPtr^, Col, MaxCol-Col+1);
                  writestr(TmpSt);
                end;
                gotoxy(Col+1, Row);
                Compiled:=False;
              end;
          end;
        if Order<>Esc then Order:=getkey;        { Mit Esc Editor verlassen   }
      until Order=Esc;

      LastCol:=Col;  LastRow:=Row;
      setintvec(8, SaveIntVec);                  { Clock-Tick Vektor setzen   }
      putimage(CursorX, CursorY, CuBackPtr^, NormalPut);
      closewindow;                               { Editor-  und  Menüfenster  }
      closewindow;                               { schließen                  }
    end;
end;


procedure sizemaxx;              { Setzt den maximalen Wert für die X-Achse }
var Le,Up :word;
    Res   :integer;
    Fl    :float;
    Sign  :boolean;
begin
  with Run do begin
    Le:=getle(getactive) + getmaxx(getactive) shr 1;
    Up:=getdn(getactive) + 3;
    Sign:=RunMinX <0;
    Fl:=floatbox(Le,Up,White,Black,20, RunMinX,RunRange, Sign,Off, Res, 10);
    if Res = FloatOk then begin
      RunMaxX:=Fl;
      Le:=putkey(Esc);
    end
    else if Res <> FloatNv then
      Le:=messgbox(Le,Up, White,Black, 'Value Out Of Range');
  end;
.end;


procedure sizeminx;              { Setzt den minimalen Wert für die X-Achse }
var Le,Up :word;
    Res   :integer;
    Fl    :float;
begin
  with Run do begin
    Le:=getle(getactive) + getmaxx(getactive) shr 1;
    Up:=getdn(getactive) + 3;
```

```pascal
        Fl:=floatbox(Le,Up,White,Black,20, -RunRange,RunMaxX, On,Off, Res, 10);
        if Res = FloatOk then begin
          RunMinX:=Fl;
          Le:=putkey(Esc);
        end
        else if Res <> FloatNv then
          Le:=messgbox(Le,Up, White,Black, 'Value Out Of Range');
    end;
end;


procedure sizemaxy;                 { Setzt den maximalen Wert für die Y-Achse }
var Le,Up :word;
    Res    :integer;
    Fl     :float;
    Sign   :boolean;
begin
  with Run do begin
    Le:=getle(getactive) + getmaxx(getactive) shr 1;
    Up:=getdn(getactive) + 3;
    Sign:=RunMinY <0;
    Fl:=floatbox(Le,Up,White,Black,20, RunMinY,RunRange, Sign,Off, Res, 10);
    if Res = FloatOk then begin
      RunMaxY:=Fl;
      Le:=putkey(Esc);
    end
    else if Res <> FloatNv then
      Le:=messgbox(Le,Up, White,Black, 'Value Out Of Range');
  end;
end;


procedure sizeminy;                 { Setzt den minimalen Wert für die Y-Achse }
var Le,Up :word;
    Res    :integer;
    Fl     :float;
begin
  with Run do begin
    Le:=getle(getactive) + getmaxx(getactive) shr 1;
    Up:=getdn(getactive) + 3;
    Fl:=floatbox(Le,Up,White,Black,20, -RunRange,RunMaxY, On,Off, Res, 10);
    if Res = FloatOk then begin
      RunMinY:=Fl;
      Le:=putkey(Esc);
    end
    else if Res <> FloatNv then
      Le:=messgbox(Le,Up, White,Black, 'Value Out Of Range');
  end;
end;


procedure sizestep;                            { Setzt den Zeichenschritt fest }
```

```pascal
var Le,Up :word;
    Res    :integer;
    Fl     :float;
begin
  Le:=getle(getactive) + getmaxx(getactive) shr 1;
  Up:=getdn(getactive) + 3;
  Fl:=floatbox(Le,Up,White,Black,20, 9,getmaxx(1), Off,On, Res, 10);
  if Res = FloatOk then begin
    Run.StepSize:=Fl;
    Le:=putkey(Esc);
  end
  else if Res <> FloatNv then
      Le:=messgbox(Le,Up, White,Black, 'Value Out Of Range');
end;


procedure sizeswin;                        { Öffnet das Pull-Down Menü Sizes }
var St    :array [1..5] of string;
    I, J :byte;
begin
  with Run do begin
    str(RunMaxX :0:3, St[1]);
    str(RunMinX :0:3, St[2]);
    str(RunMaxY :0:3, St[3]);
    str(RunMinY :0:3, St[4]);
    str(StepSize:0:3, St[5]);
  end;
  J:=0;
  for I:=1 to 5 do J:=maxl(J, length(St[I]));
  for I:=1 to 5 do St[I]:=xeroxc(' ', J-length(St[I])) + St[I];

  fillchar(SizesMenu, sizeof(SizesMenu), 0); { Parameter initialisieren   }
  with SizesMenu do begin
    MenuLe:=getle(getactive);
    MenuUp:=getdn(getactive) + 2;
    Direct:=VertDir;
    BckCol:=White;
    ForCol:=Black;
    Border:=On;
    Factor:=100;
    with Entrys do begin
      Names[1]:='Max. X    ' + St[1];  Addrs[1]:=sizemaxx;
      Names[2]:='Min. X    ' + St[2];  Addrs[2]:=sizeminx;
      Names[3]:='Max. Y    ' + St[3];  Addrs[3]:=sizemaxy;
      Names[4]:='Min. Y    ' + St[4];  Addrs[4]:=sizeminy;
      Names[5]:='Plot Step ' + St[5];  Addrs[5]:=sizestep;
    end;
```

```pascal
      with Behaviour do begin
        Remain:=On;
        EscOn :=On;
        SelOn :=Off;
      end;
    end;
    menuwindow(SizesMenu);                          { Menü-Fenster öffnen          }
  end;


procedure ghelp(Code:longint); { Dummy Hilfefunktion.  In der vorliegenden }
var St     :string;            { Version wird nur der Hilfe-Code ausgegeben}
    Le,Up :word;
begin
  str(Code, St);
  St:='Help is not available in this program version. HelpCode='+St;
  Le:=(getmaxx(1)-textwidth (St)) shr 1;
  Up:=(getmaxy(1)-textheight(St)) shr 1;
  Le:=messgbox(Le,Up,White,Black,St);
end;


var   MacroVar :macrotype;
      Order,I,N :word;


begin                                           { Hauptprogramm                }
  fillchar(MainMenu, sizeof(MainMenu), 0);      { Initialisieren der Parame-   }
  with MainMenu do begin                        { ter fürs Haupt-Menü          }
    MenuLe:=0;
    MenuUp:=0;
    Direct:=HorizDir;
    BckCol:=1;
    ForCol:=0;
    Border:=On;
    Factor:=1000;
    with Entrys do begin
      Names[1]:='File';       Addrs[1]:=filewin;
      Names[2]:='Edit';       Addrs[2]:=editor;
      Names[3]:='Run';        Addrs[3]:=rungraph;
      Names[4]:='Compile';    Addrs[4]:=compiler;
      Names[5]:='Sizes';      Addrs[5]:=sizeswin;
      Names[6]:='Exit';
    end;
    with Behaviour do begin
      Remain:=On;
      EscOn :=Off;
      SelOn :=Off;
    end;
  end;

  initgraph(20,'');                             { Graphik-Mode setzen          }
  inc(MenuWinH, 5*ord(Driver<>CGA));            { Höhe eines Menü-Symbols      }
```

```
I:=MenuWinH + 2;
openwindow(1, 0,I,XRes,YRes, Off);
setbkcolor(White);  setcolor(Black);
setborder(On);
setbkcolor(Black);  setcolor(White);

fillchar(Edit, sizeof(Edit), 0);                     { Initialisieren der Editor- }
with Edit do begin                                   { Variablen mit den Standard-}
  EditL:=getle(1)+3;  EditR:=getri(1)-3;             { werten                     }
  EditU:=getup(1)+3;  EditD:=getdn(1)-3;
  MaxCol:=(EditR-EditL+1-textwidth('0')) div 8;         { Anzahl der Spalten }
  MaxRow:=(EditD-EditU+1) div MenuWinH;                 { Anzahl der Zeilen  }
  LastCol:=1;  LastRow:=1;                              { Cursorposition     }

  TextSize   :=MaxRow*(MaxCol+1);                     { Heap-Speicherbereiche für  }
  CursorSize:=imagesize(1,7,8,8);                     { Text, Cursor- & Line-Image }
  LineSize   :=imagesize(1,1,8*MaxCol,MenuWinH); { reservieren                   }
  getmem(TextPtr,    TextSize);                       {   Editor-Text              }
  getmem(CuBackPtr, CursorSize);                      {   Cursor-Hintergrund       }
  getmem(CursorPtr, CursorSize);                      {   Cursor-Abbild            }
  getmem(LinePtr,    LineSize);                       {   Linien-Image             }

  fillchar(TextPtr^, TextSize, 0);                    { Initialisieren der dynami- }
  bar(1,1,8,2);                                       { schen Speicherbereiche     }
  getimage(1,1,8,2, CursorPtr^);
  setfillstyle(EmptyFill, 0);
  bar(1,1,8,2);
  setfillstyle(SolidFill, 1);
  getimage(1,1,8*MaxCol,MenuWinH,LinePtr^);

  InsMode:=True; ClearEditWindow:=False;
end;

fillchar(Run, sizeof(Run), 0);                       { Initialisieren der Varia-  }
with Run do begin                                    { blen des Zeichnen-Moduls   }
  RunL:=getle(1)+3;  RunU:=getup(1)+3;
  RunR:=getri(1)-3;  RunD:=getdn(1)-3;
  RunMinX :=-15;      RunMaxX :=15;
  RunMinY :=-5;       RunMaxY :=5;
  StepSize:=70;       RunRange:=power(10, int(log(maxfloat)/10));
  RunStroke:=False;
end;

Error:=False;                                        { Kein Compiler-Fehler     }
fillchar(FirstFunc, sizeof(FirstFunc), 0);           { Keine Funktion vorhanden }
Compiled:=False;                                     { Text nicht kompiliert    }
CompHeap:=Nil;

with MacroVar do begin                               { 1. Makrodefinition       }
  MCode:=ord('\');                                   { Belegung der Taste '\'   }
  MSize:=1;                                          { als '|' Zeichen          }
  Bytes[1]:=ord('|');
```

```
end;
I:=setmacro(MacroVar);

with MacroVar do begin           { 2. Makrodefinition         }
  MCode:=ord(^P);                { Belegung der Taste Ctrl-P  }
  MSize:=1;                      { als ' ' Zeichen            }
  Bytes[1]:=ord(' ');
end;
I:=setmacro(MacroVar);

GHProc:=ghelp;                   { Angabe der Routine für die }
                                 { Hilfestellung              }
settextstyle(SmallFont,  1,1);   { Text-Fonts laden           }
settextstyle(DefaultFont,1,1);

menuwindow(MainMenu);            { Haupt-Menü starten         }

with Edit do begin              { Dynamische Speicherbereiche}
  freemem(TextPtr,    TextSize); { freigeben                  }
  freemem(LinePtr,    LineSize);
  freemem(CursorPtr, CursorSize);
  freemem(CuBackPtr, CursorSize);
end;
closegraph;                     { Graphik-Modus verlassen    }
end.
```

13 Objektorientiertes Programmieren mit Turbo Pascal 5.5

S. Alexakis

13.1   Grundlagenwissen zum Objektorientierten Programmieren

Objektorientiertes Programmieren (OOP) ist das Schlagwort, das in letzter Zeit die Computerszene beherrscht. Nun ist es soweit: die neueste Ausgabe von Turbo Pascal, Version 5.5, unterstützt objektorientierte Softwareentwicklung. Durch das Zusammenspiel von OOP und konventionellen Programmiertechniken ist Turbo Pascal 5.5 ein mächtiges Programmierwerkzeug, mit dem ein höherer Grad der Abstraktion bei der Programmentwicklung erreicht werden kann.

Wir haben bereits gesehen, daß ein Programm physikalisch aus einer Reihe von im Speicher abgelegten Zahlen besteht. Zahlen, die sich in klar voneinander abgetrennten Speicherbereichen befinden. Daten und Code unterscheiden sich voneinander, sind aber dennoch verwandt - schließlich besteht der Programmcode aus den Daten, aus denen der Prozessor den nächsten auszuführenden Befehl abliest. Obwohl sich auf dieser dem Prozessor und der Hardware so nahen Ebene nichts ändert, bieten höhere Programmiersprachen Strukturen an, die dem Programmierer größere Freiheit zur Abstraktion bei der Entwicklung von komplizierten Aufgaben geben. Datentypdefinitionen und Blockstruktur bei Daten und Programm werden hier als Beispiele erwähnt. Doch aus der Sicht aller klassischen höheren Programmiersprachen sind Daten etwas Passives, während der Code der aktive Teil des Programms ist, der Daten manipuliert.

Objektorientiertes Programmieren erfordert eine Umstellung hinsichtlich dieser Betrachtungsweise. Hier wird nicht mehr zwischen Daten und Code unterschieden. Die ganze Welt des OOP besteht aus Objekten, eine der natürlichen Welt nähere Betrachtungsweise. Objekt ist der übergeordnete Sammelbegriff für die unterschiedlichsten Dinge, die uns umgeben und mit denen der OO-Programmierer umgehen muß. Jedes Objekt hat bestimmte Eigenschaften und läßt bestimmte Operationen zu. Einen rechteckigen Bildschirmbereich könnte man beispielsweise *Window* nennen. Die einem solchen Bildschirmfenster zugewiesenen Eigenschaften wären dann die X- und Y-Koordinatenposition, die Breite und Höhe, sowie vielleicht die Vorder- und Hintergrundfarben. Die mit dem

Objekt *Window* möglichen Operationen wie Öffnen, Schließen, Verschieben usw. werden beim OOP als Methoden bezeichnet. Nach deren Implementierung ist es dem Programmierer möglich, Daten und Code als intelligente Einheit, Objekt, zu behandeln. Auf eine bestimmte Nachricht (message) hin weiß das Objekt selbst, wie es darauf zu reagieren hat.

Vererbung (inheritance) ist ein wichtiger Begriff, der von OOP eingeführt wird. Software-Komponenten werden genau wie natürliche Objekte nach ihren Eigenschaften in Klassen und Unterklassen eingeteilt, wie man es in einem Baum darstellen kann. So könnte eine Unterklasse des Objekt-Typs *Window* ein weiterer Objekt-Typ *Editor* sein, der alle Merkmale, Eigenschaften und Methoden von *Window* erbt und weitere Eigenschaften und Methoden definiert, um Texte auf dem Bildschirm zu manipulieren. Dasselbe gilt für weitere Objekte, die ebenfalls Unterklassen des Objekt-Typs *Window* sind und andere unterschiedliche Funktionen erfüllen, wie z.B ein Menü-Fenster. Bei einem Fenstersystem kann es vorkommen, daß ein Fenster Teile anderer Fenster verdeckt, die beim Schließen des oberen Fensters wieder gezeichnet werden müssen. Wenn jedes dieser Objekte auf unterschiedliche Weise seine Zeichenfläche wieder aufbaut, ist es selbsverständlich, daß es entsprechend viele Aufbau-Methoden geben muß, die alle unter demselben Bezeichner, z.B. *redraw*, implementiert werden. Diese Vielfältigkeit wird Polymorphismus genannt und ist eine mächtige Abstraktionsform, durch die gleiche Operationen an unterschiedlichen Objekten verallgemeinert werden.

Polymorphismus ist durch einen Mechanismus möglich, der 'spätes Einbinden' (late binding) heißt. Alle traditionellen formalen Sprachen erfordern, daß der Datentyp aller Variablen während der Kompilierung bekannt ist. Im Gegensatz dazu ist beim 'späten Einbinden' die Routine, die aufgerufen werden soll, nicht im voraus bekannt. Dies entscheidet sich erst während der Laufzeit, also nachdem der Aufruf stattgefunden hat. Was unser Fenster-Beispiel betrifft, so ist bei der Kompilierung nur bekannt, daß irgendein Fenster neu aufgebaut werden soll. Erst während der Laufzeit, wenn die bestimmte Unterklasse von Fenster feststeht, muß entschieden werden, welche Art von Aufbau (*redraw*) die passende ist.

Spätes Einbinden und Vererbung, die auch nach der Kompilierung ihre Gültigkeit beibehält, geben der objektorientierten Programmierung einen besonderen Vorteil, nämlich den der Erweiterbarkeit der Programme. Durch das späte Einbinden ist es möglich, aus einem Modul Methoden aufzurufen, die während der Kompilierung nicht existiert haben.

13.1.1   Objektorientiertes Programmieren mit Turbo Pascal 5.5

Die wichtigsten Merkmale, die einen objektorientierten Compiler charakterisieren, sind:

a)   Kapselung von Daten und Funktionen in Objekten: Objekte erledigen ihre Aufgaben intern. Die gekapselten Datenelemente und Funktionen werden von anderen Programmabschnitten weder "gesehen", noch verändert. Im Gegensatz zu anderen OOP-Compilern erfordert Turbo Pascal keine Datenkapselung. Korrektes objektorientiertes Programmieren wird somit dem Programmierer überlassen.

b)   Klassifizierung von Objekten und Vererbung: Objekte, die ähnliche oder gleiche Eigenschaften besitzen, werden einer Klasse zugeordnet. Die Klassen bilden eine Hierarchie, wobei jede Unterklasse alle Elemente und Funktionen ihrer Oberklasse erbt.

c)   Polymorphismus: Gleiche Botschaften können an Objekte unterschiedlicher Klassen geschickt werden und lösen dort den Objekteigenschaften angepaßte Reaktionen aus.

In den folgenden Abschnitten werden diese Eigenschaften von OOP verdeutlicht.

An dieser Stelle sei noch gesagt, daß sie eine Antwort auf die wichtigsten Fragen der objektorientierten Softwareentwicklung geben:

a) Wie findet man die Objekte?

b) Wie beschreibt man Objekte?

c) Wie beschreibt man Zusammenhänge zwischen den Objekten?

13.1.2 Objekte, Klassen und Vererbung

Der erste Schritt in der objektorientierten Programmentwicklung ist die Deklaration der in der Aufgabenstellung auftretenden Objekte.

Ein Objekt ist in Turbo Pascal einem Element vom Typ *record* ähnlich. So kann z.B. eine einfache verkettete Liste (s. Kapitel 6) durch die folgende Typdeklarationen dargestellt werden:

```
type   contype = integer;
       nodeptr = ^node;

       node = record
         Content :contype;
         Next    :nodeptr
       end;
```

```
list = object
   First, Last :nodeptr;
   procedure insert (Content:contype);
   procedure delete (Content:contype);
 end;
```

In OOP definiert man eine solche Typdeklaration als eine Klasse. Jede Variable des Typs *list* ist ein dieser Klasse zugehöriges Objekt - in diesem Fall eine verkettete Liste. Die Zeiger *First* und *Last* verweisen auf das erste, bzw. das letzte Element der Liste.

In OOP können die für ein Objekt relevanten Prozeduren und Funktionen (man spricht jetzt von Methoden) als Bestandteil des Objekts deklariert werden. Turbo Pascal bietet zwar dem Programmierer die Möglichkeit, auf die Komponenten eines Objekts direkt zuzugreifen, in OOP gehört es aber zum guten Ton, Objektmanipulationen durch seine eigenen Methoden ausführen zu lassen. In unserem Beispiel sind deshalb sind die Routinen *insert* und *delete* in der Deklaration von *list* enthalten. Nach den Typdeklarationen werden die Methoden implementiert, wobei sie durch den Klassen- und durch den Unterprogrammbezeichner gekennzeichnet werden:

```
procedure list.insert (Content:contype);
begin
  {.}
  {.}
end;
```

```
procedure list.delete (Content:contype);
begin
  {.}
  {.}
end;
```

Nun wollen wir aber auch Listen verabeiten können, deren Elemente sortiert gespeichert sind. Wie kann die Klasse der Listen erweitert werden?

```
type  sorted_list = object(list)
        procedure insertpos (Content:contype);
      end;
```

Wir definieren eine Unterklasse der Listen, die sortierten Listen, und geben der Klasse *sorted_list* die Methode *insertpos* hinzu, die ein neues Element an der richtigen Position einfügt (s. auch Kapitel 6.1).

sorted_list = *object(list)* bedeutet, daß in der Klasse *sorted_list* die Klasse list impliziert ist. Die Klasse der Listen ist eine Oberklasse der sortierten Listen. Somit werden alle Bestandteile der Klasse *list* auf die Klasse *sorted_list* vererbt: die Felder *First* und *Last* sowie die Methoden *insert* und *delete* werden in der Deklaration von *sorted_list* nicht explizit aufgeführt, sind aber vorhanden. Ein Beispiel:

```
var Liste  :list;
    SL     :sorted_list;
   NewPtr :pointer;

begin
  {.}
  {.}
  SL.First:=Nil;                    { zulässige Zuweisung               }
  Liste:=SL;                        { zulässige Zuweisung               }
  SL    :=Liste;                    { unzulässige Zuweisung             }
  SL.insert(NewPtr);                { fügt ein neues Element mit Inhalt }
                                    { NewPtr am Ende der Liste hinzu    }
  SL.insertpos(NewPtr);             { fügt ein neues Element an der     }
  {.}                               { richtigen Stelle in die sortierte }
  {.}                               { Liste ein                         }
end.
```

Die erste Zuweisung ist zulässig wegen der Eigenschaft der Vererbung. Aus
dem gleichen Grund ist die zweite Zuweisung korrekt: eine sortierte Liste ist
eine erweiterte Liste. Der dritte Befehl wird eine Fehlermeldung erzeugen, da
nach der Zuweisung die erweiterten Komponenten von SL undefiniert bleiben.
Die zwei letzten Prozeduraufrufe verdeutlichen das Prinzip der Vererbung. SL
kann sowohl *list.insert*, als auch *sorted_list.insertpos* aufrufen.

Nach diesem groben Überblick über die Definition von Objekten wollen wir
uns nun der Frage widmen, wie die Objekte, oder vielmehr die zugehörigen
Klassen, gefunden werden. Es ist sicher, daß keine allgemeingültige Antwort
auf diese Frage existiert. Für einige Anwendungen aus der Praxis ist eine Antwort aber überraschend einfach zu geben. Programme basieren nämlich auf bestimmten Aspekten der Außenwelt: für ein wissenschaftliches Programm können diese physikalische Gesetze sein, für einen Compiler sind es die Syntax und
Semantik natürlicher Sprachen.

Software kann als ein Modell bestimmter Aspekte der Außenwelt betrachtet
werden. Unter dieser Betrachtungsweise ist OOP die natürlichste Art der Programmierung. Die Welt ist nämlich eine Ansammlung von Objekten (Autos,
Rosen, Manager, Bilanzen, Werbespots, Straßenkreuzungen usw.), und es liegt
auf der Hand, das Modell, d.h. unser Programm, auf die Basis von Computer-
repräsentationen dieser Objekte zu stützen.

13.1.3 Datenkapselung und Erweiterbarkeit

Datenkapselung ist die Zusammensetzung von Daten und Code zu einer Einheit. Einem Objekt sollten genügend Methoden mitgegeben werden, so daß es unnötig wird, auf die Objektfelder direkt zuzugreifen. Entsprechend erweitern wir die Deklaration unserer verketteten Liste durch drei Routinen, die ein neues Objekt initialisieren und die Arbeit mit einem Objekt beenden bzw. in einem Objekt nach einem gegebenem Wert suchen.

```
type list = object
     First, Last :nodeptr;
     procedure init;
     procedure done;
     procedure insert (Content:contype);
     function  search (Content:contype; var LastPtr:nodeptr);
     procedure delete (Content:contype);
   end;
```

Fügt man genügend Methoden hinzu, um einen direkten Zugriff auf Objektfelder zu vermeiden, vergrößert sich natürlich der Quellcode. Jedoch überwiegen hierbei die Vorteile. Wenn der interne Aufbau eines Objekts der "Außenwelt" verborgen bleibt, kann er jederzeit verändert werden, ohne daß das restliche Programm beeinflußt wird. Einzige Bedingung: die Köpfe der Methoden müssen identisch bleiben. Durch die Definition von Methoden, die später nicht eingesetzt werden, wird der ausführbare (EXE-) Code nicht belastet. Der Linker von Turbo Pascal bindet nur diejenigen Methoden ein, die tatsächlich verwendet werden.

Bestimmt wird dem geneigten Leser aufgefallen sein, daß die Routinen *search* und *delete* für sortierte Listen nicht effektiv genug arbeiten. Eine nicht sortierte Liste muß nämlich bei der Suche nach einer bestimmten Komponente bis zum letzten Listenelement durchlaufen werden, bei einer aufsteigend sortierten Liste kann die Suche abgebrochen werden, sobald ein Element erreicht wurde, das größer als der gesuchte Wert ist. Also implementieren wir zwei Methoden, die die Listensuche nach diesem Kriterium abbrechen. Diese Routinen ÜBERSCHREIBEN die von der Klasse *list* vererbten Methoden gleichen Namens.

```
type sorted_list = object(list)
     procedure insertpos (Content:contype);
     function  search (Content: contype; var LastPtr:nodeptr);
     procedure delete (Content:contype);
   end;
```

Bemerkung:
Eine Methode, die eine Methode gleichen Namens aus ihrer Oberklasse überschreibt, kann einen anderen Prozedurkopf aufweisen.

13.1.4 Virtuelle Methoden

Ein großer Vorteil des Vererbungsprinzips ist, daß es die Definition von flexiblen Strukturen erlaubt, die sich während der Laufzeit auf Objekte verschiedener Art beziehen können.

Sei *a* ein Objekt der Klasse *A* und *b* ein Objekt der Klasse *B*. Wir haben schon erwähnt, daß eine Zuweisung *a:=b* nicht nur dann zulässig ist, wenn beide Objekte der gleichen Klasse angehören, sondern auch wenn *B* eine Unterklasse von *A* ist. Ein mehr spezialisiertes Objekt kann also als ein weniger spezialisiertes Objekt betrachtet werden, aber nicht umgekehrt. Ein Beispiel: Jeder Programmierer ist ein Mensch, jeder Mensch ist aber nicht unbedingt ein Programmierer.

Obwohl Objekte einer Klasse auch Objekte ihrer Oberklassen sind und somit alle Eigenschaften (Daten und Methoden) der Oberklassen vererben, können sie vererbte Eigenschaften durch neue, ihrem Spezialisierungsgrad angepaßte, ersetzen. So wurden in 13.1.3 die Methoden für Löschen und Suchen in einer Liste, und zwar in der Klasse der sortierten Listen, durch neue, effizientere Routinen überschrieben.

Kommen wir nun zur Methode *list.delete*. Sie setzt die Routine *search* ein, um das zu löschende Element zu erörtern:

```
procedure list.delete (Content:contype);
var OldPtr, ActPtr :nodeptr;
begin
  OldPtr:=search(Content, ActPtr);
  {.}
  {.}
end;
```

Diese Routine wird natürlich auch auf die Klasse *sorted_list* vererbt. Für eine sortierte Liste wird aber dann auch die langsamere Routine *list.search* eingesetzt. Um dies zu umgehen, kann man die Methode überschreiben:

```
procedure sorted_list.delete (Content:contype);
var OldPtr, ActPtr :nodeptr;
begin
  OldPtr:=search(Content, ActPtr);
  {.}
  {.}
end;
```

sorted_list.delete ruft die Methode *sorted_list.search* auf, und unser Problem scheint gelöst. Eine elegante Lösung ist dies aber wahrlich nicht. Der Quellcode von *sorted_list.delete* ist identisch mit dem von *list.delete*. In der eleganteren Lösung wird *delete* nur einmal deklariert werden müssen.

Methoden in der Form, wie wir sie bis jetzt kennengelernt haben, heißen statisch. Der Unterschied zwischen dem Aufruf einer statischen und einer virtuellen Methode entspricht dem Unterschied zwischen einer Entscheidung, die jetzt gefällt wird, und einer Entscheidung, die verschoben wird, bis alle relevanten Fakten vorliegen.

Am Beispiel mit den Listen kann diese Definition näher erläutert werden: Ein Aufruf von *insert* kann nur die Methode *list.insert* aktivieren, egal, ob er von einer einfach verketteten oder einer doppelt verketteten Liste ausgeht. Bei dem Aufruf von *search* in *list.delete* spielt jedoch die Natur des aufrufenden Objektes eine Rolle: es soll, je nachdem, *list.search* oder *sorted_list.search* aufgerufen werden - eine Entscheidung, die erst in Laufzeit gefällt werden kann. Mit anderen Worten: *search* muß als virtuelle Methode deklariert werden.

Eine virtuelle Methode wird durch das reservierte Wort *virtual* nach ihrer Deklaration gekennzeichnet, wie das folgende Beispiel zeigt:

```
type list = object
      constructor init;
      function search(Content:contype; var LastPtr:nodeptr):nodeptr; virtual;
    end;


    sorted_list = object(list)
      function search(Content:contype; var LastPtr:nodeptr):nodeptr; virtual;
    end;
```

Zwei Bemerkungen sind noch von Wichtigkeit: Virtuelle Methoden können von statischen Methoden nicht überschrieben werden, und alle virtuelle Methoden gleichen Namens müssen identische Prozedurköpfe aufweisen.

Doch wie funktioniert dieses späte Einbinden (*late binding*) einer virtuellen Methode? Für jede Klasse von Objekten existiert eine Tabelle im Datensegment (VMT=virtual method table), die die Größe der Objekte enthält, sowie für jede seiner virtuellen Methoden einen Zeiger, der auf den entsprechenden Routinencode verweist.

Das neue reservierte Wort *constructor* kennzeichnet eine Methode (genannt Konstruktor), die einen Zeiger auf die Adresse der VMT der Klasse des aktuellen Objektes setzt und somit ein Objekt für virtuelle Aufrufe initialisiert. Erfolgt keine Initialisierung durch einen Konstruktor, wird aller Wahrscheinlichkeit nach das System blockieren. Selbstverständlich kann ein Konstruktor auch andere vom Programmierer bestimmte Initialisierungen ausführen. In unserem Beispiel wird die Initialisierungsroutine *list.init* als Konstruktor deklariert. Ist der Rumpf eines Konstruktors jedoch leer, findet nur ein Verweis auf die VMT statt:

```
constructor list.init;
begin
end;
```

13.1.5 Dynamische Objekte

Genau wie die artverwandten Records können auch Objekte im Heap gelagert
werden. Turbo Pascal 5.5 hat die Syntax der Prozedur *new* so erweitert, daß ein
expliziter Aufruf eines Konstruktors überflüssig wird. Ferner kann *new* jetzt als
eine Funktion aufgerufen werden - diese Neuerung gilt generell, nicht nur für
Objekte. Im Beispielprogramm wird auf vier verschiedene Weisen ein Zeiger
auf eine sortierte Liste erzeugt:

```
var SlPtr :^sorted_list;

begin
  new(SlPtr);
  SlPtr^.init;
  new(SlPtr,init);
  SlPtr:=new(sorted_list);
  SlPtr^.init;
  SlPtr:=new(sorted_list, init);
end;
```

Durch einen Aufruf der Prozedur *dispose* kann ein Objekt aus dem Heap entfernt werden. Doch es kann passieren, daß dies nicht ausreicht. In unserem Beispiel sollte nicht nur der Platz für *SlPtr^*, sondern auch der für die daran ange-
hängte Liste (die erzeugten Elemente des Typs *node*) freigesetzt werden. Das
beste ist, eine Methode für diese "Aufräumarbeiten" zu definieren.

Turbo Pascal definiert eine spezielle Art von Methoden, die Destruktoren, um
dynamische Objekte aus dem Heap zu entfernen.

```
type list = object
     {.}
     constructor init;
     destructor  done;
     {.}
   end;
```

Genau wie die Konstruktoren führt ein Destruktor gewisse Aufgaben aus, unabhängig davon, ob sein Rumpf leer ist oder nicht: er prüft in der VMT-Ta-
belle, wie groß der Bereich ist, der für das aktuelle Objekt reserviert wurde und
übergibt diese Größe an die uns bekannte Prozedur *dispose*, die alles weitere
erledigt. Dazu muß der Destruktor als Teil von *dispose* aufgerufen werden - die
Syntax von *dispose* wurde entsprechend erweitert:

```
dispose(listobject, done)
```

Bei statischen Objekten arbeiten Destruktoren wie normale Methoden. Man
kann trotzdem, der Übersichtlichkeit halber, die für "Aufräumarbeiten" zustän-
digen Methoden als Destuktoren deklarieren.

13.1.6 Das Unit listunit

In unserer mittlerweile typischen Manier werden wir aus dem vorangegangenen Beispiel ein Unit implementieren, das einfache und sortierte verkettete Listen erstellt und Listenmanipulationen vornimmt. Es ist eine gute Idee, wenn Sie zur Übung das Unit *sortunit* durch die Klasse der doppelt verketteten Listen erweitern.

Der Inhalt eines Knotens besteht aus einem Zeiger des Typs *pointer*, der auf die Adresse der gespeicherten Daten zeigt. Der Typ dieser Daten spielt für das Unit keine Rolle, der Benutzer muß nur die Länge eines Datensatzes als Parameter übergeben (z.B mit Hilfe der Funktion *sizeof*). Die Unterprogramme werden mit der Adresse der Datensätze (anstelle der Datensätze selbst) als Parameter aufgerufen. Das Einfügen einer Variablen *Data* in eine Liste *ListOB* wird durch den Befehl

```
ListOB.insert(@Data);
```

ausgeführt. Der Benutzer muß außerdem eine Funktion implementieren, die festlegt, nach welchen Kriterien zwei Datensätze verglichen werden. Diese Funktion muß folgende Voraussetzungen erfüllen:

1) Die Funktion soll als *far* deklariert werden.

2) Sie soll der Deklaration *type minfunc = function(a,b:pointer):boolean;* entsprechen. Die zwei Parameter enthalten die Adressen der zu vergleichenden Datensätze.

3) Die Funktion ergibt den Wert *True*, falls der erste Datensatz kleiner oder gleich dem zweiten ist.

Ein Beispiel für eine gültige Funktion:

```
type datatype = record
       Name  :string[20];
       Index :word;
     end;

{$F+} function min(APtr,BPtr:pointer) :boolean; {$F-}
{**********vergleicht zwei Datensätze nach der Komponente Index********}
begin
  min:=(datatype(APtr^).Index) <= (datatype(BPtr^).Index)
end;
```

Eine neue Liste wird über dem Konstruktor *init* initialisiert. Dabei werden als Parameter übergeben: 1) die Länge eines Datensatzes in Bytes und 2) eine Prozedurvariable, die die vom Benutzer erstellte Funktion für das Vergleichen zweier Datensätze enthält. Diese Werte werden dann den Objektkomponenten *smaller* und *Length* zugewiesen.

```pascal
unit listunit;
interface

type minfunc = function(a,b: pointer): boolean;
    contype = pointer;
    nodeptr = ^node;

    node = record
      Content :contype;
      Next    :nodeptr
    end;

    list = object
      First, Last :nodeptr;
      Length      :word;
      smaller     :minfunc;
      constructor init(Size: word; MinPtr: minfunc);
      destructor  done; virtual;
      procedure insert (Content:contype);
      function search (Content:contype; var LastPtr:nodeptr):nodeptr; virtual;
      procedure delete (Content:contype); virtual;
    end;

    sorted_list = object(list)
      procedure insertpos (Content:contype);
      function search (Content: contype; var LastPtr:nodeptr):nodeptr; virtual
    end;

implementation

  constructor list.init (Size:word; MinPtr:minfunc);
  begin
    First:=Nil; Last:=Nil;
    Length:=Size;
    smaller:=MinPtr;
  end;


  destructor list.done;
  var ActPtr,OldPtr :nodeptr;
  begin
    ActPtr:=First;
    while ActPtr<>Last do begin
      OldPtr:=ActPtr;
      ActPtr:=ActPtr^.Next;
      dispose(OldPtr)
    end;
    dispose(ActPtr);
    First:=Nil; Last:=Nil
  end;
```

```
procedure list.insert (Content:contype);
var NewPtr :nodeptr;
begin
 new(NewPtr);
 getmem(NewPtr^.Content,Length);
 move(Content^,NewPtr^.Content^,Length);
 NewPtr^.Next:=Nil;
 if First=Nil then First:=NewPtr else Last^.Next:=NewPtr; { Liste ist leer }
 Last:=NewPtr
end;


function list.search (Content:contype; var LastPtr:nodeptr) :nodeptr;
var ActPtr :nodeptr;
begin
  LastPtr:=Nil; ActPtr:=First;
  while (ActPtr<>Last) and not
      (smaller(ActPtr^.Content,Content) and smaller(Content,ActPtr^.Content))
  do begin
    LastPtr:=ActPtr; ActPtr:=ActPtr^.Next;
  end;
  if smaller(ActPtr^.Content,Content) and smaller(Content,ActPtr^.Content)
    then search:=ActPtr else search:=Nil;
end;


procedure list.delete (Content:contype);
var ActPtr,OldPtr :nodeptr;
    Found          :boolean;
begin
  OldPtr:=search(Content, ActPtr);
  if OldPtr<>Nil then begin
    if OldPtr=First
      then First:=OldPtr^.Next                 { OldPtr ist erstes Element  }
      else if OldPtr=Last then Last:=ActPtr;    { OldPtr ist letztes Element }
    ActPtr^.Next:=OldPtr^.Next;
    dispose(OldPtr);                            { Löschen von OldPtr         }
    freemem(OldPtr^.Content,Length);
  end
end;
```

```
procedure sorted_list.insertpos (Content:contype);
var NewPtr, ActPtr, HelpPtr :nodeptr;
begin
 if (First=Nil) or smaller(Last^.Content,Content) { NewPtr ist letztes    }
 then insert(Content)                              { Element oder Liste leer}
 else begin
   new(NewPtr);
   getmem(NewPtr^.Content,Length);
   move(Content^,NewPtr^.Content^,Length);
   HelpPtr:=Nil;  ActPtr:=First;
   while smaller(ActPtr^.Content,Content) and (ActPtr<>Nil) do begin
     HelpPtr:=ActPtr; ActPtr:=ActPtr^.Next
   end;
   if ActPtr=First then begin              { NewPtr ist erstes Element    }
     NewPtr^.Next:=First;
     First:=NewPtr
   end
   else begin                              { NewPtr ist mittleres Element }
     NewPtr^.Next:=ActPtr;
     HelpPtr^.Next:=NewPtr
   end
 end
end;


function sorted_list.search (Content:contype; var LastPtr:nodeptr) :nodeptr;
var ActPtr: nodeptr;
begin
  LastPtr:=Nil;  ActPtr:=First;
  while (ActPtr<>Last) and smaller(ActPtr^.Content,Content) do begin
    LastPtr:=ActPtr; ActPtr:=ActPtr^.Next;
  end;
  if (smaller(ActPtr^.Content,Content) and smaller(Content,ActPtr^.Content))
    then search:=ActPtr else search:=Nil;
end;

end.
```

13.2 Erweiterungen des Overlay-Managers

Der Overlaybereich von Turbo Pascal 5.0 hat wie eine zyklische Warteschlange gearbeitet. Neue Overlays wurden am Anfang der Warteschlange positioniert und schubsten die älteren in Richtung Ende (s. Kapitel 6). Bei einem vollen Overlay-Puffer wurde das älteste Overlay entfernt, um den neuen Platz zu schaffen.

In Turbo Pascal 5.5 kann dieser Mechanismus optimiert werden. Angenommen, auf ein Overlay wird sehr oft zugegriffen. Der Overlay-Manager wird es von Zeit zu Zeit trotzdem entfernen, um es gleich wieder zu laden. Eine mögliche Lösung wäre bei jedem Aufruf einer Routine aus einem Overlay, das Overlay am Kopf der Warteschlange zu plazieren, so daß nur länger unbenutzte Overlays entfernt werden. Dieses Verfahren ist jedoch ziemlich zeitaufwendig. Turbo Pascal 5.5 wendet es deshalb nur auf Overlays an, die sich im Endbereich der Warteschlange befinden.

Die Größe des Endbereiches kann vom Benutzer durch die Prozedur *ovrsetentry* festgelegt werden. In der Voreinstellung beträgt die Größe des Endbereiches 0 Bytes, d.h. das Optimierungsverfahren wird nicht eingesetzt. Es empfiehlt sich, daß der Endbereich 1/3 bis 1/2 der Größe des Overlay-Puffers beträgt.

13.2.1 Neue Variablen und Routinen der Unit overlay

var OvrTrapcount: word

Funktion   Diese Variable wird erhöht, jedesmal wenn ein Aufruf einer overlay-Routine durch den Overlay-Manager unterbrochen wird.

Kommentar   Aus zwei Gründen kann eine solche Unterbrechung stattfinden: entweder, weil sich die Routine nicht im Overlay-Puffer befindet, oder, weil sie im Endbereich der Warteschlange ist. Der Anfangswert von *OvrTrapCount* ist 0.

var OvrLoadCount: word

Funktion   *Ovrloadcount* wird immer dann erhöht, wenn ein Overlay geladen wird.

Kommentar   Der Anfangswert dieser Variablen ist 0.

```
type ovrreadfunc = function(OvrSeg: word):integer;
var  OvrReadBuf :ovrreadfunc;
```

Funktion

Das Laden eines Overlays wird durch die Funktion, auf die *OvrReadBuf* zeigt, durchgeführt. Ergibt diese Funktion 0, so bedeutet das, daß die Leseoperation einwandfrei durchgeführt werden konnte, ansonsten wird mit einem Laufzeitfehler unterbrochen.

Kommentar

Diese Lesefunktion kann durch den Benutzer erweitert werden, beispielsweise um zu überprüfen, daß das anzusprechende Laufwerk vorhanden ist. Um eine eigene Lesefunktion zu installieren, muß man zuerst den Wert von *OvrReadBuf* in einer Variablen des Typs *ovrreadfunc* speichern und die eigene Funktion *OvrReadBuf* zuweisen. In der benutzerdefinierten Funktion wird die gespeicherte Lesefunktion aufgerufen, um den eigentlichen Lesevorgang durchzuführen. Die Installation der eigenen Overlay-Lesefunktion sollte direkt nach dem Aufruf von *ovrinit* stattfindet, wenn also gewährleistet ist, daß *OvrReadBuf* die Adresse der vom System festgelegten Lesefunktion enthält. Wird aber der Overlay-Puffer im erweiterten Speicher (EMS) untergebracht, so wird eine andere Lesefunktion eingesetzt. Um diese zu ersetzen, soll die Installation der eigenen Routine direkt nach dem Aufruf von *ovrinitEMS* erfolgen.


```
procedure ovrsetentry(Size: longint);
```

Funktion

Diese Prozedur setzt die Größe des Endbereiches fest.

Kommentar

Der festgelegte Wert ist 0, d.h. der ganze Optimierungsmechanismus wird im Standardmodus unterdrückt.


```
function ovrgetentry: longint;
```

Funktion

Die Funktion *ovrgetentry* ergibt die Größe des Endbereiches.

Literaturverzeichnis

[1]   Turbo Pascal 4.0: User's Guide (1987)

[2]   Turbo Pascal 4.0: Reference Manual (1987)

[3]   Turbo Pascal 5.0: Addendum (1988)

[4]   Turbo Pascal 5.5: OOP Guide Borland International (1989)

[5]   S.Conte / C. de Boor: Elementary Numerical Analysis. International Student Edition, Mc Graw Hill (1983)

[6]   P. Norton: Programmer's Guide to the IBM PC. Microsoft Press (1985)

[7]   DOS 3.30 Technical Reference (1987)

[8]   Personal Computer XT Technisches Handbuch (1983)

[9]   B. Kernighan / D. Ritchie: The C Programming Language Printice-Hall of India (1986)

[10]   N. Wirth: Algorithmen und Datenstrukturen. Teubner (1979)

[11]   N. Wirth: Compilerbau. Teubner (1984)

[12]   G. Seegmüller: Einführung in die Systemprogrammierung. B.I. - Wissenschaftsverlag (1974)

[13]   K. Mehlhorn: Sorting & Searching. Springer (1984)

[14]   R. Fairley: Software engineering concepts. Mc Graw Hill (1985)

[15]   Bjarne Stoustrup: What is OOP?, AT&T Bell Laboratories (1988)

Sachwortverzeichnis

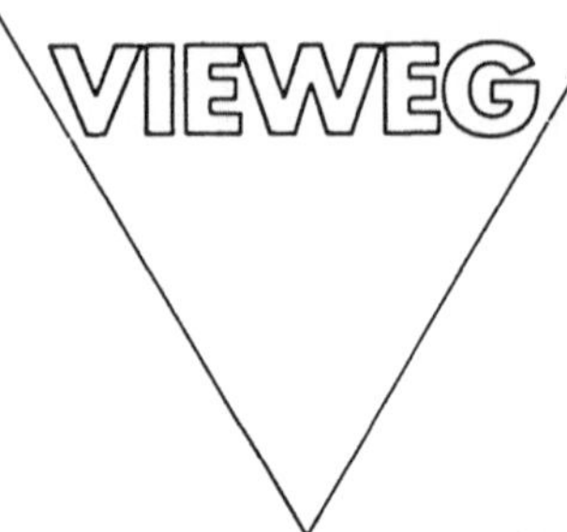

Turbo Pascal-Wegweiser

von Ekkehard Kaier und Edwin Rudolfs

Grundkurs

Inklusive Version 5.0.
4., überarb. und erw. Aufl. 1989. XIV, 419 S. mit 143 Programmen und Dateien, 130 Abb. und 42 Struktogrammen bzw. Programmablaufplänen. Kartoniert.
Das Wegweiser-Buch informiert umfassend über die grundlegenden Anwendungsmöglichkeiten von Turbo Pascal.
- **Aktuelles Grundlagenwissen zur Softwareentwicklung in Abschnitt 1:**
  Was sind Datentypen und Datenstrukturen? Welche Programmstrukturen gibt es? Wie geht man bei der Programmentwicklung vor?
- **Bedienung und Sprachreferenz in Abschnitt 2:**
  Wie bedient man Turbo Pascal als integriertes Programmentwicklungssystem? Wie erstellt man das erste Programm? Welche Menü-Befehle, Compiler-Befehle, Datentypen, Anweisungen, Prozeduren und Funktionen werden bereitgestellt? Das Buch enthält eine komplette Referenz zu Turbo Pascal 5.0.
- **Abgeschlossener Pascal-Programmierkurs in Abschnitt 3:**
  Wie programmiert man die grundlegenden Ablaufstrukturen der Informatik (Folge-, Auswahl-, Wiederholungs- und Unterprogrammstrukturen)? Wie löst man die elementaren Probleme der Verarbeitung von Text (String), Tabelle (Array) und Datei (Record, File)? Wie arbeitet man mit statischen und dynamischen Datentypen (Zeiger)? Wie entwickelt man Programme mit Units und Overlays? Wie arbeitet man mit dem Debugger?
Das Wegweiser-Buch bezieht sich auf Turbo Pascal 5.0 und zeigt die Unterschiede zu Turbo Pascal 4.0 auf.

Aufbaukurs

Für die Versionen 5.0 und 5.5.
3., überarb. und aktualisierte Aufl. 1989. X, 483 S. mit 177 Programmen, zahlr. Struktogrammen und Abb. Gebunden.
Dieses Wegweiser-Buch informiert über die Verarbeitung der grundlegenden Datenstrukturen (statisch, dynamisch, rekursiv) unter Turbo Pascal 5.0 *und* 5.5.
- **Strukturierte Programmierung:**
  Datenstrukturen SET, RECORD und FILE. Formen der Dateiorganisation (sequentiell, Direktzugriff, index-sequentiell.) Programmorganisation (Prozedurtyp, Unit, Overlay). Hilfsverfahren (Suchen, Sortieren, Mischen, Gruppieren). Erzeugung dynamischer Strukturen über Zeiger (Heap, Stapel, Schlange). Dynamische Verwaltung von Liste und Binärbaum. Zugriff auf externe Einheiten (BIOS-Interrupts, INLINE, Escape-Sequenzen, Exit-Prozedur).
- **Objektorientierte Programmierung (OOP):**
  Einführung zu OBJECT, Vererbung, virutelle Methode, Grundbegriffe.
Der Aufbaukurs (Schwerpunkt Datenstrukturen) kann als eigenständige Lerneinheit oder aufbauend auf den Grundkurs (Schwerpunkt Programmstrukturen) bearbeitet werden.

Übungen zum Grundkurs

1987. VIII, 120 S. mit 156 Aufg. und dazugehörigen Lösungen sowie 132 Programmbeispielen. Kartoniert.